Alexander Litwinenko
Yuri Felshtinsky

Eiszeit im Kreml

Das Komplott der russischen Geheimdienste

Aus dem Englischen von Udo Rennert

| Hoffmann und Campe |

Die von den Autoren überarbeitete und aktualisierte Originalausgabe erschien 2007 unter dem Titel »Blowing up Russia: The Secret Plot to Bring Back KGB Terror« im Verlag Gibson Square, London

1. Auflage 2007

www.hoca.de
Satz: atelier eilenberger, Leipzig
Druck und Bindung: C. H. Beck, Nördlingen
Printed in Germany
ISBN 978-3-455-50039-4

HOFFMANN
UND CAMPE

Ein Unternehmen der
GANSKE VERLAGSGRUPPE

Inhalt

Eine Organisation ist als eine terroristische Organisation anzusehen, wenn mindestens einer ihrer strukturellen Bestandteile an Terroraktivitäten beteiligt ist und dies mit Zustimmung von mindestens einem der leitenden Organe dieser Organisation erfolgt ...

[Eine derartige Organisation] ist auf der Grundlage einer gerichtlichen Entscheidung aufzulösen.

Nach der Liquidierung einer Organisation, die als terroristische Organisation aufgedeckt wurde, wird ihr Eigentum konfisziert und von der Regierung eingezogen.

Das Föderale Gesetz der Russischen Föderation
über die Bekämpfung des Terrorismus

Vorwort

Das letzte Gespräch, das ich mit Alexander Litwinenko geführt habe, war ein Telefonat am 8. November 2006. Gegen fünf Uhr früh Bostoner Zeit erhielt ich einen Anruf von der *Nowaja Gaseta* in Moskau. Ich sollte die gerade eingegangene Nachricht kommentieren, dass man Litwinenko vergiftet habe. Ich bat die Redaktion darum, sich später noch einmal bei mir zu melden, und wählte die Nummer von Alexanders Handy. Zu diesem Zeitpunkt befand er sich bereits in einem Krankenhaus in London. Er sagte mir, er habe etwa fünfzehn Kilo Körpergewicht verloren und könne weder feste Nahrung noch Flüssigkeit zu sich nehmen. Doch seine Stimme klang sehr fest, und wir sprachen mindestens fünfzehn bis zwanzig Minuten, wenn nicht noch länger miteinander.

An diesem Tag glaubte Litwinenko, er habe das Attentat überlebt. Er wusste, dass er vergiftet worden war und dass der russische Inlandsgeheimdienst FSB den Anschlag verübt hatte – seiner Überzeugung nach auf Anweisung des russischen Präsidenten Wladimir Putin. Doch er war ebenso sicher, er sei noch einmal davongekommen und habe das Schlimmste überstanden. Ich stellte ihm nicht viele Fragen, weil ich dachte, er sei zu schwach, um die Lage zu analysieren. »In ein paar Tagen bin ich wieder daheim«, sagte er. »Dann haben wir Zeit, miteinander zu reden.«

Am 23. November starb Alexander Litwinenko. Er war ein ehemaliger Oberstleutnant in der Geheimdienst-Spezialeinheit zur Bekämpfung des organisierten Verbrechens. Das war sein Beruf, das war sein Leben.

Ich kannte ihn seit 1998. Damals steckte er in großen Schwierigkeiten. Er hatte von seinen Vorgesetzten einen überaus heiklen Auftrag erhalten, und zum ersten Mal in seinem Leben wusste er nicht, was er tun sollte. Der Auftrag lautete, einen Russen zu ermorden, der während der Ära Jelzin viel Geld angehäuft hatte. Sein Name war Boris Beresowski, damals ein Regierungsbeamter – er war Exekutiv-Sekretär der Gemeinschaft Unabhängiger Staaten (GUS).

Litwinenko traf eine Entscheidung. Er nahm Kontakt zu Beresowski auf und erzählte ihm von seinem Auftrag. Auf einer Pressekonferenz trat er mit seiner Geschichte an die Öffentlichkeit und erklärte, eine Reihe hoher Generäle des FSB erteilten ihren Untergebenen gesetzwidrige Befehle. Damit war Litwinenkos Karriere im FSB beendet, an dessen Spitze damals Wladimir Putin stand. Er wurde entlassen. Ich lernte ihn an dem Tag kennen, als er sich auf diesen folgenschweren Auftritt vorbereitete.

Litwinenko war eine sehr kraftvolle Persönlichkeit. Als Sportler rauchte er nicht, und er trank auch keinen Alkohol – eine Seltenheit für einen Mann in Russland. Wir redeten lange miteinander. Ich hielt mich gerade zum ersten Mal wieder in Moskau auf, wo ich bis 1978 gelebt hatte, bevor ich in die USA ausgewandert war. Alles war neu für mich in meiner alten Heimat, und ich hörte ihm aufmerksam zu. Stundenlang erzählte er mir Geschichten aus seinem Leben. Viele davon waren furchtbar, da er für den mächtigen FSB arbeitete und es mit sehr harschen Umständen zu tun hatte. Einige seiner Geschichten erschreckten mich: über die Gräuel der russischen Armee in Tschetschenien, über Tschetschenen, die bei lebendigem Leib verbrannt oder begraben worden waren, plastische Schilderungen von Folterszenen.

Litwinenko wusste, dass ihn eine Strafe für seinen »Verrat« erwartete und dass ihm dann selbst der Milliardär und einflussreiche Drahtzieher Boris Beresowski nicht würde helfen können. Er hatte recht. Im März 1999 wurde er verhaftet und wegen eines fiktiven

»Verbrechens«, das er einige Jahre zuvor begangen haben sollte, in Untersuchungshaft genommen.

Als er schließlich im Dezember 1999 entlassen wurde, war ich wieder aus Russland abgereist, und Putin stand kurz davor, Präsident zu werden. Mir gefiel es nicht, was er vom Anfang seiner ersten Amtszeit an mit Russland machte, als er die hohe Kammer des russischen Parlaments auflöste, die alte sowjetische Nationalhymne wiedereinführte und seine vertrauten Freunde und Kollegen aus dem FSB in Spitzenpositionen der Regierung hievte. Immer wieder erinnere ich mich an eines meiner früheren Gespräche mit Litwinenko in Beresowskis Moskauer Büro. Damals sagte er, wenn Putin an die Macht komme, werde er Säuberungen durchführen. Es würden Menschen verhaftet oder getötet. »Ich fühle es. Er wird auch uns alle töten. Glaub mir. Ich weiß, was ich sage.« Das muss im Januar 2000 gewesen sein, wenige Wochen vor Putins Wahl. Woher wusste Litwinenko über Putin so gut Bescheid, als andere ihn noch für einen modernen, demokratischen politischen Führer hielten?

In jener Zeit arbeitete ich an einer Recherche über die Bombenexplosionen in Wohnblocks, denen im September 1999 über dreihundert Menschen in mehreren russischen Großstädten zum Opfer gefallen waren, die schlimmste Serie von Terroranschlägen, die sich je in Russland ereignet hatte. Ich gelangte zu dem Schluss, dass diese Anschläge von den russischen Geheimdiensten durchgeführt, jedoch Tschetschenen in die Schuhe geschoben worden waren, um den zweiten Tschetschenienkrieg anzuzetteln (der tatsächlich kurz nach den Anschlägen, am 23. September 1999, begann). Doch es gab vieles, was ich nicht wissen oder verstehen konnte. Ich brauchte Litwinenko. Also flog ich erneut nach Moskau, um mich mit ihm zu treffen und ihn um Hilfe zu bitten. Wir redeten eine ganze Nacht lang. Er erzählte mir, dass es etwas sehr Ähnliches wie diese Explosionen in Moskau schon einmal 1994 gegeben hatte, vor den damaligen Präsidentschaftswahlen. »Finden Sie so viel Sie können über Max Lasowski heraus. Er war ein Agent des FSB und für die Terrorkampagne 1994 verantwortlich. Wenn Sie Lasowski verstehen – wie er vorging, wie seine Organisation aufgebaut war –, wird Ihnen alles klar werden. Aber seien Sie vorsichtig. Wenn irgendjemand herausfindet, dass Sie Lasowski befragen, bringen sie Sie um, weil sie schnell begreifen werden, dass es Ihnen um 1999 und nicht um 1994 geht.«

Am nächsten Morgen – es war der 24. September 2000 – verließ ich Moskau. In meinem Gepäck befanden sich die Aufzeichnungen, die zum Gerüst von *Eiszeit im Kreml* wurden. Es war meine letzte Reise nach Russland.

In jener Nacht in Moskau sprachen wir auch über Litwinenkos Flucht. Zwar hatte man ihn aus der Untersuchungshaft entlassen, doch der FSB überwachte ihn rund um die Uhr. Tagsüber folgten ihm stets zwei Autos mit jeweils drei Insassen. Nachts stand immer ein Wagen vor der Tür in Bereitschaft. Ich konnte mich mit meinen eigenen Augen davon überzeugen, als ich ihn besuchte. Er hatte keine Zukunft in Russland, und seine nächste Verhaftung war nur noch eine Frage der Zeit.

Im Mai 2000 unternahm ich meinen ersten und letzten Versuch, mit dem FSB ins Gespräch zu kommen und vielleicht irgendein Arrangement auszuhandeln, das den Geheimdienst dazu veranlassen könnte, Litwinenko Immunität zu gewähren. Die neun Monate, die er im Gefängnis verbracht hatte, waren, so fand ich, mehr als genug »Strafe« für die Pressekonferenz gewesen, die er im November 1998 initiiert hatte. Durch einen Mittelsmann, der nicht in den Diensten des FSB stand, arrangierte ich ein Treffen mit Litwinenkos ehemaligem Vorgesetzten General Jewgeni Chocholkow.

»Pass bloß auf, wenn du mit ihm sprichst«, warnte mich Litwinenko. »Er ist ein Mann von sehr ernsthaftem Charakter, der auf Kampf programmiert ist. Also nimm dich vor ihm in Acht. Und noch etwas ... Er hat sich bei einem Einsatz eine Frontneurose eingehandelt. Wenn er die Wut kriegt, lässt er sie nicht raus, aber er stottert dann ein bisschen. Wir wussten alle: W-wenn Chocholkow anfängt zu stottern, d-dann passiert ein Unglück.«

Das Treffen fand am 22. Mai abends in einem Restaurant am Kutusowski-Prospekt in einer Moskauern wohlbekannten Nobelgegend statt. Der Mann, der die Begegnung eingefädelt hatte, sagte mir, die besten Chancen, Litwinenkos Leben und Freiheit zu erkaufen, würden mich ein paar Millionen Dollar kosten. Und so machte ich mich, um ehrlich zu sein, in der Erwartung auf den Weg, dass das Gespräch in eine jener ganz normalen Bestechungen münden würde, wie sie in Russland gang und gäbe sind.

Um halb acht kam ich bei dem kleinen Restaurant an. Auf einem Schild am Eingang stand »Geschlossen«. Ich öffnete die Tür und betrat einen behaglichen Raum, in dessen Mitte ein gedeckter Tisch stand. Der Koch, der ihn herrichtete, erhielt gerade letzte Anweisungen vom Besitzer, einem Hünen mit breiten Schultern.

»Bin ich zu früh dran?«, fragte ich. »Ich bin hier mit General Chocholkow verabredet.«

»Nein, nein, Sie sind auf die Minute pünktlich«, antwortete der Besitzer freundlich. »Nur herein – und herzlich willkommen! Ich bin General Chocholkow.«

»Dann ist das *Ihr* Restaurant?«, fragte ich überrascht, nicht darauf vorbereitet, dass Gastronomie in unserem Gespräch eine Rolle spielen könnte.

»Ja, es gehört mir. Und der Koch auch. Ich habe ihn aus Taschkent mitgebracht. Schon da hat er für mich gearbeitet. Ich war lange in Taschkent, wissen Sie?«

Einige Gedanken schossen mir durch den Kopf. Taschkent. Die Hauptstadt Usbekistans. Die usbekische Politmafia. Chocholkow war dort stationiert gewesen, als das Land noch zur Sowjetunion gehört hatte.

»Ich habe dieses Restaurant nicht zum Geldverdienen«, fuhr Chocholkow fort. »Ich habe es für meine Freunde. Es ist ein angenehmer Ort, wo man sich niederlassen und unterhalten kann – so wie Sie und ich jetzt. Wo hätten wir uns treffen sollen, wenn es dieses Restaurant nicht gäbe? Trinken Sie einen Wodka?«

»Ja, sehr gern.«

Der General schenkte sich und mir den ersten Wodka ein, und das Gespräch nahm seinen Lauf.

Ich versuchte zu ergründen, ob – und wenn ja, zu welchen Bedingungen – der FSB bereit wäre, Litwinenko in Ruhe zu lassen. Ich konnte nur ein einziges Argument geltend machen: Mit seiner neunmonatigen Haft, sagte ich, habe er hinreichend für sein »Verbrechen« gebüßt, und wenn der FSB garantieren könnte, dass Litwinenko unbehelligt bleibe, wäre ich im Gegenzug bereit zu garantieren, dass er mit den kompromittierenden Informationen, über die er als ehemaliger FSB-Mann verfüge, nicht an die Öffentlichkeit treten werde.

Daraufhin erklärte mir der General, für Litwinenko gebe es kein Pardon; er habe sich gegen das System gewendet und damit ein für alle geltendes Verbot verletzt; die neun Monate im Gefängnis seien nur der Auftakt zu den Schwierigkeiten gewesen, die ihm noch bevorstünden. Sollte Litwinenko ihm morgen zufällig über den Weg laufen, würde er ihn höchstpersönlich an Ort und Stelle erwürgen.

Während der General dies sagte, führte er mir in anschaulichen Gesten vor, wie sich seine Hände um Litwinenkos Hals schließen würden. Und sein Gesicht, das bis zu diesem Moment freundlich und gelassen gewirkt hatte, verwandelte sich auf einmal in eine furchterregende Fratze.

Eine Pause setzte ein, die mir sehr lang erschien. Schließlich fing der General wieder an zu sprechen.

»S-s-selbstverständlich mein ich das nicht w-w-wörtlich«, sagte er.

»Und natürlich«, fuhr er fort, nachdem er sich ein wenig beruhigt hatte, »ist die Situation nicht ausweglos. Bis vor Kurzem hatte der FSB eine auf Wirtschaftsdelikte spezialisierte Abteilung, in der drei-, vierhundert Agenten beschäftigt waren. Wissen Sie, seitdem sich bei uns ein Markt etabliert, haben wir einen steilen Anstieg der Wirtschaftskriminalität zu verzeichnen. Es gibt Leute, die der Regierung Geld entwenden, Casinos, Läden, Restaurants eröffnen, keine Steuern zahlen und alle Geschäfte in bar abwickeln. Es ist so gut wie unmöglich, ihnen auf die Schliche zu kommen. Deshalb hatte der FSB die Abteilung für Wirtschaft gegründet. Aber dann brachte unser gemeinsamer Bekannter Beresowski den Präsidenten dazu, die Abteilung dichtzumachen, indem er ihm erzählte, sie sei geschaffen worden, um aus den verschiedenen Branchen Geld für den FSB abzuzweigen. Die Folge: Drei-, vierhundert unserer besten Experten wurden an die Luft gesetzt. Sie haben Familie, Kinder. Und sie nagen am Hungertuch. Wenn Beresowski diese Abteilung wieder ins Leben riefe, dann könnte Alexander Litwinenko sicher vergeben werden.«

»In Ihrem Restaurant erhalten also hungrige Kinder von arbeitslosen FSB-Agenten freie Kost?«

»Genau so ist es«, antwortete Chocholkow wie aus der Pistole geschossen. »Schließlich haben wir als Gesetzeshüter sehr geringe Einkommen. Wir können es uns nicht leisten, in ein normales Restaurant zu gehen. Kein Geld.«

»Aber Beresowski hat mir erzählt, er habe einmal in einem der teuersten Hotels der Schweiz General Alexander Korshakow, den Ex-Chef von Präsident Jelzins Sicherheitsapparat, am Swimmingpool gesehen.«

»Das war ein Geschenk von uns. Er selbst hatte nicht einen Rubel in der Tasche. Also warf jeder von uns ein, zwei Rubel in den Topf – alle Agenten, die ihn kannten –, und wir buchten für ihn ein paar Tage an einem exklusiven Ort.«

»Verstehe. Aber Litwinenko hat von einem Video gesprochen, auf dem Sie zu sehen sind, wie Sie an einem einzigen Abend Zehntausende von Dollar in einem Casino verspielen.«

»Das war reine Pflichterfüllung. Ich war im Dienst. Wir führten eine Operation in einem Casino durch. Mir stand Geld aus amtlichen Mitteln zur Verfügung, das ich einsetzen konnte, und ich verlor es, wenn man so will. Aber natürlich hat das Casino es mir hinterher zurückerstattet – ich meine, *uns* zurückerstattet, der Staatskasse, der Regierung. Es mag also eine Videoaufnahme geben, aber sie zeigt keinen kriminellen Akt, sondern nur eine Tätigkeit im Auftrag der Regierung.«

»Gibt es keinen anderen Weg, Litwinenko zu einem Leben in Frieden zu verhelfen, als die Abteilung für Wirtschaft neu zu installieren? Wissen Sie, wir werden ihn nicht so einfach fallen lassen und zusehen, wie Sie ihn schlucken. Sollten Sie ihn nicht in Ruhe lassen, werden wir gegen Sie vorgehen, und das sollten Sie nicht auf die leichte Schulter nehmen. Wir besitzen zwar keine Kanonen und Geheimdienstausweise, aber Beresowski hat Geld und Einfluss, Litwinenko Informationen, und ich habe einige Kenntnisse zu bieten. Unterschätzen Sie uns nicht. Wenn Sie nicht die Finger von Litwinenko lassen, ziehen wir andere Saiten auf. Und glauben Sie mir: Das wird kein Zuckerschlecken.«

»Es ist schon halb eins«, sagte Chocholkow. »Ich muss morgen ziemlich früh zur Arbeit. Und Sie wollen sicher auch ins Bett. Sind Sie mit dem Auto da?«

»Nein, ich nehme ein Taxi.«

»Das brauchen Sie nicht. Mein Koch wird Sie nach Hause fahren. Moskau ist nachts nicht gerade sicher heutzutage. Wir beide hatten eine klare, ehrliche Aussprache. Sie sollten auch uns nicht unterschätzen. Und vor allem: Verlassen Sie sich nicht zu sehr auf Beresowskis Einfluss. Nach allem, was Sie gesagt haben, zweifle ich nicht daran, dass Sie über ein großes Wissen verfügen. Aber ich bin auch schon viel in der Welt herumgekommen.«

Chocholkow hatte nicht ein einziges Mal das Thema Geld ins Spiel gebracht, und auch ich hatte es nicht angeschnitten.

Ich erzählte Litwinenko von der Unterredung. »Es steht schlimm«, sagte ich. »Ihr müsst hier verschwinden, du und Marina. Die werden dich sonst vor Ende des Jahres kleinkriegen. Im besten Fall stecken sie dich ins Gefängnis. Den schlimmsten Fall kannst du dir selbst denken.«

An diesem Tag fand unser Gespräch keinen Abschluss. Am 24. September 2000 besuchte ich Litwinenko nach meiner Ankunft in Moskau erneut in seiner Wohnung, um unser gemeinsames Buchprojekt zu besprechen.

Der Plan, den wir entwickelten, war sehr einfach. Innerhalb der folgenden zwei Wochen sollte Litwinenko Russland verlassen und vorher den Ort seines Grenzübertritts selbst auswählen, ohne ihn jemandem zu nennen, auch mir nicht. Sobald er im Ausland sei, so verabredeten wir, würde ich ihn treffen, wo auch immer er sich aufhielte, um mich zu vergewissern, dass er sich tatsächlich außerhalb Russlands befände und nicht in einem Vernehmungsraum des FSB. Dann wollte ich Marina Litwinenko mitteilen, dass ihr Mann frei sei, und sie sollte für sich und ihren Sohn Anatoli eine Urlaubsreise in irgendein Land Europas buchen, in dem man leicht ein Visum erhalten konnte. Sie sollte zahlen, was auch immer es kostete, Russland so schnell wie möglich zu verlassen. Sobald dies geschehen wäre, wollte ich Kontakt mit der Botschaft eines westeuropäischen Landes oder der Vereinigten Staaten aufnehmen, um Asyl für die

Familie Litwinenko zu erwirken, und damit, so dachten wir, wäre die Operation beendet.

»Du musst nur über die Grenze. Das ist das Wichtigste. Alles andere kannst du mir überlassen.«

»Das schaff ich schon«, sagte Litwinenko. »Keine Sorge.«

Es waren noch keine zwei Wochen vergangen, da hatte er es tatsächlich geschafft. In der russischen Stadt Sotschi ging er als Passagier an Bord eines Dampfers, der schon seit Sowjetzeiten die Häfen entlang der Schwarzmeerküste anlief, seit jener Ära, als alle diese Städte noch zum Riesenreich der UdSSR gehört hatten. Das Reich war zerfallen, und die Häfen gehörten nun zu verschiedenen Ländern, aber der Dampfer fuhr immer noch die gleiche Route wie in früheren Jahren. Litwinenko schiffte sich mit seinem russischen Pass ein. Den Beamten an der Zollkontrolle bestach er mit einer Zehndollarnote, seinen Namen nicht auf der Liste der Personen zu suchen, denen die Ausreise verboten war, und diese zehn Dollar waren sein Ticket zum nächstgelegenen georgischen Hafen. Von dort aus fuhr er nach Tiflis, und als er in der Hauptstadt angekommen war, rief er mich an. Ich machte mich sofort auf den Weg nach Georgien. In der Zwischenzeit hatte Marina Litwinenko eine organisierte Urlaubsreise nach Südspanien gebucht und traf Vorbereitungen, mit ihrem Sohn Anatoli in einer Gruppe russischer Touristen nach Malaga zu fliegen. Von dort aus sollte es weiter nach Marbella gehen.

Für Litwinenko waren die folgenden Tage am schwierigsten durchzustehen. All unsere Hoffnungen richteten sich darauf, dass der FSB nur nicht zu früh Wind davon bekam, was vor sich ging. Jede Stunde zählte. Alles lief nach Plan, aber Litwinenko war besorgt und unruhig. Und er wagte es nicht, mit seiner Frau zu sprechen. Ein Anruf hätte abgehört werden und das Unternehmen zum Scheitern bringen können. Unser Zeitplan war bis in alle Einzelheiten durchdacht. An einem bestimmten Tag sollte ich zu einer bestimmten Zeit Marina und Anatoli am Flughafen Malaga abholen. Ich ließ Litwinenko in Tiflis zurück und flog wie verabredet nach Spanien. Und während ich im Flugzeug saß, hielt es Litwinenko, wie er mir später erzählte, nicht länger aus und rief Marina mit unserem georgischen Mobiltelefon an, auf die Gefahr hin, die ganze Aktion zu vereiteln.

»Marina, wo bist du?«, fragte er.

»Wir starten«, hörte er sie hastig rufen. »Die Verbindung wird gleich abbrechen ...« Damit endete das Gespräch.

Ich stand in Malaga am Fuße der Rolltreppe im Flughafengebäude und wartete auf die russische Touristengruppe. Marina und ihr Sohn reisten mit leichtem Gepäck. Sie hatte sich an die Instruktion gehalten, nichts mitzunehmen, was russischen Zollbeamten einen Hinweis darauf hätte geben können, dass sie und Anatoli nicht nur zwei Wochen Urlaub in Spanien verbringen wollten.

Sobald ich die beiden in der Menge entdeckte, rief ich Litwinenko an: »Deine Familie ist in Spanien.« Ich fuhr hinter dem Bus mit den russischen Touristen her und brachte Marina ins Hotel in Marbella. Auf der Fahrt erklärte ich ihr, wie wir weiter vorgehen wollten. Ich blieb ein paar Tage in Marbella, bis sich Marina und Anatoli ein wenig eingewöhnt hatten, und flog dann zurück nach Georgien. Währenddessen hatte Litwinenko Tiflis durchstreift, rastlos wie ein Tiger im Käfig.

Nachdem der FSB die Litwinenkos aus den Augen verloren hatte, zog er sofort den richtigen Schluss, dass sie geflohen waren, und da die Vermutung nahelag, dass ich ihre Flucht organisiert hatte, beschloss der Föderale Nachrichtendienst der Russischen Föderation, uns mithilfe meines Mobiltelefons, dessen Nummer er kannte, auf die Spur zu kommen. Im Dreißigminutentakt erhielt ich nun Anrufe von zwei Leuten, die gern wissen wollten, wie es mir gehe und wie das Wetter in Boston sei. Der eine war mein alter Bekannter, der mein Treffen mit General Chocholkow arrangiert hatte, der andere FSB-Major Andrej Ponkin, dem seine Vorgesetzten den Litwinenkos gegenüber die Rolle eines »Freundes der Familie« zugewiesen hatten. Beiden erstattete ich ausführlich Bericht über mein Leben und das Wetter in Massachusetts. Ich konnte mein Handy nicht ausschalten, da mich auch die Litwinenkos unter dieser Nummer anriefen. Unsere einzige Hoffnung war, dass wir schneller und mobiler sein würden als das Auftragskillerkommando, das der FSB nach Georgien entsandt hatte. Und das gelang uns tatsächlich.

Zu diesem Zeitpunkt war die amerikanische Botschaft in Georgien schon über die Situation informiert. Herren von der CIA begannen, mit mir das Schicksal der Familie Litwinenko zu erörtern. Doch die US-Vertretung in Tiflis kam mit dem Zeitdruck nicht zurecht, unter dem wir standen. Und als aus unserer Sicht die Lage kritisch wurde und Litwinenko sich ausrechnete, dass die gedungenen Mörder des FSB bereits in Tiflis eingetroffen sein mussten, flogen wir in die Türkei – ohne die Botschaft der Vereinigten Staaten davon in Kenntnis zu setzen, denn es wäre naiv gewesen anzunehmen, der FSB habe keine Möglichkeit, unsere Verhandlungen mit ihr zu belauschen. In die Türkei konnten Litwinenko und seine Familie ohne Visum einreisen. Ich fuhr mit ihm nach Antalya, ließ ihn dort in einem Hotel zurück und flog umgehend nach Spanien, wo Marina und Anatoli an dem bereits vertrauten Flughafen Malaga auf mich warteten. Am 27. Oktober brachte ich die beiden zu Litwinenko nach Antalya, wo wir unter falschen Namen in einem Fünfsternehotel logierten (unter meinem richtigen Namen mietete ich mehrere Zimmer in einem Hotel, das in einem anderen Stadtteil lag und das wir natürlich nie betreten haben).

Die US-Botschaft in Georgien übergab den Fall an die US-Botschaft in der Türkei, doch auch sie erweckte nicht den Eindruck, dass sie eine rasche Entscheidung herbeiführen würde, den Litwinenkos politisches Asyl zu gewähren. All dies ärgerte mich maßlos, und ich beschloss, zurück nach Boston zu fliegen, um meine Unterredungen mit der CIA an Ort und Stelle fortzusetzen. Damit Litwinenko und seine Familie in der Türkei nicht allein auf sich gestellt waren, reiste Alexander Goldfarb auf schnellstem Weg von New York nach Antalya. Wir flogen beide zur gleichen Zeit über London, doch am Flughafen Heathrow hatten wir nur telefonischen Kontakt. Ich beschrieb ihm kurz die Lage und nahm dann die Maschine nach Amerika, wo mir die CIA endgültig bestätigte, dass der Antrag der Litwinenkos abschlägig beschieden worden sei. Am 1. November flog Goldfarb mit ihm nach London, wo die drei Asyl erhielten. Im August 2001 wurden einige Kapitel des Buches, an dem wir arbeiteten, auf Russisch in der Moskauer *Nowaja Gaseta* veröffentlicht.

Seitdem wurden mehrere Personen, die uns unterstützt haben, umgebracht. Wladimir Golowjow und Sergej Juschenkow, Mitglieder des russischen Parlaments (der Staatsduma), waren uns behilflich, die verbotenen Filmrollen nach Moskau zu bringen und öffentliche Aufführungen des Films *Assassination of Russia* zu organisieren, der auf dem Buch basiert. Beide wurden durch Schüsse getötet, Golowjow am 21. August 2002 und Juschenkow am 17. April 2003. Juri Schtschekotschichin, ebenfalls Abgeordneter der Staatsduma und stellvertretender Chefredakteur der *Nowaja Gaseta*, für die auch die unlängst ermordete Anna Politkowskaja gearbeitet hatte, wurde vergiftet. Er lag eine Zeit lang im Koma und starb am 3. Juli 2003. Ich hatte ihn im Juni 2001 in Zagreb getroffen und ihm eine Kopie unseres Manuskripts zur Veröffentlichung in seiner Zeitung übergeben.

Ende 2003 ließen wir in Riga fünftausend Exemplare der russischen Ausgabe von *Eiszeit im Kreml* drucken. Sie wurden nach Moskau verschifft, wo sie – offen und legal – verkauft werden sollten, doch der FSB beschlagnahmte sie auf dieser Passage. Die Regierung erklärte, das Buch enthülle Staatsgeheimnisse. Das größte von ihnen bildeten natürlich die Indizien, die dafür sprachen, dass die russischen Geheimdienste hinter den Terroranschlägen von 1999 steckten. Damit wurde zum ersten Mal seit den siebziger Jahren, als man in der Sowjetunion Alexander Solshenizyns Werke auf den Index gesetzt hatte, offiziell ein Buch in Russland verboten.

Trotz dieser Morde setzten wir unsere Arbeit fort und sammelten neues Material für unser Buch. Wir versuchten uns zu schützen und am Leben zu bleiben – Litwinenko in England und ich in den Vereinigten Staaten. Wir schafften es nicht. Ich verlor meinen Koautor, sechs Jahre nachdem er in London gelandet war. Am 1. November 2006 wurde er vergiftet, und dieses Vorwort ist nur noch mit meinem Namen unterzeichnet.

Yuri Felshtinsky
Boston, 2007

Einleitung

Wir haben unsere Vergangenheit nicht verworfen.
Wir haben ehrlich gesagt: »Die Geschichte der Lubjanka
im 20. Jahrhundert ist unsere Geschichte ...«

Nikolaj Patruschew, Leiter des FSB, Interview in der
Komsomolskaja Prawda vom 20. Dezember 2000

Die Ahnenreihe des Inlandsgeheimdienstes der Russischen Föderation (FSB) muss wohl kaum näher erläutert werden. Die von der Kommunistischen Partei eingerichteten Straforgane kannten seit den Geburtswehen der Sowjetmacht weder Mitleid noch Erbarmen. Die Handlungen einzelner Personen, die in diesen Ämtern tätig waren, haben sich niemals an den Werten und Grundsätzen einer allgemeinen Menschlichkeit orientiert.

Angefangen mit der Revolution von 1917, funktionierte die politische Polizei Sowjetrusslands (später der UdSSR) reibungslos als Mechanismus zur Vernichtung von Millionen Menschen. Zu keiner Zeit waren diese Organisationen mit etwas anderem beschäftigt, da die Regierung ihnen niemals, nicht einmal in ihren liberalsten Phasen, eine andere politische oder praktische Aufgabe übertragen hat.

Kein anderes zivilisiertes Land hat jemals über eine Institution verfügt, die dem Vergleich mit den staatlichen Sicherheitsorganen der UdSSR hätte standhalten können. Mit der einzigen Ausnahme der deutschen Gestapo im Dritten Reich hat es keine einzige Staatspolizei gegeben, die eigene operative und Ermittlungsabteilungen oder Haftanstalten unterhalten hätte wie beispielsweise das Moskauer Lefortowo-Gefängnis des FSB für politische Häftlinge.

Die Ereignisse vom August 1991, als eine steigende Flut öffentlicher Wut das kommunistische System hinwegspülte, zeigten sehr deutlich, dass die Liberalisierung der politischen Strukturen Russlands zwangsläufig zu einer Schwächung oder vielleicht sogar einem Verbot des KGB (Komitee für Staatssicherheit) führen musste. Die panische Angst unter den Führern der staatlichen Zwangsorgane während dieser Periode fand ihren Ausdruck in zahlreichen, häufig unverständlichen Fällen, in denen alte Behörden der Geheimdienste aufgelöst und neue eingerichtet wurden.

Bereits am 6. Mai 1991 wurde das KGB der RSFSR unter der Leitung von Wiktor Iwanenko in Entsprechung zum Allunions-KGB aufgrund der Bestimmungen eines Protokolls gebildet, das vom späteren russisschen Präsidenten Boris Jelzin und dem Vorsitzenden des UdSSR-KGB, Wladimir Krjutschkow, unterzeichnet wurde. Am 26. November 1991 wurde das KGB der RSFSR per Erlass in die Agentur für Föderale Sicherheit (AFB) umgeformt. Nur eine Woche später, am 3. Dezember, unterzeichnete der Präsident der UdSSR Michail Gorbatschow ein Dekret »Über die Umbildung der Organe der Staatssicherheit«. Unter diesem Gesetz wurde auf der Grundlage des alten, von dem Moment an aufgelösten KGB ein neuer Interrepublikanischer Sicherheitsdienst (MSB) ins Leben gerufen.

Gleichzeitig teilte sich das alte KGB wie eine Hydra in vier neue Gebilde. Aus der Ersten Hauptverwaltung (zuständig für den Auslandsgeheimdienst) wurde der neue Zentrale Nachrichtendienst, später der Auslandsnachrichtendienst SWR. Aus der Achten und Sechzehnten Hauptverwaltung (zuständig für Kommunikation, Kryptografie und Telekommunikation) wurde das Komitee für staatliches Kommunikationswesen (später der Fernmeldespezialdienst für Aufklärung und Abwehraufgaben: Föderale Agentur für Regierungsfernmeldewesen und Information oder FAPSI). Der Grenzschutzdienst wurde zum Föderalen Dienst für Grenzschutz (FPS). Aus der alten Neunten Hauptverwaltung des KGB wurde die Abteilung für Personenschutz des Präsidentenbüros. Aus der alten Fünfzehnten Hauptverwaltung wurde der Personen- und Objektschutz der Regierung. Diese beiden letzten Organe wurden später der Sicherheitsdienst des Präsidenten (SBP) und der Föderale Dienst für Personen- und Objektschutz (FSO). Ein weiterer streng geheimer Spezialdienst wurde ebenfalls von der alten Fünfzehnten Hauptverwaltung des KGB abgetrennt: die Hauptverwaltung des Präsidenten für Spezialprogramme (GUSP).

Am 24. Januar 1992 unterzeichnete Jelzin ein Dekret, mit dem auf der Grundlage der AFB und des MSB ein neues Ministerium für Sicherheit (MB) geschaffen werden sollte. Gleichzeitig wurde ein Ministerium für Sicherheit und innere Angelegenheiten gebildet, das jedoch bald wieder aufgelöst wurde. Im Dezember 1993 wurde das MB wiederum umbenannt in Föderaler Dienst für Gegenaufklärung (FSK), und am 3. April 1995 unterzeichnete Jelzin das Gesetz »Über die Organe des Bundessicherheitsdienstes der Russischen Föderation«, mit dem aus dem FSK der FSB wurde.

Mit dieser langen Abfolge immer neuer Reorganisationen und Umbenennungen verband sich die Absicht, die Organisationsstruktur der Staatssicherheitsorgane, wenngleich in dezentralisierter Form, gegen Angriffe der Demokraten zu schützen und neben der Organisationsstruktur auch das Personal, die Archive und die Geheimagenten zu behalten und zu bewahren.

Nach der Periode der Verwirrung infolge der Ereignisse vom August 1991 und der irrigen Erwartung, dass die Agenten des ehemaligen KGB derselben Ächtung ausgesetzt sein würden wie die Funktionäre der Kommunistischen Partei, erkannten die Geheimdienste, dass diese neue Ära, frei von kommunistischer Ideologie und Parteikontrolle, ihnen bestimmte Vorteile verschaffte. Das frühere KGB konnte seine umfangreichen (offiziellen und inoffiziellen) personellem Ressourcen dazu nutzen, seine Agenten in praktisch jedem Tätigkeitsbereich in dem riesigen russischen Staat unterzubringen.

Bis zu diesem Zeitpunkt hatte das KGB unter der politischen

Kontrolle der Kommunistischen Partei gestanden, die bei den Aktivitäten des Geheimdienstes in gewissem Ausmaß als Bremse gewirkt hatte, da keine bedeutendere Operation ohne Genehmigung des Politbüros möglich gewesen war. Nach 1991 begann das frühere KGB vollkommen unabhängig und ungeprüft zu agieren, ganz und gar jener Aufsicht enthoben, die einst seine Befehlshaber gegenüber ihren eigenen Untergebenen geführt hatten. Es gab keine Ideologie mehr und keine Gesetze, die dieses von Gier und Rücksichtslosigkeit geprägte System in seine Schranken hätten verweisen können.

Auf geheimnisvolle Weise traten plötzlich ehemalige prominente KGB-Kader, von den Uneingeweihten häufig unbemerkt, in den höchsten Rängen der Macht auf: Die Ersten von ihnen waren Geheimagenten, doch später waren es aus dem Dienst ausgeschiedene oder aktive Offiziere

Im Rücken Jelzins stand seit den allerersten Tagen der Ereignisse vom August 1991 der KGB-Mann Alexander Korshakow, ehemaliger Bodyguard des Chefs des KGB und Generalsekretärs der KPdSU, Juri Andropow.

Eine wichtige Rolle bei der Bewahrung des KGB vor einer Zerschlagung spielten Jewgeni Sawostjanow (in Moskau) und Sergej Stepaschin (in Leningrad), die beide in dem Ruf standen, Demokraten zu sein, und ernannt worden waren, um das KGB zu reformieren und zu beaufsichtigen. Tatsächlich hatten jedoch beide Männer im Auftrag der Staatssicherheitsbehörden die demokratische Bewegung infiltriert, um die Zerschlagung des KGB durch die Demokraten zu verhindern. Obwohl sich im Lauf der Jahre viele Offiziere der Geheimdienste von ihren Organisationen abwandten, um in die Wirtschaft oder in die Politik zu gehen, gelang es Sawostjanow und Stepaschin, die Gesamtstruktur zu erhalten.

Filipp Bobkow, Viersternegeneral und einst Erster stellvertretender Vorsitzender des KGB der UdSSR, der zu Zeiten der Sowjetunion viele Jahre die Fünfte Hauptverwaltung des KGB (politische Ermittlungen) geleitet hatte, fand eine Stellung beim Wirtschaftstycoon Wladimir Gussinski. Die Fünfte Hauptverwaltung rechnete zu ihren größten Erfolgen die Vertreibung von Alexander Solshenizyn und Wladimir Bukowski aus dem Land sowie die Festnahme und jahrelange Lagerhaft all derer, die dachten und sagten, was sie selbst für richtig hielten, und nicht das, was die Partei ihnen zu denken und zu sagen befohlen hatte.

An der Spitze des Sicherheitsdienstes der MIKOM-Unternehmensgruppe stand der Oberst i. R. Bogomasow des Militärnachrichtendienstes GRU, und der Vizepräsident der Finanz- und Industriegruppe war ein KGB-Mann mit zwanzigjähriger Diensterfahrung, der früher einmal unter Korshakow gearbeitet hatte.

Anatoli Sobtschak, der Bürgermeister von Leningrad (St. Petersburg) und ein prominenter Führer der Reformbewegung in Russland, wurde von dem KGB-Mann Wladimir Putin unterstützt. Nach Sobtschaks eigener Einschätzung bedeutete dies, dass »das KGB St. Petersburg kontrolliert«.

Wie es zu alldem gekommen ist, hat der Leiter des italienischen Instituts für internationale Politik und Wirtschaft, der in Zürich lehrende Marco Giaconi, ausführlich dargestellt.

»Die vom KGB unternommenen Versuche, sich die Kontrolle über die finanziellen Aktivitäten verschiedener Unternehmen zu verschaffen, folgen alle demselben Muster. Die erste Phase beginnt, wenn Gangster versuchen, Schutzgeld zu erpressen, oder sich Rechte anmaßen, die sie nicht haben. Danach tauchen bei den Firmen Mitarbeiter von Sicherheitsdiensten auf und bieten ihre Hilfe an, um das Problem zu lösen. Von diesem Augenblick an verliert das Unternehmen für immer seine Unabhängigkeit. Zunächst hat eine Firma, die in den Netzen des KGB zappelt, Schwierigkeiten, einen Kredit zu bekommen, oder kann sogar schwere finanzielle Einbußen erleiden. Anschließend erhält sie vielleicht Lizenzen für den Handel in so speziellen Branchen wie Aluminium, Zink, Lebensmittel, Zellulose oder Holz. Sie bieten einen starken Stimulus für die weitere Entwicklung der Firma. Das ist die Phase, in der sie von ehemaligen KGB-Agenten infiltriert und gleichzeitig zu einer neuen Einkommensquelle für das KGB wird.«

Doch die Jahre von 1991 bis 1996 haben gezeigt, dass es russischen Firmen trotz der räuberischen Plünderungen durch die Staatssicherheitsdienste (die teils offen, teils mittels organisierter krimineller Gruppen unter der Kontrolle der Staatssicherheit vorgingen) innerhalb kurzer Zeit gelungen war, sich zu einer selbständigen politischen Kraft zu entwickeln, die keineswegs umfassend vom FSB beherrscht wurde. Nachdem Jelzin 1993 das prokommunistische Parlament zerschlagen und damit dessen Bestreben unterbunden hatte, liberale Reformen in Russland zu verhindern, beschlossen die Führer des ehemaligen KGB, die ihre Positionen auch in Jelzins MB und FSK behalten hatten, die Regierung Jelzins und dessen Reformen zu destabilisieren und zu kompromittieren, indem sie das Verbrecherunwesen im Land verschärften und nationale Konflikte schürten, zuerst und vor allem im Nordkaukasus, dem schwächsten Glied im russischen Vielvölkerstaat.

Zur selben Zeit wurde in den Massenmedien eine massive Kampagne gestartet mit dem Ziel, den Russen einzureden, dass die Ursache der Verarmung breiter Teile der Bevölkerung und der Zunahme der Kriminalität wie auch der nationalistischen Umtriebe die politische Demokratisierung sei und dass die einzige Möglichkeit für das Land, solche Entwicklungen zu vermeiden, in der Ablehnung demokratischer Reformen und westlicher Vorbilder bestehe. Russland müsse vielmehr seinen eigenen Entwicklungspfad verfolgen, der auf öffentlicher Ordnung und allgemeinem Wohlergehen beruhe.

Bis 1996 kämpften die Staatssicherheitsdienste gegen die Reformer, da für sie die größte Bedrohung in einer demokratischen Orientierung lag, welche die sofortige Durchführung radikaler, prowestlicher wirtschaftlicher und politischer Reformen auf der Grundlage einer freien Marktwirtschaft und die politische und wirtschaftliche Integration Russlands in die Gemeinschaft zivilisierter Völker erforderte.

Was mit dieser Kampagne tatsächlich als Alternative propagiert wurde, war eine Diktatur. Unter allen Diktatoren, ob groß oder klein, aufgeklärt oder blutrünstig, suchte man als Vorbild den sympathischsten und unspektakulärsten aus, den chilenischen General Augusto Pinochet. Aus irgendeinem Grund nahm man an, wenn in Russland eine Diktatur kommen sollte, werde sie nicht schlimmer sein als die in Chile unter Pinochet. Die historische Erfahrung lehrt jedoch, dass Russland sich stets die schlimmste aller möglichen Optionen ausgewählt hat.

Nach Jelzins Sieg bei den Präsidentschaftswahlen 1996, als die russischen Großunternehmen zum ersten Mal ihre politischen Muskeln spielen ließen und sich weigerten, einer Absetzung der demokratischen Wahlen und der Ausrufung eines Staatsnotstandes zuzustimmen (diese Forderungen wurden von Vertretern der antidemokratischen Fraktion – Korshakow, FSO-Chef Barsukow und anderen derselben Couleur – erhoben), vor allem aber in der Lage waren, dem eigenen Kandidaten den Sieg zu sichern, richtete sich der Angriff der staatlichen Sicherheitsdienste nunmehr gegen die wirtschaftliche Elite Russlands. Auf den Wahlsieg Jelzins 1996 folgte eine Reihe von zunächst unerklärlichen Propagandakampagnen, mit denen der Ruf führender Unternehmer in Russland geschädigt werden sollte. An der Spitze dieser Kampagnen sah man einige vertraute Gesichter aus den Geheimdiensten.

Ein neuer Begriff, »Oligarch«, das Wort für einen schwerreichen russischen Geschäftsmann, fand Eingang in die russische Sprache, obwohl offenkundig war, dass selbst der wohlhabendste Mann Russlands kein »Oligarch« in der wörtlichen Bedeutung des Wortes war, da ihm der Grundbestandteil eines Angehörigen der Oligarchie fehlte – die politische Macht. Die wirkliche Macht blieb nach wie vor in den Händen der Geheimdienste.

Schritt für Schritt, mit Unterstützung von oft nachrichtendienstlich gesteuerten Journalisten und einer ganzen Armee von Schreiberlingen, die hinter leicht zugänglichem, reißerischem Material her waren, wurde die kleine Zahl von »Oligarchen« in der russischen Wirtschaft zu Dieben, Gaunern, ja sogar zu Mördern gestempelt. Inzwischen saßen die eigentlichen Schwerverbrecher, die tatsächlich über die Macht von Oligarchen verfügten und Milliarden kassierten – Beträge, die in keiner Geschäftsbilanz auftauchten –, hinter ihren Direktorenschreibtischen in den russischen Staatssicherheitsbehörden: dem FSB, dem SBP, dem FSO, dem SWR, dem GRU, dem Amt des Generalstaatsanwalts, dem Verteidigungsministerium (MO), dem Innenministerium (MWD), der Zollverwaltung, der Steuerfahndung und all den anderen.

Diese Leute waren die wirklichen Oligarchen, die grauen Eminenzen und die Schattenmanager der russischen Wirtschaft und des politischen Lebens im Land. Sie besaßen wirkliche Macht, grenzenlos und unkontrolliert. Geschützt durch ihre Zugehörigkeit zu den russischen Geheimdiensten, waren sie im wahrsten Sinne des Wortes unberührbar. Sie missbrauchten systematisch ihre amtliche Stellung, nahmen Bestechungsgelder an und stahlen, häuften Kapital an und verwickelten ihre Untergebenen in kriminelle Machenschaften.

Den einen oder anderen wird das Genre dieses Buches, eine Mischung aus analytischen Erinnerungen und einer historischen Untersuchung, vielleicht überraschen. Die Fülle von Namen und Fakten und die lakonische Art der Präsentation mögen all jene enttäuschen, die sich eine flotte Detektivgeschichte erhofft haben. So, wie wir es konzipiert haben, sollte das Buch angesichts der ihm eigenen historischen Genauigkeit nicht als oberflächliche Reportage oder belletristisch gefärbter Rückblick wahrgenommen werden. Es ist ein Buch über eine Tragödie, von der wir alle betroffen sind, ein Buch über vertane Gelegenheiten, verschwendetes Leben und ein sterbendes Land, und es richtet sich an Leser, die imstande sind, sich dem realen Geschehen der Vergangenheit zu stellen, und sich nicht davor fürchten, Einfluss auf die Zukunft zu nehmen.

Dieses Buch versammelt Indizien, die darauf hindeuten, dass die fundamentalsten Probleme Russlands ihre Ursache nicht in den radikalen Reformen der liberalen Ära unter Jelzin haben, sondern in dem offenen oder versteckten Widerstand gegen diese Reformen durch die russischen Geheimdienste. Sie waren es, so glauben wir, die den ersten und zweiten Tschetschenienkrieg auslösten, um Russland vom Pfad der Demokratie abzubringen, und stattdessen auf eine Diktatur, auf Militarismus und Chauvinismus hinarbeiteten. Sie waren es, die eine Serie tödlicher Terroranschläge in Moskau und anderen russischen Großstädten inszenierten, als einen Teil ihrer Operationen mit dem Ziel, die Voraussetzungen für beide Tschetschenienkriege zu schaffen.

Die Explosionen vom September 1999 und insbesondere der geplante Terroranschlag, der am 23. September in Rjasan vereitelt wurde, spielen in unserem Buch eine zentrale Rolle. Diese Explosionen geben uns den sichtbarsten Faden in die Hand, dem wir folgen müssen, um hinter die Taktik und Strategie der russischen Staatssicherheitskräfte zu kommen, deren letztes Ziel die absolute Macht ist.

Nach der Veröffentlichung von Auszügen in der *Nowaja Gaseta* am 27. August 2001 sind wir immer wieder nach unseren Quellen gefragt worden. Wir möchten unseren Lesern versichern, dass das Buch keine frisierten Fakten und keine unbegründeten Behauptungen enthält. Wir sind jedoch zu dem Schluss gelangt, dass es angesichts der augenblicklichen Lage in Russland – mit den vielen staatlichen Amtsträgern, von denen wir vermuten, dass sie an der Organisation, Durchführung oder Billigung der terroristischen Gräuel vom September 1999 beteiligt waren, aktiven Männern in der Regierung dieses Landes – voreilig wäre, die Namen unserer Gewährsleute zu nennen. Gleichzeitig haben wir schon in den ersten Interviews nach dem Vorabdruck erklärt, dass das schriftliche Material, über das wir dank dieser Männer verfügen, unverzüglich jeder russischen oder internationalen Kommission ausgehändigt wird, deren öffentlich kontrollierte Aufgabe es wäre, die Terroranschläge vom September 1999 zu untersuchen. Unsere Position bleibt bis heute unverändert: Das gesamte Material, auf das sich dieses Buch stützt, wird denen übergeben werden, die unvoreingenommen ergründen wollen, was geschehen ist.

KAPITEL 1

Kriegshetze

Nur ein Wahnsinniger konnte den Wunsch haben, Russland in einen Krieg gleich welcher Art zu verwickeln, gar in einen Krieg im Nordkaukasus. Als hätte es den Afghanistankrieg nie gegeben. Als wäre nicht von vornherein klar gewesen, welchen Verlauf eine solche militärische Operation nähme. Als hätte sich nicht voraussehen lassen, zu welchem Ergebnis und welchen Folgen ein Krieg führte, den ein Vielvölkerstaat einem stolzen, zur Vergeltung bereiten und kriegerischen Volk erklärte.

Wie konnte sich Russland nur in einen der schändlichsten seiner Kriege ausgerechnet während der demokratischsten und liberalsten Periode seiner Entwicklung hineinziehen lassen? Dieser Krieg erforderte die Mobilisierung von Ressourcen und zusätzliche Steuergelder für die Polizei, die Geheimdienste, staatliche Hauptverwaltungen und Ministerien. Er erhöhte die Bedeutung und den Einfluss von Männern in Uniform und marginalisierte oder vereitelte die Bemühungen der Anhänger von Frieden, Demokratie und Freiheit, den Schwung der prowestlichen wirtschaftlichen Reformen aufrechtzuerhalten.

Wegen dieses Krieges verlor ein ehemals geachteter und beliebter Präsident die Unterstützung sowohl seines eigenen Volkes als auch des internationalen Verbunds. Er führte zu einer Isolation des russischen Staates von der Gemeinschaft zivilisierter Nationen, da die Welt außerhalb seiner Grenzen diesen Krieg weder unterstützte noch verstehen konnte. Nachdem Jelzin einmal in die Falle getappt war, blieb ihm keine andere Möglichkeit, als vorzeitig zurückzutreten und die Macht in die Hände des FSB zu legen, der ihm dafür Immunität für ihn und seine Familie zusicherte. Wir wissen, wer von alldem profitiert hat – die Leute, denen Jelzin seine Macht übergeben hat. Wir wissen auch, wie sie das erreicht haben: durch den Krieg in Tschetschenien. Was bleibt, ist die Aufgabe, herauszufinden, wer diesen Prozess in Gang gesetzt hat.

Tschetschenien war zum schwächsten Glied in Russlands Vielvölkermosaik geworden, doch das KGB erhob keine Einwände, als dort Dschochar Dudajew an die Macht kam, da sie ihn als einen der Ihren betrachteten. General Dudajew, Mitglied der KPdSU seit 1968, wurde 1990 aus der Roten Armee entlassen, übersiedelte in seine Heimatstadt Grosny, kandidierte gegen die lokalen Kommunisten, wurde zum Präsidenten gewählt und erklärte im November 1991 die Unabhängigkeit Tschetscheniens, womit er in den Augen der politischen Führung in Moskau, so scheint es, den Beweis lieferte, dass Russland unter Jelzins liberalem Regime zwangsläufig auseinanderbrechen musste.

Es war wohl kein Zufall, dass noch ein weiterer Tschetschene, der Jelzin nahestand, Ruslan Chasbulatow, diesem und dessen Regierung einen schweren Schlag versetzte. Chasbulatow, ehemaliger Funktionär im Zentralkomitee der Kommunistischen Jugendorganisation und Mitglied der KPdSU seit 1966, war im September 1991 zum Vorsitzenden des Obersten Rats der Russischen Föderation und damit zum Parlamentspräsidenten gewählt worden.

Darüber hinaus hatten die Beziehungen zwischen der russischen Führung und dem Präsidenten der Tschetschenischen Republik einen simplen finanziellen Aspekt: Die Russen erpressten fortwährend Geld von Dudajew. Es begann 1992, als für die russischen Rüstungsgüter, die im Land geblieben waren, Bestechungsgelder der Tschetschenen angenommen wurden.

Das Geld für diese Waffen wurde erpresst vom Chef des SBP Alexander Korshakow, vom Chef des FSO Michail Barsukow und vom

Ersten stellvertretenden Ministerpräsidenten der Russischen Föderation Oleg Soskowez. Es versteht sich von selbst, dass auch das Verteidigungsministerium an dem Deal beteiligt war.

Einige Jahre später begannen sich die naiven Bürger Russlands zu fragen, wie es angehen konnte, dass alle diese Waffen, mit denen die Tschetschenen russische Soldaten töteten, in Tschetschenien zurückgelassen wurden. Die prosaische Antwort: Die Waffen waren von Dudajew mit Schmiergeldern in Höhe von mehreren Millionen Dollar an Korshakow, Barsukow und Soskowez bezahlt worden.

Doch 1994 begann das System zu bröckeln, da Moskau sich seine Zugeständnisse im Hinblick auf eine tschetschenische Unabhängigkeit immer teurer bezahlen ließ. Irgendwann weigerte sich Dudajew, den finanziellen Forderungen Moskaus nachzugeben.

Der finanzielle Konflikt entwickelte sich mit der Zeit zu einer politischen Pattsituation und schließlich zu einer Kraftprobe zwischen der russischen und der tschetschenischen Führung, und es drohte ein Krieg auszubrechen. Dudajew verlangte ein persönliches Zusammentreffen mit Jelzin, möglicherweise in der Absicht, ihn darüber zu informieren, was eigentlich gespielt wurde. Doch die Troika Korshakow, Barsukow, Soskowez, die den Zugang zu Jelzin kontrollierte, forderte mehrere Millionen Dollar für die Herbeiführung eines Gespräches der beiden Staatsoberhäupter. Dudajew lehnte es ab, irgendwelche Summen als Vorleistung zu bezahlen. Außerdem drohte er zum ersten Mal den Leuten, die sich ihre politischen Dienste teuer bezahlen ließen, mit der Veröffentlichung von Dokumenten in seinem Besitz, die kompromittierende Details über die privaten Geschäfte der hohen Amtsinhaber mit den Tschetschenen enthielten.

Dudajew glaubte, der Besitz dieser Dokumente sei seine Versicherung gegen eine Verhaftung. Er konnte nicht festgenommen werden, man konnte ihn nur töten, da er als Kronzeuge über Verbrechen berichten konnte, die von Angehörigen der engsten politischen Umgebung Jelzins begangen worden waren. Doch Dudajew hatte sich verrechnet. Seine eigene Erpressung schlug fehl, und das Gespräch, das er verlangt hatte, kam nie zustande. Von diesem Moment an war der tschetschenische Präsident ein gefährlicher Zeuge, der beseitigt werden musste. So wurde ein grausamer und sinnloser Krieg bewusst provoziert.

Die Geschichte der Eskalation in den komplizierten und verworrenen Beziehungen zwischen Russland und Tschetschenien wäre ein Thema für ein eigenes Buch. Jedenfalls hatte die politische Führung Russlands 1994 erkannt, dass sie es sich nicht leisten konnte, Tschetschenien in die Unabhängigkeit zu entlassen, wie sie es mit Weißrussland und der Ukraine getan hatte. Von einem solchen Schritt ging eine Bedrohung für die gesamte Russische Föderation aus. Aber konnte Moskau es sich andererseits leisten, einen Bürgerkrieg im Nordkaukasus zu entfesseln?

Die »Kriegspartei«, die sich auf das Militär und das Innenministerium stützte, glaubte, das Risiko eingehen zu können, solange die Öffentlichkeit darauf vorbereitet war, und sie rechnete sich aus, es sei ein Leichtes, die Stimmung im Volk zu beeinflussen, wenn man die Tschetschenen so darstellte, dass sie in ihrem Kampf um Unabhängigkeit nicht vor Terroranschlägen zurückschreckten.

Nachdem feststand, dass russische Truppen und die Kräfte der Opposition gegen Dudajew jederzeit mit dem Sturm auf Grosny beginnen könnten, unternahm der FSK, wie damals die Nachfolgeorganisation des KGB hieß, am 18. November 1994 seinen ersten belegten Versuch, antitschetschenische Ressentiments zu schüren, indem er einen Terroranschlag inszenierte und tschetschenische Separatisten als dessen Urheber ausgab.

Die Explosion vom 18. November 1994 fand auf einer Eisenbahnbrücke über die Jausa in Moskau statt. Nach Angaben von Experten wurden zwei Sprengstoffladungen von rund 1,5 Kilogramm TNT gezündet. Das Schienenbett wurde auf einer Länge von zwanzig Metern zerrissen, und die Brücke wäre fast eingestürzt.

Allem Anschein nach war der Sprengstoff allerdings zu früh explodiert, zu einer Zeit, bevor der nächste Zug die Brücke überqueren sollte. Noch in einer Entfernung von hundert Metern fand man Körperteile des Attentäters. Es handelte sich um die Überreste von Hauptmann Andrej Schtschelenkow, einem Angestellten der Ölgesellschaft Lanako. Seine Bombe hatte ihn zerfetzt, als er sie an der Brücke anbringen wollte.

Allein dem Fehler des Agenten, der den Anschlag ausführen sollte, war es zu verdanken, dass die unmittelbaren Hintermänner des Terroranschlags bekannt wurden. Der Inhaber von Lanako – er hatte seiner Firma einen Namen gegeben, der mit den beiden ersten Buchstaben seines Nachnamens begann – war der fünfunddreißigjährige Maxim Lasowski, ein hochkarätiger Agent des für die Stadt und die Oblast Moskau zuständigen FSB, der in Verbrecherkreisen unter den Spitznamen »Max« und »Krüppel« bekannt war. Ohne den Ereignissen vorgreifen zu wollen, müssen wir hier doch die bedeutsame Tatsache erwähnen, dass sämtliche Angestellte von Lanako Mitarbeiter der russischen Spionageabwehrdienste waren.

Am Tag der Explosion über dem Fluss Jausa, dem 18. November 1994, meldete ein anonymer Anrufer bei der Polizei, vor den Geschäftsräumen der Firma Lanako stehe ein Lastwagen, der Sprengstoff geladen habe. Die Sicherheitsdienste gingen dem Hinweis nach und entdeckten tatsächlich einen Lkw in der Nähe des Lanako-Bürogebäudes, auf dessen Ladeflächen drei Landminen vom Typ MON-50, fünfzig Ladungen für Granatwerfer, vierzehn Granaten vom Typ RGD-5, zehn F-1-Eierhandgranaten und vier Pakete Plastiksprengstoff mit einem Gesamtgewicht von sechs Kilogramm sichergestellt wurden. Die Ermittler behaupteten jedoch, sie hätten nicht in Erfahrung bringen können, wem der Lkw gehöre, obwohl sich unter den Überresten Schtschelenkos ein Firmenausweis von Lanako befand und der bei dem Attentat benutzte Sprengstoff vom selben Typ war wie jener, den man auf dem Laster gefunden hatte.

Man muss berücksichtigen, dass am 18. November ebenso wie in späteren derartigen Fällen die »tschetschenischen Terroristen« ihre angeblichen Bombenanschläge zu den für sie selbst denkbar ungünstigsten Zeitpunkten verübten und danach nie die Verantwortung dafür übernahmen (was die Terrorakte als solche sinnlos machte). Hinzu kommt: Im November 1994 war die öffentliche Meinung in Russland und in der übrigen Welt auf der Seite des tschetschenischen Volkes. Warum hätten also die Tschetschenen in Moskau einen Terroranschlag verüben sollen? Es wäre viel sinnvoller gewesen, gegen die auf tschetschenischem Territorium stationierten russischen Truppen mit Sabotageakten vorzugehen.

Die russischen Anhänger eines Kriegs gegen Tschetschenien waren jedoch allzu bereit, hinter jedem Terroranschlag die Hand Tschetscheniens zu vermuten, und ihre Reaktion auf jeden gebotenen Anlass bestand darin, einen schnellen und unverhältnismäßigen Schlag gegen eine tschetschenische Souveränität zu führen. Dies musste natürlich den Eindruck erwecken, das russische Militär und die Geheimdienste seien zwar auf angebliche tschetschenische Terroranschläge so gut wie gar nicht, auf Gegenmaßnahmen dagegen unglaublich gut vorbereitet.

Am 22. November 1994 erhob das Staatliche Verteidigungskomitee der Tschetschenischen Republik, das Dudajew einen Tag zuvor mit einem Erlass ins Leben gerufen hatte, die Anschuldigung, Russland führe einen Krieg gegen Tschetschenien. Soweit die Journalisten sehen konnten, gab es keinen Krieg, doch Dudajew wusste, dass die »Kriegspartei« bereits ihre Entscheidung getroffen hatte, Militäraktionen zu starten.

Das tschetschenische Verteidigungskomitee, dem neben Dudajew die Führer des Militärs und anderer Sicherheitsabteilungen sowie wichtige Regierungsstellen und Ministerien angehörten, hielt eine Dringlichkeitssitzung ab, um sich auf die »Drohung eines militärischen Einfalls« in Tschetschenien einzustellen. In einer Erklärung des Staatlichen Verteidigungskomitees, die in Grosny verteilt wurde, hieß es, »reguläre russische Einheiten sind im Begriff, den Rayon Nadteretschny, einen Teil der Tschetschenischen Republik, zu besetzen«, und in den kommenden Tagen sei geplant, »das Territorium der Rayons Naursk und Schelkowsk zu besetzen. Zu diesem Zweck werden reguläre Einheiten des Militärbezirks Nordkaukasus, Spezialeinheiten des russischen Innenministeriums sowie Armeeflugzeuge aus dem Militärbezirk Nordkaukasus eingesetzt. Nach den Informationen, die dem Staatlichen Verteidigungskomitee vorliegen, beteiligen sich auch Spezialeinheiten des russischen FSK an der Operation.«

Das Zentrale Hauptquartier der bewaffneten Kräfte Tschetscheniens bestätigte, dass an der Grenze zum Rayon Naursk Militäreinheiten zusammengezogen würden, ebenso im Dorf Wesselaja im Rayon Stawropol: Dort befänden sich schwere Panzer, Artillerie und sechs Bataillone Infanterie. Später wurde bekannt, dass das Rückgrat der Streitkräfte, die für einen Sturm auf Grosny zusammengezogen wurden, aus einer Kolonne russischer Panzerkampfwagen bestand, die auf eine Initiative und auf Kosten des FSK zusammengestellt worden war, sowie aus eigens abkommandierten Soldaten und Offizieren, zum Teil aus den Elitestreitkräften der Panzerdivisionen Taman und Kantemirow.

Am 23. November flogen neun russische Armeehubschrauber aus dem Militärbezirk Nordkaukasus einen Angriff auf die etwa vierzig Kilometer von Grosny entfernt liegende Stadt Schali in der Absicht, die Panzerwagen eines dort stationierten Panzerregiments zu zerstören, und trafen auf Flakartilleriefeuer. Es gab Verwundete aufseiten der Tschetschenen, die erklärten, sie seien im Besitz einer Videoaufnahme von Hubschraubern russischer Herkunft.

Am 25. November feuerten sieben russische Hubschrauber eines Militärstützpunkts im Rayon Stawropol mehrere Raketensalven auf den Flughafen in Grosny und auf Wohnhäuser in seiner Umgebung ab und beschädigten die Landebahn und die dort abgestellten Zivilflugzeuge. Sechs Personen wurden getötet und etwa fünfundzwanzig verletzt. Daraufhin übermittelte das tschetschenische Außenministerium der Administration des Rayons Stawropol eine Erklärung, in der es unter anderem hieß, die Führer des Rayons »tragen die Verantwortung für solche Akte, und für den Fall, dass die tschetschenische Seite geeignete Maßnahmen treffen wird«, sollten alle Beschwerden »direkt an Moskau gerichtet werden«.

Am 26. November griffen die Kräfte des »Provisorischen Rats Tschetscheniens« (die tschetschenische Opposition) mit Unterstützung durch russische Hubschrauber und Panzerwagen Grosny aus allen vier Himmelsrichtungen an. An dieser Operation waren über zwölfhundert Mann, fünfzig Panzer, achtzig Mannschaftswagen und sechs SU-27-Jagdbomber beteiligt. In einer Erklärung, die das Moskauer Zentrum des ferngelenkten »Provisorischen Rats Tschetscheniens« veröffentlichte, wurde behauptet, »die demoralisierten Kräfte der Anhänger Dudajews leisteten praktisch keinen Widerstand, und das Ganze wird aller Wahrscheinlichkeit nach morgen früh beendet sein«.

Tatsächlich war die Operation ein totaler Fehlschlag. Die Angreifer verloren rund fünfhundert Mann und über zwanzig Panzer, weitere zwanzig Panzer wurden von Dudajews Kräften erbeutet. Rund zweihundert Angehörige der gegnerischen Kräfte wurden gefangen genommen.

Am 28. November wurde eine Kolonne Gefangener »zum Zeichen des Sieges über die Kräfte der Opposition« durch die Straßen Grosnys geführt. Zur selben Zeit veröffentlichte die tschetschenische Führung eine Liste mit den Namen von vierzehn gefangenen Soldaten und Offizieren, die den russischen Streitkräften angehörten. Die Gefangenen bekannten vor laufenden Fernsehkameras, dass die meisten von ihnen in den Militäreinheiten 43162 und 01451 dienten, die ihre Stützpunkte vor den Toren Moskaus hatten.

Das Verteidigungsministerium der Russischen Föderation erwiderte, die betroffenen Personen seien keine aktiven Angehörigen der russischen Streitkräfte. In einer Antwort auf eine Anfrage, die die Gefangenen Hauptmann Andrej Krjukow und Oberleutnant Jewgeni Shukow betraf, erklärte das Verteidigungsministerium, diese Offiziere seien tatsächlich Mitglieder der Armeeeinheit 01451 gewesen, hätten sich jedoch seit dem 20. Oktober 1994 nicht mehr bei ihrer Einheit gemeldet, und gegenwärtig werde ein Befehl zu ihrer Entlassung aus den Streitkräften aufgesetzt. Mit anderen Worten, die gefangenen Soldaten wurden als Deserteure abgestempelt.

Am nächsten Tag wies der Vater von Jewgeni Shukow die Äußerung des Ministeriums zurück. In einem Interview mit der russischen Nachrichtenagentur *Nowosti* sagte er, sein Sohn habe die Einheit am 9. November verlassen und seinen Eltern gesagt, er sei für die nächsten zehn Tage nach Nishnij Tagil im Ural (gut zweitausend Kilometer von Tschetschenien entfernt) abkommandiert worden. Das nächste Mal, als seine Eltern ihn gesehen hätten – am 27. November im wöchentlichen TV-Nachrichtenprogramm *Itogi* –, habe er sich in einer Gruppe gefangener russischer Soldaten in Grosny befunden. Als man ihn fragte, wieso sich sein Sohn in Tschetschenien befinde, gab der Vater keine Antwort.

Wenig später, am 8. Dezember, berichtete Major Waleri Iwanow nach seiner Freilassung zusammen mit sechs weiteren Angehörigen der russischen Streitkräfte sehr anschaulich über die Ereignisse vom 26. November:

»Nach dem Tagesbefehl für die Einheit wurde allen, die man angeworben hatte, Urlaub wegen besonderer familiärer Umstände gewährt. Zum größten Teil wählten sie Offiziere ohne geregelte häusliche Verhältnisse aus. Die Hälfte von ihnen hatte keine Wohnung – man durfte ablehnen, aber wenn man das tat, wurde man bei der nächsten Zuteilung von Wohnungen nicht berücksichtigt.

Am 10. November kamen wir in Mosdok in Nordossetien an. Innerhalb von zwei Wochen machten wir vierzehn Panzer mit tschetschenischer Besatzung und sechsundzwanzig Panzer für russische Soldaten einsatzklar. Am 25. November rückten wir auf Grosny vor ... Ich selbst war in einer Gruppe von drei Panzern, die um die Mittagszeit des 26. das Fernsehzentrum in Grosny absicherten. Es gab keinen Widerstand von den Kräften des Innenministeriums, die den Turm verteidigten. Doch drei Stunden später, in denen wir ohne Nachrichtenverbindung mit unserer Führung waren, wurden wir vom berühmten abchasischen Bataillon beschossen.

Wir wurden von Panzern und Infanterie eingekesselt und beschlossen, es sei sinnlos, das Feuer zu erwidern, da die Kräfte der Opposition [gegen Dudajew] beim ersten Schuss Reißaus genommen und uns im Stich gelassen hatten und zwei von unseren drei Panzern ausgebrannt waren. Die Besatzungen konnten rechtzeitig aussteigen und ergaben sich den Wachen des Fernsehzentrums, die uns der Leibwache von Präsident Dudajew übergaben. Sie haben uns gut behandelt, und in den letzten Tagen haben sie uns kaum noch bewacht – aber wohin hätten wir auch flüchten sollen?«

Das alles erweckte den Eindruck, als habe man die Panzerkolonne bewusst am 26. November nach Grosny kommandiert, damit sie dort vernichtet würde. Die Soldaten waren nicht in der Lage, Dudajew und seine Streitkräfte zu entwaffnen oder die Stadt zu erobern und zu halten. Die Armee Dudajews befand sich in voller Gefechtsstärke und war gut bewaffnet. Die russische Kolonne konnte unmöglich mehr gewesen sein als ein bewegliches Ziel.

Der russische Verteidigungsminister Pawel Gratschjow ließ durchblicken, dass er an dem unverantwortlichen Versuch einer Eroberung Grosnys nicht beteiligt gewesen war. Rein militärisch, erklärte Gratschjow auf einer Pressekonferenz am 28. November 1996, wäre es ohne Weiteres möglich gewesen, Grosny »mit einem einzigen Fallschirmjägerregiment innerhalb von zwei Stunden einzunehmen. Doch alle militärischen Konflikte werden letztlich mit politischen Methoden am Verhandlungstisch ausgetragen. Mit Panzern in die Stadt zu fahren ohne Deckung durch Infanterie war wirklich völlig zwecklos.« Aber warum erteilte man trotzdem den Befehl dazu?

General Gennadi Troschew sollte uns später etwas über die Bedenken Gratschjows hinsichtlich des Tschetschenienfeldzugs erzählen: »Er hat mehrfach versucht, sich einzumischen. Er hat versucht, von Stepaschin und seinem Geheimdienst eine klare Einschätzung der Lage zu erhalten, er hat versucht, den ersten Einsatz von Truppen auf das Frühjahr zu verschieben, und er hat sogar versucht, eine persönliche Vereinbarung mit Dudajew zu erreichen. Wir wissen heute, dass es ein solches Gespräch gegeben hat. Sie konnten sich nicht einigen.«

General Troschew, der zu diesem Zeitpunkt das Oberkommando im zweiten Tschetschenienkrieg innehatte, konnte nicht verstehen, warum es Gratschjow nicht gelungen war, sich mit Dudajew zu verständigen. Der Grund war natürlich der, dass Dudajew auf einem persönlichen Gespräch mit Jelzin bestanden hatte und Korshakow keinen Termin festlegen wollte, bevor Dudajew ihn nicht bezahlt hatte.

Die fehlgeschlagene Militäroperation hatte tatsächlich nicht Gratschjow, sondern FSK-Chef Stepaschin vorbereitet, der dabei vom Leiter des Moskauer FSK, Jewgeni Sawostjanow, unterstützt worden war. Dieser war zuständig für die Behandlung von Fragen im Zusammenhang mit dem Sturz der Regierung Dudajew und dem Einmarsch von Truppen in Tschetschenien.

All denen, die sich wortreich über die krassen Fehlkalkulationen der russischen Militärführer ausließen, die eine gepanzerte Kolonne in die Stadt geschickt hatten, nur damit diese vernichtet wurde, entging das subtile politische Kalkül der Provokateure, die den Krieg in

Tschetschenien organisierten. Die Leute, die den Einmarsch in Grosny geplant hatten, wollten ja gerade, dass die Soldaten in spektakulärer Weise von den Tschetschenen besiegt würden. Es war die einzige Möglichkeit, Jelzin zu einem umfassenden Krieg gegen Dudajew anzustiften.

Unmittelbar nach der Schlappe in Grosny wandte sich Jelzin öffentlich an russische Beteiligte an dem Konflikt in Tschetschenien, und der Kreml begann, die öffentliche Meinung auf einen unmittelbar bevorstehenden regelrechten Krieg vorzubereiten. In einem Interview mit der russischen Nachrichtenagentur *Nowosti* erklärte Arkadi Popow, ein Berater im analytischen Zentrum des Präsidenten, Russland könne in Tschetschenien die Rolle eines »Zwangsfriedensstifters« übernehmen. Alle Anzeichen, sagte er, deuteten darauf hin, dass der russische Präsident beabsichtige, entschlossen zu handeln. Sollte der Präsident für Tschetschenien einen Notstand ausrufen, könnten die russischen Behörden zu einer »Art begrenzter Intervention« übergehen, »welche die Form einer Entwaffnung beider Seiten des Konflikts annähme, indem ein begrenztes Kontingent russischer Truppen in Grosny einmarschieren würde«. Nachdem der FSK also in Tschetschenien einen Konflikt provoziert hatte, indem er die tschetschenische Opposition politisch und militärisch unterstützte, beabsichtigte er jetzt die Einleitung eines Kriegs gegen Dudajew unter dem Deckmantel friedensstiftender Operationen.

Die tschetschenische Seite verstand Jelzins Äußerungen als ein »Ultimatum« und eine »Kriegserklärung«. Eine von der tschetschenischen Regierung herausgegebene Erklärung wies darauf hin, dass Jelzins Verlautbarung sowie jeder Versuch, sie in die Tat umzusetzen, »im Widerspruch zu den Normen des internationalen Rechts« ständen und der Regierung Tschetscheniens »das Recht« gäben, »als Antwort angemessene Maßnahmen zum Schutz ihrer Unabhängigkeit und der territorialen Unversehrtheit ihres Staates zu ergreifen«. In den Augen der Regierung der Tschetschenischen Republik kam in der russischen Drohung, über das tschetschenische Territorium den Ausnahmezustand zu verhängen, »die unverhohlene Absicht« zum Ausdruck, »die militärischen Operationen fortzusetzen und sich in die inneren Angelegenheiten eines anderen Staates einzumischen«.

Am 30. November wurde Grosny von Flugzeugen der russischen Luftwaffe angegriffen. Am 1. Dezember weigerte sich das russische Militärkommando, ein Flugzeug in Grosny landen zu lassen, in dem sich eine Delegation von Mitgliedern der russischen Staatsduma befand. Die Maschine landete in der damaligen inguschischen Hauptstadt Nasran, und die Abgeordneten setzten ihre Reise auf dem Landweg fort, um in Grosny mit Dudajew sprechen zu können. Während sie – am 1. Dezember – noch unterwegs waren, flogen gegen vierzehn Uhr acht Jagdbomber vom Typ SU-27 einen zweiten Angriff auf die tschetschenische Hauptstadt, wobei sie auf schweres Flakfeuer stießen. Die Flugzeuge attackierten vor allem das Stadtviertel, in dem sich die Wohnung Dudajews befand. Nach Angaben der tschetschenischen Seite wurde eine feindliche Maschine abgeschossen.

Am 2. Dezember erklärte der Leiter der in Grosny eingetroffenen Delegation (und Vorsitzende des Verteidigungsausschusses der Duma), Sergej Juschenkow, die Anwendung von Gewalt in den russisch-tschetschenischen Beziehungen sei zum Scheitern verurteilt. Nachdem er sich an Ort und Stelle ein Bild von der Lage gemacht habe, sei er überzeugt, dass man aus der entstandenen Situation nur mittels Verhandlungen herausfinden könne, für welche die tschetschenische Seite im Übrigen keine Vorbedingungen stelle.

Die öffentliche Meinung war noch auf der Seite der Tschetschenen, doch die Führung des FSB glaubte fest daran, dass die Bevölkerung durch Terroranschläge, die man den Tschetschenen anlastete, manipuliert werden könne. Am 5. Dezember behauptete der FSK vor Journalisten, ausländische Söldner seien über die Staatsgrenze nach Tschetschenien gelangt. Aus diesem Grund lasse sich »eine Aktivität terroristischer Gruppen, die zurzeit nach Russland eingeschleust werden, in anderen Regionen des Landes nicht ausschließen«.

Das war die erste unverhüllte Verlautbarung des FSK, dass in nächster Zeit auf russischem Boden mit Terroranschlägen, deren Spur nach Tschetschenien führe, gerechnet werden müsse. Zu diesem Zeitpunkt sprachen sie jedoch noch davon, dass Russland von ausländischen Agenten infiltriert sei, eine Masche, die aus den alten Handbüchern des KGB stammte.

Am 6. Dezember 1994 erklärte Dudajew in einem Interview, die russische Politik arbeite den Anhängern des Islams in Tschetschenien in die Hände: »Das Ausspielen der ›tschetschenischen Karte‹ kann die globalen Interessen islamischer Staaten ins Spiel bringen, wodurch es unmöglich werden kann, die Entwicklung der Ereignisse unter Kontrolle zu halten. In Tschetschenien ist jetzt eine dritte Kraft entstanden, die Islamisten, und das Heft des Handelns geht allmählich an sie über.« Dudajew kennzeichnete die Einstellung der Neuankömmlinge in Grosny mit den Worten: »Wir sind nicht mehr Ihre Soldaten, Herr Präsident, wir sind Soldaten Allahs«, und er schloss mit dem Resümee: »Die Lage in Tschetschenien gerät allmählich außer Kontrolle, und das macht mir Sorgen.«

Vorgeblich als Erwiderung auf die Äußerungen Dudajews lancierte der russische Verteidigungsminister Gratschjow eine PR-Kampagne, die nach außen wie eine Friedensgeste wirken sollte, tatsächlich jedoch eine weitere Eskalation des Konflikts auslöste. Gratschjow schlug vor, die tschetschenische Opposition (die vom FSK finanziert, bewaffnet und mit Führungspersonal ausgestattet wurde) solle ihre Waffen unter der Voraussetzung aushändigen, dass sich die Anhänger Dudajews bereit erklärten, gleichzeitig ebenfalls ihre Waffen abzugeben. Mit anderen Worten, er schlug Dudajew eine einseitige Entwaffnung der Tschetschenen vor (da von einer Entwaffnung der Russen nicht die Rede war). Dieser Vorschlag wurde von der tschetschenischen Regierung natürlich nicht angenommen. Am 7. Dezember fand ein Gespräch zwischen Gratschjow und Dudajew statt, das jedoch ergebnislos blieb.

Am selben Tag trat in Moskau der Sicherheitsrat zusammen, um über die Ereignisse in Tschetschenien zu beraten, und die Staatsduma hielt eine geschlossene Sitzung ab, zu der die Chefs der für die Streitkräfte, Geheimdienste und die Polizei zuständigen Regierungsstellen eingeladen wurden. Die Leiter erschienen jedoch nicht vor der Duma, da sie den Abgeordneten keine Auskünfte darüber geben wollten, wer den Befehl erteilt hatte, Angehörige der russischen Streitkräfte für den Einmarsch in Tschetschenien zu rekrutieren (FSK-Chef Stepaschin) und Grosny aus der Luft anzugreifen (das Verteidigungsministerium).

Am 8. Dezember gab die tschetschenische Seite bekannt, sie sei im Besitz von Informationen, denen zufolge Russland Vorbereitungen treffe, mit Truppen in Tschetschenien einzumarschieren und einen flächendeckenden Bodenkrieg gegen die Republik zu führen. Auf einer am 9. Dezember einberufenen Pressekonferenz in der Moskauer Staatsduma erklärte Wladimir Lyssenko, der Vorsitzende des Duma-Ausschusses für föderale Angelegenheiten und Regionalpolitik (und der Republikanischen Partei Russlands), dass er in diesem Fall einen Antrag in der Duma einbringen werde, die russische Regierung zu entlassen.

Am selben Tag gelang es dem Arbeitsausschuss, der sich mit dem Thema Verhandlungen über die Beilegung des Konflikts in der Tschetschenischen Republik befasste, eine Vereinbarung zwischen den Vertretern Präsident Dudajews und der Opposition herbeizuführen, nach der in Wladikawkas am 12. Dezember um fünfzehn Uhr Verhandlungen aufgenommen werden sollten. Dabei sollte die Delegation der russischen föderalen Machtorgane aus zwölf Mitgliedern unter der Führung des stellvertretenden Ministers für Nationalitäten und Regionalpolitik bestehen. Der Delegation aus Grosny sollten neun Mitglieder unter der Führung des tschetschenischen Wirtschafts- und Finanzministers angehören. Die Opposition sollte drei Repräsentanten mit dem Generalstaatsanwalt Tschetscheniens als Sprecher entsenden. Es bestand eine vorläufige Übereinkunft, dass die Hauptpunkte in den Unterredungen zwischen Moskau und Grosny die Beendigung des Blutvergießens und die Herstellung normaler Beziehungen sein sollten. In den Verhandlungen mit den Anhängern der tschetschenischen Opposition sollten nur Fragen der Entwaffnung besprochen werden.

Das alles erhöhte die Chancen, den Frieden zu wahren, und ließ der »Kriegspartei« nur wenig Zeit bis zum 12. Dezember. Praktisch wurde der Zeitpunkt, zu dem die militärischen Bodenoperationen einsetzten, durch diese Ankündigung des Arbeitsausschusses zum Tschetschenienkonflikt festgelegt: Wenn die Friedensverhandlungen am 12. Dezember aufgenommen werden sollten, musste der Krieg spätestens am 11. Dezember begonnen werden.

Dementsprechend handelte die russische Führung: Am 11. Dezember überschritten Bodenstreitkräfte die Demarkationslinie zur Tschetschenischen Republik, und in den ersten Tagen danach hieß es in den Lageberichten des russischen Militärs, es habe weder einen nennenswerten Widerstand noch Verluste in den eigenen Reihen gegeben.

Zum 13. Dezember hatte Oleg Soskowez, der Erste stellvertretende Ministerpräsident, seine hauptsächlichen Handlungslinien festgelegt und teilte den Journalisten mit, dass sich die Gesamtkosten der notwendigen Maßnahmen zur Normalisierung der Lage in Tschetschenien auf etwa eine Billion Rubel belaufen könnten. (Das war die Summe, die zunächst aus dem Budget bereitgestellt werden musste, sodass sie systematisch unterschlagen werden konnte.) Es sei, sagte er, für die Regierung oberstes Gebot, dass die Hilfsgelder der tschetschenischen Bevölkerung zugutekämen, und man werde besonders darauf achten zu gewährleisten, dass dieses Geld weder vergeudet noch veruntreut würde. (Wir wissen heute, dass in Tschetschenien niemals Gelder ankamen und dass die gesamte Summe vergeudet und veruntreut wurde.)

Soskowez betonte, dass Angehörige der tschetschenischen Gemeinde in Moskau und anderen russischen Städten nicht als potenzielle Terroristen angesehen werden dürften. Diese Aussage verdient besondere Beachtung. Bis dahin hatte niemand auch nur davon geträumt, die Angehörigen der tschetschenischen Gemeinde als potenzielle Terroristen zu betrachten, und bis dahin war es auch noch zu keinem einzigen Terroranschlag gekommen. Der Krieg mit Tschetschenien wurde noch nicht einmal als ein Krieg wahrgenommen, sondern eher als eine Art Polizeiaktion, und es hatte auch noch keine schweren Verluste gegeben.

Doch aus irgendeinem Grund hielt es der Erste stellvertretende Ministerpräsident anscheinend für möglich, dass die Tschetschenen auf russischem Boden Terroranschläge vorbereiteten. In Soskowez' Hinweis, die große Mehrzahl der Tschetschenen in Russland habe keinerlei diskriminierende Maßnahmen zu gewärtigen und die Staatsmacht denke nicht einmal daran, Tschetschenen unter Zwang aus Russland abzuschieben, kam offenbar eine Andeutung der »Kriegspartei« zum Ausdruck, dass der Krieg gegen das gesamte tschetschenische Volk überall in Russland zu führen sei, und zwar in Form von diskriminierenden Maßnahmen wie auch von Zwangsabschiebungen.

Generalleutnant Alexander Lebed, Kommandeur der 14. russischen Armee in Pridnjestrowje (der Region entlang dem Fluss Dnjestr in der Republik Moldau), widersetzte sich der »Kriegspartei« vehement, da ihm völlig klar war, was Soskowez mit seiner Andeutung gemeint hatte und welchen Preis Russland dafür bezahlen musste. In einem Telefoninterview von seinem Tiraspoler Hauptquartier aus erklärte er: »Der Tschetschenienkonflikt kann nur auf dem Weg diplomatischer Verhandlungen beigelegt werden. In Tschetschenien wiederholt sich das Afghanistanszenario Punkt für Punkt. Wir laufen Gefahr, einen Krieg mit der gesamten islamischen Welt zu entfesseln. Einzelkämpfer können endlos fortfahren, unsere Panzer in Brand zu setzen und unsere Soldaten durch einzelne Schüsse zu töten. In Tschetschenien haben wir uns selbst in den Fuß geschossen, genau wie in Afghanistan, und das ist sehr traurig. Ein gut verbarrikadiertes und ausreichend mit Lebensmitteln versehenes Grosny kann einen lang anhaltenden und zähen Widerstand leisten.« Lebed erinnerte jeden daran, dass Dudajew zu Sowjetzeiten eine Luftlandedivision in strategischen Bombern befehligt hatte, die in der Lage gewesen war, einen Krieg in kontinentalem Maßstab zu führen, und dass auf solche Posten »keine Dummköpfe berufen« würden.

Vom 14. Dezember an herrschte in Moskau ein Zustand halbmilitärischer Alarmbereitschaft, und die Moskauer Bevölkerung wurde durch Meldungen von angeblich zu erwartenden tschetschenischen Terroranschlägen in Angst und Schrecken versetzt. Als die Polizei am Abend des 13. Dezember den Grosnyer Israil Getjew festnahm, weil er Silvesterknallkörper gezündet hatte, konnte die Bekanntgabe der Verhaftung noch ein müdes Lächeln auslösen. Das änderte sich aber bereits am nächsten Tag.

Die Behörden des Innenministeriums erhöhten die Sicherheitsstufe für den Schutz der lebenswichtigen Einrichtungen der Stadt, und Mitarbeiter des FSK verstärkten deren Bewachung. Polizeistreifen mit automatischen Schusswaffen gingen vor zahlreichen staatlichen Einrichtungen auf und ab. Das Innenministerium gab bekannt, dies alles seien Maßnahmen gegen Terroristengruppen aus Grosny, die nach Moskau entsandt worden seien. Die ersten als Terroristen verdächtigten Tschetschenen wurden vorgeführt.

Ebenso hieß es am 14. Dezember überraschend in den Nachrichten, dass nach weniger als drei vollen Tagen militärischer Operationen »die Verluste auf beiden Seiten in die Hunderte gehen«. Am folgenden Tag zeigte sich das ganze Ausmaß der begonnenen Offensive. Russische Streitkräfte bereiteten sich darauf vor, die Hauptstadt zu stürmen.

Auf dem Vormarsch nach Grosny befanden sich neben Untereinheiten des Innenministeriums zwei unspezifische Armeedivisionen aus dem Militärbezirk Nordkaukasus und zwei Sturmbrigaden in voller Mannschaftsstärke. Außerdem drangen gemischte Regimenter aus den in Pskow, Witebsk und Tula stationierten Divisionen der Luftlandesturmtruppen (WDW) mit jeweils sechs- bis achthundert Mann nach Tschetschenien vor. In der Region von Mosdok hatte die Auslandung gemischter Regimenter der WDW-Divisionen aus Uljanowsk und Kostroma begonnen. Die Angreifer näherten sich Grosny auf vier Marschrouten: einer aus Inguschien, zwei aus Mosdok und einer aus Dagestan. Auf tschetschenischer Seite waren nach Informationen des russischen Innenministeriums und des FSK in Grosny und Umgebung rund dreizehntausend bewaffnete Kämpfer zusammengezogen worden.

Jelzin bewegte sich auf den Rand eines Abgrunds zu. Am 17. Dezember 1994 wurde auf einer Sitzung des Sicherheitsrats unter seinem Vorsitz ein Plan zur »Durchführung von Maßnahmen zur Wiederherstellung einer verfassungsmäßigen Gesetzlichkeit, einer verbindlichen Rechtsordnung und des Friedens in der Tschetschenischen Republik« erörtert. Der Sicherheitsrat erteilte dem Verteidigungsministerium (Gratschjow), dem Innenministerium (Wiktor Jerin), dem FSK (Stepaschin) und dem Föderalen Dienst für Grenzschutz (Nikolajew) die Befugnis, alle verfügbaren Mittel einzusetzen, um illegale bewaffnete Formationen in Tschetschenien zu entwaffnen und zu vernichten und die staatlichen und Verwaltungsgrenzen der Tschetschenischen Republik zu sichern. Die Koordinierung dieser Maßnahmen lag in den Händen von Gratschjow.

Das war der Tag, an dem die liberaldemokratische Periode Russlands endete. Präsident Jelzin hatte politischen Selbstmord begangen.

An diesem Tag gab das russische Außenministerium bekannt, dass ab 00.00 Uhr des 18. Dezember Einheiten des Innen- und des Verteidigungsministeriums unter dem Befehl ständen, entschlossen vorzugehen und mit allen zu Gebote stehenden Maßregeln die verfassungsmäßige Ordnung sowie Recht und Gesetz auf dem Territorium Tschetscheniens wiederherzustellen. Horden von Banditen würden entwaffnet und, falls sie Widerstand leisteten, vernichtet. Das Innenministerium erklärte, man habe die Zivilbevölkerung Tschetscheniens aufgefordert, Grosny und andere Städte, in denen sich Rebellengruppen festgesetzt hätten, zu verlassen. Des Weiteren gab es allen Auslandsjournalisten und anderen Ausländern in der Zone der Kampfhandlungen den dringenden Rat, sich aus Grosny zu entfernen und in sichere Gebiete zu begeben. (Trotz der Warnungen vonseiten der russischen Führung blieben die meisten ausländischen Journalisten in der Hauptstadt, und im Hotel »Französischer Hof«, in dem sie Quartier bezogen hatten, waren Zimmer wie immer knapp.)

Ebenfalls an diesem Tag verkündete Soskowez der Welt, man habe Präsident Dudajew aufgefordert, nach Mosdok zu kommen, um dort mit einer russischen Delegation unter der Führung des stellvertretenden Ministerpräsidenten Nikolaj Jegorow und des FSK-Chefs Stepaschin zusammenzutreffen. Falls Dudajew nicht in Mosdok erscheine, erklärte Soskowez, würden die russischen Streitkräfte entsprechend den Bestimmungen über die Ausschaltung illegal bewaffneter Formationen handeln; darüber hinaus gab er bekannt, dass sich die Kosten der Operationen der vergangenen Woche für das Innenministerium auf sechzig Milliarden und für das Verteidigungsministerium auf zweihundert Milliarden Rubel beliefen.

Vier Stunden bevor das Ultimatum ablief, um acht Uhr abends am 17. Dezember, unternahm Dudajew einen letzten Versuch, einen Krieg abzuwenden, und übermittelte der russischen Führung, er sei bereit, »Verhandlungen auf der angemessenen Ebene ohne Vorbedingungen aufzunehmen und die Regierungsdelegation der Tschetschenischen Republik persönlich anzuführen«. Damit forderte Dudajew erneut ein persönliches Zusammentreffen mit Jelzin, doch da er sich noch immer weigerte, für das Arrangement eines solchen Gesprächs zu bezahlen, blieb sein Angebot unbeantwortet.

Um neun Uhr am Morgen des 18. Dezember begannen die russischen Streitkräfte, die einen Ring um Grosny gebildet hatten, mit dem Sturm auf die Stadt. Die ersten Lufteinheiten und Armeehubschrauber führten »Präzisionsschläge gegen Dudajews Kommandoposten in Chankala bei Grosny, die Brücken über den Terek im Norden und gegen bewegliche Gruppen von Panzerwagen«. In einer Verlautbarung des vorläufigen Informationszentrums des russischen Oberkommandos hieß es, nach der Vernichtung der Panzerwagen würden die Blockadekräfte vor Grosny planmäßig vorrücken und mit der Entwaffnung illegaler bewaffneter Gruppen auf tschetschenischem Territorium beginnen. Der bevollmächtigte Vertreter Präsident Jelzins in Tschetschenien erklärte, Dudajew habe jetzt keine andere Wahl mehr, als zu kapitulieren.

Später an diesem Tag informierte Soskowez – inzwischen auch zum Chef des operativen Hauptquartiers der russischen Regierung zur Koordinierung der Maßnahmen vonseiten der Exekutivbehörden ernannt – die Presse, in Grosny »prüfen sie die Möglichkeit«, Terroranschläge gegen militärische und zivile Ziele in Zentralrussland und im Ural zu verüben und ein ziviles Passagierflugzeug zu entführen. Die erstaunlich detaillierte Information des Ersten stellvertretenden Ministerpräsidenten war in Wirklichkeit ein Hinweis, dass man innerhalb der nächsten Tage mit Terroranschlägen zu rechnen hatte.

Am 22. Dezember gab das Presseamt der Regierung der Russischen Föderation bekannt, dass in Tschetschenien in nächster Zeit Selbstmordanschläge verübt würden, um anschließend Angehörige der russischen Armee als Urheber der Explosionen zu beschuldigen. Die an die Presse geleitete Mitteilung hatte folgenden Wortlaut:

»Heute Morgen um zehn Uhr fand eine Sitzung unter dem Vorsitz des Ersten stellvertretenden Ministerpräsidenten der Regierung, Oleg Soskowez, statt, an der Mitglieder der Regierung, des Sicherheitsrats und Vertreter des Präsidentenbüros teilnahmen. Sie erörterten die Lage, die in der Tschetschenischen Republik entstanden ist, und die Maßnahmen, die der Präsident und die Regierung ergriffen haben, um die verfassungsmäßige Ordnung wiederherzustellen und der Bevölkerung der Gebiete, die aus der Hand der bewaffneten Formationen Dudajews befreit worden sind, Wirtschaftshilfe zu leisten. Aus Berichten der bei der Sitzung Anwesenden geht hervor, dass die Operationen der vergangenen Nacht zur Entwaffnung der bewaffneten Banditeneinheiten anhielten und dass gegen ihre Stützpunkte Luftangriffe geflogen wurden.

Die Stadt Grosny selbst wurde nicht bombardiert. Doch die Guerillas haben versucht, eine Bombardierung von Wohnvierteln vorzutäuschen. Gegen ein Uhr nachts wurden ein Bürogebäude und ein Wohnblock in die Luft gesprengt. Die Bewohner, sowohl Russen als auch Tschetschenen, wurden vor dem geplanten Anschlag nicht gewarnt.

Die Vortäuschung einer Bombardierung aus der Luft sollte die Behauptung beweisen, dass ›die russische Führung einen Krieg gegen das tschetschenische Volk‹ führe. Diese Behauptung wurde gestern in Dudajews ›Aufruf an die internationale Gemeinschaft‹ aufgestellt.«

Mit anderen Worten: Das Pressebüro der russischen Regierung versuchte, die durch russische Streitkräfte herbeigeführte Zerstörung eines Bürogebäudes und eines Wohnblocks, in denen sich Zivilpersonen befanden, den Tschetschenen in die Schuhe zu schieben.

Diese von Soskowez initiierte Presseerklärung in stalinistischem Stil wurde einen Tag vor der Explosion an der Moskauer Ringbahnstrecke zwischen den Bahnhöfen Koshuchowo und Kanatschikowo veröffentlicht (es gab keine Toten oder Verletzten, und es wurden auch keine Terroristen gefunden).

Der 23. Dezember 1994 ist der Tag, an dem der terroristische Feldzug des FSB gegen Russland begann. Von da an wurden Terroranschläge zu einer alltäglichen Erscheinung.

KAPITEL 2

Die Geheimdienste laufen Amok

Es ist interessant, sich genauer anzusehen, auf welche Art und Weise das Pressebüro der russischen Regierung den Terroranschlag schilderte, der am 23. Dezember verübt wurde:

»Uns liegen Informationen über die Entsendung von drei erfahrenen Guerillakämpfern, darunter eine Frau, [von Tschetschenien] nach Moskau vor mit dem Auftrag, die Führung von Terroristengruppen zu übernehmen, die zuvor hierhergeschickt wurden.

Eine Gruppe von Ausländern, die zu den Guerillas aus Grosny Verbindung aufnehmen wollten, ist verhaftet worden. Mehrere funkgesteuerte Sprengkörper, die sich bei ihnen fanden, wurden sichergestellt, außerdem zwanzig Kilogramm TNT und sechzehn funkgesteuerte Tret- und Panzerminen.

Am Abend des 23. Dezember wurden in einem Abschnitt der Moskauer Ringbahn die Schienen gesprengt. Eine weitere Sprengstoffladung konnte entschärft werden. Es wurden Maßnahmen ergriffen, die in Moskau und der Oblast Moskau aktiven Sabotagegruppen aufzuspüren und festzunehmen.«

Irgendwelche Ermittlungen gegen die Urheber von Terroranschlägen hat es nicht gegeben. Das Bild war ohnedies klar und deutlich:

Zuerst beorderten die Tschetschenen »Sabotagegruppen« in die russische Hauptstadt und die Oblast Moskau; dann schickten sie drei erfahrene Guerillaführer, die diesen Trupps helfen sollten; und schließlich stieß eine »Gruppe von Ausländern« dazu, die sie mit Sprengstoff und Zündern versorgte (anscheinend trugen sie die Sprengladungen am Körper, als sie in Russland einreisten). Das Ergebnis all dieser komplizierten Vorbereitungen war ein Terroranschlag auf einen Abschnitt der Moskauer Ringbahn, was darauf schließen ließ, dass der FSB die Saboteure, die bereits nach Moskau und Umgebung entsandt worden waren, noch nicht unschädlich gemacht hatte (man konnte also annehmen, dass die Terroranschläge weitergehen würden).

An dieser regierungsamtlichen Presseerklärung entsprach nichts der Wahrheit bis auf die Mitteilung, dass es an einer Stelle der Moskauer Ringbahn am 23. Dezember eine Explosion gegeben hatte.

Die Art der Ausführung ließ darauf schließen, dass der Anschlag vom 23. Dezember von denselben Leuten ausgeführt worden war, die auch die Gleise über dem Fluss Jausa am 18. November in die Luft gesprengt hatten. Jedenfalls wäre es wirklichkeitsfremd, in der Tatsache, dass nur vier Tage später in Moskau ein weiterer Terroranschlag verübt wurde, einen reinen Zufall zu sehen.

Am 27. Dezember 1994 deponierte Wladimir Worobjow, ein auf Raketenabwehr spezialisierter Doktor der Technischen Wissenschaften, um neun Uhr abends eine Sprengladung mit Fernzündung in einem Bus an einer Haltestelle der Linie 33. Im Bus befanden sich keine Fahrgäste, als die Ladung explodierte, und der einzige Verletzte war der Fahrer Dmitri Trapesow, der schwere Blutergüsse und eine Gehirnerschütterung davontrug. In der Nähe stehende Busse wurden durch umherfliegende Splitter beschädigt.

Wie der Bombenleger vom 18. November, Andrej Schelenkow, war auch Worobjow in Maxim Lasowskis Firma Lanako angestellt und zugleich als inoffizieller FSK-Agent tätig. Sein Chef Lasowski arbeitete nicht nur für den FSK, sondern auch für die Zivile Auslandsaufklärung SWR. Dort stand er unter dem Befehl des erfahrenen Offiziers Pjotr Suslow, dessen Karriere es wert ist, näher betrachtet zu werden.

Suslow hatte den Geheimdienst offiziell quittiert, war 1995 in die Wirtschaft gegangen und danach mehrfach in das vom Krieg heimgesuchte Grosny, nach Bagdad, Teheran, in die Arabischen Emirate und andere Länder im Vorderen Orient gereist. Dies waren nicht nur Dienstreisen im herkömmlichen Sinne. Tatsächlich organisierte Suslow Erpressungen in großem Stil.

Für die Ausführung seiner Aufträge, bei denen Gewalt und Mord an der Tagesordnung waren, warb er qualifizierte frühere Agenten aus Spezialeinheiten an, insbesondere aus der Sondereinsatzgruppe der Ersten (zentralen) Hauptverwaltung des KGB, genannt »Wympel«, die besondere Fähigkeiten als Heckenschützen hatten. Deren Offiziere wurden als Instrukteure wie auch als Frontagenten eingesetzt, und ihre Arbeit wurde über einen eigenen Wympel-Fonds finanziert. Der Vorsitzende des Fonds war ein in Russland gut bekannter Verbrecherboss, Sergej Kublizki, dem die Unterwelt den Spitznamen Workuta gegeben hatte. Suslow war der Zweite Vorsitzende. Gleichzeitig war Suslow auch Vorsitzender des Kuratoriums des regionalen »Law and Order«-Sozialfonds in Moskau.

Suslow unterhielt ausgedehnte Kontakte innerhalb der staatlichen Polizei- und Geheimdienste einschließlich der Führung des FSK/FSB. Insbesondere stand er in enger Verbindung mit Generalmajor Jewgeni Chocholkow, dem Leiter der Verwaltung für Langzeitprogramme (UPP), die im Sommer 1996 eingerichtet wurde und aus der schließlich 1997 die FSB-Abteilung für die Ermittlung und Bekämpfung organisierter Kriminalität (URPO) hervorging. Der an einer Schule des Auslandsgeheimdienstes ausgebildete Alexej Antropow, mit dem sowohl Lasowski als auch Suslow auf gutem Fuß standen, war Abteilungsleiter in der Dritten Sektion des URPO, die auf die Bekämpfung des inneren Terrorismus spezialisiert war.

Es lohnt sich auch, näher auf diese Geheimabteilung des FSB mit ihrer umständlich langen Bezeichnung – sie hieß ursprünglich Verwaltung für die Ermittlung und Bekämpfung der Aktivität krimineller Organisationen (URPDPO) – einzugehen, eine Bezeichnung, die zudem mehrfach geändert wurde, um der Öffentlichkeit die Aufdeckung ihres Geheimnisses zu erschweren. Das heutige URPO wurde eingerichtet, um Informationsquellen, die für die Staatssicherheit eine Gefahr bedeuteten, aufzuspüren und zu neutralisieren. Seine Aufgaben waren mithin Morde, Provokationen, Terroranschläge und Entführungen.

Die UPP verfügte über eine eigene Sektion für Auslandsüberwachung, einen eigenen Sicherheitsberater und eine eigene technische Abteilung. Einer der Stellvertreter Chocholkows war ein mit ihm gut bekannter Generalmajor, ein anderer ehemaliger Minister für Staatssicherheit der Republik Kabardinien-Balkarien.

In den Diensten der UPP standen auch zwei private Agenturen für Beschattung und Personenschutz, die unter den Bezeichnungen »Stealth« und »Kosmische Alternative« (spezialisiert auf das Verwanzen von Pagern und Handys) operierten. »Stealth« hatte einen legendären Ruf. Als Privatagentur für Bodyguards und Detektive, die ihren Namen häufig änderte, wurde Stealth 1989, als die Perestroika in den letzten Zügen lag, von einem Einwohner Moskaus, einem Mann namens Iwanow, als Geschäftsunternehmen angemeldet. Er war ein Agent der für die Aufrechterhaltung konstitutioneller Ordnung bei politischen Konflikten zuständigen Fünften Hauptverwaltung des KGB (der späteren Hauptverwaltung S). Iwanow wurde zur Bekämpfung des internationalen Terrorismus eingesetzt, und sein Kontaktmann war ein Angehöriger der Abteilung von Oberst W. W. Lutsenko, die bei der Einrichtung und den Aktivitäten von Stealth operative Unterstützung geleistet hatte. Mit der Hilfe Lutsenkos, der sich der privaten Personenschutzagentur bediente, um eher personelle als operative Aufträge zu erfüllen, baute Stealth in den Jahren 1989 bis 1992 ein weit gespanntes Netz von Kontakten zur Unterwelt und innerhalb der Polizei und der Geheimdienste auf und wurde zu einer der bekanntesten Sicherheitsagenturen in Russland.

Nach seiner Entlassung aus dem Geheimdienst 1992 übernahm Lutsenko die Leitung der Agentur, die er neu anmeldete, wobei er sich selbst als Mitinhaber eintragen ließ. Seine soliden Kontakte zu den verschiedenen Verwaltungen des früheren KGB sowie der Umstand, dass zahlreiche erfahrene Agenten aus den russischen Geheimdiensten ausgeschieden waren, die wiederum ihre eigenen Verbindungen und Seilschaften hatten, boten Lutsenko gute Möglichkeiten, hoch qualifizierte Mitarbeiter für Stealth zu gewinnen.

Aus seinem früheren Tätigkeitsbereich (Terrorismusbekämpfung) hatte Lutsenko noch zuverlässige Kontakte zu Vertretern der ehemaligen Neunten Hauptverwaltung des KGB (Schutz hochrangiger russischer Politiker). So konnte er Korshakow, Barsukow und ihrer Entourage die Dienste von Stealth unter seiner Führung anbieten, um die Sicherheitsabteilungen bei der Bekämpfung des organisierten Verbrechens mit eher unkonventionellen Methoden zu unterstützen.

Sein Angebot wurde angenommen, und innerhalb kurzer Zeit wurde unter Mitwirkung von Korshakows Erstem Stellvertreter, Generalmajor Georgi Ragosin, ein umfassender Aktionsplan entwickelt. Er sah vor, kriminelle und terroristische Organisationen, einzelne Verbrecher und umgeschulte Mitarbeiter der Abteilung für Spezialaufträge des Militärischen Auslandsgeheimdienstes (GRU), des Innenministeriums und des FSB einzusetzen, um kriminelle Vereinigungen zu unterwandern und zu zerschlagen und »Paten« aus der Unterwelt und Anführer krimineller Organisationen zu liquidieren.

Bei der praktischen Umsetzung des Plans lief alles nach dem bewährten russischen Prinzip ab: »Wir wollten es besser machen, aber am Ende war wieder alles so wie immer.« Stealth kümmerte sich um ein »Dach« für eine Reihe von Wirtschaftsorganisationen und führte verschiedene Operationen durch, um kriminelle und kommerzielle Konkurrenten unter Druck zu setzen, und schreckte dabei auch nicht vor Auftragsmorden zurück.

Um sich abzusichern, sorgten Korshakow, Barsukow und General Anatoli Trofimow, ab 1995 Direktor des FSB Moskau/Oblast Moskau, dafür, dass eventuelle Ermittlungen durch die Strafverfolgungsorgane und die Geheimdienste (FSB, Innenministerium, Steuerfahndung, Generalstaatsanwalt) verhindert wurden. Die Leiter all dieser staatlichen Stellen wurden über den Inhalt des ursprünglichen Programms informiert, zu dessen Zweck Stealth eingerichtet worden war, und es wurde vereinbart, dass die Behörden sich in die Aktivitäten der Agentur nicht einmischen sollten.

Stealth wählte das Verbrechersyndikat Ismailowo als Einsatztruppe, doch mit der Zeit wurde Stealth aufgrund des finanziellen

Einflusses des Syndikats und der Infiltration seines Personals zu einem »Dach« für das Ismailowo-Syndikat, und Lutsenko wurde dessen Strippenzieher. Andere private Sicherheitsunternehmen wie Kmeti und Cobalt befanden sich in derselben Situation. Sie alle hatten die Aufgabe, das Programm zur Bekämpfung des organisierten Verbrechens mit unkonventionellen Methoden in die Praxis umzusetzen. Sie wurden in eine Serie von Auftragsmorden an Bossen von Verbrecherbanden, Geschäftsleuten und Bankiers verwickelt, die allgemeines Aufsehen erregten.

Die Agenten, von denen diese Morde ausgeführt wurden, waren Personen aus speziellen, auf eigene Rechnung arbeitenden Geheimdienstgruppen. In der Regel wurden alle diese Operationen höchst professionell geplant und ausgeführt, wobei man die Mörder und Leute, die ihre Tarnung kannten, anschließend ebenfalls umbrachte, wenn es notwendig erschien.

Es war nicht damit zu rechnen, dass Ermittlungen in derartigen Fällen zu einer Anklage führen würden. Sollten wider Erwarten Personen verhaftet werden, die an derartigen Verbrechen beteiligt waren, so lebten sie einfach nicht lange genug, um vor Gericht auszusagen.

Im Lauf der Zeit entwickelte sich Stealth zu einem effizienten Sicherheitsunternehmen mit ausgefeilter technischer Ausrüstung und speziellen (zum Teil illegalen) Geräten und Waffen und einer Gehaltsliste mit den Namen von bis zu sechshundert Mitarbeitern. Rund siebzig Prozent davon waren ehemalige Angehörige des KGB und seiner Nachfolgeorganisationen, und rund dreißig Prozent waren ehemalige Polizisten. Stealth wurde der UPP unterstellt, als diese 1996 eingerichtet wurde, behielt jedoch noch ein gewisses Maß an Selbständigkeit.

Das Hauptprinzip, nach dem die UPP arbeitete, war »Problemlösung«: Gab es ein Problem, so musste eine Lösung gefunden werden. Hinweise hierauf findet man in den Memoiren von Pawel Sudoplatow, dem Mann, der für die Ermordung Leo Trotzkis verantwortlich war. Sie erschienen 1996 in Moskau und waren das bevorzugte Nachschlagewerk der UPP-Spitzen.

Die Ermordung des tschetschenischen Präsidenten Dschochar

Dudajew liefert ein gutes Beispiel für den Problemlösungsansatz als Strategie, ein Kampfziel zu erreichen. Die Leute, die diesen Mord ausgeheckt hatten, waren auch an der Einrichtung der UPP beteiligt.

In gewisser Hinsicht war das Attentat auf Dudajew ein bestellter Mord, nur erteilte in diesem Fall die Staatsführung den Auftrag. Der mündliche, aber nichtsdestoweniger amtliche Befehl, Dudajew zu liquidieren, kam vom russischen Präsidenten Jelzin. Die Vorgeschichte zu dieser Entscheidung ist unbestimmt und rätselhaft.

Irgendwann nach dem 20. Mai 1995 begannen informelle Verhandlungen zwischen der russischen und der tschetschenischen Seite über eine Einstellung der Kämpfe und die Unterzeichnung eines Friedensvertrags. Auf tschetschenischer Seite wurden die Verhandlungen vom ehemaligen Generalstaatsanwalt Tschetscheniens, Usman Imajew, organisiert, auf russischer Seite von dem bekannten Geschäftsmann Arkadi Wolski.

Die Russen versuchten die Tschetschenen zu einer Kapitulation zu bewegen. Im Namen der russischen Staatsführung bot Wolski Dudajew an, er könne von Tschetschenien in jedes andere Land seiner Wahl ausreisen (wie Jelzin es ausgedrückt hatte: »wohin auch immer er möchte, und je weiter entfernt von Russland, desto besser«). Die Zusammenkunft mit Dudajew war für Wolski alles andere als angenehm. Dudajew hatte das Gefühl, hintergangen worden zu sein, und er war wütend. Wolski wurde vermutlich nur durch seine parlamentarische Immunität vor Tätlichkeiten geschützt.

Auch Imajew blieb von Dudajews Zorn nicht verschont; bald danach wurde er beschuldigt, mit den russischen Geheimdiensten gemeinsame Sache zu machen. Nachdem Imajew von den weiteren Verhandlungen ausgeschlossen und seines Amtes enthoben worden war, kehrte er in sein Geburtsdorf Kulary zurück, wo er fromm wurde und die Gesetze der muslimischen Scharia predigte. Die russischen Behörden hinderten ihn nicht daran, nach Istanbul und Krakau zu reisen, wo sich die Tschetschenen sicher genug fühlten, um von dort aus eine unverhüllt russenfeindliche Propaganda zu treiben. Dudajew äußerte seine Besorgnis über Imajews Reise.

Dieser kehrte kurz vor der Ermordung Dudajews nach Tschetschenien zurück und wurde zuletzt auf einem russischen Militärstützpunkt in der Nähe von Kulary gesehen, wo er sich mit Vertretern der russischen Regierung getroffen hatte. Dem Mann, der ihn auf dem Weg nach Kulary begleitet hatte, sagte er, innerhalb einer Woche werde er wieder zurück sein. Er und die Russen, die ihn erwartet hatten, flogen in einem Hubschrauber mit unbestimmtem Ziel davon, und er wurde seitdem nicht mehr gesehen.

Doch die Verhandlungen zwischen Wolski und Imajew hatten noch ein Nachspiel: Dudajew konnte mit Moskau ein Abkommen über die Einstellung der Kampfhandlungen erreichen. Für die entsprechende Entscheidung sollte er wieder einmal eine Bestechungssumme in Höhe von mehreren Millionen Dollar entrichten. Er zahlte, um ein weiteres nutzloses Blutvergießen zu verhindern, doch der vereinbarte Befehl, das Feuer einzustellen, wurde nicht gegeben. Die Männer in der Umgebung Jelzins hatten die Tschetschenen »verladen«.

Daraufhin beauftragte Dudajew seinen Adjutanten Schamil Bassajew, einen Vorstoß zu unternehmen. Er sollte entweder das Geld zurückbekommen oder Vorbereitungen für Friedensgespräche treffen und doch noch eine Beendigung der Kampfhandlungen erreichen. Bassajew hatte jedoch noch eine andere Idee. Am 14. Juni 1995 versuchte er Korshakow, Barsukow und Soskowez zu zwingen, ihren eingegangenen Verpflichtungen nachzukommen, indem er in der russischen Stadt Budjonnowsk ein Krankenhaus mit über tausend Menschen besetzte, die er als Geiseln nahm.

Zur Befreiung der Geiseln wurde das russische Spezialkommando Alpha eingesetzt, das bereits bis in den ersten Stock des Krankenhauses vorgedrungen war und kurz davorstand, die Geiseln zu befreien und die Terroristen zu liquidieren, als der russische Ministerpräsident Wiktor Tschernomyrdin, der sich als Vermittler eingeschaltet hatte, zu dem zutreffenden Schluss gelangte, dass man die Tschetschenen übers Ohr gehauen hatte. Er versprach, unverzüglich Friedensgespräche aufzunehmen, verlangte einen Abbruch der Operation und garantierte den Männern Bassajews freien Abzug nach Tschetschenien. Es gab noch eine weitere Möglichkeit, die Geiseln zu befreien und die Männer Bassajews auf dem Rückweg zu vernichten, und zwar durch die Spezialeinheit Witjas, die in Bereitschaft stand und nur auf einen Befehl wartete. Dieser wurde jedoch nicht erteilt: Tschernomyrdin hatte Bassajew bestimmte Garantien gegeben, und er musste sein Wort halten.

Am 3. Juli 1995 unterzeichnete Präsident Jelzin das Dekret – es trug die Nummer 663 –, für das Dudajew bezahlt hatte: »Über die Stationierung von Organen für die militärische Verwaltung von Kommunikationswegen, Militäreinheiten und Organisationen der Streitkräfte der Russischen Föderation auf dem Territorium der Tschetschenischen Republik«. Am 7. Juli unterzeichnete Jelzin einen weiteren Erlass, in dem die Durchführungsbestimmungen für das vorherige Dekret festgelegt wurden.

Nach der Geiselnahme in Budjonnowsk setzten die Bürokraten im Kreml auch den Namen Schamil Bassajews auf ihre Liste unerwünschter Zeugen. Sie beschlossen, ihn mithilfe einer eigens eingesetzten Kampfeinheit unter dem Kommando des Leiters der Dritten Sektion (Nachrichtendienst) der Militärischen Gegenspionageabteilung des FSB, Generalmajor Juri Jarowenko, zu beseitigen.

Zur selben Zeit wurde eine Gefechtseinsatzgruppe unter dem Befehl von UPP-Chef Chocholkow (in Tschetschenien arbeitete er unter dem Decknamen Denissow) aufgestellt, um Dudajew zu liquidieren. Zu der Gruppe gehörten Hauptmann Alexander Kamyschnikow (der spätere stellvertretende Chef des URPO) und etliche weitere Offiziere. Stationiert war sie auf dem Militärstützpunkt in Chankala. Auch tschetschenische Staatsangehörige wurden in die Gruppe aufgenommen, etwa Umar Pascha, der früher in Dagestan gedient hatte und nach der Ermordung Dudajews befördert und nach Moskau versetzt wurde. Außerdem kamen zwei Flugzeuge des GRU zum Einsatz, die Raketen in Richtung georteter Mobiltelefone lenken konnten.

Am 22. April 1996 brachen Dudajew, seine Frau Alla und mehrere Begleiter vom Dorf Gehi-Tschu im westtschetschenischen Rayon Urus-Martan auf, wo sie die Nacht verbracht hatten; sie waren auf dem Weg zu einem Wald. Dudajew verließ regelmäßig feste Ortschaften, wenn er telefonieren musste, weil sich dann sein Standort nicht so leicht ermitteln ließ. Es gab jedoch keinen zusammenhängenden Wald in dieser Gegend, nur Gestrüpp mit vereinzelten Bäumen. Alla traf Essensvorbereitungen, während die Männer abseitsstanden. Dudajew erlaubte nicht, dass sie in seiner Nähe blieben, wenn er telefonierte, weil er schon einmal beim Telefonieren aus der Luft beschossen worden war, doch damals hatte die Rakete ihr Ziel verfehlt.

Diesmal telefonierte Dudajew jedoch länger als gewöhnlich (wie es hieß, sprach er mit dem bekannten russischen Geschäftsmann und Politiker Konstantin Borowoj, der in der Leitung blieb, bis sie auf einmal unterbrochen wurde). Ein ferngelenktes Geschoss aus einem russischen Jagdbomber vom Typ SU-24, das auf das Signal von Dudajews Mobiltelefon eingestellt war, explodierte in seiner unmittelbaren Nähe, und er erlitt schwere Verbrennungen. Jemand holte den Wagen, Dudajew wurde auf den Rücksitz gesetzt, seine Frau saß neben ihm. Er war bewusstlos und hatte eine Verletzung hinter dem rechten Ohr. Dudajew starb, ohne das Bewusstsein wiedererlangt zu haben.

Das Staatliche Verteidigungskomitee Tschetscheniens übertrug die Vorbereitungen zu seinem Begräbnis dem Neffen des Präsidenten, Letscha Dudajew. Die Grabstätte dürfte nur einem kleinen Personenkreis bekannt sein, darunter Selimchan Jandarbijew, der Dudajew in das Amt des Vorsitzenden des Staatlichen Verteidigungskomitees nachfolgte und bis zu den Wahlen 1997 amtierender Präsident der Tschetschenischen Republik war; dann übernahm Aslan Maschadow, der die Wahlen gewonnen hatte, dieses Amt. Als nach tschetschenischen Quellen Alla, die Witwe des Präsidenten, und Mussa Idigow, der Leibwächter Dudajews, auf dem Flughafen von Naldik verhaftet wurden, bettete man den Leichnam Dudajews in aller Eile um. Da Letscha Dudajew im zweiten Tschetschenienkrieg getötet wurde, gibt es keine amtliche Quelle mehr, die etwas über den Ort sagen könnte, an dem Dschochar Dudajew begraben liegt.

Die Ausschaltung des tschetschenischen Präsidenten war vermutlich die erfolgreichste Operation, die von Chocholkow und seiner Gruppe ausgeführt worden ist. Chocholkow selbst wurde für den Orden »Held Russlands« vorgeschlagen, weil er seinen Auftrag erfolgreich ausgeführt hatte, doch er begnügte sich mit dem Posten des Chefs der neu gegründeten UPP im Rang eines Generalmajors.

Im Sommer 1996, nachdem die Gruppe Korshakow-Barsukow-Soskowez entmachtet und General Lebed von seinem Posten als Sekretär des Sicherheitsrats entlassen worden war, konnte Stealth nicht mehr auf die Unterstützung staatlicher Instanzen und Netzwerke rechnen und wurde jetzt vollständig vom Ismailowo-Syndikat beherrscht. Die einzigen verbliebenen seriösen Kontaktleute Lutsenkos auf staatlicher Ebene befanden sich inzwischen in der Abteilung zur Bekämpfung der organisierten Kriminalität (UPP bzw. URPO) unter der Leitung Chocholkows.

Die Zuschaltung organisierter Verbrechergruppen in die Polizei und die Geheimdienste war der Führung des FSB als ein natürlicher und folgerichtiger Schritt erschienen. Leider zog die Logik der Ereignisse die Geheimdienste zunehmend in rein kriminelle Aktivitäten hinein.

Theoretisch hätte diese Entwicklung durch die FSB-Abteilung für innere Sicherheit bekämpft werden müssen, doch in der Praxis war dieses Dezernat nicht in der Lage, den Kampf gegen die Massenverbrechen durchzustehen, die unter stillschweigender Duldung oder Beteiligung der verschiedenen KGB-Nachfolgeorganisationen verübt wurden. Die letzte Hoffnung war das einzige verbliebene Organ der Strafverfolgung, die Kriminalpolizeiliche Ermittlungsstelle.

KAPITEL 3

Moskaus Kriminalpolizei gegen den FSB

Im Januar 1996 wurde der achtunddreißigjährige Wladimir Zchai von der Zentralen Kriminalpolizeilichen Ermittlungsstelle des russischen Innenministeriums in die Moskauer Kriminalpolizeiliche Ermittlungsstelle, die MUR, versetzt. Dort ernannte man ihn zum Chef der Zwölften Sektion, die auf die Aufklärung von Auftragsmorden spezialisiert war, und nur zehn Monate später war er bereits stellvertretender Leiter der MUR.

Zchai galt als ein extrem fleißiger und begabter Polizist. »Er war ein geborener Kriminalbeamter, und so einen wie ihn wird es nie mehr geben«, sagten uns seine Freunde. »Mit Zchai zu arbeiten war unkompliziert und interessant«, sagte Andrej Suprunenko, Ermittler in besonders wichtigen Fällen für die Moskauer Staatsanwaltschaft. »Ein fähiger und anständiger Mann. Einer dieser Romantiker. Er bildete das Scharnier zwischen den Kommissaren und den Untersuchungsbeamten, er war überzeugt, dass auch die kompliziertesten Fälle zu lösen seien …«

Zchai war es gelungen, die Gruppe auffliegen zu lassen, die gefälschte Ausweise der Sicherheitsdienste fabrizierte. In dem Fall trug die Föderale Agentur für Regierungsfernmeldewesen und Information (FAPSI) mit ihrer Abteilung für innere Sicherheit unter der Führung von Oberst Sergej Barkowski zum Gelingen bei.

In einem Artikel, der offenbar vom FSB in Auftrag gegeben worden war, schrieb der Moskauer Journalist Alexander Chinschtejn, Lasowski persönlich habe die Produktion falscher Papiere beaufsichtigt, so dass seine Leute bald über Dokumente verschiedener Dienste verfügten. Doch das traf nicht zu. Lasowski hatte nicht das Geringste mit dieser Sache zu tun, die von Zchai aufgedeckt wurde. Natürlich hat Barkowski in seiner Version der Ereignisse Lasowski nicht einmal erwähnt und als die Drahtzieher ganz andere Leute benannt. In seinem Report heißt es:

»Selbst für die Spezialisten war es ziemlich schwierig, die gefälschten von den echten Dokumenten zu unterscheiden. Manchmal waren die Fälschungen besser als das Original. Eine Untersuchung von Fachleuten ergab, dass offenbar nur in einer einzigen Werkstatt produziert wurde.

Nach einer ganzen Reihe von operativen Maßnahmen und Ermittlungen wurden vier alles andere als gewöhnliche Personen festgenommen. Einer war der frühere stellvertretende Leiter einer Abteilung des KGB der UdSSR, der Direktor einer Firma mit dem wohlklingenden Namen ›Ehre‹. Ein anderer war der Direktor einer Moskauer Druckerei und ehemalige Direktor der Druckerei der Verwaltung des Zentralkomitees der KPdSU.

Gemeinsam mit ihnen wurde ein ehemaliger Leutnant der FAPSI verhaftet, der während seiner Dienstzeit mit der Herstellung von Pässen befasst war. Es wird angenommen, dass die Idee, falsche Ausweise herzustellen, von ihm gekommen war.

Außerdem gab es noch einen sehr begabten Graveur.«

Aus dem Bericht Barkowskis geht hervor, dass die Fälschungen nicht von Gangstern, sondern von einem ehemaligen Angehörigen der Nomenklatura hergestellt wurden, der sowjetischen akademischen Elite, und einem Angehörigen der Geheimdienste (FAPSI). Wenn das zutrifft, kann die Möglichkeit nicht ausgeschlossen werden, dass das Laboratorium zur Herstellung von Fälschungen hoher Qualität ebenfalls mit Zustimmung des FSB und der FAPSI eingerichtet und von ihnen kontrolliert wurde.

Doch zurück zu Lasowski. Die Liquidierung seiner Gruppe in der Zeit vom Februar bis August 1996 war der größte Erfolg der Zwölften Sektion der MUR. Die Mitarbeiter der Gruppe Lasowskis stammten nicht aus Moskau und Umgebung, sondern waren eine internationale Brigade, ein Hinweis auf ihren besonderen Charakter. Unter Lasowski arbeiteten Tschetschenen, Männer aus dem Kaukasus und Scharfschützen aus Gruppen, die ihren Sitz hauptsächlich in Städten in der Nähe Moskaus hatten. Marat Wassiljew war Moskauer, Roman Polonski kam aus Dubna, Wladimir Abrossimow aus Tula und Ansor Mowsajew aus Grosny. Die Brigade war außerdem besonders gut ausgerüstet.

Lasowski stand seit 1995 auf den Fahndungslisten der Russischen Föderation wegen Vergehen gegen Paragraf 209 (»Banditentum«) des Strafgesetzbuches. Er kam im Zusammenhang mit mehreren Vorfällen vor Gericht. So ermordeten beispielsweise im Dezember 1993 Lasowskis Leute die Bewacher eines Geldtransports für das Unternehmen MMST und raubten 250 000 Dollar.

Zur selben Zeit gab es Streitigkeiten zwischen Lanako und der Firma Wiktor wegen Geschäften, in denen es um Lieferungen von Ölprodukten ging. Am 10. Januar 1994 beschossen Unbekannte (die offenbar für das Wiktor-Unternehmen arbeiteten) den Wagen von Wladimir Koslowski, einem Direktor und Vorsitzenden der Geschäftsleitung von Lanako, mit einem Granatwerfer. (Aus der ersten Silbe des Namens Koslowski leitete sich die dritte Silbe des Firmennamens Lanako ab.)

Kaum zwei Tage später, am 12. Januar, explodierte vor einer Wohnung, die einem der Geschäftsführer von Wiktor gehörte, eine Sprengladung mit einer so genau berechneten Wucht, dass die Stahltür ins Innere geschleudert wurde und die nächste Wand glatt durchschlug. Es war reine Glückssache, dass niemand in der Wohnung verletzt wurde. Infolge der Explosion brach jedoch ein Brand in dem Mietshaus aus, und die Nachbarn waren gezwungen, aus dem Fenster zu springen, wobei zwei Personen umkamen und mehrere Menschen verletzt wurden.

Am 13. Januar tauchten in den Moskauer Büroräumen von Lanako, im Gebäude Nummer 3 der Uliza Perewedenowskij 2, Unbekannte auf und lieferten sich mit den Mitarbeitern der Firma ein heftiges Wortgefecht mit anschließendem Schusswechsel. Zehn Minuten später trafen vor den Büroräumen von Lanako zwei Busladungen mit Beamten einer Spezialeinheit der Polizei ein, die dort auf bewaffneten Widerstand stießen und das Büro stürmen mussten (glücklicherweise gab es dabei keine Toten). Anschließend durchsuchten sie die Räume, verhafteten etwa sechzig Personen und nahmen sie aufs Revier mit, wo von ihnen Videoaufnahmen gemacht wurden.

Danach konnten die meisten von ihnen wieder gehen. Nur vier Leibwächter, die Schusswaffen bei sich trugen, als man sie festnahm, wurden bis zum nächsten Tag auf der Wache festgehalten. Später stellte man sie vor Gericht, doch sie erhielten für ihren Schusswechsel mit der Polizei erstaunlich milde Strafen. Zwei Angeklagte wurden freigesprochen, zwei weitere zu einem Jahr Zwangsarbeit verurteilt.

Am 4. März 1994 kam es im Restaurant Dagmos in der Uliza Kasakow zu einer regelrechten Schlacht zwischen Lasowskis Gangstern und den Mitgliedern einer dagestanischen Verbrecherbande, an der auf beiden Seiten rund dreißig Personen beteiligt waren. Alles in allem gab es sieben Tote und zwei Verletzte. Die Toten waren allesamt Dagestani.

Am 16. Juni 1994 wurden drei Mitglieder der Taganka-Bande in der Nähe der Kredit-Konsensus-Bank mit Maschinenpistolen niedergemäht. Lasowski hatte von der Bank die Zahlung von zweieinhalb Milliarden Rubel Zinsen für eine Geldsumme gefordert, über deren Höhe die Bank mit der Firma Rosmjasmoloko stritt, und die Bank hatte sich an die Taganka-Bande, ihr »Dach«, gewandt, um von ihr Beistand zu erhalten. Ausgelöst wurde die Schießerei durch die Weigerung der Taganka-Leute, Lasowskis Geldforderung nachzukommen.

Am 5. September 1994 beging Lasowski eines seiner brutalsten Verbrechen. In diesem Jahr war es zu einem Streit zwischen ihm und seinem Partner gekommen, dem Miteigentümer der Ölraffinerie Grosny, Atlan Natajew (die erste Silbe seines Nachnamens war die zweite Silbe des Firmennamens Lanako). Natajew war zuletzt an diesem 5. September gegen zehn Uhr abends in der Nähe der Metrostation Dinamo in einem dunkelblauen BMW 740, einem Firmenwagen der Lanako, gesehen worden, begleitet von zwei Leibwächtern, Robert Rudenko und Wladimir Lipatow, die ebenso wie er selbst verschwanden. Lasowski machte sich nicht die Mühe, seine Kollegen bei der Polizei als vermisst zu melden.

Später kam heraus, dass Natajew, Rudenko und Lipatow von Polonski und Schtschelenkow auf eine Datscha in einer Siedlung der Akademie der Wissenschaften außerhalb Moskaus verschleppt worden waren. Natajew wurde getötet und anschließend enthauptet. Danach wurden die Leiche und die beiden Leibwächter in die Torfmoore der Oblast Jaroslawl gefahren, wo Rudenko und Lipatow ebenfalls enthauptet wurden. Alle drei Leichen versenkte man im Moor, aus dem sie 1996 von Angehörigen der MUR geborgen wurden. Neben der Leiche Natajews fand man den Ausweis eines Generalstabsoffiziers.

Zufälligerweise führte am 7. September der Chef der Moskauer Regionalverwaltung zur Bekämpfung des organisierten Verbrechens (RUOP) Wladimir Donzow, begleitet von zehn Männern mit automatischen Waffen, eine »Betriebsinspektion« in den Räumen von Lanako durch. Während der Durchsuchung entdeckten die Beamten etliche nicht lizenzierte Waffen, insbesondere »TT«-Pistolen, die auf dem schwarzen Markt weiterverkauft werden sollten. Dem Fund wurde jedoch keine besondere Bedeutung zugemessen, und niemand wurde verhaftet.

Am 18. September traf Natajews Bruder in größter Unruhe in Moskau ein. Lasowski forderte ihn auf, zu einem Parkplatz an der Burakowstraße – er gehörte seinem Onkel Nikolaj Lasowski – zu kommen, wo man miteinander sprechen könne. Der Eigentümer des Parkplatzes schickte seine Leibwächter nach Hause, sodass es keine Zeugen geben würde, und als der Bruder des ermordeten Natajew eintraf, wurde er von Roman Polonski, dem späteren Bombenleger Andrej Schtschelenkow und einem dritten Mann mit einem Kugelhagel aus automatischen Waffen, Pistolen und einer Schrotflinte mit abgesägtem Lauf empfangen. Natajew konnte noch vierzehn Schüsse abfeuern und Polonski und den dritten Mann niederstrecken, bevor er selbst getötet wurde. Der Schusswechsel war so heftig, dass mehrere Wagen auf dem Parkplatz Feuer fingen.

Als die Polizei auf dem Schauplatz erschien, fand sie nur noch Blutlachen und leere Patronenhülsen. Einige Minuten später erhielten die Beamten einen Anruf von der Notfallaufnahme eines Krankenhauses, in das Polonski eingeliefert worden war (sechs Unbekannte hatten die Uliza Korolenko mit ihrem Wolga gesperrt, eine Ambulanz angehalten und Polonski den Sanitätern übergeben).

Lasowskis Bande war außerdem verantwortlich für die Ermordung des Generaldirektors der Ölraffinerie in Tuapse am Schwarzen Meer, Anatoli Wassilenko, der dort kurz vor einem Zusammentreffen mit seinen Partnern erschossen wurde. Nach Geheimdienstinformationen hatte Lasowski kurz zuvor einen Charterflug nach Tuapse gebucht, um mit Wassilenko zu sprechen, und hatte sich mit ihm anscheinend nicht einigen können. Lasowski war von Angehörigen des Tuapser FSB auf dem Flughafengelände angetroffen worden.

Lasowski stand außerdem im Verdacht, die Entführung des Staatsduma-Abgeordneten Ju. A. Poljakow veranlasst zu haben, doch dieser Fall ist bis heute nicht geklärt worden.

Offensichtlich wurden keinerlei Versuche unternommen, Lasowski vor Gericht zu bringen, bevor Zchai zur Moskauer Kriminalpolizei (MUR) versetzt wurde.

Nach dem Sprengstoffanschlag auf die Brücke über die Jausa ging niemand den Spuren nach, die auf die Firma Lanako hindeuteten, und das hing wohl vor allem damit zusammen, dass sie für den FSB arbeitete. Nach Angaben der MUR benutzten fast alle Mitglieder der Lanako-Gruppe »Deckpapiere«, die keine Fälschungen, sondern echt waren. Daraus zog die Kriminalpolizei den zutreffenden Schluss, dass Lanako enge Verbindungen zu den Geheimdiensten unterhielt, zumal Lasowski selbst an FSB-Operationen zur Befreiung von Agenten des Geheimdienstes beteiligt war, die in Tschetschenien im Gefängnis saßen.

Die MUR, an deren Spitze zu jener Zeit der frühere Moskauer FSB-Chef Sowostjanow stand, beobachtete wiederholt führende Mitarbeiter von Lanako in Gesellschaft von FSB-Offizieren und verhaftete sogar einige von ihnen. Lasowskis persönliche Leibwache und der Sicherheitsdienst seines Unternehmens wurden von Major Alexej Jumaschkin, einem Offizier der zum FSB gehörenden Moskauer Verwaltung für illegale bewaffnete Formationen, geführt, der die FSB-Offiziere Karpytschew und Mechkow eingestellt hatte (als Lasowski wieder einmal – in diesem Fall zusammen mit ihnen – verhaftet wurde, zeigten sie ihre FSB-Ausweise und wurden gemeinsam mit Lasowski entlassen). Als Lasowskis enger Freund und Waffenkamerad Roman Polonski am 18. September auf dem Parkplatz an der Uliza Burakow erschossen wurde, trug er ein Holster des GRU am Gürtel und einen GRU-Ausweis in der Tasche.

Im Februar 1996 folgten MUR-Beamte Lasowski zu einer Wohnung an der Sadowo-Samotetschnaja-Straße in Moskau. Lasowski und sein Leibwächter Marcel Charissow wurden vor dem Gebäude verhaftet, als sie gerade in einen Jeep einsteigen wollten. Dessen Chauffeur, ein Mann namens Jumaschkin, wurde ebenfalls festgenommen.

Lasowski wurde von Zchai persönlich verhaftet. Er allein hatte die Zustimmung zu dieser Maßnahme und den Durchsuchungsbefehlen erhalten, da außer ihm niemand in den Fall verwickelt werden wollte.

Bei einer Leibesvisitation fand man bei Lasowski 1,03 Gramm Kokain und eine geladene Pistole; in der Wohnung wurden außerdem ein Revolver, eine Handgranate und eine Schrotflinte gefunden. Charissow trug eine Pistole ohne Waffenschein bei sich. Er und Lasowski wurden ins FSB-Gefängnis im Stadtteil Lefortowo gebracht, wo sie keine einzige Frage des Untersuchungsrichters beantworteten. Der diensthabende FSB-Offizier führte Jumaschkin ab.

Den Fall Lasowski behandelte nicht nur die MUR, sondern auch die Erste Sektion der Hauptverwaltung zur Bekämpfung des Terrorismus, wo er seit 1994 von Major Jewgeni Makejew bearbeitet wurde, einem ranghohen Einsatzoffizier für besonders wichtige Fälle. Der Leiter der Ersten Sektion war zu jener Zeit Alexander Platonow.

Schon 1994 waren die Agenten des FSB (damals FSK) genau darüber im Bilde, wer Lasowski war und wer hinter ihm stand, weshalb Platonow Makejew warnte, dies sei ein schwieriger und komplizierter Fall, und ihm dringend riet, mit niemandem über den Inhalt seines Einsatzberichts zu sprechen.

Makejew arbeitete auf eine höchst konspirative Weise. Er war prinzipiell der einzige Angehörige seiner Sektion, der an den gemeinsamen Einsatzbesprechungen mit der MUR teilnahm, wobei er zur Tarnung einen MUR-Ausweis mit sich führte. Auch erhielt er dank Platonow im neunten Stockwerk des wieder aufpolierten Lubjanka-Gebäudes ein kleines, abgetrenntes Büro, das er nur mit einem einzigen Kollegen teilen musste. (Der Kollege in Makejews Büro war Alexander Litwinenko, einer der beiden Autoren dieses Buches, der von Makejew als Erstes lernte, dass aus der Moskauer Abteilung des FSB eine Verbrecherbande geworden war.)

1995 wurde Platonow von Einsatzverpflichtungen entbunden, und Oberstleutnant Jewgeni Kolesnikow (heute Generalmajor) übernahm die Leitung der Sektion. Er kam vom FSO zum FSB, nachdem Barsukow im Juni 1995 an die Spitze des FSB berufen worden war.

Jede weitere Arbeit am Fall Lasowski wurde eingestellt. Der Einzige, der jetzt noch irgendwelche Maßnahmen gegen ihn absegnete, war der stellvertretende Sektionschef Anatoli Rodin, den man unter Platonow auf diesen Posten berufen hatte. Doch dann wurden Rodin und Makejew beide entlassen.

Im Verlauf ihrer Ermittlungen im Fall Lasowski und Lanako identifizierte die MUR sechs Moskauer FSB-Agenten, die in Lasowskis Bande eine Rolle spielten. Journalisten bekamen davon Wind, und am 11. November 1996 veröffentlichte die *Nowaja Gaseta* eine schriftliche Anfrage ihres stellvertretenden Herausgebers Juri Schtschekotschichin, der auch Abgeordneter der Staatsduma war:

»An: Direktor des FSB der Russischen Föderation N. D. Kowaljow

Kopien an: Innenminister der Russischen Föderation A. S. Kulikow; Generalstaatsanwalt der Russischen Föderation Ju. I. Skuratow; Chef der Präsidialverwaltung der Russischen Föderation, A. B. Tschubais.

Der Sicherheitsausschuss der Staatsduma Russlands hat einen an mich adressierten Brief eines hochrangigen Offiziers im Innenministerium der Russischen Föderation erhalten. In dem Brief wird insbesondere behauptet, dass ›in letzter Zeit eine Tendenz zu beobachten ist, dass organisierte Verbrecherbanden sich mit Angehörigen der Strafverfolgungsbehörden und der Geheimdienste zusammenschließen‹. Um die vom Schreiber des Briefes gezogene Schlussfolgerung bestätigen oder zurückweisen zu können, ersuche ich Sie, die folgenden Fragen zu beantworten.

1. Gehören die folgenden, in dem Brief erwähnten Personen zu den Mitarbeitern des für Moskau und die Oblast Moskau zuständigen FSB: S. N. Karpytschew, A. A. Jumaschkin, E. A. Abowjan, L. A. Dmitrijew, A. A. Dokukin?
2. Trifft es zu, dass Sergej Kublizki, der ein Vorstrafenregister hat und heute der Präsident der Firma Witjaz ist, die sich auf Ölgeschäfte spezialisiert hat, seit letztem Jahr Angehörige des FSB für Moskau und die Oblast Moskau – S. N. Karpytschew und S. N. Mechkow – als seine persönliche Leibwache beschäftigt hat und dass sie ihn bei mehreren Gelegenheiten zu Gesprächen mit der Führung der Ölraffinerie in Tuapse und Vertretern der Firma Atlas begleitet haben, die eine Mehrheitsbeteiligung an der Raffinerie hält?
3. Stimmt es, dass Ermittler aus dem Büro des Staatsanwalts der Stadt Krasnodar mehrere Versuche unternommen haben, als Zeugen des Mordes an einem Direktor der Ölraffinerie in Tuapse den Major A. A. Jumaschkin zu befragen, einen Mitarbeiter des FSB für Moskau und die Oblast Moskau, der M. M. Lasowski, dem Anführer einer überregionalen Verbrecherbande, Personenschutzdienste leistet, und dass ihnen dies bisher nicht ermöglicht worden ist? Inwieweit trifft die Information zu, dass Major A. A. Jumaschkin seit 1994 Lasowskis enger Geschäftspartner ist und dass sie bei mehreren Gelegenheiten zusammen nach Tuapse und Krasnodar gereist sind, wo sie gemeinsam über Angelegenheiten des Ölgeschäfts entschieden haben?
4. Stimmt es, dass am 17. Februar dieses Jahres Mitarbeiter des FSB für Moskau und die Oblast Moskau, A. A. Jumaschkin, S. N. Karpytschew und S. N. Mechkow, zusammen mit S. P. Kublizki und M. M. Lasowski von Mitarbeitern des Innenministe-

riums der Russischen Föderation verhaftet wurden? Wenn ja, inwieweit trifft es dann zu, dass, nachdem Karpytschew und Mechkow ihre FSB-Ausweise gezeigt hatten und diese überprüft worden waren, beide freigelassen wurden? Waren die Führung des FSB und der Erste stellvertretende Innenminister, Generalleutnant W. I. Kolesnikow, darüber informiert, dass Angehörige des FSB für Moskau und die Oblast Moskau verhaftet worden waren? Trifft es zu, dass der Häftling Lasowski von der Kriminalpolizei und dem Staatsanwalt der Russischen Föderation verdächtigt wird, in mehrere Auftragsmorde verwickelt zu sein? Ist der Häftling Kublizki auf Ersuchen von Spezialisten der Kriminalpolizei der Oblast Krasnodar vernommen worden, die in dem Mord am Direktor der Ölraffinerie in Tuapse ermitteln?

5. Entspricht es der Wahrheit, dass am 16. Oktober des vergangenen Jahres Beamte der Moskauer RUOP A. N. Janin festgenommen haben, geboren 1958, wohnhaft in Moskau, und dass sich unter den bei ihm konfiszierten Dokumenten eine Quittung für Gepäckstücke befand, die in der linken Gepäckaufgabe des Zentralen Flughafenabfertigungsgebäudes aufgegeben wurden? Trifft es zu, dass Beamte der Polizei im Gepäck von Janin fünf automatische Waffen AKS-74U entdeckt haben, die in der Kartei des Innenministeriums nicht registriert waren, außerdem fünf dazugehörige Magazine sowie dreißig Patronen vom Kaliber 5,45 und drei vom Kaliber 7,62? Ist die Behauptung zutreffend, dass diese Waffen bei Verbrecherbanden gefunden und sichergestellt wurden und amtlichen Dokumenten zufolge beim FSB für Moskau und die Oblast Moskau hinterlegt wurden? Ist die Information richtig, der zufolge nach der Einleitung eines Strafverfahrens durch die Untersuchungsrichterin Scholochowa gegen A. N. Janin bei der Kriminalpolizei ›Flughafen‹ unter der Nummer 1646 aufgrund von Artikel 218 Absatz 4.1 des Strafgesetzbuches der Russischen Föderation zwei Mitarbeiter des Dienstes zur Bekämpfung illegaler bewaffneter Formationen und des Banditenunwesens des FSB Moskau und Oblast Moskau in der RUOP eintrafen und einer von ihnen,

Oberst Edward Abowjan, die Entlassung des Häftlings Janin aus der Untersuchungshaft erwirkte? Wenn ja, hatte Oberst Abowjan, als er die Entlassung Janins forderte, einen Grund, geltend zu machen – und hat er überhaupt geltend gemacht –, dass er auf Anweisung seines unmittelbaren Vorgesetzten, General Semenjuk, handle und dass der Erste stellvertretende Direktor des FSB der Russischen Föderation und Chef des FSB Moskau und Oblast Moskau, General Trofimow, darüber informiert sei? Hat Oberst Abowjan freien Zugang zu der speziellen Technologie und den Waffen, die dem FSB Moskau und Oblast Moskau zur Verfügung stehen? …

6. Entspricht es den Tatsachen, dass am 17. Oktober dieses Jahres Beamte der RUOP des nördlichen Bezirks der Stadt Moskau einen BMW 525 mit abnehmbaren Autokennzeichen 41–34 MOK angehalten haben, der früher von dem bereits erwähnten S. P. Kublizki benutzt wurde, in Verbrecherkreisen besser als ›Workuta‹ bekannt? Saßen in diesem Wagen ein Fahrer, der keine Ausweispapiere bei sich hatte, sowie drei Mitfahrer, die den RUOP-Beamten Ausweise für Angestellte des FSB Moskau und Oblast Moskau auf die Namen von Hauptmann L. A. Dmitrijew und Stabsfeldwebel A. A. Dokukin zeigten, worauf sie weiterfahren durften?

Hochachtungsvoll
Juri Schtschekotschichin,
Mitglied des Sicherheitsausschusses der Staatsduma der Russischen Föderation«

Abowjan, der FSB-Oberst, der in der Sektion zur Bekämpfung des Banditenunwesens arbeitete und in Schtschekotschichins Anfrage erwähnt wird, war Lasowskis Führungsoffizier im FSB.

Am 23. November 1996 schickte der Erste stellvertretende Innenminister Wladimir Kolesnikow Schtschekotschichin über den Duma-Ausschuss ein Antwortschreiben, in dem er ausführte:

»Tatsächlich … befanden sich im Verlauf von Operationen, die in Moskau durchgeführt wurden, um außer Lasowski weitere bewaffnete Verbrecher festzunehmen, unter den Personen, die den Behörden des Innenministeriums übergeben wurden, Individuen, die Ausweise der Strafverfolgungsbehörden und anderer staatlicher Dienste vorzeigten ... Nach dem gegenwärtigen Stand der ergriffenen Maßnahmen stehen Lasowski und die anderen Komplizen unter Anklage, mehr als zehn vorsätzliche Morde in verschiedenen Regionen Russlands begangen zu haben ...«

Kolesnikow vermied es, in seinem Brief auf die präzisen Fragen Schtschekotschichins zu antworten. Man konnte nur abwarten, bis den Verbrechern der Prozess gemacht würde.

FSB-Direktor Kowaljow traf zweimal mit Schtschekotschichin zusammen. Zum Jahresende erhielt dieser von ihm zwei Antworten, deren Inhalt im Wesentlichen identisch war. Die eine war als geheim eingestuft und blieb in den Archiven der Staatsduma. Die andere Antwort wurde von Schtschekotschichin veröffentlicht:

»Der FSB hat eine interne Ermittlung im Hinblick auf Tatsachen und Umstände durchgeführt, die in einer Anfrage des Duma-Abgeordneten in der *Nowaja Gaseta* dargelegt wurden ...

Die Ermittlungen haben ergeben, dass bei den Handlungen der [Mitarbeiter des FSB] bestimmte Abweichungen von den Anforderungen der Bestimmungen der Verwaltung vorgekommen sind, die in Verbindung mit einem Mangel an beruflicher Erfahrung und Professionalität durchaus die Ursache des Vorfalls sein können, der Ihre Aufmerksamkeit auf sich gezogen hat.

In dieser Hinsicht ist eine besondere Besorgnis durch den Umstand erregt worden, dass es zu einem Konflikt zwischen den Angehörigen der beiden Verwaltungen gekommen ist, die innerhalb der Welt des Verbrechens operativ und ermittelnd tätig sind.

Doch trotz dieses bedauerlichen Missverständnisses wurde das Hauptziel erreicht, da die Bande Lasowskis zerschlagen wurde ...«

Kowaljows »besondere Besorgnis« wurde nicht durch die Kollaboration des FSB Moskau und Oblast Moskau mit organisierten Verbrecherbanden, Terroristen und »Bossen« der Unterwelt erregt, sondern durch das Verhalten der Beamten der MUR unter der Führung Zchais. Was die inkriminierten Mitarbeiter des FSB anging, so vermochte Kowaljow in ihrem Verhalten nicht mehr zu erkennen als »bestimmte Abweichungen von den Anforderungen der Bestimmungen der Verwaltung«.

Von seinem Standpunkt aus hatte Kowaljow recht. Er sah keinen prinzipiellen Unterschied zwischen Angehörigen der Geheimdienste und Lasowskis Gangstern, und deshalb konnte er die Gründe für Schtschekotschichins Empörung natürlich nicht verstehen. Dieser hegte die Überzeugung, dass die Volksvertreter in Gestalt der Duma-Abgeordneten und die Institutionen der Staatssicherheit gemeinsam gegen Verbrecher und Terroristen kämpften. Kowaljow dagegen wusste, dass der FSB und die Strafverfolgungsorgane, in denen das Volk Gangster und Terroristen sah, tatsächlich einen Kampf gegen ebendieses Volk führten, das in der Duma von Schtschekotschichin und anderen wie ihm vertreten wurde.

Natürlich hat eine interne Untersuchung im FSB nie stattgefunden, und es wurde auch niemand entlassen. Abowjan erhielt anscheinend einen neuen Namen und arbeitete weiter im Dienst. Keinem Zivil- oder Militärgericht wurden Ergebnisse von Ermittlungen mitgeteilt. Eine Antwort kam vom Ersten stellvertretenden Obersten Militärstaatsanwalt, Generalleutnant G.N. Nossin. Sie lief auf folgenden Bescheid hinaus: »Auf der Grundlage der Ergebnisse einer Ermittlung im Zusammenhang mit den Offizieren des FSB Moskau und Oblast Moskau, die in dem Brief genannt werden, wurde die Einleitung eines Strafverfahrens abgelehnt.«

Auf die Anfrage eines Korrespondenten der Zeitung *Kommersant* hinsichtlich Jumaschkin reagierte der Moskauer FSB mit der aufrichtigen Antwort, Jumaschkin habe im Rahmen eines Spezialauftrags die Aktivitäten der Lasowski-Gruppe überwacht. Doch 1997 wurde Major Jumaschkin schließlich enttarnt und spielte eine Schlüsselrolle in Gerichtsverfahren, in denen es um Auftragsmorde ging und die vom Staatsanwalt des Moskauer Stadtbezirks Taganski eingeleitet wurden. Da offenbar sogar seine Verwicklung in die Planung der Auftragsmorde zu seinem Spezialauftrag gehörte, arbeitete Jumaschkin auch weiterhin im FSB, und 1999 wurde er planmäßig in den Rang eines Oberstleutnants befördert.

Der einzige Leidtragende infolge der Anfrage Schtschekotschichins war am Ende der Leiter des Moskauer FSB und stellvertretende Leiter des FSB Russland, Anatoli Trofimow, der im Februar 1997 seiner Posten enthoben wurde. Sergej Jastrshembski, der Pressesekretär des Ministerpräsidenten Russlands, erklärte, Trofimow sei entlassen worden, nachdem »gravierende Unregelmäßigkeiten bei einer Überprüfung aufgedeckt wurden, die die Rechnungskammer der Russischen Föderation durchgeführt hat«. Auch sei es zu Pflichtversäumnissen gekommen.

Man nahm jedoch allgemein an, dass Trofimow für andere den Kopf hinhalten musste. Nach einer anderen Version der Ereignisse wurde Trofimow entlassen, weil er versucht hatte, dem Kern der Fragen Schtschekotschichins nachzugehen. Nach der Lektüre des Briefs hatte er, so hieß es, einen seiner Stellvertreter beauftragt, alle schriftlichen Formalitäten für eine Entlassung der in dem Brief genannten FSB-Mitarbeiter vorzubereiten. Sein Stellvertreter weigerte sich. Daraufhin hatte Trofimow ihm empfohlen, seinen Rücktritt einzureichen. Am Ende habe der Skandal in Verbindung mit der Verhaftung von zwei Untergebenen Trofimows den Vorwand für dessen Entlassung abgegeben. Die beiden Mitarbeiter waren von der MUR und der Hauptverwaltung für illegale Weitergabe von Rauschmitteln wegen Kokainhandels verhaftet worden. Trofimow wurde seiner Ämter enthoben, nachdem die Presse zwei Tage zuvor die Verhaftung von Drogendealern gemeldet hatte, die Ausweise von Offizieren des Moskauer FSB bei sich trugen.

Man beachte, dass die Frage der Verwicklung bestimmter FSB-Offiziere oder des FSB insgesamt in terroristische Aktivitäten, für die man die Tschetschenen verantwortlich gemacht hatte, weder in dem Brief Schtschekotschichins noch in den Antworten der verschiedenen Verantwortlichen angesprochen wurde. Keiner der Mitarbeiter der Strafverfolgungsbehören, die Kolesnikow zufolge des Mordes an über zehn Personen verdächtig waren, wurde von einem Gericht schuldig gesprochen.

Am 31. Januar erschienen Lasowski und Charissow vor dem Gericht in Twer in einem Prozess, der nur drei Tage dauerte. Sie wurden beschuldigt, im Besitz von Waffen und Drogen zu sein und Dokumente der FAPSI und des Innenministeriums gefälscht zu haben.

Kein Staatsanwalt und kein Richter kam auch nur in Andeutungen auf Terroranschläge und Auftragsmorde zu sprechen.

Die Anwälte der Beklagten wiesen völlig zutreffend darauf hin, dass keine Fälschung von Dokumenten vorliege, da die Angeklagten echte Ausweise für Agenten der Geheimdienste und der Strafverfolgungsbehörden bei sich gehabt hätten. Das Beweismaterial enthielt keinerlei Informationen über die Verwendung von Fälschungen durch die Angeklagten, was an sich schon ein gewichtiges Indiz für die engen Verbindungen zwischen den Abteilungen war, die von Barsukow, Kowaljow und Lasowski geleitet wurden. Der Anklagepunkt des Besitzes und Transports gefährlicher Drogen wurde ebenfalls fallengelassen, sodass Lasowski und Charissow trotz des Verstoßes gegen das Strafgesetzbuch hierfür nicht bestraft wurden.

Der Anwalt Lasowskis, Boris Koshemjakin, versuchte auch zu erreichen, dass die Anklage wegen Waffenbesitzes zurückgezogen wurde. Er machte geltend, Lasowski und Charissow seien zum Zeitpunkt ihrer Verhaftung in Gesellschaft Jumaschkins vom FSB gewesen, mit dem sie einen Großteil des Tages verbracht hätten; Lasowski wie auch Charissow seien im Auftrag der Geheimdienste unterwegs gewesen, und man habe ihnen deshalb Waffen und Tarnausweise gegeben. (Bei der Verhaftung fand man auch bei dem FSB-Agenten Jumaschkin ein falsches Dokument, einen Polizeiausweis.)

Doch aus unerfindlichen Gründen war die Frage der Zusammenarbeit zwischen Lasowski und Charissow und den Geheimdiensten für die Richterin Elena Staschina ohne Interesse, und Vertreter des FSB weigerten sich, vor Gericht zu erscheinen, was zur Folge hatte, dass die Angeklagten immerhin des illegalen Waffenbesitzes für schuldig befunden und von einem unvoreingenommenen Gericht zu zwei Jahren Haft und einer Geldstrafe von jeweils vierzig Millionen Rubel verurteilt wurden. Nach der Urteilsverkündung sagte Boris Koshemjakin, er habe mit einem etwas milderen Urteil gerechnet.

Lasowski verbüßte seine Strafe in einem der Gefängnislager in der Nähe von Tula südlich von Moskau gemeinsam mit seinem Mitangeklagten und Leibwächter Charissow (ein eklatanter Verstoß gegen die Bestimmungen). Während seiner Zeit im Lager warb er unter den kriminellen Häftlingen neue Mitglieder für seine Gruppe an, las in der Bibel und schrieb sogar einen Traktat über die Verbesserung Russlands. Im Februar 1998 wurde er entlassen, da seine Zeit in der Untersuchungshaft auf seine Strafe angerechnet wurde.

Kehren wir zurück in das Jahr 1996. Russland hatte den Krieg gegen Tschetschenien verloren. Die Militäroperationen mussten eingestellt und politische Verhandlungen mit den tschetschenischen Separatisten geführt werden. Es bestand die reale Gefahr, dass der Konflikt zwischen zwei Nationen, der mit so großem Aufwand von den Geheimdiensten provoziert worden war, mit einem Friedensvertrag endete, sodass Jelzin sein Programm liberaler Reformen wiederaufnehmen könnte.

Um die Friedensverhandlungen zu torpedieren, verübte der FSB in Moskau mehrere Terroranschläge. Da die bisherigen Anschläge, bei denen niemand getötet oder verletzt worden war, auf die Einwohner Moskaus keinen Eindruck gemacht hatten, ging der FSB zu Anschlägen über, welche die gewünschte Wirkung hatten. Auch hier zeigt sich, wie sorgfältig die Kriegsbefürworter in der Wahl der Zeitpunkte ihrer Anschläge vorgingen und wie nachhaltig diese den Interessen der Friedensbefürworter und der Tschetschenen selbst schadeten.

Am Abend des 11. Juni 1996 zwischen neun und zehn Uhr gab es eine Explosion in einem halb leeren Wagen eines Zugs der Serpuchowskaja-Linie der Moskauer Metro an der Station Tulskaja. Vier Fahrgäste wurden getötet, zwölf mit Verletzungen in Krankenhäuser gebracht.

Genau einen Monat später, am 11. Juli, explodierte eine Sprengladung in einem Bus der Linie 12 am Puschkinplatz, wobei sechs Personen verletzt wurden.

Am nächsten Tag, dem 12. Juli, zerstörte eine Explosion einen Bus der Linie 48 am Mir-Prospekt, achtundzwanzig Personen wurden verletzt.

Überall in Moskau wurden Informationen über die »tschetschenische Connection« der Terroranschläge verbreitet (obwohl kein einziger Terrorist festgenommen und obwohl niemals festgestellt wurde, ob die Attentäter tatsächlich Tschetschenen waren). Noch bevor auch nur vorläufige Ermittlungen aufgenommen wurden, erklärte der Bürgermeister von Moskau, Juri Lushkow, an der Stelle der zweiten Explosion, er werde die gesamte tschetschenische Gemeinde aus der Stadt verbannen, obwohl er keinen konkreten Grund für einen Verdacht hatte, dass die Explosionen das Werk in Moskau lebender Tschetschenen oder auch nur einzelner tschetschenischer Terroristen war.

Doch diese zweite Terrorwelle verfehlte ebenso wie die erste ihren Zweck, die öffentliche Meinung umschwenken zu lassen. Anfang August 1996 erfochten sich Guerillakämpfer den Weg in das Zentrum von Grosny, und Ende August wurde das Friedensabkommen von Chassawjurt von Alexander Lebed, dem Sekretär des Sicherheitsrates, und dem neuen tschetschenischen Präsidenten Aslan Maschadow unterzeichnet. Die Befürworter eines Kriegs gegen Tschetschenien hatten verloren, und die Terroranschläge in Moskau hörten auf – bis der FSB eine neue Operation in Angriff nahm, mit der ein weiterer Krieg in Tschetschenien ausgelöst werden sollte.

Es lässt sich schwer etwas darüber sagen, welche Agenten des FSB im Sommer 1996 die Sprengstoffanschläge in Moskau verübt haben. Lasowski saß im Gefängnis. Es steht jedoch fest, dass der FSB zwischen vielen ähnlichen Gruppierungen die Wahl hatte, und nicht nur in Moskau. Am 26. Juni 1996 veröffentlichte die *Segodnja* einen Kommentar zu der Verbrecherorganisation des FSB in St. Petersburg, die »hauptsächlich aus früheren Angehörigen des KGB« bestand. Nachdem sie mehrere Firmen gegründet und außerdem sogenannte saubere Geschäftsbeziehungen aufgebaut hatten, betrieben die ehemaligen KGB-Agenten einen Handel mit Handfeuerwaffen, Sprengstoffen und Drogen, mit gestohlenen Automobilen und nach Russland transferierten gestohlenen Mercedes und BMWs.

Die Explosionen in Moskau gingen jedoch möglicherweise auf Mitglieder der Gruppe von Lasowski zurück, die sich noch in Freiheit befanden. Für diese Annahme gibt es viele Gründe.

Im Februar 1996 verhafteten Agenten der MUR einen gewissen Wladimir Akimow vor einem Pfandhaus in der Uliza Bolschaja Spaskaja, wo er versucht hatte, einen Taurus-Revolver zu verkaufen.

Es stellte sich heraus, dass Akimow der frühere Chauffeur Lasowskis war.

Unter dem Eindruck von Medienberichten über die neue Welle von Terroranschlägen auf Moskauer öffentliche Verkehrsmittel im Juni und Juli 1996 machte Akimow eine schriftliche Zeugenaussage über eine Explosion in einem Bus am 27. Dezember 1994: »Heute, hier im Untersuchungstrakt 48/1, in dem ich auf dem Bildschirm die politische Lage verfolge«, schrieb Akimow, »halte ich es für meine Pflicht, eine Aussage über die Explosion des Busses zu machen …« In seiner Erklärung sagte er aus, dass er und Wladimir Worobjow sich am 27. Dezember auf den Weg gemacht hätten, um die Bushaltestelle in einem Shiguli (Lada) auszukundschaften. Sie notierten mögliche Fluchtwege. Am Abend desselben Tages verließen Akimow und Worobjow den Shiguli kurz vor der Endstation der Buslinie und gingen zum Mir-Prospekt zurück, wo sie in einen Bus der Linie 33 einstiegen. Als sich nur noch sehr wenige Fahrgäste im Bus befanden, so heißt es weiter in Akimows Niederschrift, deponierten sie unter einem Sitz in der Nähe des rechten Hinterrads eine Sprengladung von vierzig Gramm Ammonit. Als sie bei der letzten Haltestelle ausgestiegen waren, ging Akimow zum Wagen, um den Motor warm laufen zu lassen, während Worobjow die Sprengladung mit einer Fernsteuerung zur Detonation brachte.

Am Morgen des 28. August 1996 wurde der Oberstleutnant a. D. Worobjow von Zchai verhaftet, als er gerade zu einem Treffen mit einem FSB-Agenten unterwegs war, und zur MUR-Dienststelle in der Uliza Petrowka 38 gebracht. Wenn man dem späteren Richterspruch Glauben schenken darf, erzählte er dort den Kriminalbeamten die ganze Geschichte und schien dabei keinen Versuch zu unternehmen, etwas zu verheimlichen, nicht einmal den Umstand, dass er ein inoffizieller FSB-Agent war.

Kurz darauf widerrief Akimow seine Aussage, obwohl er sie schriftlich gemacht hatte. Darauf zog auch Worobjow seine Aussage zurück.

Das offenbar vom FSB unter Druck gesetzte Moskauer Stadtgericht unter der vorsitzenden Richterin Irina Kulitschkowa ließ den Anklagepunkt einer Mittäterschaft bei einem terroristischen Bombenanschlag fallen und verurteilte Akimow zu drei Jahren Gefängnis wegen des illegalen Verkaufs eines Revolvers. Da das Urteil Ende April 1999 verkündet wurde und Akimow drei Jahre in Untersuchungshaft verbracht hatte, konnte er das Gericht als freier Mann verlassen.

Worobjows Fall wurde unter Ausschluss der Öffentlichkeit verhandelt, und nicht einmal die Verwandten des Angeklagten waren zugelassen. Als sein Arbeitgeber, der FSB, ihm ein gutes Leumundszeugnis ausstellte, wurde dieses in das Beweismaterial aufgenommen. In seinem Schlusswort erklärte Worobjow, dass die Anklage gegen ihn von Gruppen fabriziert worden sei, die ein Interesse daran hätten, den FSB und ihn selbst als inoffiziellen Agenten der Geheimdienste in Verruf zu bringen. Er wurde zu fünf Jahren Lagerhaft verurteilt, ein Beschluss, den er als einen »Schlag ins Gesicht der Geheimdienste« bezeichnete. Später setzte das Oberste Gericht der Russischen Föderation Worobjows Strafmaß auf drei Jahre herab (von denen er zu diesem Zeitpunkt bereits den größten Teil verbüßt hatte). Ende August 1999 wurde er entlassen, obwohl Akimow und die Ermittler davon überzeugt waren, dass er an den Terroranschlägen von 1996 beteiligt gewesen war.

Der FSB hatte wieder einmal gezeigt, dass er seine Agenten nicht im Stich lassen und ihnen vor Gericht beistehen würde.

Zchai erfuhr von der Beteiligung der Gruppe Lasowskis an den Bombenanschlägen im Sommer auch von einer anderen Quelle, einem Mann namens Sergej Pogossow. Im Spätsommer und Frühherbst 1996 berichtete ein Informant über einen gewissen Sergej Pogossow, der im Zentrum Moskaus am Nowyj Arbat in einem großen Penthouse-Appartement wohnte. Das Büro seiner Firma befand sich im selben Gebäude im Erdgeschoss. Dieser Information zufolge stand Pogossow in unmittelbarer Verbindung zu Lasowski und seinen Gangstern und finanzierte viele von dessen Unternehmungen. Auf Anweisung der Ersten Sektion des Antiterrorzentrums des FSB wurden Pogossows Telefone zwei Wochen lang abgehört und überwacht. Aus den mitgehörten Gesprächen ergab sich, dass Pogossow die vom Gericht gegen Lasowski verhängte Geldbuße bezahlt hatte und im Begriff stand, hohe Bestechungsgelder zu beschaffen, um dessen vorzeitige Entlassung zu erreichen.

Diese Information eines Agenten wurde an Zchai weitergegeben, der persönlich vom Staatsanwalt die Erlaubnis erwirkte, im Rahmen der Ermittlungen im Fall Lasowski Pogossows Büro und Wohnung zu durchsuchen. Einige Tage später führten die Zwölfte Sektion der MUR und die Erste Sektion des FSB-Antiterrorzentrums die Durchsuchung durch, die fast eine ganze Nacht dauerte.

Unter dem Bett Pogossows fand man einen Sack mit Banknoten im Wert von 700 000 Dollar. Niemand versuchte die Rubel zu zählen, die überall herumlagen, selbst in der Küche in Kochtöpfen. Auch Kokain wurde gefunden (Pogossows Freundin war drogensüchtig). In den Büroräumen fand man mehrere Handys, von denen eines auf den Namen Lasowskis eingetragen war.

Pogossow und seine Freunde wurden aufs Revier mitgenommen, doch noch am selben Tag erschien ein Mitarbeiter des Moskauer FSB und holte sie wieder ab. Das Geld wurde von der Polizei nicht beschlagnahmt. Als man die Steuerfahndung informierte, erklärten die dortigen Beamten, sie hätten damit nichts zu tun und seien nicht zuständig. Es gab keine Anklage wegen des Besitzes von Kokain. Anscheinend war niemand an Pogossow oder seinem Geld interessiert.

Da Pogossow wusste, wie die Zwangsorgane in Russland vorgingen, rechnete er damit, dass die Leute, die seine Wohnung durchsucht hatten, ihn abführen und umbringen würden. Deshalb versuchte er, seine Haut zu retten, indem er eine Verpflichtung zur Zusammenarbeit unterschrieb (dazu erhielt er den Decknamen Grigori). Pogossow erzählte einem der Agenten von Lasowskis Verbindungen innerhalb des Moskauer FSB und der Art seiner Tätigkeit.

Pogossow hatte von einem gewissen »Max« gehört, dass Lasowskis Brigade keine Verbrecherbande sei, sondern eher eine Art geheime Militäreinheit, dass Lasowski Aufgaben erfülle, die für den Staat besonders wichtig seien, und dass es in allen Ländern Menschen gebe wie ihn. Pogossow zufolge war Lasowski ein staatlicher Mörder, der auf Anweisung Menschen tötete und Sabotage- und Terroranschläge verübte. Lasowski selbst führe nur Befehle aus, und diese erhalte er von ganz oben.

Was das gefundene Geld angehe, sagte Pogossow, so sei es für Lasowski bestimmt, und er selbst sei nur der Zwischenträger. Pogossows Tarnung für seine Aktivitäten war die Einfuhr türkischer Parliament-Zigaretten, was an sich schon ein sehr einträgliches Geschäft war. Pogossow rechnete damit, dass Lasowski bald freikommen würde, da er unter dem Verhör nicht zusammengebrochen war, niemanden preisgegeben und das Geschehen »mit Würde« durchgestanden hatte.

Pogossow meinte es ehrlich, als er empfahl, Zchai solle sich besser nicht mit den Aktivitäten der Gruppe um Lasowski befassen, weil er andernfalls in große Schwierigkeiten geriete.

Einige Tage nachdem Pogossow wieder entlassen worden war, fand sein zweites und letztes Treffen mit dem Agenten statt, mit dem er gesprochen hatte. Zunächst bot Pogossow Geld für die Rückgabe seiner Verpflichtungserklärung an. Er sagte, seine Führungsoffiziere im Moskauer FSB seien sehr verärgert wegen dieser Erklärung und hätten ihn angewiesen, sie »auszulösen«. Seine Vorgesetzten hätten außerdem direkte Drohungen gegen Zchai ausgesprochen.

Pogossow erhielt seine Verpflichtungserklärung nicht zurück, und das Angebot einer Bestechungssumme wurde ausgeschlagen. Am nächsten Tag wurde die Anwerbung des »Agenten Grigori« dem Chef offiziell mitgeteilt. Einige Tage später klingelte das Telefon im Büro des Agenten, vor dem Pogossow ausgesagt hatte. Der Anrufer sprach vom Moskauer FSB aus im Namen des dortigen Chefs. Er empfahl mit höflichen Worten, Pogossow in Ruhe zu lassen, und drohte, andernfalls werde es eine Untersuchung geben, weil während der polizeilichen Durchsuchungsaktion aus Pogossows Wohnung Geld gestohlen worden sei. Der Kriminalbeamte sah Pogossow nie wieder und erhielt auch keine weiteren geheimen Informationen von ihm.

Am 12. April 1997 starb Zchai mit neununddreißig Jahren an einer Leberzirrhose, obwohl er weder Alkohol getrunken noch geraucht hatte. Vermutlich wurde er vom FSB vergiftet, weil er die Identität der wahren Führer von Lasowskis Gruppe enttarnt und festgestellt hatte, wer hinter den Sprengstoffanschlägen in Moskau stand.

Gift von einem Typ, mit dem Zchai möglicherweise getötet wurde, stellte ein Speziallabor des FSB her, das sich nach Angaben einiger Informanten in der Uliza Krasnobogatyrskaja 42 in Moskau befand. Im selben Gebäude wurden angeblich auch die hervorragend gefälschten Dollarnoten gedruckt, mit denen der FSB Auftragsmorde und andere Abwehroperationen bezahlte. Solche Laboratorien gab es bereits in der Sowjetära (Insider vermuten, dass die Dollarblüten für den Fall eines Krieges hergestellt wurden).

Am 15. April 1997 fand ein Trauergottesdienst für Zchai statt, und er wurde auf dem Wagankowskoje-Friedhof bestattet. Nach seinem Tod zerfielen die Ermittlungen gegen die Gruppe Lasowskis in eine Reihe sporadischer Episoden. Bei der MUR wurde der Fall Lasowski nacheinander von Pjotr Astafjew, Andrej Potechin, Igor Trawin, W. Budkin, A. Basanow, G. Boguslawski, W. Bubnow und A. Kalinin bearbeitet. Daneben befasste sich auch der Ermittlungsbeamte für besonders wichtige Fälle, Andrej Suprunenko, der Lasowski zum ersten Mal bereits 1996 vernommen hatte, mit der Angelegenheit.

Nachdem Lasowski im Februar 1998 entlassen worden war, kaufte er sich eine luxuriöse Villa in einer von russischen Neureichen bevorzugten Wohngegend im Moskauer Umland. Anschließend gründete er eine Stiftung »zur Förderung des Friedens im Kaukasus« unter dem Namen »Vereinigung«, in der er den Posten des Vizepräsidenten übernahm.

Seine Zusammenarbeit mit den Geheimdiensten setzte er fort. Nach seiner Entlassung blieb er unter der Beobachtung Michail Fonarjows, eines Beamten des Kriminalpolizeilichen Ermittlungsdienstes der Oblast Moskau, doch über seine Aktivitäten während jener Zeit ist nichts bekannt.

KAPITEL 4

Spezialeinsatzgruppen

Selbständig operierende, konspirative militärische Einsatzgruppen, die sich aus früheren und aktiven Angehörigen von Spezialeinheiten der Armee und der verschiedenen staatlichen Geheimdienste zusammensetzten, entstanden in Russland in den Jahren nach 1980. In Russland bestehen rund dreißig staatliche Verwaltungen bewaffneter Geheimdienste und Polizeiorgane, und in allen wurden Abteilungen für Militäroperationen errichtet.

Es lässt sich schwer etwas darüber sagen, ob diese Entwicklung geplant oder spontan verlief. Es ist jedoch offensichtlich, dass der FSB bemüht ist, seine Leute überall unterzubringen, und dass er, auch wenn er die Gruppen nicht immer im formalen Wortsinn organisiert, ihre Aktivität von Anfang an mehr oder weniger weitgehend kontrolliert hat.

Die Geschichte des Aufbaus der Gruppe in der Region Primorje unter der Führung der beiden Brüder Alexander und Sergej Larjonow ist hierfür ein Lehrbuchbeispiel. In den späten achtziger Jahren des vorigen Jahrhunderts erhielten Alexander und Sergej Larjonow den Auftrag, in einer der größten Produktionsgenossenschaften in Wladiwostok, der Wostoktransflot, zu arbeiten. Innerhalb kurzer Zeit wurde Sergej Larjonow der Leiter der Kommunistischen Jugendorganisation (Komsomol) der Genossenschaft.

Als man begann, die Genossenschaft zu privatisieren, gelang es den Brüdern Larjonow irgendwie, genügend Geld aufzutreiben, um, entweder persönlich oder durch Mittelsmänner, ein großes Paket Aktien der Wostoktransflot zu erwerben; anschließend ließen sie einen Sicherheitsdienst in dem Unternehmen unter der Bezeichnung System SB registrieren. Diese Organisation bildete die Basis für die mächtigste und gewalttätigste organisierte kriminelle Gruppe in der Geschichte der Region Primorje.

Die Männer der Larjonow-Bande suchten die Militärstützpunkte der Pazifikflotte auf, sprachen mit den Kommandeuren oder ihren Beauftragten für Personalfragen und sagten ihnen, sie suchten Männer, deren aktive Dienstzeit demnächst ablaufe, für Spezialeinheiten des Systems SB, deren Aufgabe die Bekämpfung des organisierten Verbrechens sei. So kam es, dass ehemalige Angehörige militärischer Sabotagegruppen in den Sicherheitsdienst der Larjonow-Brüder eintraten.

Deren Gruppe war nach denselben Prinzipien organisiert wie der Militärische Auslandsnachrichtendienst GRU, mit eigenen Abteilungen für Spionage und Gegenspionage, eigenen Auftragsmördern, eigenen Beschattungsbrigaden, Sprengstoffspezialisten und Analysten. Ihre hochmoderne Ausrüstung kauften sie in Japan: Funkscanner, mit denen Botschaften an Funkmeldeempfänger und Gespräche über Funktelefone abgefangen werden konnten, »Wanzen«, Nachtsichtgeräte sowie Richtmikrofone, die man in einer Vielzahl von Gegenständen verstecken konnte.

Die Larjonow-Brigade arbeitete eng mit den Geheimdiensten der Region Primorje zusammen, in erster Linie mit der Marineaufklärung des GRU. Aufträge für die Ausschaltung von Verbrecherbossen kamen vom lokalen FSB. Die eigenen Analysten der Larjonows identifizierten sieben solcher Bosse von Gruppen, die Gesellschaften und Firmen in Wladiwostok unter ihrer Kontrolle hatten. Die Brüder beschlossen, sie »aus dem Verkehr zu ziehen« und das Geschäft selbst zu machen.

Der Mann ganz oben auf ihrer Liste war ein Gangster, der in Unterweltkreisen Tschechow genannt wurde. Zwei »Liquidatoren« aus der Brigade der Brüder legten an der Straße außerhalb der Stadt einen Hinterhalt und nahmen »Tschechows« Wagen mit automatischen Waffen unter Feuer. Den Fahrer, der aus dem Wagen sprang, töteten sie mit einem Kopfschuss, den verletzten Boss brachten sie in das nahe gelegene Hügelland, übergossen ihn mit Benzin und zündeten ihn an.

In das Schlafzimmer eines weiteren »Verurteilten« wurde eine schwere Sprengladung geworfen. Die Zielperson entkam unverletzt, doch die Eingangshalle des Wohngebäudes stürzte ein, und vier Unschuldige kamen ums Leben.

1993 kam es zu Konflikten innerhalb der Gruppe. Einer ihrer Führer, Wadim Goldberg, und seine Verbündeten kidnappten Alexander Larjonow, brachten ihn aus der Stadt heraus in einen Wald und töteten ihn mit Dutzenden von Messerstichen. Als Sergej Larjonow vom Tod seines Bruders erfuhr, tauchte er unter.

Ende 1993 wurden alle Mitglieder der Gruppe, auch Sergej Larjonow und Goldberg, von der Kriminalpolizei verhaftet. Bei einer seiner ersten Vernehmungen erklärte Larjonow, er werde jetzt noch nichts sagen, sondern erst vor Gericht auspacken. Dann werde er alles zu Protokoll geben, was er wisse, über das System SB und seine Führungsoffiziere in den Geheimdiensten. Um das zu verhindern, musste Larjonow getötet werden. Er saß im Wladiwostoker Untersuchungsgefängnis Nummer 1 in Einzelhaft unter scharfer Bewachung. Als Larjonow eines Tages zu einem weiteren Verhör geführt werden sollte, kamen ihm auf dem Gang ein Wärter und ein Häftling namens Jewgeni Demjanenko entgegen, der seit neunzehn Jahren einsaß. Als Demjanenko an Larjonow vorüberging, zückte er ein spitzes Werkzeug und tötete ihn mit einem einzigen Stoß.

Die Racheakte gegen Sergej Larjonow gingen selbst nach seinem Tod weiter. 1999 versuchten Unbekannte, seine Wohnung, in der sich seine Witwe befand, in die Luft zu sprengen, doch sie blieb unverletzt. Einige Zeit später erschoss ein Auftragsmörder Nadeshda Samichowa, die Anwältin Larjonows. In Wladiwostok ging das Gerücht um, dass die Geheimdienste sich ihrer Zeugen entledigten.

Die Staatsanwaltschaft brauchte jedenfalls verdächtig lange, um den Fall vor Gericht zu bringen. Die Ermittlungen zogen sich über mehrere Jahre hin, und erst am 14. Januar 2000 wurden die Anklagen erhoben. Die Akten im Strafprozess gegen die Larjonow-Bande umfassten hundertacht Ordner, doch nur neun Personen mussten sich persönlich verantworten. Drei von ihnen verließen das Gericht als freie Männer, da die Dauer ihrer Untersuchungshaft über dem Strafmaß gelegen hatte. Die übrigen erhielten Gefängnisstrafen zwischen acht und fünfzehn Jahren (Goldberg erhielt die höchste Strafe).

Es gibt gute Gründe für die Annahme, dass die Brigade des bekannten Gangsterbosses in Samara, Alexander Litwinka (in Gangsterkreisen als »Nissan« bekannt), ebenfalls für den FSB gearbeitet hat. Litwinka lebte in der Ukraine. In den frühen achtziger Jahren zog er nach Samara und wurde dort nach einer Reihe bewaffneter Raubüberfälle zu sieben Jahren Lagerhaft verurteilt. Er verließ das Lager als »Boss« und erhielt den Spitznamen »Nissan« wegen seiner Vorliebe für japanische Automobile. Mit Unterstützung durch die Gangsterbosse in Samara wie Dmitri Rusljajew und Michail Besfamilnyj (»Satan«) stellte Litwinka seine eigene Bande aus erprobten Karatekämpfern zusammen, die strenge Abstinenzler waren und alle Befehle widerspruchslos ausführten.

Litwinka wurde bald in einen Bandenkrieg um die Kontrolle über die Wolga-Automobil-Werke verwickelt. Im Frühjahr 1996 fand im Hotel Dubki ein Treffen zwischen Vertretern von zwei Gangsterbanden in Samara statt. Nachdem die Verhandlungen erfolgreich abgeschlossen waren, erschossen vier Unbekannte alle Anwesenden mit Kalaschnikows. Als einer der Täter wurde Litwinka identifiziert und bald darauf verhaftet. Einen Monat später wurde er aus der Haft entlassen, ohne dass Anklage gegen ihn erhoben worden war.

Von da an zweifelte niemand in der Unterwelt daran, dass Litwinka für die Geheimdienste arbeitete, und er wurde auf einer »Ratsversammlung der Diebe« für geächtet erklärt. Um Mordanschlägen zu entgehen, verließ Litwinka die Region Samara und zeigte sich dort nur noch bei seltenen Anlässen, in der Regel um einen weiteren Auftragsmord an einem der Unterweltbosse zu verüben. Anscheinend steht außer Zweifel, dass Litwinka für den Mord an Rusljajew in Samara 1998 und an dem Gangsterboss Konstantin Berkut 1999 verantwortlich war.

Am Nachmittag des 23. September 2000 wurde Alexander Litwinka in Moskau getötet. Vier Männer hatten auf ihn geschossen. Am Ort des Verbrechens fand die Polizei vier von den Mördern zurückgelassene Pistolen: zwei Makarows mit Schalldämpfer, eine Kedr Automatik und eine Ish-Baikal. Außerdem fanden sie eine Makarow, die dem Opfer gehört hatte. Die Täter flüchteten in einem weißen Shiguli. Wir können nur vermuten, wer Litwinka liquidiert hatte – FSB-Agenten oder »Bosse« aus Samara.

Die bekannte Kurgan-Brigade von Alexander Solonik (»Sascha der Mazedonier«), die überwiegend aus früheren und noch aktiven Mitarbeitern der russischen Geheimdienste und aus ehemaligen Offizieren der Armee besteht, wurde ebenfalls von den Geheimdiensten »geführt«, vor allem vom SBP (Schutzdienst für den Präsidenten) und vom FSB. Die Kurgan-Gruppe erschien in den frühen neunziger Jahren in Moskau und wurde vom Führer der Orechow-Gruppe, Sergej Timofejew (»Sylwester«), übernommen.

Timofejew war ein Agent des FSK und hielt engen Kontakt zu einem ehemaligen Offizier der Fünften Hauptverwaltung des KGB namens Majorow, der später eine der Sicherheitsorganisationen in der Toko-Bank leitete. Majorow besuchte regelmäßig den Chef der Operativen Abteilung des Antiterrorzentrums, Generalleutnant Iwan Mironow, ehemals Sekretär der Kommunistischen Parteiorganisation der Fünften Hauptverwaltung des KGB, der jetzt unmittelbar für das Aufspüren von Terroristen verantwortlich war.

Mitte der neunziger Jahre kam es zu größeren Veränderungen in der Orechow-Gruppe, als Timofejew in der Person Sergej Butorins (»Ossja«) ein Rivale erwuchs. Im September 1994 wurde Timofejew in seinem Mercedes in die Luft gesprengt. Danach verschwanden der Reihe nach alle Agenten, die loyal zu ihm gestanden hatten.

Butorin stellte seine eigene Gruppe zusammen, zu der Mitglieder der Orechow-, der Kurgan- und der Medwedkow-Bande gehörten. Zu seinen Auftragsmördern zählten Spezialeinsatzoffiziere aus dem GRU, dem MWD (Innenministerium) und den WDW (Luftlandesturmtruppen). Aktive Angehörige verschiedener militärischer und polizeilicher Abteilungen erschienen in Butorins Umgebung, darunter ein Oberstleutnant der Abwehr (später wurde er wegen mehrerer schwerer Verbrechen angeklagt, doch wurden die Anklagen fallen gelassen).

Gegen Ende 1994 galten drei Männer namens Koligow, Neljubin und Ignatow als die Führer der Kurgan-Gruppe. Der Ruch der Kurgan-Killer verbreitete sich in ganz Russland. Einer der berühmtesten von ihnen war Alexander Solonik, doch der aktivste und gefährlichste in der Gruppe wurde Konachowitsch genannt.

Die Kurgan-Gruppe führte einen erbitterten Krieg gegen die Bauman-Gruppe. Nach Aussagen eines der Agenten, die mit der Kurgan-Gruppe zusammenarbeiteten, wurden im Verlauf dieses Krieges Dutzende von Mitgliedern der Bauman-Brigade getötet; gewöhnlich wurden sie erst entführt und einer extrem grausamen Folter unterworfen, bevor man sie tötete. Die Kurgan-Gruppe bezeichnete die Mitglieder der Bauman-Gruppe als die »Bestien-Brigade« und behauptete, dass zu ihr mehrere Dagestaner gehörten. Der Krieg wurde unter anderem um die Kontrolle über eine der Firmen geführt, die amerikanische Autos verkaufte. Doch letztlich ging es darum, dass die Reifen dieser Wagen als Verstecke für Drogen aus Kolumbien benutzt wurden.

Die Aktivitäten der Kurgan-Gruppe wurden von der 12. Abteilung der MUR überwacht. Operative Aktionen wurden von Oleg Plochich geleitet. Zwei Mitglieder der Kurgan-Bande wurden schließlich verhaftet und in das Moskauer Untersuchungsgefängnis Matroskaja Tischina verbracht. In einem Gespräch mit seinem Anwalt sagte einer der beiden, wenn man ihn unter den Einfluss bestimmter Psychopharmaka setze, könnte er möglicherweise alles ausplaudern, was er über ein Dutzend wichtiger Auftragsmorde wisse, darunter den Mord an dem bekannten Fernsehjournalisten Listjew. Er beantragte, in das Lefortowo-Gefängnis verlegt zu werden, und versprach, mit den Ermittlern zu kooperieren, wenn sie ihm zuverlässige Garantien für seine Sicherheit geben könnten.

Die MUR traf Vorbereitungen für eine Verlegung der beiden Untersuchungshäftlinge, doch sie kam zu spät. Es gab eine undichte Stelle, und beide Männer wurden noch in derselben Nacht umgebracht, obwohl sie sich in verschiedenen Zellen befanden. Es war ein Auftragsmord an zwei Verdächtigen, deren Aussagen dazu beigetragen hätten, etliche weitere aufsehenerregende Auftragsmorde aufzuklären.

Solonik hatte mehr Glück. Nach seiner Verhaftung brachte man ihn in einem Spezialflügel der Matroskaja Tischina unter, aus dem er dank bestimmter Arrangements nach Griechenland fliehen konnte.

Die Zerschlagung der Kurgan-Gruppe hätte unter günstigeren Umständen das Werk eines einzigen Mannes sein können, des Führers der kriminellen Koptew-Organisation, Wassili Naumow (»Naum«), der zugleich Geheimagent des MWD war. Irgendwann hatten die Kurganer das Vertrauen der Koptew-Organisation gewonnen, und nachdem sie fast alle Einkommensquellen ihrer Rivalen aufgespürt hatten, begannen sie, deren Führer der Reihe nach zu liquidieren. Naumow, der erkannt hatte, wer hinter den Morden stand, denunzierte die Kurganer bei der 12. Abteilung der MUR.

Daraufhin schaltete sich der FSB in den Konflikt ein, da er kein Interesse daran hatte, dass die von ihm geführte Kurgan-Gruppe vernichtet würde, und weil er befürchten musste, dass bestimmte Dinge an die Öffentlichkeit dringen und einen Skandal auslösen könnten. Der FSB musste nur eins und eins zusammenzählen, um sich darüber klar zu werden, dass die Kenntnisse der MUR über die Kurgan-Gruppe nur von Naumow kommen konnten, der enge Verbindungen zu einigen ihrer Mitglieder unterhielt. FSB-Agenten gaben diese Information an die Kurganer weiter.

Am 27. Januar 1997 fuhr Naumow in Begleitung seiner bewaffneten Leibwächter von der Sondereinsatzgruppe Saturn der Polizei mit dem Wagen zu einer Unterredung mit dem Einsatzoffizier der MUR, der sein Kontaktmann war, beim MWD-Gebäude in der Uliza Petrowka 38 vor. Er rief den Offizier mit dem Handy an, bat ihn, herunterzukommen, und wartete im Auto. Noch während der Offizier unterwegs war, hielt hinter Naumow ein Shiguli an, dessen Insassen ihn mit automatischen Waffen erschossen. Die Kurganer hatten damit erkennen lassen, dass sie über die Zusammenarbeit Naumows mit der MUR im Bilde waren.

Die Aktivitäten Naumows hätten dennoch die Kurgan-Gruppe nicht zur Strecke gebracht, wenn nicht zwei weitere Umstände hinzugekommen wären. Der erste war, dass Korshakow von seinem

Posten als Leiter des SBP versetzt und diese Abteilung anschließend aufgelöst wurde. Ohne die Deckung durch Korshakow war die Kurgan-Gruppe ihres Schutzes beraubt. Der zweite Umstand war ein »bezahlter« Auftrag an die Hauptverwaltung des MWD, die Kurgan-Gruppe zu zerschlagen. »Bezahlt« wurde der Auftrag von der Bauman-Gruppe, die traditionell gute Verbindungen zum MWD hatte und nach der Entlassung Korshakows in der Lage war, im Ministerium darauf zu dringen, dass die Kurganer aus dem Verkehr gezogen würden.

Die Kurganer wurden jetzt nicht mehr nur von der MUR, sondern auch von Butorin verfolgt, der den Befehl gab, sie zu erschießen. Alle Morde, die auf das Konto von Butorins Gruppe gingen, wurden sorgfältig geplant und mit der Professionalität von Geheimdienstagenten ausgeführt, wobei die Beteiligten an den Operationen buchstäblich im Minutenabstand Vollzug meldeten. Das Ziel war, den Kern der Kurgan-Agenten (Koligow, Neljubin, Ignatow und Solonik) in Griechenland zusammenzubringen und alle gleichzeitig zu töten.

Butorins Operation zur Vernichtung der Gruppe Soloniks wurde unter Aufsicht des FSB oder des GRU ausgeführt. Das ist wahrscheinlich der Grund, warum es eine undichte Stelle gab und warum eine zwei Wochen dauernde Beobachtung einer griechischen Villa rund um die Uhr vergebens war. Koligow, Neljubin und Ignatow suchten Solonik nicht auf.

Schließlich fuhren zwei von Butorins verlässlichen Leuten, »Sascha der Soldat« und »Serjosha«, die beide Solonik kannten, bei ihm vor, riefen ihn zu sich in den Wagen und fuhren in Richtung Athen davon. Unterwegs zog »Sascha der Soldat«, der auf dem Rücksitz saß, eine Schlinge über Soloniks Kopf und erdrosselte ihn.

Inzwischen hatten Agenten der Moskauer RUOP einen Flug nach Griechenland gebucht, nachdem ihnen von Butorin zugetragen worden war, dass Solonik in dem Dörfchen Baribobi außerhalb von Athen wohnte. Sie folgten den Hinweisen, die Butorin ihnen gegeben hatte, und entdeckten am 3. Februar 1997 den Leichnam Soloniks. Wären sie einen Tag früher gekommen, hätten sie ihn vielleicht noch lebend vorgefunden. Doch die Leute, die den Zeitplan für ihre Operation aufgestellt hatten, wussten natürlich, wer wo und wann eintreffen sollte, und die RUOP-Offiziere kamen genau deshalb zu spät, weil sie Solonik nicht lebend antreffen *sollten*.

Das ist in groben Zügen die offizielle Version der Ereignisse. Was wirklich geschah, werden wir nie erfahren. In einem Nummernsafe einer Bank auf Zypern hatte Solonik vier Tonkassetten hinterlegt, auf denen seine Erinnerungen gespeichert waren. Im Januar 1997, einige Tage vor seinem Tod, rief er seinen Anwalt Waleri Karyschew an und bat ihn, im Fall seines Todes den Inhalt der Kassetten zu veröffentlichen.

Als sich Solonik am 2. Februar »verabschiedete«, nahm er mysteriöserweise das Geld auf seinem Konto mit. Irgendwie verschwanden auch seine Fingerabdrücke aus seiner Fallakte, und seine Freundin, die mit ihm in Baribobi gelebt hatte, löste sich in Luft auf.

Mit der typischen Zuverlässigkeit eines Anwalts veröffentlichte Karyschew Soloniks Erinnerungen noch im selben Jahr, und es wurde deutlich, dass das Buch, in dem viele Geschichten erzählt, aber keine Namen genannt wurden, Soloniks spezielle Lebensversicherung gewesen war: Sucht nicht nach mir, oder ich werde Namen nennen.

Übrigens wurde Butorin, der wegen »besonders abscheulicher Verbrechen« auf der landesweiten Fahndungsliste stand, nie gefunden. Wie es hieß, wurde er ein großer Geschäftsmann. Er hatte stets mehrere Pässe, sodass er Russland mühelos für immer verlassen konnte.

Eine weitere Spezialeinsatzgruppe war die Organisation des GRU-Obersts Waleri Radtschikow, der sich an die Spitze einer 1991 mittels des GRU gegründeten Stiftung für Afghanistanveteranen gearbeitet hatte, nachdem im Verlauf interner Streitigkeiten um die Führung siebenunddreißig Personen getötet und zweiundsechzig verletzt worden waren.

1994 kam der erste Leiter der Stiftung, Michail Lichodej, durch einen Sprengstoffanschlag am Eingang seines Wohnblocks ums Leben.

Im Oktober 1995 überlebte Radtschikow wie durch ein Wunder, als er von sechs Kugeln schwer verletzt wurde und dennoch den Mördern, die auf ihn in seinem Wagen geschossen hatten, entkommen konnte. Dagegen erlangte sein Rechtsberater und Stellvertreter Dmitri Mateschew, der mit ihm im Auto gesessen hatte, sein Bewusstsein nicht mehr und starb nach der Schießerei.

Am 10. November 1996 wurden vierzehn Personen in Stücke gerissen und sechsundzwanzig verstümmelt, als eine Sprengladung auf dem Kotljakowskoje-Friedhof detonierte, wo eine Gedenkfeier für Lichodej stattfand. Unter den Toten befanden sich Lichodejs Witwe Elena Krasnoluzkaja, die die Finanzdirektorin der Veteranenstiftung gewesen war, und Lichodejs Freund und Nachfolger Sergej Trachirow. Radtschikow wurde angeklagt, den Anschlag geplant zu haben.

Am 3. September 1998, als Radtschikow sich bereits in Untersuchungshaft befand, wurde ein weiterer seiner nächsten Gefolgsleute, Waleri Wukolow, erschossen, der zum Generaldirektor einer neuen Stiftung für Afghanistanveteranen ernannt worden war.

Einige Tage nach Radtschikows Verhaftung wurde sein Stellvertreter an der Spitze der Stiftung, Waleri Woschtschewos, der sämtliche Kontobewegungen der Stiftung beaufsichtigte und einer von Jelzins Beauftragten für den Präsidentschaftswahlkampf 1996 gewesen war, in aller Eile als bevollmächtigter Vertreter des Präsidenten in die Region Amur geschickt.

Während all dieser Jahre wurde Geld der Stiftung veruntreut, was letztlich in Russland nicht unüblich ist; außergewöhnlich war allerdings das Ausmaß der Unterschlagungen. Die vorsichtigsten Schätzungen gingen von zweihundert Millionen Dollar aus.

Radtschikow selbst soll davon laut Anklage »nur« zweieinhalb Millionen Dollar für sich abgezweigt haben.

Der Prozess gegen Radtschikow und seine beiden Komplizen, Michail Smurow und Andrej Anochin, dauerte zehn Monate. Am 17. Januar 2000 forderte der Staatsanwalt für die Angeklagten Haftstrafen von dreizehn, fünfzehn und zehn Jahren.

Radtschikow wurde beschuldigt, er habe geplant, seinen Konkurrenten in der »afghanischen Bewegung«, Sergej Trachirow, töten zu lassen. Zu diesem Zweck habe er seinem Nachbarn Andrej Anochin, einem Veteranen aus dem Afghanistankrieg, eine Pistole und mindestens fünfzigtausend Dollar übergeben. Anochin seinerseits habe einen gewissen Michail Smurow überredet, für zehntausend Dollar an dem Mord mitzuwirken.

Trachirow umzubringen war nicht einfach, denn er wurde auf allen seinen Wegen von Bodyguards der Witjas-Einheit begleitet. Sie stand unter dem Kommando von Sergej Lysjuk, der eng mit dem FSB zusammenarbeitete. Ihm war der Orden »Held Russlands« verliehen worden, weil er die Witjas-Einheit 1993 bei der Verteidigung des Fernsehzentrums Ostankino kommandiert hatte. Er hatte den Befehl gegeben, auf die Teilnehmer am Putsch gegen Präsident Jelzin zu schießen. Lysjuk war auch Gründer und erster Kommandeur der internen Witjas-Spezialeinsatzeinheit des MWD und in die Reihen der Geheimagenten des KGB aufgenommen worden, als er noch Oberleutnant gewesen war. Der letzte Angehörige des Geheimdienstes, der als Lysjuks Verbindungsmann fungierte, war der Chef der militärischen Abwehr, Wladimir Wlassow, der den Namen Lysjuks aus der Liste der Geheimagenten des FSB strich (sodass man ihm keinen neuen Führungsoffizier zuteilte) und ihn zu einem sogenannten Archivagenten machte. Unter den neuen Verhältnissen war Wlassow einer von Lysjuks Stellvertretern in seinem Handelsunternehmen. Nach Informationen aus Agentenkreisen gehörte es zu den Aktivitäten der Firma Lysjuks, Auftragsmörder auszubilden, darunter auch Mitglieder der Gruppe Lasowskis, doch möglicherweise wusste Lysjuk selbst überhaupt nichts davon, obwohl die Strafverfolgungsbehörde der Oblast Moskau berichtete, man habe Lasowski wiederholt in Lysjuks und Wlassows Firma gesehen.

So beschlossen die Verschwörer, Trachirow während einer Feier in die Luft zu sprengen, die auf dem Kotljakowskoje-Friedhof zum Gedenken an Michail Lichodej abgehalten werden sollte, den Vorsitzenden der Stiftung für Afghanistanveteranen, der 1994 ermordet worden war. Seltsamerweise wurden nur wenige Tage vor diesem Anschlag Trachirows Leibwächter ausgetauscht. Die neuen Bodyguards kamen bei der Explosion ums Leben, während die alten aus der Witjas-Einheit aufgrund dieses Wechsels am Leben blieben. Wir dürfen annehmen, dass Lysjuk durch Wlassow oder andere Geheimdienstleute in seiner Umgebung von dem geplanten Attentat erfahren hatte.

Der Prozess gegen die Urheber dieses Anschlags endete am 18. April. Den Angeklagten wurde ein Schlusswort zugestanden. Alle drei sagten, sie hätten mit dem Terroranschlag »nicht das Geringste« zu tun, und plädierten auf unschuldig. Der Anwalt Radtschikows behauptete, der Fall sei bewusst fabriziert worden.

Am 21. Januar 2000 sprach das Bezirksmilitärgericht Moskau unter dem Vorsitz von Wladimir Serdjukow die Angeklagten frei, weil »ihre Beteiligung an dem begangenen Verbrechen nicht bewiesen« sei. Das Gericht wertete die Argumente der Strafverfolgungsbehörden als nicht überzeugend. Der Freispruch stützte sich auf die Ergebnisse der gerichtlichen Untersuchung der Überreste der Sprengladung, die sich in wesentlichen Punkten von den Ermittlungsergebnissen unterschieden. Außerdem sagte eine Bekannte von Michail Smurow, einem der Angeklagten, aus, Smurow sei am Tag der Explosion daheim in seiner Wohnung gewesen und habe unmöglich den Zünder betätigen können, wie die Ermittlungsbeamten behauptet hatten.

Waleri Radtschikow wurde außerdem von der Anklage freigesprochen, zweieinhalb Millionen Dollar aus der Stiftung unterschlagen zu haben. Alle drei Beschuldigten verließen den Gerichtssaal als freie Männer. Am 25. Juli 2000 scheiterte die Staatsanwaltschaft mit ihrer Berufung gegen das Urteil vor dem Obersten Gericht.

Radtschikow beabsichtigte sogar, den Fall vor den Europäischen Gerichtshof zu bringen. Doch am 31. Januar 2001 starb er bei einem Autounfall auf dem Weg zurück nach Moskau. Noch am selben Tag gab die Presseagentur *Nowosti* bekannt, die Kriminalpolizei sei der Meinung, dass der Tod Radtschikows möglicherweise kein gewöhnlicher Unfall gewesen sei.

Dutzende Leichen, Unterschlagungen in Höhe von zig Millionen Dollar und kein einziger Verbrecher hinter Schloss und Riegel – wenn man all dies zusammennimmt, ist das in der Welt der Verbrechen eine statistische Unmöglichkeit. Man muss nicht Sherlock Holmes sein, um herauszufinden, wer hinter diesem komplizierten und höchst erfolgreichen Spiel steckte, in dem die Hauptperson zu einem derart passenden Augenblick einen tödlichen Autounfall hatte.

KAPITEL 5

Entführungen

Jedes Mal, wenn wir von Enthauptungen hören oder lesen, werden wir an die Entführungen und brutalen Hinrichtungen von Geiseln in Tschetschenien erinnert. Es ist allgemein bekannt, dass die meisten Entführungen von tschetschenischen Gangstern verübt werden, die sich davon ein hohes Lösegeld versprechen.

Wie schwierig es ist, solche Geiseln zu befreien, zeigt der Fall Mahomet Koligow. Am 15. September 1998 wurde der 1955 geborene Koligow in der Stadt Malgobek von einer organisierten tschetschenischen Bande aus Urus-Martan unter der Führung von Riswan Warajew entführt. Der Kundschafter der Gruppe in diesem Fall und gleichzeitig Organisator des Verbrechens war Koligows Nachbar. Die Kidnapper waren überzeugt, dass sie unerkannt blieben, und so schickten sie Mittelsmänner zu Koligows Familie, die dieser die Forderung eines Lösegelds in Höhe von fünf Millionen Dollar überbrachten. Die Familie weigerte sich jedoch zu zahlen. Der Kundschafter wurde bald identifiziert und festgenommen, und die Namen aller Mitglieder von Warajews Bande wurden bekannt. Daraufhin gab Warajew offen zu, dass er Mahomet Koligow in seiner Gewalt habe, und beharrte auf seiner Forderung.

Anstatt das Lösegeld zu zahlen, engagierte Koligows Familie eine staatliche Spezialeinheit zur Terrorismusbekämpfung, die eine Operation zur Festnahme und Ausschaltung der Bande Warajews vorbereitete. Am 22. Juli 1999 lauerten die Koligows und Angehörige der Spezialeinheit um zwei Uhr nachmittags mehreren Mitgliedern der Bande auf, als diese, aus dem Dorf Gojskoje kommend, in drei Automobilen nach Urus-Martan zurückfuhren. Die Kolonne wurde zwanzig Minuten lang mit automatischen Waffen und Granatwerfern beschossen. Sieben Bandenmitglieder kamen dabei ums Leben, fünf wurden verwundet.

Danach fuhren die Koligows und die Männer von der Spezialeinheit nach Inguschien und nahmen den Leichnam Aslan Warajews und den schwer verletzten Riswan Warajew mit. Dieser starb zwar bald darauf, doch die Koligows behaupteten gegenüber dem Rest der Bande, die Brüder Warajew seien nur verwundet, und sie wollten die beiden gegen Mahomet Koligow austauschen.

Im Verlauf weiterer Verhandlungen mit Sprechern der Bande mussten sie jedoch zugeben, dass die beiden Brüder getötet worden waren. Dennoch erklärte sich die Bande schließlich bereit, Mahomet Koligow gegen die beiden toten Brüder auszutauschen. Dieser Tausch fand am 31. August 1999 um fünf Uhr nachmittags an der Verwaltungsgrenze zur Tschetschenischen Republik in der Nähe des Dorfes Aki-Jurt statt. Mahomet Koligow war fast ein ganzes Jahr lang als Geisel gehalten worden.

Die Warajews hatten sich verrechnet. Andere bekannte tschetschenische Entführer waren mit ihren Unternehmungen wesentlich erfolgreicher: Arbi Barajew aus Alchankala (»Jermolowka«), Reswan Tschitigow, Apti Abitajew, Idris Mechitsow (»Abdul-Malik«), Aslan Gatschajew (»Abdulla«), Doku Umarow und andere. Man hatte die Geheimdienste beschuldigt, an diesen Entführungen von Menschen aus Tschetschenien beteiligt gewesen zu sein.

Im Fall Arbi Barajew gab es dafür konkrete Anzeichen. Nach Angaben von Ruslan Jussupow, einem Tschetschenen, der als Offizier zuerst in der sowjetischen und später in der russischen Armee gedient hatte und von einem Angehörigen des FSB in Tschetschenien angeworben worden war, arbeitete Barajew ohne Zweifel für die russischen Geheimdienste, und diese hielten wiederum ihre Hand über Barajew und seine Leute.

Mitte Juli 2000 wurde Jussupow von seinem alten Schulkameraden Mahomet angesprochen, der mit dem FSB in Verbindung treten und ihm bestimmte Informationen über Barajew anvertrauen wollte. Mahomet war davon überzeugt, dass Barajew hinter der Entführung von Dutzenden Geiseln in Tschetschenien steckte, darunter auch Angehörige des FSB, der Vertreter des Präsidenten in Tschetschenien, Walentin Wlassow, sowie Journalisten der Fernsehsender ORT und NTW. Barajew sei, so behauptete er, auch an der Ermordung von Mitarbeitern des Roten Kreuzes, drei Engländern und einem Neuseeländer, beteiligt gewesen.

Der FSB vereinbarte mit Mahomet, dass er ihn für fünfundzwanzigtausend US-Dollar zu genau der Stelle führen sollte, an der Barajew innerhalb der nächsten zwanzig Tage mit seinen tschetschenischen Feldkommandeuren zusammentreffen würde. Mahomet wurde instruiert, wie er Kontakt zu Jussupow und dem stellvertretenden Leiter der Bezirksverwaltung des FSB aufzunehmen hatte.

Fünf Tage später fand ein weiteres Treffen zwischen Mahomet und dem Vizechef der FSB-Bezirksverwaltung statt. Diesmal brachte er einen der engsten Mitarbeiter Barajews namens Aslachanow mit, nachdem diesem vom FSB Immunität zugesagt worden war.

Aslachanow stand auf den Fahndungslisten der Russischen Föderation und von Interpol wegen seiner Beteiligung an der Hinrichtung eines Engländers und eines Neuseeländers und der Entführung polnischer Staatsbürger in Dagestan sowie des Fotojournalisten Jacini und einiger Soldatenmütter, die ihre Söhne in Tschetschenien gesucht hatten. Er konnte sich in Tschetschenien frei bewegen, weil er einen Ausweis des tschetschenischen Innenministeriums auf den Namen Saralijew mit sich führte. Im Verlauf der Verhandlungen änderten sich die Bedingungen. Mahomet, ein früherer Guerillakämpfer, und Aslachanow waren damit einverstanden, dem FSB Barajew ohne Belohnung zu übergeben, wenn ihnen dafür eine Amnestie gewährt würde.

Zehn Tage später informierte Aslachanow den FSB über ein bevorstehendes Treffen zwischen Barajew und seinen Feldkommandeuren Zagarajew und Achmadow in einer Chemiefabrik in Grosny.

Vier Stunden vor dem Treffen erhielt Jussupow vom stellvertretenden Chef der FSB-Bezirksverwaltung eine Bestätigung dieser Nachricht.

Das Treffen zwischen Barajew, Zagarajew und Achmadow fand statt wie geplant, doch der FSB unternahm nichts, um die Männer zu verhaften. Als Jussupow den stellvertretenden FSB-Chef fragte, warum die Operation abgebrochen worden sei, erhielt er zur Antwort: »Wenn ich mich noch weiter aus dem Fenster hänge, kostet es meinen Kopf und deinen auch. Wir sind nur kleine Nummern in diesem Spiel, wir entscheiden überhaupt nichts.«

Etwa nach weiteren zehn Tagen berichtete Aslachanow, er und Mahomet müssten das Weite suchen, da Barajews Leute über alles Bescheid wüssten. Jussupow setzte sich sofort mit der Bezirksleitung des FSB in Verbindung und machte einen Termin für ein Treffen aus. Als Mahomet und Aslachanow am Treffpunkt in der Nähe des FSB-Büros erschienen, warteten dort anstelle von FSB-Agenten Guerillas auf sie, von denen sie auf offener Straße erschossen wurden. Noch am selben Tag entführten Unbekannte Jussupows Frau und deren Schwester an einer Bushaltestelle und brachten sie in das Büro der republikanischen Milizbrigade, wo sie den Polizisten sagten: »Die Männer dieser Schlampen arbeiten für die Russen.« Die Frauen weinten und versuchten zu erklären, dass sie verheiratet seien, doch niemand kam ihnen zu Hilfe. Ihre Entführer brachten sie zu einem verlassenen Hinterhof, prügelten sie halb tot und vergewaltigten sie.

Jussupow suchte die Kriminalpolizei des Leninski-Bezirks in Grosny auf und forderte die Beamten auf, herauszufinden, wem der weiße Shiguli gehöre, den die Entführer benutzt hatten. Die Kriminalbeamten erklärten ihm, diese Leute seien nicht in Grosny gemeldet und niemand kenne sie hier. Kurz darauf entdeckte Jussupow, dass die Entführer zur Brigade Barajews gehörten, frühere Mitglieder der tschetschenischen Guerilla, die aus Atschcha-Martan kamen und zahlreiche Verbrechen begangen hatten; da sie jedoch Barajews Leute waren, versuchte niemand, sie ausfindig zu machen.

Eine Woche später kamen zwei Tschetschenen vom FSB und ein russischer Mitarbeiter des GRU zu Jussupow. Sie sagten ihm, er sei schuld am Tod Aslachanows, und schlugen ihn vor den Augen seiner Frau und seiner Kinder zusammen. Anschließend entführten sie ihn in ein Privathaus in einem benachbarten Stadtbezirk.

Eine Stunde später kamen zwei Guerillakämpfer Barajews dorthin. Den Fragen, die sie ihm stellten, konnte er entnehmen, dass alle Anwesenden umfassend über seine Aktivitäten beim FSB informiert waren. Als er eine Zusammenarbeit mit dem Dienst abstritt, wurde er erneut misshandelt – ausgerechnet von Tschetschenen, die selbst beim FSB tätig waren.

Am nächsten Tag wurde Jussupow nach Grosny gebracht und auf die Straße geworfen. Zwei Tage später verließen er und seine Familie die Stadt.

Die Tschetschenen hatten damals ein Scherzwort: »In Tschetschenien gibt es auf einem Quadratmeter dreieinhalb gepanzerte Truppentransporter, zehn Geheimdienste und einen Tschetschenen.« Und sie sagten auch: »Wenn erst einmal die Agenten des GRU, des FSB und des MWD wieder weg sind, wird es Frieden geben.«

Es war schwer zu sagen, wer überhaupt für einen der russischen Geheimdienste arbeitete und für welchen. Hartnäckig hielt sich das Gerücht, dass außer Arbi Barajew auch die Brüder Achmadow aus Urus-Martan für die Russen arbeiteten. Die Einwohner der Stadt sagten, bis vor Kurzem hätten die Brüder und Barajew noch in ihren eigenen Häusern gewohnt. Während des zweiten Tschetschenienkrieges habe Barajew zweimal lautstarke Hochzeitsfeiern in seinem Haus in Alchankala abgehalten. Die Achmadow-Brüder und Barajew fuhren in ihren Autos ungeniert kreuz und quer durch die Republik, ohne dass es Schwierigkeiten gegeben hätte, wenn einmal an einer Straßensperre ihre Papiere kontrolliert wurden. Einfache Soldaten, die an diesen Sperren Dienst taten, winkten Barajew salutierend durch. Im Sommer 2000 wurde bekannt, dass die beiden Achmadows Ausweise des FSB bei sich trugen. Der FSB-Agent für den Bezirk Urus-Martan, Junus Magomadow, wurde wahrscheinlich entlassen, weil er vertrauliche Informationen ausgeplaudert und die Identität von Geheimagenten aufgedeckt hatte.

Barajew war daran beteiligt, als der FSB in Tschetschenien falsche Dollarnoten drucken ließ. Vom Beginn des Tschetschenienfeldzugs an war der Druck von Dollarblüten nach Tschetschenien verlegt worden, so dass im Fall einer Entdeckung die Straftat der tschetschenischen Führung angelastet werden konnte. Eine der Druckereien Barajews wurde im April 2000 entdeckt (das Haus, in dem sich die Presse befand, gehörte Verwandten Barajews). Die falschen Banknoten gelangten über Inguschien in die Zentralregionen Russlands und wurden dort zu einem Kurs von dreißig bis fünfunddreißig Cent je Rubel umgetauscht.

Die Fälschungen waren von hervorragender Qualität. Es war praktisch unmöglich, sie mit den in den gewöhnlichen Wechselstuben vorhandenen Prüfgeräten festzustellen; dazu benötigte man spezielle Geräte, die es nur bei den Banken gab. Ein Großteil der damit erzielten Einkünfte wurde dazu benutzt, die »Gehälter« der Kämpfer zu bezahlen oder Waffen und Munition zu kaufen. Die falschen Dollarnoten kursierten auch außerhalb Russlands. Man nimmt an, dass in den letzten Jahren bis zu zehn Milliarden Dollar Falschgeld in Umlauf gebracht wurde, das heißt rund zehntausend Dollar auf jeden Tschetschenen. Die Annahme, dass Barajew hierfür allein verantwortlich war, ist nicht plausibel. Die wahrscheinlichere Variante ist: Man benutzte ihn als Strohmann für ein Geschäft, das vom FSB selbst betrieben wurde.

Vorsichtige, aber völlig eindeutige Hinweise auf die Zusammenarbeit Barajews mit dem FSB gab der Präsident von Inguschien, Ruslan Auschew, auf einer Pressekonferenz am 6. Juli 2000. Auf die Frage, wer für den jüngsten Angriff auf eine Militärkolonne in Inguschien verantwortlich sei, antwortete er:

»Die Kolonne in Inguschien wurde von der Brigade Arbi Barajews überfallen. Es gibt übrigens etwas, das ich nicht verstehe: Arbi Barajew wohnt in dem Dorf Jermolowka, und alle unter Ihnen, die in Grosny waren, wissen, dass dies fast ein Vorort ist. Dort hält er sich auf; ich glaube, er hat zum fünften Mal geheiratet. Nun gut, dort ist er, und jeder weiß, wo er ist.

Ich habe den Eindruck, dass der Antiterrorverband entschiedener vorgehen muss, zumal Barajew Militärkolonnen angreift ... Nach meinen Informationen wohnt Arbi Barajew in Jermolowka, was ...

Sie wissen alle, dass es eigentlich kein echtes Problem ist, hier durchzugreifen. Ich habe gerade gesagt, dass er schon wieder geheiratet hat ... Und unser föderaler Geheimdienst weiß das. Jeder weiß das.«

Der bekannte Bürgerrechtsaktivist und Duma-Abgeordnete Sergej Kowaljow äußerte sich unverblümter:

»Nehmen wir einen der bedeutendsten Menschenhändler, einen jungen Schurken, der zudem wohl ein echter Draufgänger ist. Vergessen wir, dass so gut wie jeder im Nordkaukasus sagt: ›Arbi Barajew? Der ist doch ein KGB-Agent!‹ Das glauben alle, nur kann man es nicht beweisen. Aber es gibt hier einige Rätsel zu lösen.

Vor ein paar Monaten hat jeder gewusst, dass er nicht weit von Grosny in Jermolowka gewohnt hat. Er hat dort zum x-ten Mal geheiratet, was der Islam zulässt, und lebte dort mit seiner Frau zusammen. Man hat den Kommandeur der föderalen Streitkräfte gefragt: ›Warum nehmen Sie Barajew nicht fest?‹ Und er antwortete mit der Naivität eines echten Soldaten: ›Sobald man es uns befiehlt, verhaften wir ihn.‹ Aber warum befehlen sie es ihm nicht?

Wir sind mit tschetschenischen Abgeordneten zusammengekommen. Einer von ihnen, ein sehr vertrauenswürdiger und geachteter Mann, hat uns erzählt, dass einer seiner Verwandten, der vor Kurzem von den Bergen heruntergestiegen war, in Jermolowka ankam. Und dann begann eine sogenannte Säuberungsaktion. Seine Papiere waren nicht in Ordnung – was sollte er machen? Gutmeinende sagten ihm: ›Geh in das Haus von Barajew, dort wird dir nichts geschehen.‹ Das tat er, und die Säuberungsaktion überging ihn einfach.«

Es liegt auf der Hand, dass die Presse über den GRU oder die MUR Informationen erhalten hatte, aus denen hervorging, dass Barajew und die Brüder Achmadow höchsten Schutz genossen. Mehrere Moskauer Zeitungen veröffentlichten Material, das belegte, dass Barajew sich im August 2000 in Moskau in einem Haus am Kutusowski-Prospekt aufgehalten hatte. Es wurde festgestellt, dass Barajew mit hohen russischen Amtsträgern gesprochen hatte und dass sich unter den Automobilen, die vor dem Eingang des Hauses abgestellt waren, auch der Wagen mit dem Kennzeichen des Chefs der Präsidialverwaltung, Alexander Woloschin, befunden hatte.

Möglicherweise lieferten die Behauptung von Präsident Auschew und die skandalösen Artikel über Barajews Aufenthalt in Moskau das entscheidende Argument für die Unterstützung derjenigen, die dafür waren, dass Barajew ausgeschaltet werden müsse. Die näheren Umstände seines Todes liegen bis heute im Dunkeln.

Angeblich wurde er in seinem Heimatdorf Alchankala irgendwann zwischen dem 22. und 24. Juni während einer Operation liquidiert, die manchen Quellen zufolge ein Kommando aus Kräften des MWD und des FSB durchführte, während es sich nach anderen Quellen um eine Spezialabteilung des GRU handelte, die aus tschetschenischen Staatsangehörigen bestand. Nach Angaben des Duma-Abgeordneten und MWD-Generals Aslanbek Aslachanow aus Tschetschenien wurde Barajew in einer Blutfehde von Personen getötet, deren Verwandte er ermordet hatte.

Solange Barajew noch am Leben war, hätte er mit einer Aussage etlichen hochrangigen Politikern sowie Angehörigen der Geheimdienste und der Streitkräfte schweren Schaden zufügen können. Es gab keinen, der in Trauer über seinen Tod verfallen wäre, denn jetzt konnte er nichts mehr erzählen, was ein Licht auf so manche dunkle Geschäfte geworfen hätte. Einem toten Barajew konnte man dagegen vieles in die Schuhe schieben …

War Barajew der berühmteste unter den tschetschenischen Kidnappern, so war Andrej Babizki, ein Journalist von Radio Liberty, eines ihrer ungewöhnlichsten Opfer. Trotz des offensichtlichen Unterschieds zwischen Babizkis Fall und anderen Entführungen lieferte auch er einen erneuten Beweis für die Beteiligung der russischen Geheimdienste an diesen Entführungen.

Nach dem Beginn des zweiten Tschetschenienkriegs weigerten sich die Militärbehörden in Mosdok, Babizki zu akkreditieren. Die Forderung einer offiziellen Akkreditierung war gesetzwidrig, da in Tschetschenien kein Notstand ausgerufen und zu keiner Zeit ein bestimmtes Gebiet zu einer Zone von »Antiterroroperationen« erklärt worden war.

Nach einer Entscheidung des Verfassungsgerichts der Russischen

Föderation sind unveröffentlichte Verordnungen der russischen Regierung oder des Verteidigungsministeriums und seiner Organe, die in die Rechte und Freiheiten der Bürger eingreifen, als null und nichtig zu betrachten. Auf der Grundlage dieser Interpretation des russischen Rechts reiste der Korrespondent von Radio Liberty und russische Staatsbürger Andrej Babizki trotz des Verbots der Verwaltung nach Tschetschenien. Ende Dezember 1999 kehrte er für einige Tage von Grosny nach Moskau zurück und brachte Videoaufnahmen mit, die später im Programm *Itogi* des Senders NTW gezeigt wurden. Am 27. Dezember fuhr er wieder nach Grosny, und am 15. Januar 2000 traf er Vorbereitungen für die Rückreise nach Moskau.

Nachdem er Grosny am 16. Januar verlassen hatte, wurden er und sein tschetschenischer Mitarbeiter auf der Fernstraße Rostow–Baku in der Nähe der Abzweigung nach Urus-Martan an einer Straßensperre verhaftet, die von Polizisten der Miliz Pensa errichtet worden war. In einer Erklärung des Ermittlers der Staatsanwaltschaft hieß es, Babizki sei von einem Angehörigen des FSB durchsucht worden, der seine Filme und sonstigen Unterlagen konfisziert habe. Das war ein dokumentarischer Beweis, dass Babizki vom FSB verhaftet worden war. Später wurde er der tschetschenischen Miliz übergeben, wo er von einem der Kommandeure, Lom-Ali, zusammengeschlagen wurde, der ihn anschließend dem Chef der FSB-Verwaltung in Urus-Martan namens Fomin übergab.

Babizki wurde offiziell unter Berufung auf ein Dekret wegen Landstreicherei verhaftet und »zur Feststellung seiner Identität« in das Haftlager Tschernokosowo verbracht. Dort wurde er erneut misshandelt und gezwungen, während einer stundenlangen Folter zu »singen«. In einem Videofilm, der am 5. Februar im Fernsehen ausgestrahlt wurde, waren die Spuren der Misshandlungen deutlich erkennbar.

Entgegen der Strafprozessordnung wurde über die Einlieferung Babizkis in das Lager Tschernokosowo kein Bericht angefertigt. Ihm wurde das Recht verweigert, von Verwandten besucht zu werden oder mit seinem Anwalt zu sprechen (wie es in Artikel 96 der Strafprozessordnung vorgesehen ist). Die Generalstaatsanwaltschaft der Russischen Föderation machte sich nicht die Mühe, Anfragen von

Rechtsanwälten zu beantworten, auch nicht die des prominenten Anwalts Genri Resnik. Eine Anfrage des Duma-Abgeordneten Sergej Juschenkow blieb ebenfalls unbeantwortet.

Am 20. Januar nahmen Babizkis Kollegen die Suche nach ihm auf, doch da die russischen Behörden abstritten, dass er verhaftet worden war, dauerte es eine Woche, bis alles ans Licht kam. Am 27. Januar erklärten die Behörden, man habe Babizki verhaftet, weil er als Verdächtiger angesehen werde, und er sei zehn Tage lang (bis zum 26. Januar) in Untersuchungshaft gehalten worden.

Die Staatsanwaltschaft beabsichtige, Babizki wegen eines Verstoßes gegen Artikel 208 des Strafgesetzbuches der Russischen Föderation anzuklagen (»die Organisation einer illegalen bewaffneten Formation oder die Teilnahme an einer solchen Formation«). »Wenn unsere Leute euren Freund festgesetzt haben, und das haben sie anscheinend, dann war's das, fertig, aus, dann bekommt ihr ihn nicht mehr zu sehen, und auch sonst niemand. Tut mir leid, dass ich das so hart sagen muss«, erhielt Alexander Jewtuschenko, ein Korrespondent der *Komsomolskaja Prawda*, von einem alten Bekannten zur Antwort, der FSB-Offizier war.

Am 2. Februar wurde im Lager Tschernokosowo ein Paket für den Häftling Babizki entgegengenommen. Doch der Ermittler Juri Tschernjawski erlaubte kein Gespräch mit Babizki und verwies darauf, dass dieser in vier Tagen entlassen werde. Die Freilassung des Journalisten war von Radio Liberty, dem Europarat, dem US-Außenministerium, dem russischen Journalistenverband und von Bürgerrechtsaktivisten (unter denen sich auch die Witwe Sacharows, Elena Bonner, befand) gefordert worden. In Verhandlungen mit der US-Außenministerin Madeleine Albright erklärte der russische Außenminister, der amtierende Präsident Putin persönlich habe die Lage »unter Kontrolle«.

Um vier Uhr nachmittags an diesem Tag gab der Staatsanwalt des Bezirks Naur in Tschetschenien, Witali Tkatschjow, bekannt, dass Babizkis Vorbeugehaft aufgehoben worden sei, nachdem dieser sich schriftlich verpflichtet habe, Moskau nicht zu verlassen, wohin er gerade jetzt von Gudermes aus gebracht werde. Bald darauf erklärte Sergej Prokopow, der Pressesprecher des Staatsanwalts der Russischen Föderation, man habe Babizki am 2. Februar aus der Haft entlassen. (Erst später stellte sich heraus, dass man ihn nicht freigelassen hatte, sondern dass er die Nacht vom 2. auf den 3. Februar in einem Lastwagen verbringen musste, mit dem Häftlinge transportiert wurden. Am 3. Februar gab Jastrshembski, der Pressesprecher des Ministerpräsidenten Russlands, ohne jedes Anzeichen von Verlegenheit bekannt, nachdem man Babizki »freigelassen« habe, sei er gegen drei Kriegsgefangene ausgetauscht worden. Dann korrigierte er sich und sagte, es seien zwei gewesen.)

Da Babizki ein Hemd trug, das er am 2. Februar in Tschernokosowo in dem Paket erhalten hatte, musste man daraus den naheliegenden Schluss ziehen, dass man ihn am 3. Februar übergeben hatte. Niemand in Tschetschenien kannte die »tschetschenischen Feldkommandeure«, denen nach Angaben Moskaus Babizki im Austausch für »gefangene russische Militärs« übergeben worden war. Der tschetschenische Präsident Maschadow erklärte, er wisse nicht, wo Babizki sich befinde. Und niemand hatte die »ausgetauschten« russischen Soldaten gesehen.

Tatsächlich waren mit Ausnahme Babizkis alle Beteiligten an dem »Austausch« Angehörige des FSB. Einer von ihnen, ein Tschetschene, der für den FSB arbeitete, hatte daran mitgewirkt, Babizki zu täuschen, und als dieser merkte, was gespielt wurde, war es zu spät.

In einem Interview im NTW am Abend des 8. Februar erklärte der russische Innenminister Iwan Golubjew, er selbst habe die Entscheidung getroffen, Babizki auszutauschen. Doch ein weiterer Amtsträger versuchte die Journalisten davon zu überzeugen, der »Austausch« sei eine tschetschenische Initiative gewesen, und der Kreml bemühe sich herauszufinden, wer für das Geschehene verantwortlich sei, weil die »Babizki-Affäre« Putin schade.

Offizielle Regierungssprecher behaupteten, Babizki sei am Leben, und eine Videoaufnahme, die dies bestätige, werde am nächsten Tag in Moskau eintreffen. Tatsächlich wurde das Videoband von Unbekannten am Abend des 8. Februar Radio Liberty übergeben, früher als angekündigt. Einer der Männer, die angeblich aus Tschetschenien gekommen waren, um die Kassette zum Sender zu bringen, trug eine MWD-Uniform. Das Video zeigte Babizki in einem erschöpften Zustand.

Journalisten, die das Band analysierten, waren der Meinung, die Art und Weise, wie Babizki an den Armen festgehalten wurde, sei typisch für die Polizei, aber nicht für Tschetschenen. Nicht einmal die FSB-Mitarbeiter, die an dem »Austausch« beteiligt gewesen waren, bemühten sich ernsthaft, die Fälschung zu verbergen. Als die Angehörigen einer FSB-Abteilung den Jahrestag des Rückzugs der sowjetischen Truppen aus Afghanistan feierten, bekannte einer von ihnen gegenüber Alexander Jewtuschenko: »Sie haben doch die Kämpfer in ihren Masken gesehen. Und den einen, der Babizki festhielt. Sie haben es im Fernsehen gezeigt. Also, das war ich.«

Die Gegend, in der der »Austausch« stattfand, war nicht weit entfernt von Schali, das vollständig unter der Kontrolle der russischen Streitkräfte stand; dort waren Soldaten der Föderation stationiert, und es gab befestigte Straßensperren und gepanzerte Mannschaftswagen. Wie sich später herausstellte, brachten die maskierten Männer Babizki in das tschetschenische Dorf Awturi. Obwohl dieser Ort noch nicht von föderalen Streitkräften besetzt war, landete der Journalist keineswegs bei Widerstandskämpfern. Er wurde im Haus von Verwandten Adam Denijews gefangen gehalten, der für seine Kollaboration mit den Moskauer Behörden bekannt war (seine religiöse, proimperiale Organisation »Adamalla« hatte ein Büro in Moskau). In diesem Haus wurde Babizki drei Wochen lang festgehalten, ohne jede Möglichkeit, mit der Außenwelt in Verbindung zu treten.

Am 23. Februar verließen die Entführer mit dem Journalisten das Haus, befahlen ihm, sich in den Kofferraum eines Wolga zu legen, und fuhren ihn nach Dagestan. An diesem Tag – dem Jahrestag der Verbannung der Tschetschenen aus Russland – wurden die Posten der Soldaten an den föderalen Kontrollpunkten erheblich verstärkt, und die Einwohner Tschetscheniens zogen es vor, ihre Häuser nicht länger als notwendig zu verlassen, doch die Wagen der Kidnapper – der Wolga und ein Shiguli als Begleitfahrzeug – wurden nirgends angehalten: An jedem Kontrollpunkt drosselten die Fahrer lediglich die Geschwindigkeit und zeigten irgendwelche Papiere vor.

Auf diese Weise wurde Babizki nach Mahatschkala gebracht. Hier erhielt er einen Pass auf den Namen einer ihm unbekannten Person, aber mit einem Foto von ihm selbst (später stellte sich heraus, dass ein Passamt des Innenministeriums ganz legal einen Blankopass mit dieser Nummer ausgegeben hatte). Die Entführer forderten Babizki auf, mit diesem Pass über die Grenze nach Aserbaidschan zu gehen. Doch es gelang ihm zu fliehen. Nach seiner Rückkehr nach Mahatschkala rief er seine Freunde von seinem Hotel aus an (wo er sich zwangsläufig unter dem falschen Namen, der in dem Pass stand, hatte eintragen müssen), und erst jetzt erfuhr die Welt, dass Babizki noch am Leben war. Anschließend stellte er sich der dagestanischen Polizei.

Trotz des Umstands, dass die Polizisten später einen Orden für die »Rettung« Babizkis erhielten, wurde dieser von den Behörden beschuldigt, einen falschen Pass benutzt zu haben, und mehrere Tage im Gefängnis der Stadt inhaftiert, anschließend vor Gericht gebracht und zu einer hohen Geldbuße verurteilt, die ihm jedoch erlassen wurde ...

Aus Gründen, die nur ihm selbst bekannt waren, wollte der Generalstaatsanwalt nichts davon wissen, dass Babizki entführt, misshandelt und gefoltert worden war; dagegen war die Tatsache, dass ein halb totes Opfer einen falschen Pass benutzt hatte, zweifellos ein schweres Verbrechen. Dieser Pass wurde das Beweismittel für den Hauptanklagepunkt im Fall Babizki.

Während dieses ganzen Geschehens verfuhren die Organe der Geheimdienste und die Beamten, die an der Babizki-Affäre beteiligt waren, natürlich in der festen Zuversicht, dass sie nicht mit einer Strafverfolgung rechnen müssten, und diese gründete sich wiederum auf den Umstand, dass die Verfolgung Babizkis von der Führung des FSB angeordnet worden war.

Fast alle Beteiligten an diesem Fall sind bekannt. Die Gruppe Denijews haben wir bereits erwähnt. Der Mann, der den »Austausch« Babizkis arrangiert hatte, wurde später als der FSB-Oberst Igor Petelin identifiziert (er wurde in einer im Fernsehen gezeigten Filmaufnahme vom Militärkorrespondenten Wjatscheslaw Ismailow wiedererkannt). Und Babizki selbst sah später die Fotografie eines seiner Entführer in der Zeitung – es war einer der Leibwächter des einstigen Rebellen und danach entschieden prorussischen Präsidenten Tschetscheniens, Achmad Kadyrow.

Im Tschetschenienkrieg führten die Geheimdienste Vergeltungsaktionen gegen ihre Feinde ohne die geringste Rücksicht auf das Gesetz durch. Die merkwürdige Geschichte der Entführung Kenneth Glucks, des Vertreters einer amerikanischen ärztlichen Hilfsorganisation, am 9. Januar 2001 in der Nähe des tschetschenischen Dorfes Staryje Atagi weckte bei vielen den Verdacht, dass Gluck von Angehörigen der russischen Geheimdienste gekidnappt worden war.

Auf einer Pressekonferenz in St. Petersburg am 18. April 2001 erklärte der FSB-Sprecher Sdanowitsch in Anwesenheit des FSB-Direktors Patruschew ausdrücklich, dass seine Organisation Glucks Arbeit in Tschetschenien ins Visier genommen habe: »Der FSB hat, um es vorsichtig auszudrücken, starke Zweifel daran, dass Kenneth Gluck tatsächlich ein Vertreter einer humanitären Organisation ist.« Danach behauptete Sdanowitsch, der bekannte Feldkommandeur und Geiselhändler Reswan Tschitigow arbeite für die CIA in Tschetschenien.

Offenbar hielt der FSB Gluck für einen CIA-Agenten, der für die Vereinigten Staaten als Spion tätig war. Aus diesem Grund hatte er anscheinend beschlossen, ihm den Aufenthalt in Tschetschenien zu verwehren. Zuerst entführte er Gluck, und anschließend inszenierte er am 4. Februar seine Befreiung – »ohne irgendwelche Vorbedingungen oder eine Zahlung von Lösegeld als Ergebnis einer Spezialoperation, die von FSB-Agenten durchgeführt wurde«.

Es stand für jedermann außer Frage, dass es keine Befreiungsoperation für Gluck gegeben hatte, sondern dass er von seinen Entführern, die beschlossen hatten, ihn nicht zu töten, freigelassen worden war. Nach dem Fall Babizki gab sich der FSB keine Mühe mehr, mit konspirativen Methoden zu arbeiten, da er inzwischen von seiner absoluten strafrechtlichen Immunität überzeugt war. Die wirklichen Vorgänge im Fall Gluck waren ebenso offensichtlich.

Niemand zweifelte daran, dass es der FSB selbst war, der Gluck entführt hatte. »Das ist der Grund, warum die ganze Geschichte der Verschleppung und Befreiung Glucks so sonderbar war«, erklärte Sdanowitsch auf einer der Pressekonferenzen. In diesem Punkt konnte man ihm nur zustimmen. Wenn ein und dieselbe Organisation jemanden entführt und ihn anschließend befreit, dann erscheint das in der Tat ziemlich sonderbar.

Vor diesem Hintergrund wirkt die Geschichte der Entführung des früheren Präsidenten des tschetschenischen Parlaments, Ruslan Alichadschijew, fast selbstverständlich und legal. Nachdem er sich im ersten Tschetschenienkrieg als Feldkommandeur ausgezeichnet hatte, beteiligte sich Alichadschijew in den Jahren 1999/2000 an keinen Militäroperationen mehr. Mitte Mai 2000 wurde er in seinem eigenen Haus in Schali verhaftet. Nach Aussagen der Nachbarn wurde die Verhaftung von Agenten des GRU vorgenommen, die den früheren Parlamentspräsidenten nach Argun brachten, wo seine Spur sich verlief.

Nach dem 15. Mai sah ihn nicht einmal mehr sein Anwalt, Abdulla Chamsajew. Dieser hatte sich, wie er sagte, wiederholt bei verschiedenen Stellen nach dem Schicksal seines Klienten erkundigt, ohne Näheres zu erfahren oder ihn gar sprechen zu können.

Von der Staatsanwaltschaft war zu erfahren, man habe im Fall des Verschwindens von Alichadschijew strafrechtliche Ermittlungen aufgrund von Artikel 126 des Strafgesetzbuches (Entführung) eingeleitet. Gegen Alichadschijew selbst lief kein Ermittlungsverfahren, sodass der Staatsanwalt seine Verhaftung auch nicht angeordnet oder auch nur gebilligt hatte. Das Innenministerium konnte über den Verbleib des Verschwundenen ebenfalls keine Angaben machen. Am 8. Juni 2000 wurde Chamsajew vom FSB informiert, dass sich Alichadschijew nicht im Lefortowo-Gefängnis in Untersuchungshaft befinde. Eine Anfrage Chamsajews beim Generalstaatsanwalt blieb unbeantwortet.

Schließlich berichtete der Rundfunksender *Echo Moskwy* am 3. September, Alichadschijew sei im Lefortowo-Gefängnis an einem Herzinfarkt gestorben und seine Familie sei bereits offiziell von seinem Ableben benachrichtigt worden.

Die Polizei des »Interimsdezernats Oktober für innere Angelegenheiten« in Grosny unter der Führung von Oberst Suchow und Major Iwanowski stand bei Journalisten und Personen des öffentlichen Lebens im Verdacht, an die hundertzwanzig Einwohner Grosnys und anderer Ortschaften Tschetscheniens entführt und getötet zu haben. Man nahm an, dass die Leichen im Keller eines Gebäudes auf einem Gelände verscharrt worden waren, das vom Dezernat Oktober bewacht wurde. Später sprengte die Polizei das Gebäude in die Luft, um ihre Verbrechen zu vertuschen.

Die Durchführung von Razzien, bei denen man Tschetschenen entführte, um von ihren Angehörigen Lösegeld zu erpressen, wurde zu einer Alltäglichkeit, einem festen Bestandteil des Lebens im Krieg. Es sind Fälle bekannt geworden, in denen russische Offiziere russische Soldaten an tschetschenische Gangster als Sklaven verkauft und anschließend als Deserteure gemeldet haben.

Aber die Entführungen von Tschetschenen in Tschetschenien durch Angehörige der föderalen Geheimdienste in der Absicht, sie zu bestrafen, ein Lösegeld zu erpressen oder sie umzubringen, sind weder strafrechtlich verfolgt noch geahndet worden.

KAPITEL 6

Auftragsmorde

Im Jahr 1993 gehörte zur Brigade Lasowskis auch das sogenannte Usbekenquartett. Alle vier waren Russen, die aus Usbekistan stammten. Außerdem waren sie ehemalige Offiziere von Sondereinsatzkommandos, die nach Angaben des Chefs der 10. Abteilung der Moskauer RUOP, Witali Serdjukow, ganz besonders versiert darin waren, mit den unterschiedlichsten Feuerwaffen umzugehen und hochbrisante Sprengstoffe aus den Substanzen zu mixen, die gerade verfügbar waren.

Diese vier Verbrecher spezialisierten sich auf Auftragsmorde. Nach vorsichtigen Schätzungen von Geheimdienstagenten waren die Usbeken verantwortlich für rund zwanzig Auftragsmorde in Moskau, St. Petersburg, Lipetsk, Tambow, Archangelsk und anderen Großstädten.

Das Usbekenquartett wohnte in einem der Häuser in der Uliza Petrowka in der Nähe des MWD-Gebäudes. Zu den Opfern der Mörder gehörten anscheinend mehrere Öl- und Aluminiummagnaten, Bankiers und reiche Geschäftsleute. Es kann sehr gut sein, dass das Quartett auch verantwortlich war für die Ermordung des Vizegouverneurs von St. Petersburg, Michail Manjewitsch; des Direktors des Ersten Russischen Fernsehprogramms ORT, Wladislaw Listjew; des Vorsitzenden des Republikanischen Unternehmerverbands, Oleg

Swerew, und vieler anderer. Jedenfalls behaupteten die RUOP-Agenten, im Hinblick auf die Zahl ihrer Opfer und die »Qualität« ihrer Arbeit seien die Usbeken nur noch mit der Kurgan-Brigade vergleichbar.

Hinter den Mördern stand eine Art Einsatzleiter, der die Aufträge entgegennahm. Aufgrund dieser Organisationsform war es praktisch unmöglich, die Personen festzustellen, die den jeweiligen Auftrag erteilt hatten. Zchai war der Erste, der hinter das »usbekische System« kam, bei dem die eigentlichen Hintermänner unsichtbar blieben.

Das Usbekenquartett und die Leute Lasowskis standen im Verdacht, Felix Lwow, den Repräsentanten des US-Unternehmens AIOC Resources AG, aus der VIP-Lounge des Scheremetjewo-Flughafens entführt und später umgebracht zu haben.

Lwows Unternehmen konkurrierte um die Kontrolle über das Elektrodenwerk in Nowosibirsk, den Hauptlieferanten von Elektroden für das Aluminiumwerk Krasnodar (KrAS). Ende 1994 schloss die Führung von KrAS mit Generaldirektor Juri Kolpakow an der Spitze einen Vertrag mit der AIOC, die in Moskau eng mit der Handelsbank Jugorski zusammenarbeitete. Der Präsident der Bank, Oleg Kantor, und sein Stellvertreter Wadim Jafjassow wollten das Aluminiumwerk Krasnodar als Großkunden gewinnen und durch eine Umstrukturierung der Bank zu einem Finanzdienstleister für Aluminiumwerke das große Geld machen.

Die Verhandlungen verliefen erfolgreich. Im März 1995 wurde Jafjassow zum stellvertretenden Generaldirektor des KrAS für den Außenhandel ernannt. Lwow, der bereits mit der Führung von KrAS kooperierte, hatte erreicht, dass praktisch alle vom KrAS benötigten Produkte und Rohstoffe über die AIOC geliefert wurden, und bemühte sich darum, dass das US-Unternehmen die Leitung des Aluminiumoxidwerks in Atschinsk übernehmen konnte; anschließend sollten zwanzig Prozent der Aktien an die AIOC verkauft werden.

Am 10. April 1995, vier Tage vor einer Versammlung der Aktionäre des Aluminiumwerks, auf der ein neuer Generaldirektor ernannt werden sollte, wurde Jafjassow in seinem Wagen vor dem Eingang zu seiner Wohnung in Moskau ermordet.

Dieser Mord versetzte Felix Lwow natürlich in Angst und Schrecken. Ende Mai sagte er auf einer Sitzung der Staatsduma über illegale Operationen beim Verkauf von Aktien russischer Aluminiumwerke und die Beteiligung der Usbeken und russischer Mafia-Organisationen aus. Doch sein Appell an die Öffentlichkeit und die Behörden nützte nichts mehr.

Am Nachmittag des 20. Juli wurde der Präsident der Jugorski-Bank, Oleg Kantor, auf dem Gelände einer Datschensiedlung außerhalb Moskaus erstochen, obwohl diese rund um die Uhr bewacht wurde. Ende Juli gab es ein weiteres Signal, als Unbekannte einen Fahrer der Firma »Forward«, die Lwow gehörte, entführten und erst nach einigen Tagen wieder freiließen.

Am 6. September 1995 wollte Felix Lwow vom Flughafen Scheremetjewo-1 nach Alma-Ata fliegen. Er hatte bereits den Zoll passiert, als zwei FSK-Offiziere an ihn herantraten, ihre Dienstausweise vorzeigten und ihn wegführten.

Zeugen des Vorfalls identifizierten später einen der beiden Offiziere, einen großen, schlanken Mann mit schwarzem Haar, auf einer Fotografie. Es war »Ljocha«, einer der «Krieger« Lasowskis. Es gibt gute Gründe für die Annahme, dass neben Lasowski auch Pjotr Suslow direkt an dieser Entführung beteiligt war.

Am 8. September wurde Felix Lwows Leichnam auf einem Abfallhaufen entdeckt, nur fünf Meter entfernt von einem Rastplatz an der Fernstraße bei Wolokolamsk, 107 Kilometer westlich von Moskau. Man hatte ihn mit fünf Schüssen getötet. In seinen Taschen fand man 205 000 Rubel, seine Karte als Mitglied des Aufsichtsrats der Alphabank sowie einen Dienstausweis des Außenministeriums mit einem Foto von ihm und einem falschen Namen (Lwow hatte mit dem Außenministerium nichts zu tun).

Die Mörder des Usbekenquartetts wurden nur durch einen Zufall gefasst, weil der Führer der Gruppe, bekannt als »Ferganez« (Mann aus dem Ferganatal), festgenommen wurde, als er mit falschen Papieren über die Grenze von Tadschikistan nach Kirgistan fahren wollte. Eine Überprüfung der Akten ergab, dass »Ferganez« gesucht wurde, weil er im Verdacht stand, den St. Petersburger Vizegouverneur Manjewitsch getötet zu haben.

Im Verhör sagte er aus, die drei übrigen Usbeken befänden sich in Kirgistan. Mitte Juli 1998 wurden die Komplizen von »Ferganez« ebenfalls festgenommen, und man brachte alle vier unter besonderen Sicherheitsvorkehrungen nach Moskau. Der Ort ihrer Haft wurde geheim gehalten.

Eigentlich verdächtigte der Staatsanwalt in St. Petersburg eine kriminelle Gruppe seiner Stadt, deren Mitglieder ebenfalls aus ehemaligen Spezialeinheiten des Militärs stammten, Manjewitsch getötet zu haben. Geführt wurde diese Gruppe von dem vierzigjährigen früheren Stabsfeldwebel Wladimir Borissow und dem ehemaligen Panzertruppenhauptmann Juri Birjutschenko. Ermittlern der Kripo gelang es, die Gruppe im Spätsommer 1998 zu identifizieren.

Am 21. August wurden fast gleichzeitig zwei Anschläge auf Brigadeführer in der kriminellen Gruppe »Haie« verübt, Rasuwajlo und Loss, die ebenfalls Offiziere der militärischen Sondereinsatzkräfte waren. Der Erstere wurde im Eingang eines Hauses im Ligowski-Prospekt von einem Mann mit einer Pistole tödlich verletzt, den Maskenbildner der Lenfilm-Filmstudios als Stadtstreicher verkleidet hatten. Auf Loss wurde ein Sprengstoffanschlag verübt, als er in seinem BMW am Swerdlowskaja-Ufer der Newa entlangfuhr, doch die Ladung war zu schwach, Loss überlebte und konnte der Kriminalpolizei sagen, wer seiner Meinung nach hinter den Attentaten steckte.

Borissow und Birjutschenko waren auch die Drahtzieher des Mordes in Pskow 1998 an einem weiteren Brigadeführer der Haie, ein Mann namens Ismorossin. Die Ermordung der beiden Unterweltbosse und ein misslungener Anschlag auf einen dritten wurden zu einer einzigen Strafsache zusammengefasst, und eine eigens gebildete Sonderermittlungsgruppe unter der Führung von Wadim Posdnjak übernahm den Fall.

Die Mitglieder von Birjutschenkos Brigade waren größtenteils ehemalige Sondereinsatzoffiziere, die auf dem Schießstand der Garnison in St. Petersburg den Umgang mit Handfeuerwaffen gelernt hatten. Wie die Ermittler später herausfanden, hatten Mitarbeiter der GRU und der St. Petersburger FSB ihnen auch die Methoden einer externen Überwachung und das »Verwanzen« von Telefonen beigebracht. Alle Männer Birjutschenkos waren technisch hervorragend ausgestattet: Jeder verfügte über einen Wagen, einen Pager, ein Funktelefon und Ausrüstung für besondere Zwecke. Ihre Wohnadressen und Wagenpapiere lauteten auf die Namen von anderen, alle hatten mehrere Ausweispapiere und waren unter falschen Namen bekannt, und für ihren Verkehr untereinander benutzten sie ein System von Zahlencodes.

Bald nach dem fehlgeschlagenen Anschlag auf Loss verhafteten Einsatzoffiziere Borissow zusammen mit seinem Stellvertreter Sergej Kustow (einem Ausbilder in asiatischen Kampfsportarten) und mehreren einfachen Mitgliedern der Gruppe, die als Manager in der Firma Petrowski-Autozentrum registriert waren. Birjutschenko und seine Männer wurden in ganz Russland gejagt, in Pskow, Wologda und Ristow und in den Dörfern der Oblast Nowgorod. Er selbst versteckte sich für längere Zeit in Prag, wo er schließlich dank der Unterstützung durch Interpol festgenommen und unter Bewachung nach St. Petersburg gebracht wurde.

In den meisten bewiesenen Fällen wurden die Morde im Eingangsbereich von Gebäuden begangen, und die Auftragsmörder verwendeten die verschiedensten Waffen, von TT-Pistolen und Dragunow-Scharfschützengewehren (»SWD«) bis zu selbst gefertigten Sprengladungen auf der Basis von Plastiksprengstoffen. Normalerweise lag das »Honorar« eines Auftragsmörders zwischen ein- und fünfhundert Dollar, und für jeden ausgeführten Auftrag gab es eine Prämie in Höhe von zweitausend Dollar.

Die Ermittler warfen Borissow, Birjutschenko und Kustow vier Auftragsmorde, Banditentum, Erpressung und andere Schwerverbrechen vor. Die Mitglieder der Gruppe wurden praktisch aller spektakulären Morde verdächtigt, die seit Herbst 1997 in St. Petersburg und Nordwestrussland begangen worden waren. Insbesondere überprüft wurde ihre mögliche Beteiligung am Tod Manjewitschs und am Attentat auf Nikolaj Aulow, den stellvertretenden Chef der RUOP. Mehrere Ermittler, die an diesem Fall mitgearbeitet haben, sind noch immer davon überzeugt, dass sie nur die Spitze eines Eisbergs zu sehen bekommen hatten. So sagte beispielsweise Wadim Posdnjak, der Leiter der operativen Ermittlungsgruppe: »Wären wir von unseren laufenden Aufgaben freigestellt worden, so hätten wir mit Sicherheit noch mindestens zehn weitere Verbrechen aufgedeckt, die von dieser Gruppe begangen wurden.«

1995 stellte Lasowski eine ähnliche Gruppe wie das Usbekenquartett zusammen, die aus Veteranen der Witjas- und der Wympel-Einheit bestand: Kirill Borissow, Alexej Sukatsch (der für seinen Einsatz in Tschetschenien einen Tapferkeitsorden sowie mehrere Auszeichnungen des Innenministeriums erhalten hatte), Armen Schechojan und Pawel Smirnow. Später kamen sie lediglich wegen ihrer Beteiligung an Auftragsmorden vor Gericht. Die Gruppe war vier Jahre lang tätig, und ihr »Auftragsvermittler« war anscheinend Marat Wassiljew.

1999 wurde Wassiljew verhaftet und zu dreizehn Jahren Schwerarbeit in einer Strafkolonie verurteilt, weil er 1993 einen gewissen Alijew, den Eigentümer einer Reihe von Verkaufsständen auf dem Ljublino-Markt, ermordet hatte (dies war das einzige Verbrechen, dessentwegen Wassiljew verurteilt wurde).

Im Herbst 2000 wurden Borissow und nach ihm auch die anderen, Schechojan, Smirnow und Sukatsch, verhaftet. Das Waffenarsenal der Gruppe wurde in der Wohnung Sukatschs entdeckt: sieben Maschinenpistolen, zehn Makarow-Pistolen, zwei Pistolen CZ Mod. 83 aus der Tschechischen Republik und ein deutscher Röhm-Revolver. Als im April 2001 der Prozess in Moskau begann, wiesen die Angeklagten alle Anschuldigungen zurück, die gegen sie erhoben wurden.

Die Frage ihrer möglichen Beteiligung – oder der Lasowskis – an Terroranschlägen in Moskau im September 1999 wurde von den Ermittlern und dem Staatsanwalt gar nicht erst zur Sprache gebracht. Suprunenko hatte das traurige Schicksal seines Vorgängers Wladimir Zchai nicht vergessen und wollte dem FSB keinen Anlass geben, ihn loszuwerden.

Die Lasowski-Gruppe wurde wegen reiner Straftaten angeklagt. So trug beispielsweise der Staatsanwalt vor, Marat Wassiljew habe am 21. Mai 1996 vorgeschlagen, den Eigentümern des Usadba-Cafés und eines Kebabhauses an der Moskauer Ringstraße einen Denkzettel zu verpassen. Um drei Uhr nachts trafen die Täter vor dem Kebabhaus ein, bespritzten die Wände mit Benzin und zündeten das Haus an. Als die Eigentümer Gasarjan und Duljan aus dem brennenden Haus rannten, schossen die Täter (allerdings nur über ihre Köpfe hinweg, um ihnen einen Schrecken einzujagen).

Am 23. September 1996 wurde Dmitri Naumow, der Direktor der italienischen Dimex-Gruppe, ermordet. Er verkaufte Ölprodukte aus Tschetschenien ins Ausland und hatte einen Großteil der Einnahmen in die eigene Tasche gesteckt.

Naumow zeigte sich nur selten in Russland. Er hatte eine doppelte Staatsbürgerschaft und hielt sich während der meisten Zeit in Italien auf. Im Mai 1996 kam er jedoch aus geschäftlichen Gründen nach Moskau und nahm ein Zimmer im Hotel Baltschug-Kempinski, wo Borissow und Sukatsch ihn zum ersten Mal zu Gesicht bekamen.

Am 23. September tauchte Naumow erneut in Moskau auf und buchte ein Zimmer im Hotel Twerskaja. Gegen sechs Uhr abends erhielt Sukatsch, der sich auf dem Triumphplatz vor der Metrostation Majakowski befand, von einem Mittelsmann zwei TT-Pistolen mit Schalldämpfern und gab sie an Borissow weiter. Der Mörder wurde anschließend von Pawel Smirnow in einem Shiguli zu dem Hotel gebracht. Borissow ging in den vierten Stock, wo er auf dem Gang auf Naumow stieß, und schoss gleichzeitig aus beiden Waffen auf ihn. Alle fünf Kugeln, die er abgefeuert hatte, trafen das Opfer in den Kopf. Als er das Hotel verließ, sagte er dem Mann, der für die Sicherheit des Hotels verantwortlich war: »Da oben erschießt man Leute in Ihrem Hotel, und Sie schlafen.« Der Mann stürmte nach oben, während Borissow in den Shiguli einstieg und davonfuhr. Wenige Tage später befanden sich alle an dem Mord Beteiligten in Tschetschenien.

Lasowski wurde verhaftet, verriet jedoch nicht die Namen der Wympel-Offiziere. Bald darauf kehrte die Gruppe nach Moskau zurück, und am 11. Juli 1997 ermordete sie auf Anweisung Marat Wassilijews den Generaldirektor von Harley Enterprises, Alexander Bairamow, der zu Vorzugskonditionen Zigaretten nach Russland einführte. Der Geschäftsmann wollte die Einkünfte aus seinem jüngsten Geschäft, das ihm acht Millionen Dollar einbrachte, mit niemandem teilen. Auf der Ersten Krasnogwardeski Projesd wurde sein Mercedes von einem Wagen der Wympel-Offiziere geschnitten, sodass er ein anderes Auto rammte (in dem die Mörder saßen). Als die an dem Unfall beteiligten Fahrer ausgestiegen waren, brachten Borissow und Schechojan Bairamow mit mehreren Schüssen um (Sukatschs Pistole hatte Ladehemmung).

Erneut tauchte die Gruppe für eine Weile nach Tschetschenien ab, doch im Mai 1998 waren die Männer wieder in Moskau, um einen weiteren Auftrag auszuführen. Diesmal ging es um den Generaldirektor des Unternehmens »Wind of the Century«, Alexander Redko, der eng mit dem Duma-Abgeordneten Alexej Sujew von der Liberaldemokratischen Partei zusammenarbeitete. Am 18. Juni fuhren die Mörder vor den Garagen in der Uliza Krawtschenko vor und warteten auf ihr Opfer. Als der Geschäftsmann mit dem Wagen herauskam, ausstieg und das Garagentor wieder schließen wollte, schossen Borissow und Sukatsch. Redkos Leibwächter verfolgten die Täter, doch diese waren schneller. Redko wurde schwer verletzt, überlebte jedoch.

Am 25. Juni 1998 wurde der Vorsitzende des Stadtrats von Neftjugansk, Petuchow, ermordet. Informationen, gesammelt im Zuge einer Operation, die den bezeichnenden Namen »Raubtiere« trug, bewogen die Ermittler zu dem Schluss, dass der Auftrag für den Mord von Suslow erteilt und von Lasowskis Leuten ausgeführt worden war.

Am 23. August 1998 ermordeten Borissow und Sukatsch Dmitri Saikin, ein Mitglied von Lasowskis Gruppe, weil dieser Sukatsch eine große Lieferung Drogen gestohlen hatte. Um ein Uhr nachts fuhr Sukatsch Saikin in einem Wolga nach Marino und erschoss ihn dort noch im Auto. Anschließend brachten Sukatsch und Borissow den Leichnam zu dem Ödland von Werchnije Polja, wo sie ihn vergruben.

Im Jahr 1998 nahm Morjews Spezialgruppe ihre Tätigkeit auf. Morjew hatte bei den Streitkräften in Tschetschenien gedient, in einem eigenen Überwachungsbataillon des Achten Regiments der Spezialeinsatzkommandos der Luftlandetruppen, Militäreinheit 3866. In der Nähe von Argun geriet die Einheit in einen Hinterhalt, nur drei ihrer Männer überlebten. Sie wurden von einem Hubschrauber gerettet.

Einige Tage später machten sich die drei auf den Weg zu einem in der Nähe liegenden winzigen Weiler namens Swobodnyj. Sie öffneten die Türen der Häuser und warfen Handgranaten hinein. Alle fünf Häuser wurden völlig zerstört, von den darin befindlichen Frauen, Kindern und alten Männern überlebte niemand.

Später kam es zu einer Untersuchung des Vorfalls, und der Militärstaatsanwalt eröffnete ein Strafverfahren gegen die Täter. Den drei Soldaten drohte eine Verhandlung vor dem Kriegsgericht.

Zu dieser Zeit, im April 1996, wurde Andrej Morjew von einem FSB-Oberst in der Spezialeinheit angeworben, der er zugeteilt worden war. Der Oberst stellte Morjew vor eine einfache Alternative: ins Gefängnis zu wandern oder für den FSB zu arbeiten. Morjew entschied sich für die zweite Option und erhielt den Codenamen Jaroslaw. Danach wurde er zur Reserve versetzt und in seine Heimatstadt Jaroslawl geschickt. Zwei Jahre lang ließ man ihn unbehelligt, dann wurde er 1998 nach Moskau beordert.

Die Spezialeinsatzgruppe bestand aus zwölf Männern. Sie hatten alle in Tschetschenien gedient und sich bestimmter Vergehen schuldig gemacht, die ungeahndet geblieben waren, weil sie sich zur Zusammenarbeit mit dem FSB bereit erklärt hatten. Man sagte ihnen, ihre Hauptaufgabe bestehe darin, bestimmte, besonders gefährliche Verbrecher und Bandenbosse zu liquidieren.

Das Team operierte innerhalb und außerhalb Russlands. Es unternahm Arbeitsreisen in den Irak, die Ukraine, nach Jugoslawien und Moldawien. Gruppen aus zwei bis drei Mann wurden immer wieder zu Spezialeinsätzen abkommandiert. Im Irak liquidierten sie zum Beispiel einen ehemaligen Geheimdienstagenten des SWR oder des GRU.

In der Ukraine ermordeten sie einen Geschäftsmann namens Tischtschenko. Die Gruppe flog nach Kiew, nachdem man ihr ein Foto der Zielperson, die Adresse einer geheimen Wohnung an der Hauptstraße Kiews sowie das Fabrikat und das Kennzeichen ihres Wagens mitgegeben hatte. Am Bahnhof in Kiew begaben sie sich zum linken Schalter der Gepäckaufbewahrung und nannten eine

Zahl und einen Code, worauf sie eine Tasche mit der benötigten Waffe erhielten. Es war ein zerlegtes Scharfschützengewehr. Die Wohnung in Kiew war leer, und von ihren Fenstern aus übersah man eine Straßenkreuzung mit Verkehrsampeln. Tischtschenko nahm stets denselben Weg, und sein Wagen hielt häufig an dieser Kreuzung, sodass sie ihn vom Fenster aus erschießen konnten. Die ganze Operation dauerte nicht länger als einen Tag.

In der Regel mussten solche Operationen nach zwei Tagen beendet sein, während Planung und Vorbereitung bis zu einem Jahr in Anspruch nehmen konnten: Die Wege, die das Opfer regelmäßig nahm, seine Bekannten, Gewohnheiten und seine Arbeitszeiten, alles musste zunächst ausgekundschaftet werden. Zwei Tage vor dem festgesetzten Termin erhielt der Auftragsmörder die nötigen Informationen über sein Opfer, und am angegebenen Ort war für ihn schon alles Nötige vorbereitet.

So wurde beispielsweise der Unterweltboss von Jaroslawl mit dem Spitznamen »Perelom« (Knochenbruch) mitten im Zentrum der Stadt mit automatischen Waffen erschossen, während er mit dem Auto nach Hause fuhr. Die Gruppe hatte Gewehre mit Zielfernrohren, sodass die Freundinnen der Gangster, die ebenfalls in dem Wagen saßen, verschont wurden. Die Waffen blieben am Tatort zurück, ebenso der Personalausweis irgendeines Tschetschenen (die Initiatoren der Operation in Moskau hielten es für eine gute Idee, die Ermittler auf eine »tschetschenische Spur« anzusetzen).

Der letzte Auftragsmord der Gruppe wurde am 2. Juni begangen, als die Männer einen Polizisten in Woronesh töteten. Sie manipulierten die Bremsen seines Wagens, und der Polizist fuhr mit hoher Geschwindigkeit in einen zuvor an einer bestimmten Stelle geparkten Lastwagen.

Die Gruppe fand sich einmal wöchentlich zur Besprechung in der Uliza Wagonoremontnaja 5 zusammen (in der Wohnung lebte eine Frau mit ihrem Kind). Hier trafen die Männer ihren Führer, einen FSB-Offizier namens Wjatscheslaw (seinen Nachnamen nannte er grundsätzlich nicht), und von ihm erhielten sie ihre Aufträge.

Alle Mitglieder der Spezialeinsatzgruppe hatten »Deckpapiere« mit falschen Namen. Morjew zum Beispiel hatte drei verschiedene

Inlandspässe (auf die Namen Andrej Rastorgujew, Michail Koslow und Alexander Simin). Außerdem hatte er einen Reisepass, der auf den dritten Namen ausgestellt war.

Die Gruppe war in keinem Personalbestand der kriminalpolizeilichen Abteilungen oder der Spezialstreitkräfte erfasst. Mit anderen Worten, offiziell existierte sie nicht.

Diese frei operierende Spezialeinsatzgruppe arbeitete auf einem hohen professionellen Niveau. Während ihrer sich über zwei Jahre erstreckenden Aktivitäten hatte sie nur einen Fehlschlag zu verzeichnen, der sich daraus erklärte, dass die Zielperson (ein Assistent des Führers der Kommunistischen Partei, Gennadi Sjuganow) in Moskau nicht in Erscheinung trat. Außerdem wurde eine Operation in Kischinjew abgebrochen, als einige Offiziere der FAPSI die Liquidierung des Direktors einer Weinhandlung in der Stadt gefordert hatten, den Anschlag jedoch in letzter Minute stoppten (durch ein merkwürdiges Zusammentreffen verdienten einige Stabsfeldwebel der FAPSI in Moskau in ihrer Freizeit ein Zubrot in einer der Firmen, die Wein aus Moldawien nach Moskau beförderten, und der Sicherheitschef der FAPSI wusste darüber Bescheid).

Bei mehreren Gelegenheiten brachte die Gruppe Waffen aus Tschetschenien heraus. Die Besprechungen vor diesen Unternehmungen fanden nicht in der Uliza Wagonoremontnaja statt, sondern im MUR-Gebäude in der Uliza Petrowka 38. Vor ihrer Abreise erhielten die Männer der Gruppe Polizeiuniformen und passende Ausweise.

Eine typische Exkursion war die folgende: Sie fuhren über Wolgograd nach Mosdok in Gazelle-Kleintransportern; einige Kilometer vor Mosdok traf die Kolonne auf einen Kamas-Lastwagen der Armee, in dem sich die Waffen befanden (Maschinenpistolen, Dragunow-Scharfschützengewehre und TNT). Sie packten alles in Zinksärge um, die sie anschließend verlöteten, als handle es sich um die Überführung von Leichen. Danach machte sich die Kolonne mit ihren Kleintransportern wieder auf den Rückweg nach Moskau. Da sie von FSB-Mitarbeitern eskortiert wurde, hatte sie unterwegs keine unliebsamen Überraschungen zu befürchten. Die Fracht wurde in Solnzewo entladen, wo die Männer auch ihre Uniformen und Ausweise wieder abgaben und ihre Prämien kassierten. Der ganze Ausflug dauerte zwei Wochen. Je nach der Menge der transportierten Waffen verdiente jeder Teilnehmer an diesen Unternehmungen zwischen siebenhundert und zweitausend Dollar.

Die letzte Waffenschmuggelaktion der Gruppe fand in der ersten Augusthälfte 2000 statt. Zu dieser Zeit hatte die Spezialeinsatzgruppe bereits Probleme. Zuerst verschwanden mehrere ihrer Mitglieder, und dann ertrank einer der Männer in der Wolga. Im Juni verbrannten Gennadi Tschugunow, Michail Wassiljew und Sergej Tarasjew (ihre richtigen Namen) in ihrem Wagen. Morjew war zusammen mit ihnen im Shiguli gefahren, jedoch früher ausgestiegen, da er sich mit seinem Cousin verabredet hatte. Vor der Fahrt hatte der Wagen eine Zeit lang vor dem MUR-Gebäude in der Uliza Petrowka 38 gestanden.

Als Morjew vom Tod seiner Freunde erfuhr, machte er zuerst eine Aussage, die er auf ein Videoband aufnahm, als Lebensversicherung; danach fertigte er mehrere Kopien davon an, die er an verschiedenen Stellen deponierte, und verließ Moskau. Er wurde in der gesamten Russischen Föderation wegen Waffenschmuggels aus Tschetschenien und versuchten Mordes zur Fahndung ausgeschrieben. Heute ist Morjew in ganz Russland unterwegs und schläft nirgends länger als zwei Nächte hintereinander, aber im Gegensatz zu seinen Kameraden ist er noch am Leben.

Die Geheimdienste hatten ihre Hand auch am 20. November 1998 in St. Petersburg bei der Ermordung der Duma-Abgeordneten und Vorsitzenden der Russischen Demokratischen Partei Galina Starowojtowa und der Verwundung ihres Mitarbeiters Ruslan Linkow im Spiel. Während die Verbrecher ihre Mordwaffen, eine Maschinenpistole vom Typ Agran 2000 und eine Beretta-Pistole, am Tatort zurückließen, nahmen sie aus irgendeinem Grund die Pistole, mit der sie Linkow in den Kopf geschossen hatten, mit sich.

Im November 1999 wurde Konstantin Nikulin, ein ehemaliger Soldat der Rigaer OMON (Spezialeinheit der russischen Polizei), in Lettland verhaftet. Bei ihm fand man eine Pistole, mit der auch auf Linkow geschossen worden war, wie später in einer forensischen Untersuchung nachgewiesen werden konnte.

Doch der FSB in St. Petersburg weigerte sich, dies zu akzeptieren. Ihr Pressesprecher Alexej Wostrezow erklärte: »Gegenwärtig gibt es keine Information, aus der Nikulins Beteiligung an diesem Fall hervorgeht.« Stattdessen brachten die Ermittlungsbehörden finanzielle Gründe für die Ermordung von Galina Starowojtowa vor: Mehrere Tage vor dem Mord habe in den Büroräumen der Organisation eine Zusammenkunft von Sponsoren der Russischen Demokratischen Partei stattgefunden, und diese hätten eine Summe von 890 000 Dollar für die Wahlen zur St. Petersburger Duma bereitgestellt. Der FSB behauptete, das Geld sei Starowojtowa übergeben worden, und sie habe eine entsprechende Empfangsbescheinigung ausgestellt, die im Safe der Hauptgeschäftsstelle der Partei hinterlegt worden sei. Leider bekam niemand diese Quittung zu sehen, da eine Woche nach dem Mord in das Büro der Russischen Demokratischen Partei eingebrochen wurde und der Beleg seitdem angeblich verschwunden ist.

Die Russische Demokratische Partei hat diese Erklärung für den Mord stets zurückgewiesen.

Der Krieg in Tschetschenien hat ein Menschenleben in Russland weitgehend wertlos gemacht. Brutale Morde und ein Schacher mit Sklaven und Geiseln sind an der Tagesordnung. Zehntausende junger Menschen haben den Krieg durchlebt. Es wird ihnen unmöglich sein, in ein bürgerliches Leben zurückzukehren.

Tschetschenien ist für den FSB eine Werkstatt, ein Übungsgelände für die zukünftigen Mitarbeiter der russischen Geheimdienste und der Brigaden von Auftragsmördern. Je länger dieser Krieg anhält, desto schlimmer werden die irreversiblen Schäden sein. Seine furchtbarste Folge ist der Hass. Der Hass der Tschetschenen auf Russland. Der Hass der Russen auf Tschetschenien. Dieser Konflikt wurde künstlich vom Zaun gebrochen, und zwar in der Hauptsache vom FSB.

KAPITEL 7

Nikolaj Patruschew

Hatten die Staatssicherheitsorgane während des ersten Tschetschenienkriegs 1994 bis 1996 lediglich versucht, eine Entwicklung Russlands zu einer liberal-demokratischen Gesellschaft zu verhindern, so waren ihre politischen Ziele in Verbindung mit dem zweiten Tschetschenienkrieg 1999 weit höher gesteckt: Sie wollten Russland in einen Krieg mit Tschetschenien verwickeln und die sich daraus ergebende Unruhe ausnutzen, um in Russland bei den bevorstehenden Präsidentschaftswahlen im Jahr 2000 die Macht zu übernehmen. Die »Ehre«, einen weiteren Krieg mit Tschetschenien auszulösen, fiel dem neuen Leiter des FSB zu, Generaloberst Nikolaj Patruschew.

Patruschew wurde am 11. Juli 1951 in Leningrad geboren. 1974 machte er sein Examen am Leningrader Schiffsbauinstitut und wurde dem Entwicklungsbüro des Instituts zugeteilt, wo er als Ingenieur arbeitete. Nur ein Jahr später erhielt er das Angebot, in das KGB einzutreten, schloss den einjährigen Kurs an einem Schulungszentrum des Geheimdienstes ab, wobei er sich auf Jura spezialisierte, und trat in die Dienste des KGB Leningrad/Oblast Leningrad ein. 1990 bekleidete er den Rang eines Obersts. Bis 1991 war er Mitglied der KPdSU.

1990 wurde Patruschew in die Republik Karelien versetzt, wo er zunächst die Leitung der lokalen Spionageabwehr übernahm. 1992 wurde er zum Sicherheitsminister Kareliens ernannt.

1994, als der Leningrader Stepaschin an die Spitze des FSK berufen wurde, holte dieser Patruschew nach Moskau, wo er eine der wichtigsten Abteilungen in der Lubjanka übernahm, die interne Sicherheitsabteilung des FSK der Russischen Föderation. Sie fungierte als Spionageabwehr innerhalb der Spionageabwehr, als Sektion, die kompromittierende Informationen über den eigenen Mitarbeiterstab des FSK sammelte. Der Leiter der internen Sicherheitsabteilung war von Anfang an für den jeweiligen Chef des KGB/FSK/FSB der Verbündete, dem er am meisten vertraute und dem er persönlich Bericht erstattete.

Als Stepaschin Patruschew nach Moskau versetzte, rettete er ihn vor den Folgen eines schlimmen Skandals. In Karelien war Patruschew wegen Diebstahls und Schmuggels von wertvollem karelischem Birkenholz in Schwierigkeiten geraten, und der Staatsanwalt von Petrosawodsk hatte ein Strafverfahren gegen ihn eingeleitet, obwohl Patruschew zunächst nur als Zeuge in dem Fall befragt worden war. Im Verlauf der Ermittlungen kamen Tatsachen ans Licht, die praktisch seine Schuld als Mittäter bewiesen. Unmittelbar danach versetzte Stepaschin ihn auf eine ziemlich hohe Stelle in Moskau, wo ihn der Arm der karelischen Justiz nicht mehr erreichen konnte. Zum Glück für Patruschew starb der Chef des FSB Karelien, Wassili Ankudinow, der einiges über Patruschew und das karelische Birkenholz hätte erzählen können, am 21. Mai 2001 im Alter von sechsundfünfzig Jahren.

Im Juni 1995 löste Michail Barsukow Stepaschin als Chef des FSK ab und wurde im Sommer 1996 seinerseits von Nikolaj Kowaljow verdrängt. Weder Barsukow noch Kowaljow betrachteten Patruschew als einen der Ihren, und sie unternahmen nichts, ihn zu befördern. Dann wurde Wladimir Putin, der Patruschew aus Leningrad kannte, Chef der Staatlichen Kontrollverwaltung und machte seinem alten Studienfreund das Angebot, sein Erster Stellvertreter zu werden, was dieser annahm.

Patruschews anschließende rasche berufliche Karriere ist eng mit dem Aufstieg Putins verbunden. Als dieser im Mai 1998 Erster stellvertretender Leiter der Kreml-Administration wurde, beförderte er Patruschew auf die frei gewordene Stelle. Im Oktober desselben Jahres kehrte Patruschew zur Lubjanka zurück, zunächst als Stellvertreter Putins, ein Posten, auf den er von Jelzin mit einem Dekret vom 25. Juli 1998 berufen wurde, und später als Erster stellvertretender Leiter des FSB.

Am 29. März 1999 ernannte Jelzin Putin zum Sekretär des Sicherheitsrats der Russischen Föderation, beließ ihn jedoch in seiner Stellung als Leiter des FSB, und am 9. August desselben Jahres kürte er Putin zum Ministerpräsidenten Russlands.

In einem Kommentar zu den ersten Monaten seiner Regierung schrieb die *Nowaja Gaseta*: »Vor langer, langer Zeit vertraute ein alter Präsident den Posten eines Kanzlers und Ministerpräsidenten einem jungen und tatkräftigen Nachfolger an. Dann ging der Reichstag in Flammen auf ... Die Historiker haben uns noch keine Antwort auf die Frage gegeben, wer damals das Feuer legte, doch die Geschichte hat uns gezeigt, wer davon profitiert hat.« In Russland dagegen »hat ein alter Garant [der Verfassung] das Amt des Ministerpräsidenten einem Nachfolger überantwortet, der erst noch demokratisch gewählt werden musste. Dann wurden Wohnblocks in die Luft gesprengt, und in Tschetschenien begann ein neuer Krieg, und dieser Krieg wurde von notorischen Lügnern verherrlicht.«

Diese Ereignisse, die das ganze Land erschütterten, hingen auch mit dem Aufstieg eines anderen Mannes zusammen: An dem Tag, an dem Putin Ministerpräsident Russlands wurde, gelangte Patruschew an die Spitze des FSB. Insider behaupten, Putin habe keine andere Wahl gehabt, als Patruschew zu befördern, weil dieser über Material verfügte, mit dem er ihn jederzeit kompromittieren konnte. Am 9. August 1999 wurde Nikolaj Patruschew zum Leiter des Föderalen Sicherheitsdienstes Russlands befördert. Und damit fing alles an ...

KAPITEL 8

Fiasko in Rjasan

»Wenn jemand ein Verbrechen begeht,
dann kommt alles darauf an, ihn zu erwischen,
solange die Spur noch heiß ist.«

Nikolaj Patruschew über die Ereignisse in Rjasan.
Itogi, 5. Oktober 1999.

Zwischen dem 31. August und dem 16. September 1999 wurden in Buinaksk, Moskau und Wolgodonsk monströse terroristische Verbrechen begangen, denen Hunderte von Menschen zum Opfer fielen.

Wir werden mit dem Terroranschlag beginnen, der von allen der furchtbarste gewesen wäre, wenn man ihn nicht gerade noch rechtzeitig entdeckt hätte.

Am 22. September passierte etwas Ungewöhnliches: In Rjasan, hundertachtzig Kilometer südöstlich von Moskau, wurden FSB-Agenten dabei beobachtet, wie sie Zuckersäcke, die den Sprengstoff Hexogen enthielten, in den Keller eines Wohnhauses im Vorort Daschkowo-Pessotschnja brachten.

Um 21.15 Uhr rief Alexej Kartofelnikow, ein Fahrer des Fußballvereins Spartak, der in dem zwölfstöckigen Mietshaus in der Uliza Nowosjolow 14/16 wohnte, bei der Bezirksabteilung für innere Angelegenheiten in Rjasan an und meldete, er habe vor zehn Minuten gesehen, wie ein weißer Shiguli 5 oder 7 mit dem Moskauer Kennzeichen T 534 VT 77 RUS in den Hof seines Mietshauses gefahren war. Aus dem Wagen stiegen ein Mann und eine junge Frau, die in den Keller des Gebäudes gingen und nach einer Weile zurückkamen. Danach hätten sie den Wagen unmittelbar vor den Kellereingang geparkt und zu dritt Säcke in den Keller gebracht. Einer von ihnen habe einen Schnurrbart gehabt, die Frau habe einen Trainingsanzug getragen. Danach seien alle wieder in den Wagen eingestiegen und weggefahren.

Man beachte, wie schnell Kartofelnikow reagierte. Bei der Polizei herrschte ein langsamerer Takt. »Ich habe den Shiguli 7 gesehen, als ich aus der Werkstatt zurückkam«, erinnerte sich Kartofelnikow später, »und ich habe nur aus beruflicher Gewohnheit auf das Nummernschild geachtet. Ich sah, dass die Nummer für den Bezirk mit einem Stück Papier überklebt war, auf dem die Nummer 62 für Rjasan stand. Ich rannte in meine Wohnung und wollte die Polizei anrufen. Ich probierte es unter null-zwei und erhielt die träge Antwort, ich solle die und die Nummer wählen. Das habe ich gemacht, aber da war besetzt. Zehn Minuten lang habe ich es immer wieder versucht, bis ich durchkam. Damit hatten die Terroristen genügend Zeit, alle Säcke in den Keller zu bringen und die Zünder einzustellen ... Hätte ich die Polizei sofort erreicht ... wären die Terroristen an Ort und Stelle in ihrem Wagen verhaftet worden.«

Als zwei Polizeibeamte und ihr Vorgesetzter Andrej Tschernyschow um 21.58 Uhr Moskauer Zeit eintrafen, entdeckten sie drei Zuckersäcke für je fünfzig Kilo im Keller des Hauses. Tschernyschow, der ihn als Erster betrat, erinnerte sich:

»Gegen zehn Uhr erhielten wir eine telefonische Warnung des diensthabenden Beamten: Verdächtige Individuen waren dabei beobachtet worden, wie sie aus dem Keller des Hauses 14/16 in der Uliza Nowosjolow gekommen waren. Ein Mädchen, auf das wir in der Nähe des Hauses trafen, erzählte uns etwas von einem Mann, der aus dem Keller gekommen und in einem Wagen mit überklebtem Nummernschild weggefahren war.

Ich beorderte einen Polizisten auf die gegenüberliegende Seite der

Einfahrt zum Gebäude und ging mit dem anderen in den Keller. Der Keller dieses Hauses liegt ziemlich tief, und der ganze Boden stand unter Wasser. Der einzige trockene Fleck war ein winziger Abstellraum, wie ein gemauerter Verschlag. Wir machten das Licht an und sahen mehrere Zuckersäcke, die aufeinander gestapelt waren. Der obere Sack hatte einen Riss, und wir konnten eine Art elektrischen Apparat erkennen: mit Isolierband umwickelte Drähte, einen Zeitschalter … Natürlich war das Ganze ein ziemlicher Schock für uns. Wir rannten aus dem Keller, ich blieb zurück, um die Einfahrt zu bewachen, und die beiden anderen gingen in das Haus, um die Bewohner zu evakuieren.

Nach etwa fünfzehn Minuten traf Verstärkung ein, und der Chef der regionalen MWD-Dienststelle tauchte auf. Die Säcke mit dem Sprengstoff wurden von Männern aus dem Katastrophenschutzministerium in Anwesenheit von Vertretern des FSB aus dem Keller geholt. Natürlich erst, nachdem unsere Sprengstofftechniker sie unschädlich gemacht hatten. Niemand zweifelte daran, dass hier tatsächlich ein Katastrophenfall vorlag.«

Einer der Säcke war aufgeplatzt, und man konnte einen Zünder Marke Eigenbau erkennen, der – wie sich herausstellte – aus drei Batterien, einer elektrischen Uhr und einer selbst gemischten Zündladung bestand. Die Schaltuhr war auf 5.30 Uhr eingestellt.

Die Sprengstoffexperten der MWD-Bezirksdienststelle Rjasan unter der Führung von Polizeileutnant Juri Tkatschenko benötigten nicht mehr als elf Minuten, um die Ladung zu entschärfen: Unmittelbar danach, gegen elf, führten sie mit der Mischung eine Versuchssprengung durch. Es gab keine Detonation, entweder weil die Menge zu gering war oder weil die Techniker sie aus dem oberen Teil eines der Säcke genommen hatten und das Hexogen nur im unteren Teil eine Konzentration aufwies, die für eine Explosion ausreichte. Eine Schnellanalyse der Substanz in den Säcken mithilfe eines Gasprüfgeräts ergab »Dämpfe eines hexogenartigen Sprengstoffs«.

Es ist wichtig, an dieser Stelle darauf hinzuweisen, dass dabei kein Versehen möglich war. Die Analyse erfolgte mit modernen, funktionstüchtigen Instrumenten, und die Spezialisten, die sie benutzten waren hoch qualifiziert.

Schon rein äußerlich hatte der Inhalt der Säcke keine Ähnlichkeit mit grob- oder feinkörnigem Zucker. Alle Zeugen, von denen die verdächtigen Säcke entdeckt worden waren, bestätigten später, sie hätten ein gelbliches Granulat enthalten, dessen Konsistenz an kleine Würmchen erinnerte, genau so, wie Hexogen aussieht. Am 23. September gab die Pressestelle des russischen Innenministeriums zudem bekannt, dass »eine Analyse der fraglichen Substanz auf das Vorhandensein von Hexogendämpfen« deute und dass man einen Zeitzünder entschärft habe. Mit anderen Worten, in der Nacht vor dem Morgen des 23. September hatten Experten festgestellt, dass die Zündvorrichtung aktiviert war und dass es sich bei dem »Zucker« um Sprengstoff handelte. »Unsere erste Untersuchung ergab, dass es eine explosive Substanz war … Wir waren davon überzeugt, dass die reale Gefahr einer Explosion bestand«, erklärte später Oberstleutnant Sergej Kabaschow, der Leiter der MWD-Dienststelle für den Bezirk Oktjabrski.

Das Haus Nummer 14/16 an der Uliza Nowosjolow war von den Attentätern nicht aufs Geratewohl ausgesucht worden. Es war ein Haus wie viele andere in einer durchschnittlichen Gegend der Stadt und wurde von einfachen Leuten bewohnt. An die Vorderseite des Hauses angebaut war ein Tag und Nacht geöffneter Lebensmittelladen. Die Bewohner des Hauses hätten wohl kaum vermuten können, dass Leute, die an der Falltür eines Lebensmittelgeschäfts Säcke ausladen, Terroristen seien.

Das aus Klinkern errichtete Haus stand am Stadtrand von Rjasan, dicht an einem bei den Anwohnern als »der Alte Kreis« bekannten unbebauten Gelände, auf einer niedrigen Anhöhe. Die Säcke mit dem Sprengstoff waren neben seiner Hauptstützwand deponiert worden, sodass das ganze Gebäude bei einer schweren Explosion in sich zusammengestürzt wäre. Und auch das nächste Haus, das auf dem weichen sandigen Boden des Abhangs stand, hätte der Druckwelle möglicherweise nicht standgehalten. Aus diesem Grund wurde Alarm gegeben, und die Bewohner des besagten Hauses in Rjasan wurden aus ihren Betten geholt und mussten so, wie sie gerade angezogen waren, auf die Straße laufen. Mit den folgenden Worten wurde die Szene in der *Trud* beschrieben:

»Menschen wurden gezwungen, innerhalb weniger Minuten ihre Wohnungen zu verlassen, ohne ihre wichtigsten Habseligkeiten mitnehmen zu dürfen (ein Umstand, der später von Dieben ausgenutzt wurde), und sich vor dem unbeleuchteten, leeren Haus zu sammeln. Frauen, alte Männer und Kinder schlurften vor dem Eingang umher, unwillig, sich dem Ungewissen auszusetzen. Einige von ihnen trugen keine Überkleidung oder waren sogar barfuß ... Sie hüpften stundenlang von einem Fuß auf den anderen in dem kalten Wind, und die Gebrechlichen, die man in ihren Rollstühlen heruntergebracht hatte, weinten und verwünschten die ganze Welt.«

Das Haus wurde abgeriegelt. Es war kalt. Die Leiterin des Kinos »Oktjabr« erbarmte sich der Menschen, ließ sie in den Vorraum des Kinosaals ein und kochte Tee für alle. Im Haus geblieben waren lediglich mehrere alte Kranke, deren körperliche Verfassung ihnen nicht erlaubte, ihre Wohnung zu verlassen. Unter ihnen befand sich eine alte gelähmte Frau, deren Tochter während der ganzen Nacht bei dem Polizeikordon ausharrte und eine Explosion erwartete. Später erinnerte sie sich an diese Nacht:

»Zwischen zehn und elf Uhr gingen Polizeibeamte von einer Wohnung zur nächsten und forderten die Bewohner auf, so schnell wie möglich nach unten zu gehen. Ich lief so, wie ich war, im Nachthemd hinaus und warf mir nur noch meinen Regenmantel über. Draußen auf dem Hof erfuhr ich, dass sich in dem Haus eine Bombe befinde. Ich hatte meine Mutter in der Wohnung zurückgelassen, und sie kommt nicht einmal allein aus ihrem Bett. Ich lief entsetzt zu den Polizisten hinüber: ›Lassen Sie mich ins Haus, helfen Sie mir, meine Mutter herunterzubringen!‹ Sie haben mich nicht hineingelassen.

Erst ab halb drei Uhr in der Nacht fingen sie an, mit den Leuten in die Wohnungen zu gehen und zu überprüfen, ob alles in Ordnung war. Sie kamen auch zu mir. Ich zeigte dem Beamten meine kranke Mutter und sagte ihm, ohne sie würde ich von hier nicht weggehen.

Er schrieb ganz ruhig etwas in sein Notizbuch und verschwand wieder. Und auf einmal kam mir zu Bewusstsein, dass meine Mutter und ich wahrscheinlich die beiden einzigen Menschen in einem Haus waren, in dem sich eine Bombe befand. Ich empfand eine unerträgliche Angst …

Aber plötzlich klingelte es an der Tür, und davor standen zwei höhere Polizeibeamte. Sie fragten mich streng: ›Haben Sie vor, sich hier lebendig begraben zu lassen, junge Frau?‹ Ich war so erschrocken, dass meine Knie weich wurden, aber ich blieb standhaft – ohne meine Mutter würde ich nicht gehen. Und dann hatten sie plötzlich Mitleid mit mir: ›Na dann bleiben Sie eben hier, Ihr Haus ist bereits wieder sicher.‹ Es stellte sich heraus, dass sie die Zünder von der ›Ladung‹ entfernt hatten, noch bevor sie die Wohnungen inspizierten …«

Vor dem Haus waren Mitarbeiter der verschiedensten Notdienste und Hilfswerke zusammengekommen. Da die Gasanalyse inzwischen Hinweise auf Hexogen geliefert hatte, wurde vorsorglich die Sperrzone erweitert. Der Leiter des lokalen FSB, Generalmajor Alexander Sergejew, beglückwünschte die Bewohner des Gebäudes, weil sie ein zweites Leben geschenkt bekommen hätten. Dem Helden des Tages Kartofelnikow sagte man, er müsse unter einem glücklichen Stern geboren sein (einige Tage später erhielt er ein wertvolles Geschenk von den Kommunalbehörden, weil er die Sprengladung entdeckt hatte – einen Farbfernseher aus russischer Produktion). Eines der russischen Telegrafenbüros teilte der Welt seine glückliche Entdeckung mit folgenden Worten mit:

»Terroristischer Sprengstoffanschlag in Rjasan vereitelt – Säcke mit einer Mischung aus Zucker und Hexogen von der Polizei im Keller eines Mietshauses gefunden.

Der Erste stellvertretende Stabsoffizier für Zivilverteidigung und Katastrophenschutz des Bezirks Rjasan, Oberst Juri Karpejew, hat einen Korrespondenten der ITAR-TASS darüber informiert, dass die Substanz, die in den Säcken gefunden wurde, untersucht wird. Nach Angaben des diensthabenden Einsatzoffiziers des Katastrophenschutzministeriums der Russischen Föderation in Moskau war der Zeitschalter des Sprengstoffzünders auf 5.30 Uhr Moskauer Zeit am Donnerstag eingestellt. Der involvierte Leiter des MWD des Bezirks Rjasan, Alexej Sawin, sagte dem ITAR-TASS-Korrespondenten, man habe das Fabrikat, die Farbe und das Kennzeichen des Wagens, in dem der Sprengstoff transportiert worden war, identifiziert. Wie Sawin weiter mitteilte, führen Experten zurzeit eine Reihe von Versuchen durch, um die Zusammensetzung und die Explosivität der in den Säcken entdeckten Mischung festzustellen ...

Wie der Erste stellvertretende Bürgermeister des Bezirks, Wladimir Markow, erklärte, ist die Lage in Rjasan ruhig. Die Bewohner des Gebäudes, die sofort nach der Entdeckung des mutmaßlichen Sprengstoffs ihre Wohnungen verlassen mussten, sind wieder in diese zurückgekehrt. Sämtliche Häuser in der Umgebung wurden überprüft. Nach Angaben Markows müssten die Bewohner selbst die Hauptstütze der Polizei und der Geheimdienste sein in ihrem Kampf gegen ›dieses Übel, das in unserem Land in Erscheinung getreten ist ... Je wachsamer wir sind, desto zuverlässiger wird die Verteidigung sein.‹«

Fünf Minuten nach Mitternacht wurden die Säcke aus dem Keller geholt und in ein Löschauto geladen. Es dauerte jedoch noch bis vier Uhr in der Frühe, bevor eine Entscheidung darüber getroffen wurde, wohin der Sprengstoff gebracht werden sollte. Die Milizbrigade besonderer Bestimmung (OMON), der FSB und das lokale Militär weigerten sich, die Säcke entgegenzunehmen. Am Ende wurden sie in den Innenhof der Hauptverwaltung für Zivilverteidigung und Katastrophenschutz des Bezirks Rjasan gebracht, wo man sie in einer Garage lagerte, vor die ein Wachtposten gestellt wurde. Die Retter sagten später, sie hätten den »Zucker« in ihren Tee getan, wenn die Analyse nicht Hinweise auf Hexogen erbracht hätte.

Die Säcke lagen mehrere Tage in der Garage, bevor man sie in das zum MWD gehörende Institut für kriminaltechnische Untersuchungen in Moskau transportierte. (Das Pressebüro des MWD Rjasan gab dagegen bekannt, dass die Säcke bereits am 23. September, einen Tag nach ihrer Entdeckung, nach Moskau gebracht worden seien.) Nachdem der Sprengstoff entfernt und das Gebäude überprüft worden war, wurden die Wohnungen am Morgen nach dem Fund um halb neun wieder für die Bewohner freigegeben.

Am Abend des 22. September waren zwölfhundert Polizisten in Alarmbereitschaft versetzt und die sogenannte Abfang-Operation abgeordnet worden. Man fand mehrere Augenzeugen, sodass von den drei Verdächtigen Phantombilder angefertigt werden konnten, und an den Hauptverkehrsstraßen des Bezirks Rjasan errichtete die Polizei Straßensperren. Die Aussagen der Augenzeugen waren ziemlich detailliert, und es bestand eine gewisse Aussicht, die Täter dingfest zu machen.

Der Gouverneur des Bezirks und die Kommunalbehörden stellten zusätzliche Mittel für die Antiterrormaßnahmen zur Verfügung. Angehörige der Streitkräfte wurden eingesetzt, um Wohnblocks zu bewachen, und während der Nacht organisierten die Bewohner einen Wachdienst in den Gebäuden, während in der gesamten Wohnsiedlung die Fahndung fortgesetzt wurde, besonders in den Wohnblocks (bis zum Freitag waren achtzig Prozent der Häuser in der Siedlung überprüft worden). Die Märkte in der Stadt waren menschenleer – die Händler befürchteten ebenso wie die Kunden weitere Anschläge. Der stellvertretende Bürgermeister von Rjasan, Anatoli Baranow, sagte dazu im Rückblick: »Praktisch niemand in der Stadt schlief, und nicht nur die Bewohner dieses Gebäudes verbrachten die Nacht auf der Straße, sondern überhaupt alle dreißigtausend Einwohner der Siedlung Daschkowo-Pessotschnja, zu der es gehörte.«

Die Panik in der Stadt nahm zu: Es kursierten Gerüchte, man habe Rjasan für Terroranschläge ausgewählt, weil das 137. Luftlandegarderegiment, das in Dagestan gekämpft hatte, hier stationiert war. Außerdem lag der Djagilew-Militärflughafen, von dem aus Streitkräfte zum Kaukasus befördert wurden, in der Nähe Rjasans.

Die Hauptausfallstraße von Rjasan wurde mit massiven Sperren versehen, weil die Polizei sämtliche Wagen kontrollierte, die die Stadt verließen. Doch die Fahndung blieb ergebnislos, der von den Terroristen benutzte Wagen wurde nicht gefunden, und die Terroristen selbst konnten nicht festgenommen werden.

Am Morgen des 23. September brachten die russischen Nachrichtenagenturen im Radio die sensationelle Nachricht, dass »in Rjasan ein terroristischer Sprengstoffanschlag vereitelt« worden war. Ab acht Uhr sendeten die TV-Kanäle Einzelheiten über das verhinderte Attentat: Jeder Fernseh- und jeder Rundfunksender in Russland brachte dieselbe Geschichte: »Nach Angaben von Mitgliedern der Ermittlungsbehörden des MWD Rjasan ist die weiße kristalline Substanz in den Säcken Hexogen.«

Um ein Uhr mittags strahlte das TV-Nachrichtenprogramm *Westi* auf dem staatlichen RTR-Kanal ein Live-Interview mit Oberstleutnant Kabaschow vom MWD aus: »Es wurden vorläufige Richtlinien für die Verhaftung [der Insassen] eines Automobils erlassen«, sagte er, »auf das die von Anwohnern gegebene Beschreibung zutrifft. Bislang liegen noch keine Ergebnisse vor.«

Westi gab bekannt: »Sprengstoffspezialisten der städtischen Polizei haben eine erste Analyse durchgeführt und das Vorhandensein von Hexogen bestätigt. Der Inhalt der Säcke wurde inzwischen nach Moskau in das FSB-Laboratorium zu einer endgültigen Analyse geschickt. In der Zwischenzeit hat der Bürgermeister von Rjasan, Pawel Mamatow, eine außerordentliche Sitzung mit seinen Stellvertretern abgehalten und Anweisung gegeben, alle Keller in der Stadt zu verschließen und vermietete Lagerräume sorgfältiger zu überprüfen.«

Der Inhalt der Säcke wurde also nicht nur dem Labor des MWD, sondern auch dem des FSB zur Untersuchung übergeben.

Mamatow beantwortete die Fragen von Journalisten: »Wir können heute noch so viele Behörden einschalten – wenn wir innerhalb einer Woche alle Maßnahmen durchführen wollen, Dachböden und Keller sorgfältig abzuschließen, schadhafte Türen und Schlösser zu reparieren, Gitter anzubringen und dergleichen, dann ist das nur möglich, wenn wir alle unsere Anstrengungen vereinigen.«

Mit anderen Worten, am 23. September befand sich um ein Uhr mittags ganz Rjasan im Belagerungszustand. Polizei und Einwohner fahndeten nach Terroristen und ihrem Wagen und überprüften Dachböden und Keller. Wer vier Stunden später wieder *Westi* einschaltete, erfuhr aus den Nachrichten im Wesentlichen nichts Neues.

Um sieben Uhr abends sendete *Westi* die normalen Nachrichten des Tages: »Heute äußerte sich der russische Ministerpräsident Wladimir Putin zu den Bombardierungen des Flughafens Grosny.«

Während also in Rjasan nach Terroristen gefahndet wurde, hatten russische Flugzeuge Grosny angegriffen. Die Einwohner von Rjasan waren gerächt. Diejenigen, die hinter dem Terroranschlag steckten, würden teuer dafür bezahlen, dass sie ihnen eine schlaflose Nacht und einen aufreibenden Tag eingebracht hatten.

Putin beantwortete Fragen von Journalisten: »Zum Luftangriff auf den Flughafen von Grosny kann ich nichts sagen. Ich weiß, dass es eine allgemeine Anweisung gibt, nach der Verbrecher verfolgt werden, wo immer sie sich befinden. Ich bin einfach nicht im Bilde, doch wenn sie auf dem Flughafen waren, dann heißt das auf dem Flughafen. Ich habe dem, was bisher gesagt wurde, wirklich nichts hinzuzufügen.« Als Ministerpräsident hatte Putin anscheinend etwas gewusst, von dem die allgemeine Öffentlichkeit noch nichts erfahren hatte, nämlich dass sich auf dem Flughafen von Grosny Terroristen versteckt hielten.

Putin äußerte sich auch zu der jüngsten kritischen Lage in Rjasan: »Was die Ereignisse in Rjasan angeht, so glaube ich nicht, dass dort irgendwelche Fehler gemacht wurden. Wenn die Säcke, deren Inhalt sich als Sprengstoff herausgestellt hat, von Anwohnern bemerkt wurden, hat das etwas Positives, und wenn es auch nur der Umstand ist, dass die Bevölkerung auf die Ereignisse, die sich heutzutage in unserem Land zutragen, richtig reagiert. Ich möchte Ihre Frage zum Anlass nehmen, den Bürgern unseres Landes dafür zu danken … das ist absolut die richtige Antwort. Keine Panik, keine Sympathie mit den Verbrechern. Das ist die richtige Einstellung, sie bis zum Schluss zu bekämpfen. Bis wir gewinnen. Und wir werden gewinnen.«

Reichlich vage hört sich das an, aber die allgemeine Botschaft klingt deutlich durch. Der Sprengstoffanschlag war nicht etwa ein Zeichen für das Versagen der Geheimdienste, sondern ein Sieg des ganzen russischen Volkes, das selbst in einer Provinzstadt wie Rjasan ein waches Auge auf seine grausamen Feinde hatte. Dafür drückte der Ministerpräsident den Bürgern seinen Dank aus.

An dieser Stelle wollen wir erste Schlussfolgerungen ziehen.

Der FSB behauptete später, in Rjasan sei eine »Wachsamkeitsübung« abgehalten worden, doch einige Umstände sprechen gegen diese Behauptung. Nachdem am Abend des 22. September die Säcke mit dem Sprengstoff entdeckt worden waren, gab es keine Verlautbarung des FSB, dass in Rjasan eine Übung stattfinde, dass die Säcke keinen Sprengstoff, sondern gewöhnlichen Zucker enthielten oder dass der Zünder eine Attrappe gewesen sei.

Der FSB hätte auch am 23. September noch eine Gelegenheit gehabt, für Aufklärung zu sorgen, als die Nachrichtenagenturen in der ganzen Welt die Meldung von dem vereitelten Terroranschlag in Rjasin brachten. Der FSB gab weder ein Dementi ab noch behauptete er, in Rjasan habe lediglich eine Übung stattgefunden.

Am 23. September übernahm Wladimir Putin noch die FSB-Version der Ereignisse und schien aufrichtig überzeugt (oder täuschte dies vor), dass in Rjasan ein Terroranschlag vereitelt worden war.

Nehmen wir einmal an, in Rjasan hätten tatsächlich Übungen zu Ausbildungszwecken stattgefunden. Ist es wirklich vorstellbar, dass in diesem Fall der FSB den ganzen 23. September hindurch schweigt, während die übrige Welt von den Nachrichtenagenturen über einen rechtzeitig entdeckten Sprengstoffanschlag informiert wird? Ist es vorstellbar, dass der Ministerpräsident Russlands und ehemalige Leiter des FSB, der außerdem persönliche Beziehungen zu Patruschew unterhielt, von diesen »Übungen« nichts gewusst haben sollte? Daran scheitert jede Fantasie.

Auch der Bürgermeister von Moskau, Juri Lushkow, der beste Verbindungen zu den Streitkräften und den Strafverfolgungsbehörden unterhält, wusste nichts von »Übungen« des FSB in Rjasan. Im Gegenteil, am 23. September gaben die Moskauer Behörden Anweisungen, besondere Vorsichtsmaßnahmen zu treffen, um Terroranschläge in der Hauptstadt zu verhindern, und zwar vor allem deshalb, weil sich nach Überzeugung der Polizei die Zusammensetzung des in Moskau und Rjasan gefundenen Sprengstoffs und das Verfahren, wie er an seinen Bestimmungsort befördert worden war, in beiden Fällen ähnelte.

Die Moskauer Polizei wurde angewiesen, alle Gebäude, auch wenn sie nicht Wohnzwecken dienten, von oben bis unten zu überprüfen und jedes Fahrzeug genau zu inspizieren, das Waren in die Stadt beförderte. In Moskau sah man in den Ereignissen in Rjasan einen rechtzeitig entdeckten Terroranschlag.

Ist es des Weiteren denkbar, dass der Ministerpräsident Russlands und ehemalige FSB-Chef, der dazu noch über gute Kontakte zu Patruschew verfügte, nicht über die »Übungen« informiert worden war? Auch das überfordert die Vorstellungskraft. Es wäre eine Geste der Illoyalität des damaligen FSB-Direktors Patruschew gegenüber seinem Förderer Putin gewesen, und einer von beiden hätte danach von seinem Amt zurücktreten müssen.

Die Tatsache, dass Putin am 23. September um sieben Uhr abends nichts von einer Übung in Rjasan gesagt hat, ist das denkbar gewichtigste Argument für die Hypothese, dass in Rjasan ein Sprengstoffanschlag verhindert wurde, der vom FSB selbst geplant worden war.

Doch noch bemerkenswerter als all dies war der Umstand, dass nicht einmal Innenminister Wladimir Ruschailo, der Vorsitzende des Antiterrorausschusses und Leiter der sogenannten Operation Wirbelwind zur Bekämpfung des Terrorismus, etwas von einer Übung in Rjasan wusste. Am 23. September kam Oleg Axjonow, Chef der Informationsabteilung des russischen Innenministeriums, in seiner Eigenschaft als Pressesekretär des MWD mehrmals mit der Presse zusammen. Zur Beschämung Ruschailos erklärte er, der Innenminister habe sich mit der Lage vertraut gemacht und die Anweisung erteilt, innerhalb eines Tages noch einmal alle Keller und Dachböden in Rjasan zu überprüfen und die Wachsamkeit zu erhöhen.

Später sagte Axjonow: »Für uns, für die Einwohner Rjasans und für die Hauptverwaltung ist das eine vollkommene Überraschung; wir haben es als ein echtes Verbrechen angesehen.« Er betonte, dass die Ausführung des Befehls genau überwacht werden müsse, weil sonst vielleicht »Menschen für eine kleine Unachtsamkeit mit ihrem Leben bezahlen« müssten.

Noch am 24. September, vor dem Ersten Allrussischen Kongress zur Bekämpfung des organisierten Verbrechens, sprach Ruschailo von einem Terroranschlag in Rjasan, der vereitelt werden konnte, und sagte, die Organe des Innenministeriums hätten eine Reihe gravierender Fehler bei der Einschätzung der Lage begangen und man habe daraus »einschneidende Konsequenzen« gezogen.

Nachdem er auf die Fehlleistungen der Geheimdienste hingewiesen hatte, denen es nicht gelungen sei, den Sprengstoff zu lokalisieren, folgte Ruschailo dem Beispiel Putins und lobte die Bevölkerung von Rjasan, die es geschafft habe, den Terroranschlag zu verhindern. »Der Kampf gegen den Terrorismus«, sagte er, »ist nicht das alleinige Privileg der Organe des Innenministeriums.« Eine wichtige Rolle in dieser Angelegenheit komme den »Lokalbehörden und Kommunalverwaltungen zu, deren Arbeit jedoch ebenfalls mit beträchtlichen Mängeln behaftet ist«.

Ruschailo empfahl seinen Zuhörern die »sofortige Schaffung ressortübergreifender Aufsichtsorgane, die in die Regionen reisen, um die Durchführung von Beschlüssen an Ort und Stelle zu kontrollieren und praktische Hilfe zu leisten«. Er verwies darauf, dass im Innenministerium bereits nach diesem Prinzip gearbeitet werde und dass es deutliche Verbesserungen gegeben habe wie etwa die Verhinderung des Versuchs, einen Wohnblock in Rjasan in die Luft zu sprengen. »Die rechtzeitige Entdeckung neuer Terroranschläge und die Bestrafung der Schuldigen bei bereits verübten Verbrechen ist die Hauptaufgabe, der sich im gegenwärtigen Stadium das Innenministerium Russlands gegenübersieht«, sagte der Minister, sichtlich stolz auf den einzigen bisher vereitelten Terroranschlag, den er sich gutschreiben konnte – in Rjasan.

Wenn der Minister persönlich die Vorgänge in Rjasan als einen fehlgeschlagenen Terroranschlag einstufte, was können wir dann über das regionale MWD sagen?

Die in einem revolutionären Stil verfassten Appelle verlangten einfach danach, in Musik verwandelt zu werden:

»Der vom Terrorismus erklärte Krieg gegen das russische Volk hält an. Und das bedeutet, dass die Vereinigung aller Kräfte der Gesellschaft und des Staates mit dem Ziel, den verräterischen Feind zurückzuschlagen, das Erfordernis des Tages ist.

Der Kampf gegen den Terrorismus kann keine Sache allein der Polizei und der Geheimdienste bleiben. Die denkbar schlagendste

Bestätigung hierfür ist der Bericht über einen Versuch, einen Wohnblock in Rjasan in die Luft zu sprengen, der dank der Wachsamkeit der Bürger der Stadt vereitelt wurde.

Am 23. September entdeckte in Rjasan ... eine Polizeistreife bei der Überprüfung des Kellers eines Wohnblocks drei Säcke mit Hexogen samt einem Zeitzünder, der auf halb sechs Uhr des nächsten Morgens eingestellt war.

Der Terroranschlag wurde dank der Bewohner des Gebäudes verhindert, das von den Terroristen als Ziel ausgewählt worden war. Am Abend zuvor hatten sie bemerkt, wie Unbekannte irgendwelche Säcke aus einem Shiguli, dessen Nummernschild mit Papier überklebt war, in den Keller trugen. Die Bewohner setzten sich sogleich mit der Polizei in Verbindung.

Eine erste Untersuchung des Inhalts der Säcke ergab, dass sie eine Hexogen ähnelnde Substanz enthielten, die mit grobem Zucker vermischt war. Die Säcke wurden sogleich unter Bewachung nach Moskau gebracht. Nach Abschluss einer Expertenanalyse werden die Mitarbeiter des FSB-Laboratoriums eine endgültige Antwort darauf geben, ob dies ein versuchter Terroranschlag war oder nur ein Ablenkungsmanöver.

In diesem Zusammenhang möchte das Innenministerium für den Bezirk die Bürger noch einmal an die Notwendigkeit erinnern, Ruhe zu bewahren und sich organisiert und sachlich zu verhalten, um die eigene Sicherheit zu gewährleisten.

Die beste Reaktion auf die Terroristen wird die Wachsamkeit von uns allen sein. Dazu brauchen Sie nur einen etwas genaueren Blick auf die Menschen in Ihrer Nähe zu werfen, auf Fremde zu achten, die Ihnen in einer Einfahrt, im Dachgeschoss oder im Keller Ihres Gebäudes aufgefallen sind, auf verlassene Automobile, die unmittelbar neben einem Wohnblock abgestellt wurden. Beim geringsten Verdacht rufen Sie die Polizei an.

Versuchen Sie auf keinen Fall, den Inhalt verdächtiger Kartons, Taschen und anderer herrenloser Behältnisse zu untersuchen, die Sie möglicherweise finden. In einer solchen Situation sollten Sie verhindern, dass andere Personen Zugang zu dem Fund haben, und die Polizei benachrichtigen.

Auch die Bildung von Hauskomitees zur Organisation des Schutzes von Gebäuden und deren Umgebung während der Nacht wird dazu beitragen, die Wahrscheinlichkeit terroristischer Zwischenfälle in unserer Stadt beträchtlich zu verringern.

Denken Sie daran, heute hängt es von jedem Einzelnen von uns ab, wie wirksam der Kampf gegen das Böse sein wird.

MWD-Informationsgruppe des Bezirks«

Zu seinem Pech musste Generalleutnant Alexander Sdanowitsch, Leiter des föderalen Zentrums für Öffentlichkeitsarbeit des FSB, am 23. September 1999 in der NTW-Sendung »Held des Tages« erscheinen. Dank dieses Umstands verfügen wir über ein weiteres wichtiges Indiz, das darauf hindeutet, dass der FSB vorhatte, die Angelegenheit auszusitzen und den Einwohnern Rjasans und den Journalisten die Deutung der Ereignisse als fehlgeschlagener tschetschenischer Terroranschlag schmackhaft zu machen.

Es steht außer Frage, dass der FSB vor dem Auftritt Sdanowitschs nicht die Absicht hatte, eine Erklärung zu angeblichen Übungen abzugeben. Seine Überlegungen waren simpel gestrickt: Die Polizei hatte weder Terroristen des FSB festgenommen noch den Wagen gefunden. Die Geschichte mit dem vereitelten Terroranschlag funktionierte noch, und vor allem passte sie allen ins Konzept, da selbst Ruschailo behaupten konnte, einen gewissen Anteil daran zu haben, dass die Zünder rechtzeitig entschärft worden waren.

Sdanowitsch war jedoch von seinen Vorgesetzten angewiesen worden, die Reaktion der Öffentlichkeit auf das Märchen von den »Übungen« auszuloten, falls etwas schiefging oder durchsickern sollte, dass der FSB in den Anschlag verwickelt war.

Man beachte, wie vorsichtig Sdanowitsch erste Andeutungen machte, dass bei dem versuchten Sprengstoffanschlag in Rjasan in Wirklichkeit kein Verbrechen vorlag, als wollte er die Bevölkerung davon überzeugen, dass es keinen Grund gebe, sich aufzuregen.

Der PR-Beauftragte des FSB erklärte, aus dem ersten Bericht gehe hervor, dass die Säcke, die im Keller eines Wohnblocks in Rjasan entdeckt worden seien, kein Hexogen enthalten hätten, dass sich in ihnen jedoch »so etwas wie Fernsteuerungsvorrichtungen« befunden habe. Angeblich waren auch keine Zünder gefunden worden, obwohl mit einem Mal bestätigt werden konnte, dass man auf »gewisse Komponenten eines Zündmechanismus« gestoßen sei.

Gleichzeitig unterstrich Sdanowitsch, die endgültige Antwort müsse Experten vorbehalten bleiben: seinen Kollegen im Laboratorium des FSB in Moskau, die Patruschew unterstanden.

Sdanowitsch wusste natürlich genau, welche »endgültige Antwort« die FSB-Experten geben würden, nämlich die, die ihnen von ihrem Vorgesetzten befohlen würde. Diese Antwort haben wir erst mit einer gewissen Verzögerung erhalten, nämlich am 21. März 2000, sage und schreibe eineinhalb Jahre nach dem vereitelten Terroranschlag und nur fünf Tage vor der Präsidentenwahl.

Doch trotz alledem besaß Sdanowitsch zu Beginn der Sendung »Held des Tages« keine Information darüber, dass der FSB in Rjasan anscheinend eine »Übung« abgehalten hatte. In dem mit ihm geführten Interview äußerte Sdanowitsch zwar gewisse Zweifel, dass sich in den Säcken Sprengstoff und aktive Zünder befunden hätten, doch mit keinem Wort erwähnte er eine mögliche Übung des FSB.

Diese Diskrepanz halten wir für einen weiteren Hinweis darauf, dass die Geheimdienste in Rjasan tatsächlich einen Terroranschlag geplant hatten. Es ist schlicht nicht vorstellbar, dass die Führung des FSB Informationen über in Rjasan bereits abgeschlossene Übungen vor Sdanowitsch geheim gehalten haben sollte.

Der Abend des 23. September hielt noch eine weitere Absurdität bereit. Die Nachrichtenagentur *Nowosti* sendete eine Aufzeichnung des NTW-Interviews mit General Sdanowitsch und gab bekannt, dass die Fahndung nach einem weißen Shiguli mit dem Kennzeichen WAZ-2107 weiterlaufe. »Viele Dinge an dieser ganzen Geschichte sind noch unklar.« Insbesondere hätten die Zeugen unterschiedliche Angaben zur Farbe und zum Aussehen des Wagens gemacht. Es hätten sich Zweifel ergeben, ob das Nummernschild des Wagens tatsächlich mit Papier überklebt gewesen sei. Gleichzeitig verlautete aus dem Pressezentrum, die Suche nach dem Wagen werde fortgesetzt, »um ein objektives Bild zu rekonstruieren«.

Trotz der Versicherungen Sdanowitschs, es seien weder Sprengstoff noch Zünder gefunden worden, war der FSB Rjasan noch immer nicht in der Lage, »ein objektives Bild zu rekonstruieren«. Am 24. September brachten die Morgenzeitungen Einzelheiten darüber, wie der Sprengstoffanschlag in Rjasan verhindert worden war, aber immer noch keine Äußerung des FSB zum Thema Übungen.

Erst an diesem Tag, dem 24. September, entschloss sich der Chef des FSB Patruschew, eine Erklärung über »Übungen« an die Öffentlichkeit zu geben, die man in Rjasan abgehalten habe.

Welche Gründe mochten Patruschew zu einer solchen Änderung seiner Taktik bewogen haben? Zunächst einmal hatte man das wichtigste Corpus Delicti, die drei Säcke mit Sprengstoff samt scharfen Zündern, an ihn übergeben, was die Lage für den FSB wesentlich verbesserte. Jetzt konnte er den Inhalt der Säcke austauschen und behaupten, die Provinzler in Rjasan hätten sich geirrt, und die Ergebnisse ihrer Analyse seien falsch gewesen. Was die Lage für Patruschew allerdings verschlechterte, war die Nachricht, dass der FSB Rjasan zwei Terroristen verhaftet hatte.

Wir wollen dem FSB auf die Sprünge helfen in seinem Bemühen, sich ein »objektives Bild« zu machen, das vor der Bevölkerung so sorgsam geheim gehalten wurde. In groben Zügen spielte sich der brillanteste Teil der gemeinsamen »Abfang-Operation«, die von der Rjasaner Polizei und dem FSB des Bezirks Rjasan durchgeführt wurde, folgendermaßen ab.

Juri Bludow, der Pressesekretär des FSB für den Bezirk Rjasan, sagte, Patruschews Erklärung sei für die Rjasaner Mitarbeiter der Staatssicherheitsdienste völlig überraschend gekommen. »Bis zum letzten Augenblick haben wir in jeder Hinsicht mit der Polizei zusammengearbeitet, als hätte es tatsächlich einen versuchten Terroranschlag gegeben, und wir haben sogar Phantombilder der Verdächtigen angefertigt; aufgrund der Ergebnisse der chemischen Analyse haben wir ein Ermittlungsverfahren nach Paragraf 205 des Strafgesetzbuches der Russischen Föderation [Terrorismus] eingeleitet; wir haben den Wagen und die Terroristen zur Fahndung ausgeschrieben.«

Nach der Bekanntgabe der geplanten Abfangaktion, als die Ausfallstraßen der Stadt bereits gesperrt waren, versuchten die Einsatzgruppen des Rjasaner MWD und FSB den genauen Standort der gesuchten Terroristen zu bestimmen. Dabei hatten sie ein paarmal unverschämtes Glück. Nadeshda Juchanowa, eine Angestellte der Elektroswjas AG (die russische Telekom), nahm einen verdächtigen Anruf nach Moskau auf. »Am besten trennt ihr euch«, sagte die Stimme am anderen Ende der Leitung, »überall sind Streifenwagen unterwegs.« Die Angestellte meldete das Gespräch umgehend dem FSB Rjasan, der das verdächtige Telefon sogleich überwachen ließ. Die Ermittler hatten keinen Zweifel, dass sie den Terroristen auf der Spur waren.

Doch dann traten Komplikationen auf: Der Moskauer Telefonanschluss erwies sich als die Nummer eines der FSB-Büros in der Hauptstadt.

Nachdem die Terroristen am 22. September kurz nach neun Uhr abends die Uliza Nowosjolow verlassen hatten, wollten sie nicht riskieren, sofort gemeinsam in dem Wagen nach Moskau zurückzufahren, weil ein einzelnes Fahrzeug auf einer wenig befahrenen Fernstraße bei Nacht eher auffallen würde und das Risiko, an einem Posten der Verkehrspolizei angehalten zu werden, zu groß war. Jeder in der Nacht angehaltene Wagen musste im Dienstprotokoll vermerkt werden, selbst wenn seine Insassen Angehörige des FSB oder eines anderen Geheimdienstes waren, und wenn sich am nächsten Tag die Nachricht von der Explosion verbreitete, dann würde sich der diensthabende Beamte ganz sicher an den Wagen mit drei Insassen erinnern.

Die Terroristen mussten ohnehin bis zum nächsten Morgen warten, um sicherzugehen, dass die Sprengladung tatsächlich explodiert war und sie ihren Auftrag erfüllt hatten. Früh am Tag, so glaubten sie, würde die Fernstraße belebt sein, und in den ersten Stunden nach der Explosion entstünde Panik. Falls Zeugen in der Nähe des Tatorts sie gesehen hatten, würde die Polizei nach drei Terroristen fahnden, zwei Männern und einer Frau. Eine einzelne Person in einem Wagen hatte dagegen gute Chancen, durch eine Polizeisperre zu schlüpfen.

Dass die Dinge sich tatsächlich in dieser Weise entwickelten, ergibt sich aus einem Bericht über die Fahndung in der *Trud*: »Inzwischen war die Lage in Rjasan aufs Höchste angespannt. Verstärkte Polizeistreifen und Kadetten der Militärschulen der Stadt gingen die

Straßen ab. Alle Ein- und Ausfallstraßen der Stadt wurden von den bis an die Zähne bewaffneten Streifen und Posten und der Verkehrspolizei gesperrt. Auf der Strecke nach Moskau bildeten sich in beiden Richtungen kilometerlange Staus. Alle Wagen wurden sorgfältig nach drei Terroristen, zwei Männern und einer Frau, durchsucht, deren Beschreibung an fast allen Straßenlaternen hing.«

Den erhaltenen Anweisungen entsprechend brach einer der drei Terroristen am 23. September mit dem Wagen allein nach Moskau auf, ließ diesen auf halber Strecke in der Nähe von Kolomna stehen und setzte von dort aus seinen Weg fort. Einer der drei Terroristen hatte sich und das Auto damit dem Zugriff der Rjasaner Polizei entzogen. Einige Stunden später fand die Polizei an der Fernstraße Rjasan – Moskau in der Nähe von Kolomna ein leeres Auto. Bludow, der Pressesprecher des Rjasaner FSB, gab bekannt, es handle sich um denselben Wagen »mit den überklebten Nummernschildern, der für den Transport des Sprengstoffs benutzt wurde«. Es stellte sich heraus, dass das Fahrzeug bei der Polizei als gestohlen gemeldet war. Die Terroristen hatten für ihre Operation ein gestohlenes Auto benutzt (ein klassisches Merkmal von Terroranschlägen).

Es war Zufall, dass der Wagen in der Nähe von Kolomna abgestellt wurde. Falls er in der Stadt oder im Bezirk Moskau gestohlen worden war, hätte die Polizei ihn dem Eigentümer an seiner Wohnadresse übergeben, und es wäre vermutlich keinem in den Sinn gekommen, dass dies das Fahrzeug sein könnte, das von unbekannten Terroristen für den Transport von Sprengstoff benutzt worden war, mit dem in einem anderen Bezirk ein Wohnblock in die Luft gesprengt werden sollte. Die Polizei hätte sich aus demselben Grund nicht die Mühe gemacht, in dem Wagen nach Spuren von Hexogen oder anderen Sprengstoffen zu suchen. Der Komplize hätte am nächsten Tag in einem üblichen Einsatzwagen des FSB nach Rjasan zurückfahren und die beiden anderen wieder mit zurück nach Moskau nehmen können, ohne Risiko, festgenommen zu werden. Wenn sich andererseits herausgestellt hätte, dass das bei Kolomna gefundene Auto das Fahrzeug war, in dem die Terroristen den Sprengstoff transportiert hatten, hätte die Rjasaner Polizei daraus den Schluss gezogen, dass die Terroristen entkommen seien. Sie hätte die Sperren rund um die Stadt aufgehoben und es dadurch den beiden zurückgebliebenen Terroristen erleichtert, ebenfalls zu entkommen.

In der Stadt befanden sich also noch zwei Terroristen. Aus den vom FSB Rjasan veröffentlichten Informationen wissen wir, dass die Terroristen während der Nacht irgendwo in Rjasan untergebracht waren. Das legt den Schluss nahe, dass sie schon vorher für eine Unterkunft gesorgt hatten, auch wenn sie selbst nicht aus Rjasan stammten. In diesem Fall steht fest, dass sie Zeit hatten, ihr Ziel sorgfältig auszuwählen und ihren Anschlag vorzubereiten. Als die Fahndung früher anlief, als sie gedacht hatten, beschlossen die Terroristen, in aller Ruhe in der Stadt auszuharren. Es folgen die Argumente, die für diese Hypothese sprechen.

Wir müssen besonders darauf hinweisen, dass die politischen Führer des Bezirks Rjasan nichts von dem geplanten Sprengstoffanschlag (oder von »Übungen«, wie die Ereignisse im weiteren Verlauf von allen daran beteiligten offiziellen Stellen und von Mitarbeitern der Sicherheitsdienste diplomatisch bezeichnet wurden) gewusst haben. Der Gouverneur des Bezirks, Wjatscheslaw Ljubimow, bestätigte dies, als er in einem am 24. September live übertragenen Interview sagte: »Nicht einmal ich habe von dieser Übung etwas gewusst.« Mamatow, der Bürgermeister von Rjasan, zeigte unverhohlen seinen Ärger: »Sie haben uns als Versuchskaninchen benutzt. Rjasan auf Läuse getestet. Ich bin nicht gegen Übungen. Ich habe selbst in der Armee gedient und an ihnen teilgenommen, aber so etwas habe ich noch nie erlebt.«

Auch die FSB-Abteilung des Bezirks Rjasan wusste nichts von solchen »Übungen«. Bludow erklärte, der FSB sei »nicht im Voraus darüber in Kenntnis gesetzt worden, dass in der Stadt Übungen abgehalten würden«. Der Leiter des FSB Rjasan, Generalmajor Sergejew, erklärte zunächst in einem Interview mit der lokalen TV-Gesellschaft Oka, er wisse nichts von irgendwelchen »Übungen«. Erst später, in einer Antwort auf die Frage von Journalisten, ob sich in seinem Besitz ein amtliches Dokument befinde, in dem bestätigt werde, dass in Rjasan Übungen durchgeführt würden, ließ er durch seinen Pressesprecher antworten, dass er das im Fernsehen gesendete Interview mit dem FSB-Direktor Patruschew als Beweis akzeptiere.

Marina Sewerina, eine der Frauen, die in dem Haus Nr. 14/16 in der Uliza Nowosjolow wohnten, erinnerte sich, dass sich danach der FSB Rjasan bei allen Bewohnern des Hauses entschuldigt hatte: »Mehrere Leute des FSB kamen zu uns mit einem Oberst vorneweg. Sie entschuldigten sich. Sie sagten, sie hätten auch nichts gewusst.«

Das ist einer der wenigen Fälle, in denen wir den Leuten vom FSB Glauben schenken und ihre Aufrichtigkeit akzeptieren können.

Dem FSB Rjasan war klar, dass die Einwohner der Stadt »aufgebracht« waren und ihn im Verein mit der Staatsanwaltschaft Russlands unter Umständen beschuldigen konnten, er habe den Anschlag geplant. Schockiert über die Niedertracht seiner Moskauer Kollegen beschloss der FSB Rjasan, sich ein Alibi zu verschaffen, und gab der Welt bekannt, dass der Sprengstoffanschlag in der Uliza Nowosjolow von Moskau aus betrieben worden sei. Anders war die Erklärung jedenfalls nicht zu verstehen, die kurz nach Patruschews Interview abgegeben wurde. Sie hatte folgenden Wortlaut:

»Wie bekannt gegeben wurde, gehörte die Deponierung der Attrappe einer Sprengstoffladung mit Zünder am 22. September 1999 zu einer gerade ablaufenden überregionalen Übung. Diese Bekanntmachung kam für uns unerwartet und erfolgte zu einem Zeitpunkt, als die Abteilung des FSB den Aufenthalt der an der Deponierung des Sprengstoffs Beteiligten in Rjasan ausfindig gemacht hatte und im Begriff stand, sie zu verhaften. Ermöglicht wurde dies durch die Wachsamkeit und Mitwirkung vieler Einwohner der Stadt Rjasan, durch die Zusammenarbeit mit den Behörden des Innenministeriums und die Tüchtigkeit unserer Mitarbeiter. Wir danken allen, die uns bei dieser Arbeit unterstützt haben. Wir werden auch in Zukunft alles daransetzen, die Sicherheit der Einwohner Rjasans zu gewährleisten.«

Dieses einzigartige Dokument liefert uns Antworten auf die wichtigste unserer Fragen. Erstens hatte der FSB Rjasan nichts mit der Operation zu tun, deren Ziel es gewesen war, den Wohnblock in die Luft zu sprengen. Zweitens wurden mindestens zwei der drei Terroristen in Rjasan aufgespürt. Drittens hielten sich die Terroristen –

wenn auch nur vorübergehend – in Rjasan auf, und offenbar wurden mindestens zwei geheime und sichere Wohnungen entdeckt. Viertens kam genau in dem Augenblick, als alle Vorkehrungen zur Verhaftung der Terroristen getroffen waren, aus Moskau die Anweisung, die Festnahmen zu unterlassen, weil es sich nicht um einen echten Terroranschlag, sondern um eine Übung des FSB gehandelt habe.

Um alle Zweifel daran auszuräumen, dass die Erklärung des FSB Rjasan durchdacht und präzise war, wurde sie von dessen Führung fast wörtlich in einem Interview wiederholt. Am 21. Mai 2000, nur fünf Tage vor der Präsidentenwahl, als der verhinderte Sprengstoffanschlag von den um die Macht rivalisierenden Parteien aus politischen Gründen auf ihrer Agenda ganz nach hinten gerückt worden war, gab Oberstleutnant Juri Maximow, der Leiter der FSB-Ermittlungsabteilung für den Bezirk Rjasan, folgende Erklärung ab:

»Wir können nur unser Mitgefühl für diese Menschen zum Ausdruck bringen und um Entschuldigung bitten. Auch für uns ist die Situation schwierig. Wir haben alle Ereignisse an jenem Abend ernst genommen und die Lage als wirklich gefährlich eingestuft.

Die Bekanntgabe von Übungen, abgehalten vom FSB der Russischen Föderation, kam für uns völlig überraschend und erfolgte zu einem Zeitpunkt, als der FSB Rjasan in der Stadt die Wohnungen der Personen ausfindig gemacht hatte, die an der Deponierung der – wie sich später herausstellte – Attrappe beteiligt waren, und im Begriff stand, die Verdächtigen zu verhaften. Ermöglicht wurde dies durch die Wachsamkeit und Mitwirkung vieler Einwohner der Stadt Rjasan, durch die Zusammenarbeit mit den Behörden des Innenministeriums und die Tüchtigkeit unserer Mitarbeiter.«

Somit wurde zweimal dokumentarisch belegt, dass die Terroristen, die drei Säcke mit Sprengstoff in dem Wohnblock in Rjasan deponiert hatten, Mitarbeiter des FSB waren, dass sie zum Zeitpunkt dieser Operation in Rjasan gewohnt hatten und dass die von ihnen benutzten Wohnungen von Mitarbeitern des FSB vom Bezirk Rjasan ausfindig gemacht worden waren.

Diese Tatsachen legen den Schluss nahe, dass Patruschew in den

Tagen danach die Bevölkerung belogen haben muss. Am 25. September behauptete er in einem Fernsehinterview, »diese Personen, die man eigentlich sofort hätte finden müssen, waren unter den Bewohnern, die das Haus verlassen hatten, in dem sich angeblich Sprengstoff befand. Sie wirkten bei der Herstellung von Phantombildern selbst mit und lieferten den Ermittlern entsprechende Beschreibungen.«

Die Wirklichkeit sah ganz anders aus. Die Terroristen verteilten sich auf mehrere unverdächtige Wohnungen. Kaum hatte die Leitung des FSB Rjasan Patruschew pflichtgemäß informiert, dass die Verhaftung der Verdächtigen bevorstehe, erteilte dieser den Befehl, die Terroristen nicht festzunehmen, und erklärte, der »Terroranschlag« sei nur eine »Übung« gewesen. Man kann sich das Gesicht des FSB-Beamten in Rjasan am anderen Ende der Leitung vorstellen: Es war sehr wahrscheinlich Generalmajor Sergejew persönlich, dem befohlen wurde, die Terroristen unbehelligt zu lassen.

Unmittelbar nachdem Patruschew das Gespräch beendet hatte, gab er das erste von mehreren Interviews der folgenden Tage gegenüber dem Sender NTW und erklärte:

»Der Zwischenfall in Rjasan war weder ein versuchter noch ein verhinderter Sprengstoffanschlag. Er war eine Übung. Es war Zucker; es gab dort keinen Sprengstoff. Solche Übungen finden nicht nur in Rjasan statt. Doch zur Ehre der Polizei, des FSB und der Einwohner Rjasans sei gesagt, dass sie schnell reagiert haben.

Ich bin der Meinung, dass solche Übungen möglichst wirklichkeitsgetreu durchgeführt werden müssen, da wir sonst überhaupt nichts lernen würden und nicht in der Lage wären, in einem anderen Fall angemessen zu reagieren.«

Einen Tag später setzte Patruschew noch hinzu, die »Übung« in Rjasan sei durch Informationen über geplante Terroranschläge ausgelöst worden, die in Russland hätten verübt werden sollen. In Tschetschenien habe man bereits mehrere Gruppen von Terroristen präpariert, die nur darauf warteten, »auf russisches Territorium gebracht zu werden und eine Reihe von Terroranschlägen zu verüben ...

Es war diese Information, die uns zu dem Schluss bewog, dass wir unsere Übungen durchführen müssen, und zwar nicht in der Art wie bisher, sondern hart und präzise ... Unsere Mitarbeiter müssen bereit sein; wir müssen die Schwachstellen in der Organisation unserer Arbeit herausfinden und sie so weit wie möglich verbessern.«

Der *Moskowski Komsomolez* brachte es fertig, darüber Witze zu machen: »Am 24. September 1999 gab der Leiter des FSB Nikolaj Patruschew die sensationelle Nachricht bekannt, dass der vereitelte Sprengstoffanschlag in Rjasan nichts dergleichen war. Es war eine Übung ... Am selben Tag beglückwünschte der Innenminister Wladimir Ruschailo seine Männer, weil sie das Gebäude in Rjasan vor der sicheren Zerstörung bewahrt hätten.«

Doch in Rjasan fand das natürlich niemand komisch. Offenbar kümmerte sich der FSB Rjasan nicht um Patruschews Verbot und verhaftete die Terroristen, wobei seine Leute diese übel zurichteten. Wer wo verhaftet wurde, wie viele es waren und was der FSB Rjasan in den Wohnungen fand, werden wir vermutlich nie erfahren. Bei ihrer Verhaftung zeigten die »Terroristen« ihre »Deckpapiere« und wurden festgehalten, bis ein Offizier der Hauptverwaltung aus Moskau mit Dokumenten eintraf, die es ihm erlaubten, die FSB-Agenten, die man so schnell aufgespürt hatte, zu übernehmen.

Über diesen Stand der Dinge hinaus wurden unsere Recherchen durch die nur zu vertraute Einstufung als »streng geheim« blockiert. Die vom FSB für den Bezirk Rjasan eingeleiteten Ermittlungen aufgrund der Entdeckung eines Sprengstoffs nach Paragraf 205 des Strafgesetzbuchs der Russischen Föderation (Terrorismus) samt ihren Ergebnissen unterlagen von nun an der Geheimhaltung, und die Akten des Falls sind nicht öffentlich zugänglich. Die Namen der Terroristen beziehungsweise der FSB-Agenten wurden verheimlicht. Wir wissen nicht einmal, ob sie vernommen wurden und was sie eventuell ausgesagt haben.

Patruschew hatte jedenfalls etwas zu verbergen. »Ich kann leider nichts unternehmen, Leute. Die Analyse hat Sprengstoff ergeben, ich bin verpflichtet, der Sache nachzugehen« – das war die stereotype Antwort des FSB-Ermittlers in Rjasan an seine Moskauer Kollegen, wenn diese versuchten, ihn unter Druck zu setzen. So schickte die Hauptverwaltung des FSB in Moskau schließlich einige Mitarbeiter nach Rjasan, die dort einfach die Ergebnisse der Analyse konfiszierten.

Am 29. September 1999 brachten die *Tscheljabinski Rabotschi* und die *Krasnojarski Rabotschi* und am 1. Oktober die *Wolshskaja Kommuna* in Samara einen identischen Artikel:

»Aus gut unterrichteten Quellen im MWD Russlands haben wir erfahren, dass keiner der MWD-Mitarbeiter und ihrer Kollegen im FSB Rjasan im Zusammenhang mit der Deponierung von Sprengstoff in der Stadt an eine Übung glaubt ...

Nach Ansicht hochrangiger Angestellter des MWD Russlands wurde in dem Wohnblock in Rjasan in Wirklichkeit echter Sprengstoff von Unbekannten deponiert und dieselben Zünder verwendet wie in Moskau ...

Diese Hypothese wird indirekt durch die Tatsache bestätigt, dass das Ermittlungsverfahren nach dem Terrorismusparagrafen noch immer nicht abgeschlossen ist.

Außerdem wurden die Ergebnisse der ursprünglichen Analyse des Inhalts der Säcke, die in der ersten Phase der Ermittlungen von MWD-Experten in Rjasan durchgeführt wurde, von FSB-Mitarbeitern, die aus Moskau gekommen waren, konfisziert und sogleich für geheim erklärt.

Polizisten, die sich mit ihren Kollegen von der Kriminalpolizei ausgetauscht haben, von denen die erste Analyse der Substanz in den Säcken vorgenommen wurde, behaupten nach wie vor, dass sie tatsächlich Hexogen enthielten und dass die Möglichkeit eines Irrtums ausgeschlossen sei.«

Der Versuch, den Ermittlungsbeamten unter Druck zu setzen, und die Klassifizierung eines mutmaßlichen Verbrechens als geheim waren strafbare Handlungen. In Paragraf 7 des Gesetzes der Russischen Föderation »Über Staatsgeheimnisse«, das am 21. Juli 1993 angenommen wurde, heißt es: »Informationen ... über Notstände und Katastrophenfälle, welche die Sicherheit und das Wohlergehen der Bürger bedrohen, sowie deren Folgen; ... über Fälle von Verletzung von Menschen- und Bürgerrechten; ... über Fälle von Verstößen gegen das Gesetz durch Organe der staatlichen Macht und ihrer Vertreter ... dürfen nicht zu einer staatlichen Geheimsache erklärt und als geheim eingestuft werden.« Im selben Paragrafen heißt es weiter: »Amtspersonen, die entschieden haben, eine derartige Information als geheim einzustufen oder sie zu diesem Zweck in Medien aufzunehmen, die tatsächlich der Geheimhaltung unterliegende Informationen enthalten, werden mit strafrechtlichen, administrativen oder disziplinarischen Sanktionen belegt, entsprechend dem materiellen und moralischen Schaden, der der Gesellschaft, dem Staat und der Öffentlichkeit zugefügt wird. Alle Staatsbürger sind berechtigt, gegen solche Entscheidungen vor einem Gericht zu klagen.«

Leider sieht es so aus, als würden diejenigen, die ein Verbrechen der Geheimhaltung unterworfen haben, nicht nach dem fortschrittlichen und demokratischen Gesetz von 1993 zur Rechenschaft gezogen. Einer der Bewohner des Wohnblocks in Rjasan hat dazu bemerkt: »Sie haben uns ganz schön hinters Licht geführt.«

Zweifellos wurde den Wählern im März 2000, kurz vor der Präsidentschaftswahl, einer der drei Terroristen (ein »Mitarbeiter des FSB-Sonderdezernats«) gezeigt, der sagte, alle drei Mitglieder der Gruppe seien am Abend des 22. September von Moskau aus nach Rjasan aufgebrochen, sie hätten einen Keller entdeckt, der zufällig nicht verschlossen gewesen sei; sie hätten auf dem Markt Zuckersäcke und in einem Koltschuga-Geschäft eine Patrone gekauft, woraus sie an Ort und Stelle »Attrappen einer Bombe« gebastelt hätten, und »das alles wurde so miteinander verbunden, dass es seinen Zweck erfüllte ... Es war keine Sabotage, sondern eine Übung. Wir haben nicht einmal versucht, uns zu verstecken.«

Am 22. März (noch vier Tage bis zu den Wahlen) schickte der Veteranenverein der Gruppe Alpha den Generalleutnant der Reserve und Kommandeur der Gruppe Wympel des FSB Russland, Dmitri Gerassimow, und den Generalmajor i. R. Gennadi Saizew, ehemaliger Kommandeur der Gruppe Alpha und »Held der Sowjetunion«, nach vorn, um die Mär von einer Übung in Rjasan zu verteidigen. Gerassimow erklärte, bei der Übung in Rjasan sei kein echter Sprengstoff benutzt worden, sondern lediglich »eine Schrotpatrone«, die eine »Schockwirkung« auslösen sollte. Da der von der wirklichen Sprengladung ausgehende Eindruck tatsächlich schreckenerregend war, konnte man die »Übung« als einen Erfolg ansehen.

Die Nachricht, bei der Übung sei echter Sprengstoff verwendet worden, wurde nach Saizews Worten dadurch in die Welt gesetzt, dass die vom FSB des Bezirks Rjasan benutzten Geräte für die Analyse nicht in Ordnung waren. Er erklärte, auch Angehörige der Gruppe Wympel hätten an der Übung in Rjasan teilgenommen, und am Vorabend der betreffenden Ereignisse sei eine Spezialgruppe in einem Privatwagen nach Rjasan gefahren und habe dort bewusst die Aufmerksamkeit auf sich gezogen. In dem Koltschuga-Laden habe man eine Schrotpatrone gekauft. »Der ominöse Zucker, den manche später als Hexogen bezeichnet haben, wurde von der Spezialgruppe auf dem Markt gekauft. Und deshalb konnte er unmöglich Sprengstoff sein. Die Experten haben einfach gegen die elementarsten Regeln verstoßen und kontaminierte Geräte benutzt, an denen sich noch Spuren von Sprengstoff aus früheren Analysen befanden. Die betreffenden Experten sind wegen dieser Nachlässigkeit bereits bestraft worden. Im Zusammenhang mit diesem Vorfall wurde ein Ermittlungsverfahren eingeleitet.«

Die Unbedarftheit dieses Interviews mit dem »Mitarbeiter des Sonderdezernats« und die Einfältigkeit der Erklärungen, die von Gerassimow und Saizew abgegeben wurden, verschlagen einem die Sprache. Zunächst einmal spricht ja nichts gegen die Möglichkeit, dass drei Offiziere der Gruppe Wympel am Abend des 22. September in einem Privatwagen nach Rjasan fuhren und dort drei Säcke Zucker und eine Schrotpatrone kauften. Aber auf welche Weise sollten sie eigentlich die Aufmerksamkeit der Bevölkerung auf sich gezogen haben? Schließlich war es Zucker, was sie auf dem Markt gekauft hatten, und kein Sprengstoff. Was gab es, das die Aufmerksamkeit von Passanten erregte? Etwa eine einzelne Schrotpatrone, die sie in einem Waffengeschäft gekauft hatten?

Auch Patruschew schien überzeugt zu sein, dass sich in einem Land, in dem tagtäglich spektakuläre Morde verübt und Wohnblocks in die Luft gesprengt werden, Menschen verdächtig machen könnten, indem sie auf dem Markt Zucker und in einem Waffengeschäft eine Schrotpatrone kauften. »Alles, was die vermeintlichen Terroristen deponiert hatten, wurde in Rjasan gekauft, die Säcke mit dem Zucker und die Patronen, die sie kaufen konnten, ohne dass jemand sie fragte, ob sie dazu überhaupt berechtigt seien.«

Ein weniger wichtiger Punkt, gewiss, aber hier stehen wir vor einem Rätsel: Wie viele Patronen haben die Agenten des FSB nun gekauft – eine einzige oder mehrere? (Es wäre auch denkbar, dass die Aktivität dieser FSB-Gruppe ein Manöver war, um die wirklichen Terroristen zu decken, die ganz andere Säcke mit ganz anderem Inhalt in den Keller des Wohnblocks in Rjasan brachten, Säcke, die mit der Gruppe Wympel gar nichts zu tun hatten. In diesem Fall wäre es möglich, dass die Angehörigen dieser Gruppe vom eigentlichen Zweck ihres Auftrags keine Ahnung hatten.)

Schließlich führte Saizew seine Leser bewusst in die Irre mit der Behauptung, gegen Oberleutnant Juri Tkatschenko, den Sprengstoffexperten in der »technischen Abteilung«, sei ein Ermittlungsverfahren eingeleitet worden, weil er die Analyse nicht korrekt durchgeführt habe, während die Ermittlungen sich in Wirklichkeit gegen die Terroristen richteten, die sich dann als Agenten des FSB entpuppten. Am 30. September hatten Tkatschenko und ein weiterer Sprengstoffexperte der Rjasaner Polizei, Pjotr Shitnikow, sogar eine Prämie für ihren Mut bei der Entschärfung der Sprengladung erhalten. Auch Nadeshda Juchanowa, die Telefonistin, die das Telefongespräch der Terroristen mit Moskau mitgehört hatte, erhielt eine Prämie, weil sie wesentlich zur Ergreifung der Terroristen beigetragen hatte.

Das Einzige, was man zur Verteidigung Saizews sagen könnte, ist, dass ein Sprengstoffexperte strafrechtlich für die Qualität und sachliche Richtigkeit der Ergebnisse seiner Analyse verantwortlich ist und dass in dem Fall, in dem Tkatschenko tatsächlich eine fehlerhafte Analyse durchgeführt und ein falsches Ergebnis vorgelegt hätte, in der Tat ein Ermittlungsverfahren gegen ihn eingeleitet worden wäre. Doch wie wir wissen, kam es nicht dazu, eben weil das Ergebnis der Analyse korrekt war: Die Säcke enthielten echten Sprengstoff.

Sowohl das Zeugnis des »Mitarbeiters des Sonderdezernats« als auch die Erklärung Saizews kranken zudem an auffälligen Unstimmigkeiten im Hinblick auf die Zeitangaben. Die Terroristen wurden kurz nach neun Uhr abends in der Nähe des Wohnblocks in Rjasan beobachtet. An einem Werktag konnten sie die 180 Kilometer lange Strecke zwischen Moskau und Rjasan unmöglich schneller als in drei Stunden zurücklegen, und dann mussten sie immer noch in einer ihnen unbekannten Stadt ein geeignetes Gebäude suchen, den Zucker und die Schrotpatrone kaufen und die Attrappe zusammenbauen. Unter der Woche schließt der Markt in Rjasan spätestens um sechs, das Koltschuga-Geschäft um sieben. Wann und wo hatten sie also den Zucker und die Patrone gekauft? Wann fuhren die Terroristen in Moskau los? Wie lange brauchten sie für die Fahrt? Wann trafen sie in Rjasan ein?

Es ist offensichtlich, dass die ganze Geschichte von einer abendlichen Fahrt der Wympel-Agenten von Moskau nach Rjasan von Anfang bis Ende erfunden ist. Saizew selbst lieferte hierfür einen rechtsgültigen Beweis.

Am 28. September 1999 beriefen leitende Mitarbeiter der Zwangsorgane und der Streitkräfte im Büro des Sicherheitsunternehmens Oskord in Kolomna eine Pressekonferenz ein, auf der der Vertreter des Veteranenvereins der Gruppe Alpha, Generalmajor Saizew, seine Position im Hinblick auf den »Zwischenfall« in Rjasan erläuterte: »Solche Übungen machen mich ganz krank. Es ist nicht in Ordnung, sie mit lebendigen Menschen durchzuführen!« Am 7. Oktober erschien in der Kolomnaer Lokalzeitung *Jat* ein Bericht über die Pressekonferenz.

Der einzige Schluss, den man aus Saizews Erklärung ziehen kann, ist der, dass er selbst an den Vorgängen in Rjasan nicht beteiligt war. Doch vier Tage vor der Präsidentenwahl, als alle Kräfte für den Sieg Putins mobilisiert wurden und der Zweck die Mittel heiligte, wurde Saizew genötigt, auf einer weiteren Pressekonferenz zu erscheinen und seine eigene Schuld und die Beteiligung von Wympel-Agenten an der »Übung« in Rjasan einzuräumen. Natürlich hatten diejenigen, die Saizew zu dieser Propagandavorstellung aufgefordert hatten, nicht an seine Pressekonferenz in Kolomna gedacht.

Saizews falsche Erklärung vom 22. März 2000 macht einen überaus wichtigen Punkt deutlich: Die Mitarbeiter der Geheimdienste werden lügen, wenn die Interessen der Organe der Staatssicherheit es erfordern und es ihnen befohlen wird.

In einer Stellungnahme zu Patruschews Erklärung über die angeblichen Übungen in einer Direktübertragung des Rundfunksenders Echo Moskwy sagte der Vorsitzende der Abgeordnetengruppe »Die russischen Bezirke« in der Staatsduma, Oleg Morosow: »Das ist für mich ungeheuerlich. Ich bin einverstanden, dass die Geheimdienste ein Recht darauf haben zu überprüfen, was [zur Prävention von Terroranschlägen] unternommen wird, aber nicht so sehr das, was die Einwohner einer Stadt, sondern was ihre eigenen Agenten tun.« Außerdem, fügte er hinzu, sei es »schwierig, sich in die Lage dieser Leute [in Rjasan] zu versetzen«, und deshalb »war es das nicht wert, es war einfach unmöglich, für eine Überprüfung [der Aktivitäten des FSB und der Wachsamkeit der Bürger] einen solchen Preis zu bezahlen«.

Morosow erklärte, man könnte dem FSB sein Vorgehen vielleicht nachsehen, falls dieser zusichere, keine weiteren derartigen »Übungen« durchzuführen. Das war überhaupt der entscheidende Punkt seiner Stellungnahme: Die Russen müssten vor weiteren Terroranschlägen des FSB geschützt werden.

Der subtile Diplomat Morosow machte dem Terroristen Patruschew ein Angebot: Wir bestrafen Sie nicht und verschließen unsere Augen vor allen Sprengstoffanschlägen, die in Russland stattgefunden haben, und Sie stoppen alle Operationen in Russland, die das Ziel haben, Wohnhäuser von Menschen in die Luft zu sprengen.

Patruschew vernahm die Botschaft Morosows, und die Sprengstoffanschläge hörten auf. Er wurde als Trottel gebrandmarkt und dafür nicht aus dem Amt gejagt. Vielleicht muss die Frage, wer in dieser Situation am Ende der Dumme war, offenbleiben.

Es gab manche, die der Meinung waren, dass Patruschew kein Trottel, sondern geisteskrank sei. Am 25. September 1999 brachte die *Nowije Iswestija* einen Artikel von Sergej Agafonow, der angesichts der näheren Umstände Patruschew nicht einmal beleidigte: »Ich frage mich, wie weit die Vorstellung, die der Leiter des FSB von den Vorgängen hat, eigentlich zutreffend ist. Hat der Chef der Geheimdienste eine angemessene Wahrnehmung von der ihn umgebenden Wirklichkeit? Verwechselt er möglicherweise die Farben, erkennt er seine nächsten Verwandten? Meine Seele quält sich mit diesen beunruhigenden Fragen, da es anscheinend keine mögliche vernünftige Erklärung für die Spezialübung des FSB gibt, in die lebende Menschen einbezogen wurden.« Agafonow nahm an, dass »es General Patruschew ziemlich schlecht« ging und dass er »von den übermäßigen Belastungen seiner Tätigkeit befreit und schleunigst behandelt werden« sollte.

Natürlich konnte der FSB selbst keine einheitliche Position gegenüber Patruschews Operation einnehmen. Nach dem Fiasko in Rjasan waren seine eigenen Untergebenen bereit, den Chef des FSB zu kritisieren (und Patruschew war bereit, diese Kritik kleinlaut zu akzeptieren).

So bezeichnete beispielsweise der Pressesekretär des FSB für Moskau und den Bezirk Moskau, Sergej Bogdanow, die »Übung« in Rjasan als »unprofessionelle und schlecht geplante Arbeit« (da sie geschnappt worden waren, musste ihre Arbeit unprofessionell gewesen sein). Der Leiter des FSB für den Bezirk Jaroslawl, Generalmajor Kotelnikow, antwortete auf eine Frage zu den »Übungen«: »Ich habe meine eigenen Ansichten zu den Übungen in Rjasan, aber ich möchte mich zu den Aktionen meiner Kollegen nicht äußern.«

Man beachte, dass kein einziger aktiver oder aus dem Dienst ausgeschiedener Angehöriger des FSB auch nur den Versuch einer seriösen Analyse der Aktionen seiner »Kollegen« gemacht hat. Die Profis aus den Sicherheitsdiensten überließen diese ehrenvolle Aufgabe den Journalisten, die trotz der Angriffe des FSB, denen sie ausgesetzt waren, ihr Bestes gaben. Sie begannen aus naheliegenden Gründen mit dem Zucker.

Über die drei Zuckersäcke schüttelten alle den Kopf. Angeblich hatten die Terroristen des FSB (aber wahrscheinlich war es eine ganz andere Gruppe von FSB-Agenten) den Zucker auf dem Markt in Rjasan gekauft. Sie gaben an, er sei in der Zuckerraffinerie Kolpjansk im Bezirk Orlow produziert worden. Aber wenn es nichts anderes war als ganz gewöhnlicher Zucker aus dem Bezirk Orlow, warum wurde er dann zur Analyse nach Moskau gebracht? Und warum hat das Laboratorium ihn überhaupt zur Analyse angenommen? Genau genommen waren es sogar zwei Laboratorien in verschiedenen staatlichen Organen, dem MWD und dem FSB. Und warum wurde später eine erneute Analyse vorgenommen? Wenn es Zucker war, dann wurde dies doch sicher bereits bei der ersten Analyse festgestellt? Und warum dauerte das alles mehrere Monate?

Dass Patruschew den angeblichen Zucker zur Analyse nach Moskau schaffen ließ, ergab nur dann einen Sinn, wenn er seinen Kollegen in Rjasan einen untrüglichen Beweis aus der Hand nehmen wollte, und ein wichtiger Beweis war es nur dann, wenn sich in den Säcken kein Zucker, sondern Sprengstoff befunden hatte. Warum war es für Patruschew so wichtig, dass die Säcke nach Moskau gebracht würden, wenn sie doch nur Zucker enthielten? Damit hätte er sich doch nur zum Gespött seiner eigenen Leute gemacht.

Inzwischen gab das Pressebüro des FSB eine Erklärung heraus: Um den Inhalt der Säcke zu prüfen, habe man sie zu einem Artillerieschießplatz gebracht, wo man versucht habe, die Substanz zur Explosion zu bringen. Triumphierend meldete der FSB, es habe keine Explosion gegeben, weil es sich um ganz gewöhnlichen Zucker gehandelt habe.

»Man fragt sich, welcher Trottel versuchen sollte, drei Säcke mit gewöhnlichem Zucker auf einem Schießplatz zur Explosion zu bringen«, so der ironische Kommentar der Wochenzeitung *Wersija*. Warum schaffte der FSB die Säcke überhaupt auf den Schießplatz, wenn sie zu einer »Übung« in Rjasan gehörten und Zucker enthielten, den Wympel-Agenten auf dem Markt in Rjasan gekauft hatten?

Etwa zu dieser Zeit wurden in der Nähe von Rjasan andere Säcke entdeckt, die unbestritten Hexogen enthielten. Es waren sehr viele, und es gab gewisse Indizien, dass eine Verbindung zum Militärischen Auslandsnachrichtendienst GRU bestand.

Im Militärdepot des 137. Rjasaner Regiments der WDW (Luftlandesturmtruppen), stationiert auf dem Gelände eines Spezialstützpunkts zur Ausbildung von Aufklärungs- und Sabotageeinheiten in der Nähe von Rjasan, wurde Hexogen gelagert. Verpackt war es in Fünfzig-Kilo-Zuckersäcken wie die Säcke, die man in der

Uliza Nowosjolow gefunden hatte. Im Herbst 1999 wurden der Gefreite Alexej Pinjajew und seine Kameraden aus Moskau (Fallschirmjäger, Militäreinheit 59 236) diesem 137. Regiment zugeteilt. Während sie »ein Lager mit Waffen und Munition« bewachten, gingen Pinjajew und sein Freund höchstwahrscheinlich aus purer Neugierde in das Lagerhaus und sahen dort Säcke mit der Aufschrift »Zucker«.

Die beiden Fallschirmjäger schnitten mit einem Bajonett ein Loch in einen der Säcke und füllten ein paar Pfund Staatszucker in eine Plastiktüte. Leider hatte der Tee, den sie damit gesüßt hatten, einen seltsamen Geschmack, und süß war er auch nicht. Jetzt bekamen sie es mit der Angst zu tun und brachten die Plastiktüte samt Inhalt ihrem Zugführer. Dieser vermutete, dass etwas nicht stimmte, da überall über die Geschichte mit dem Sprengstoff in Zuckersäcken geredet wurde, und er beschloss, den »Zucker« von einem Sprengstoffspezialisten untersuchen zu lassen.

Die Substanz entpuppte sich als Hexogen. Der Offizier meldete den Vorgang seinen Vorgesetzten. FSB-Angehörige aus Moskau und Tula (wo eine Fallschirmjägerdivision stationiert war wie in Rjasan) fielen über die Einheit her. Die Geheimdienste der Division wurden von der Untersuchung ausgeschlossen. Die Fallschirmjäger, die das Hexogen entdeckt hatten, mussten »wegen Aufdeckung eines Staatsgeheimnisses« zum Verhör. »Ihr Burschen könnt euch überhaupt nicht vorstellen, in was für einen Schlamassel ihr da geraten seid«, sagte ihnen ein Offizier.

Die Presse wurde informiert, in der Einheit kenne man keinen Gefreiten namens Pinjajew, und Informationen über Säcke mit Hexogen, die man in einem Militärdepot gefunden habe, seien eine glatte Erfindung von Pawel Woloschin, einem Journalisten der *Nowaja Gaseta*. Die Geschichte mit dem Sprengstoff wurde erfolgreich vertuscht, und Pinjajews Zugführer und einige seiner Kameraden wurden nach Tschetschenien abkommandiert.

Für Pinjajew selbst dachten sie sich eine schmerzhaftere Strafe aus. Erstens wurde er gezwungen, seine Aussage zurückzunehmen (man kann sich unschwer vorstellen, welche Möglichkeiten der FSB hatte, ihn unter Druck zu setzen). Anschließend erklärte der Chef der Ermittlungsabteilung des FSB: »Der Soldat wird im Rahmen des gegen ihn eingeleiteten Ermittlungsverfahrens einvernommen werden.« Eine Angestellte der PR-Abteilung des FSB sagte lakonisch: »Der hat sein Fett weg …«

Im März 2000 wurde Pinjajew vor Gericht gestellt, angeklagt wegen Diebstahls von Armeeeigentum aus einem Militärdepot, in dem Munition aufbewahrt wurde – weil er eine Tüte Zucker gestohlen hatte! Man muss dem FSB immerhin einen gewissen Sinn für Humor zubilligen. Dennoch ist es schwer zu verstehen, warum sich die Ermittlungsabteilung des FSB Russland mit einem Bagatelldiebstahl befasst haben sollte.

Nach Angaben der Techniker in Rjasan werden Sprengstoffe in Fünfzig-Kilo-Säcken weder verpackt noch gelagert oder transportiert, weil es zu gefährlich wäre. Fünfhundert Gramm der Mischung reichen aus, ein kleines Gebäude in die Luft zu sprengen. Fünfzig-Kilo-Säcke mit der Tarnaufschrift »Zucker« konnten eigentlich nur für Terroranschläge verwendet werden. Offenbar war dies das Depot, aus dem die drei Säcke stammten, die später in den Keller des Wohnblocks in Rjasan gebracht wurden. Die Analyse der Sprengstoffexperten der Stadt war also korrekt.

Die Geschichte des 137. Regiments der Luftlandesturmtruppen hatte noch ein Nachspiel. Im März 2000, kurz vor den Wahlen, verklagte das Fallschirmjägerregiment die *Nowaja Gaseta*, die das Interview mit Pinjajew veröffentlicht hatte. Die Klageschrift, in der vom »Schutz der Ehre, Würde und des guten Rufs« die Rede war, wurde vom Regimentskommando beim Moskauer Basmanski-Bezirksgericht eingereicht. Der Kommandeur Oleg Tschurilow erklärte, der inkriminierte Artikel habe die Ehre nicht nur des Regiments, sondern der ganzen russischen Armee verletzt, da es im September 1999 einen Gefreiten namens Pinjajew im Regiment gar nicht gegeben habe. »Und es ist nicht wahr, dass ein Soldat Zugang zu einem Depot erlangen kann, in dem Waffen und Munition gelagert sind, da es ihm verboten ist, dort hineinzugehen, während er davor Wache steht.«

Demnach wurde ein Gefreiter namens Pinjajew vor Gericht gestellt, der überhaupt nicht existierte. Die Säcke enthielten Zucker, und dennoch »war ein Staatsgeheimnis verletzt worden«. Und das 137. Regiment hatte die *Nowaja Gaseta* nicht wegen ihres Artikels über das Hexogen verklagt, sondern weil ein Gefreiter auf Wache unter allen Umständen auf seinem Posten bleiben muss und jede Behauptung einer Pflichtvergessenheit eine Ehrverletzung der gesamten russischen Armee darstellt.

Das Problem mit der Sprengladung ließ sich auch nicht so glatt beheben. Trotz aller Bemühungen Sdanowitschs, die Öffentlichkeit vom Gegenteil zu überzeugen, waren die Sprengsätze echt und aktiviert, wie der Vorsitzende der Duma des Bezirks Rjasan, Wladimir Fedotkin, in einem Interview mit der Nachrichtenagentur *Interfax* am 24. September erklärte: »Es war eine absolut echte Sprengladung, und sie hatte nichts mit irgendeiner Übung zu tun.«

Die Frage nach dem Sprengsatz ist ein äußerst wichtiger formaler Punkt. Die Instruktionen verboten den Einsatz von scharfen Sprengladungen bei Übungen unter Beteiligung ziviler Einrichtungen und der Zivilbevölkerung. Eine solche Sprengladung konnte gestohlen oder durch Kinder oder Stadtstreicher zur Detonation gebracht werden, wenn diese sie in dem »Zuckersack« fanden.

War der Sprengsatz jedoch nicht mit einem scharfen Zünder versehen, dann hätte keine Anklage nach Paragraf 205 des Strafgesetzbuches (Terrorismus) erhoben werden können; sie hätte sich lediglich auf die Entdeckung des Sprengstoffs stützen können, und Kläger wäre dann das Innenministerium und nicht der FSB gewesen.

Schließlich, selbst wenn wir einmal eine »Übung« annehmen, dann wäre die Wachsamkeit der Einwohner Rjasans auf die Probe gestellt worden, um festzustellen, wie lange es dauern würde, bis sie drei Säcke mit Sprengstoff entdeckten, aber es wäre nicht darum gegangen, was sie mit einer Sprengladung anstellen würden. Für eine solche Kontrollübung wäre ein scharfer Sprengsatz gar nicht notwendig gewesen.

Um herauszufinden, ob dies tatsächlich so war, bediente sich die *Nowaja Gaseta* der Unterstützung eines ihrer Militärspezialisten, eines Obersten, und legte ihm zwei Fragen vor: »Werden Übungen unter Einsatz echter Explosivstoffe abgehalten?« und: »Gibt es irgendwelche Instruktionen und Vorschriften, denen solche Übungen unterliegen?« Hier ist die Antwort des Obersten:

»Starke Sprengsätze gelangen nicht einmal bei Übungen mit scharfen Granaten zum Einsatz. Man benutzt lediglich Übungsmunition. Wenn es erforderlich ist, die Fähigkeit zu testen, eine Sprengladung aufzuspüren und unschädlich zu machen, beispielsweise eine Mine, werden Attrappen benutzt, die keinen Zünder haben und kein TNT enthalten. Übungen im Hinblick auf den Einsatz von Sprengstoffen erfordern natürlich die reale Detonation ziemlich starker Sprengladungen (die Spezialisten müssen wissen, wie sie entschärft werden). Doch ... solche Übungen werden auf einem speziellen Gelände ohne irgendwelche Nichtfachleute durchgeführt. Nur ausgebildete Experten sind daran beteiligt. Die Anwesenheit von Zivilisten kommt überhaupt nicht infrage. Die ganze Angelegenheit ist streng geregelt. Es gibt Dienstanweisungen zur benötigten Ausrüstung, Anweisungen für das Entschärfen von Minen, für alles gibt es spezielle Vorschriften und Anordnungen. In dieser Hinsicht dürfte es zwischen der Armee und den Geheimdiensten kaum Unterschiede geben.«

Für den Laien ist es schwer, die Konsequenzen der harmlos wirkenden Wendung »Einleitung strafrechtlicher Ermittlungen nach Paragraf 205« zu durchschauen. Sie bedeutet vor allem, dass die Untersuchung nicht vom Innenministerium, sondern vom FSB geleitet wird, da terroristische Aktivitäten in sein Ressort fallen.

Der FSB hat mehr als genug Fälle, die er bearbeiten muss, und wird aus freien Stücken keine unnötige zusätzliche Arbeit auf sich nehmen. Wenn er eine Untersuchung übernimmt, muss es dafür wirklich zwingende Gründe geben (in unserem Fall waren es die Ergebnisse der in Rjasan vorgenommenen Analyse).

Eine Untersuchung durch den FSB unterliegt der Supervision der Staatsanwaltschaft, und die Fahndung nach den Tätern wird vom FSB und vom Innenministerium gemeinsam durchgeführt. Ein Verbrechen, das eine strafrechtliche Ermittlung ausgelöst hat, wird innerhalb von vierundzwanzig Stunden dem diensthabenden Offizier des FSB Russland telefonisch gemeldet (095-224-3858 oder 224-1869 oder über die Notrufnummern 890-726 und 890-818).

Jeden Morgen übergibt der diensthabende Offizier einen Bericht über alle eingegangenen Meldungen an den Leiter des FSB persönlich. Gab es wichtige Vorkommnisse, etwa die Verhinderung eines Terroranschlags in Rjasan, ist der Offizier vom Dienst berechtigt, unter Umständen sogar verpflichtet, den Leiter des FSB zu Hause und selbst mitten in der Nacht anzurufen. Auch Medienberichte über den FSB und seine Mitarbeiter gelangen täglich in einer eigenen Mappe auf den Tisch des Direktors.

Wenige Tage nach der Einleitung einer strafrechtlichen Untersuchung, die eine Ermittlung durch den FSB erforderlich macht, wird ein analytischer Maßnahmeplan erarbeitet, in dem mögliche Strategien des Vorgehens erörtert werden. Beispielsweise übermittelt der Leiter der Sektion Terrorismusbekämpfung im FSB Rjasan einen Aktionsplan an den Leiter der Abteilung für Terrorismusbekämpfung im FSB der Russischen Föderation. Dieser Plan wird anschließend dem Sekretariat des stellvertretenden Direktors, dem die zuständige Abteilung untersteht, übermittelt und gelangt von dort zum Leiter des FSB.

Das alles bedeutet, dass Patruschew spätestens um sieben Uhr morgens am 23. September über die Entdeckung der mit Sprengstoff gefüllten Säcke in Rjasan informiert war.

In einer Zeit, in der überall Sprengstoffanschläge verübt werden, kann sich der Untergebene, der seinem Vorgesetzten nicht meldet, dass ein Sprengstoffanschlag verhindert wurde, gleich den Strick nehmen. Die Verhinderung eines Sprengstoffanschlags ist ein Grund zum Jubeln. Sie bedeutet Orden, Beförderungen und Prämien, nicht zu vergessen öffentliche Anerkennung.

Diesmal brachte der vermeintliche Grund zum Feiern alle Betroffenen in eine heikle Lage. Im Zusammenhang mit dem Zwischenfall in Rjasan erklärte Alexander Sdanowitsch am 24. September, dass der FSB sich bei den Einwohnern der Stadt entschuldigen müsse wegen der Ungelegenheiten und der psychischen Belastungen, die sie wegen eines Übungsmanövers ertragen mussten. (Man beachte, dass Sdanowitsch am Tag zuvor in einem Interview mit NTW keine derartige Entschuldigung ausgesprochen hatte, was bedeutet, dass Patruschew am 24. September Sdanowitsch die Anweisung erteilt hatte, die ganze Angelegenheit einer reinen Dussligkeit zuzuschreiben, um zu vermeiden, dass er nach Paragraf 205 angeklagt werden könnte.)

»Heute hat sich General Alexander Sdanowitsch bei den Einwohnern von Rjasan im Namen des FSB der Russischen Föderation für die Unannehmlichkeiten, die sie im Verlauf von Übungen zur Bekämpfung des Terrorismus hinnehmen mussten, sowie für die psychischen Belastungen, die damit verbunden waren, entschuldigt. Insbesondere sprächen ›die Geheimdienste den Einwohnern von Rjasan ihren Dank aus für die Wachsamkeit, Ruhe und Geduld, die sie an den Tag gelegt haben‹.

Zugleich forderte Sdanowitsch die Russen auf, Verständnis für die Notwendigkeit zu zeigen, ›harte‹ Kontrollen der Bereitschaft vor allem der Ordnungs- und der Kriminalpolizei und auch der Wachsamkeit der Bürger unter den Bedingungen einer verstärkten Aktivität von Terroristen durchzuführen.

Der General sagte uns, dass der FSB in dieser Woche im Rahmen der Antiterroroperation ›Wirbelwind‹ in mehreren russischen Großstädten Maßnahmen ergriffen habe, mit denen die Reaktion von Polizei und Geheimdiensten einschließlich der territorialen Divisionen des FSB selbst und auch der Öffentlichkeit auf eine ›simulierte‹ terroristische Aktivität geprüft werden solle, zu der auch die Deponierung von Sprengladungen gehören werde.

Der Vertreter der Geheimdienste fügte hinzu, man habe bei solchen Übungen ›gravierende Mängel aufgedeckt‹. Leider habe es in einigen der getesteten Großstädten ›keinerlei Reaktion der Polizei auf die Deponierung vermeintlicher Bomben gegeben‹.

Wie Sdanowitsch erklärte, führte der FSB seine Übungen unter möglichst realistischen Bedingungen durch, weil sonst ihr Zweck nicht erreicht würde. Selbstverständlich würden weder die kommunalen Behörden noch die Polizei darüber vorher informiert. Genau aus diesem Grund lieferten die Ergebnisse dieser Überprüfungen ein zutreffendes Bild davon, in welchem Maße die Sicherheit der russischen Bürger in den einzelnen Großstädten des Landes gewährleistet sei.

Der General hob hervor, dass die letzte dieser Städte, die getestet wurden, nämlich Rjasan, keineswegs auch den letzten Platz im Hinblick auf die Wachsamkeit ihrer Bürger einnehme, dagegen im Hinblick auf die Reaktionen der Polizei und der Geheimdienste leider schlecht abgeschnitten habe.

Der FSB der Russischen Föderation werte zurzeit die Ergebnisse der durchgeführten Übungen aus, um so schnell wie möglich die notwendigen Korrekturen an der Tätigkeit von Polizei und Geheimdiensten vorzunehmen, um die Sicherheit der russischen Bürger zu gewährleisten. Alexander Sdanowitsch hat uns versichert, dass nach einer Zusammenfassung der Ergebnisse und der Klärung der Gründe für die ›Mängel‹ der Operation selbst unverzüglich geeignete Maßnahmen ergriffen würden.«

Auf diese Weise ließ der FSB über seinen Pressesprecher eindeutig erklären, Rjasan sei die letzte von mehreren Großstädten gewesen, in denen Übungen abgehalten worden waren.

In Wirklichkeit markierte der 23. September den Beginn einer durch und durch chaotischen Serie von Übungen zur Überprüfung der Wachsamkeit der Bürger, der Polizei und der Geheimdienste. Die Presse war voll von Berichten über »Übungsbombenanschläge«, die vom Telefonterrorismus wild gewordener Jugendlicher kaum zu unterscheiden waren: Bombenattrappen wurden überall auf offenen Plätzen, in Postämtern, öffentlichen Einrichtungen und in Geschäften deponiert, und am folgenden Tag berichteten die Zeitungen in allen Einzelheiten, dass die abgestumpften Bürger ihnen keinerlei Aufmerksamkeit geschenkt hätten.

Der Urheber war Patruschew selbst, der sich ein Alibi beschaffen und mit dem ganzen Rummel beweisen wollte, dass die »Übungen« in Rjasan nur eine Episode in einer ganzen Serie ähnlicher Manöver überall in Russland gewesen seien.

Im Folgenden zählen wir einige typische »Trainingsübungen« vom späten September und Oktober 1999 auf.

In Moskau brachten FSB-Agenten, die die Wachsamkeit der Polizei auf die Probe stellen wollten, einen Karton mit der Aufschrift »Bombe« zu einem Polizeirevier. Sie wurden eingelassen, hinterließen den Karton in einem der Bürozimmer und verschwanden wieder. Erst zwei Tage später wurde der Karton entdeckt.

In einer Pizzeria an der Uliza Wolchonka in Moskau wurde die Attrappe eines Sprengsatzes deponiert (sie blieb unentdeckt).

In Balaschicha, einer Stadt in der Oblast Moskau, wurde ein verlassenes Gebäude ausgesucht, in dessen Räumen und Umgebung eine Übung abgehalten wurde, bei der die Opfer einer Explosion geborgen und versorgt werden mussten, die es anscheinend bereits in dem Gebäude gegeben hatte; beteiligt an der Übung waren die Polizei, der FSB und Rettungsmannschaften des Katastrophenschutzministeriums.

In Tula und Tscheljabinsk wurden mehrmals Sprengsatzattrappen deponiert, möglicherweise im Rahmen einer Übung, vielleicht aber auch von Hooligans.

Ende Oktober fuhren Mitarbeiter des FSB der Oblast Omsk mit einem Wagen ungehindert auf das Gelände der Firma Omskwodokanal, überwanden die dreifache Absperrung der Gebäude und »sprengten« einen Behälter mit flüssigem Chlor in die Luft.

In Iwanowo deponierten FSB-Agenten Säcke mit Zucker im Keller eines fünfstöckigen Wohnhauses (die Säcke wurden nicht entdeckt).

Ebenfalls in Iwanowo wurde eine Bombenattrappe in einem öffentlichen Bus zurückgelassen. Wachsame Fahrgäste entdeckten bald den Karton mit Drähten und übergaben ihn dem Fahrer, der ihn in seinem Fach verstaute und so die ganze Nacht seinen Dienst versah. Anschließend nahm er den Karton mit in das Busdepot und baute die Apparatur eigenhändig aus.

Ein andermal in Iwanowo wurde ein Karton mit einer Bombenattrappe in einem Taxi zurückgelassen. Der Fahrer fuhr den ganzen Tag damit herum und ließ ihn dann irgendwo am Straßenrand stehen, wo er mehrere Stunden lang von den Fußgängern unbeachtet stehen blieb.

Am 22. September wurde auf der Toilette des Zentralmarkts in

Iwanowo ein Sprengsatz entdeckt. Der Markt wurde abgesperrt, und alle Verkäufer und Kunden mussten das Marktgelände sofort verlassen. Angehörige der Streitkräfte, die man zum Markt beordert hatte, brauchten eine Stunde, bis sie herausgefunden hatten, welcher Art die vermeintliche Bombe eigentlich war. Sie entpuppte sich als eine Attrappe. Polizei und Geheimdienste versuchten herauszufinden, wer für einen derartigen professionellen »Scherz« verantwortlich war, zumal die Bombe in einer versperrten Toilette deponiert war, die nur von einigen Angestellten des Markts benutzt werden durfte. Das gesamte Personal der Polizei von Iwanowo musste sich an der Suche nach dem Witzbold beteiligen. Auf dem Höhepunkt der Fahndung gaben Sprecher des FSB in Moskau offiziell bekannt, dass es sich um eine Übung gehandelt und dass ein FSB-Agent die Attrappe deponiert habe.

In Toliatti wurde das Wolga-Automobil-Werk WAS »vermint«. Man entdeckte die Attrappe einer Bombe und »entschärfte« sie.

Ebenfalls in Toliatti wurde ein Hotel, in dem sich etwa fünfzig Personen befanden, »in die Luft gesprengt«. Anderthalb Stunden sollten für die »Rettung« zur Verfügung stehen. An der Übung beteiligten sich Polizei, Feuerwehr, Rettungstrupps des Katastrophenschutzministeriums, Notdienste und die städtischen Gaswerke.

Im Fleischkombinat Toliatti wurde ebenfalls eine Bombenübung abgehalten. Der Angestellte, der die »Sprengladung« entdeckte, baute sie auseinander und steckte den Zeitgeber für den »Zünder« ein.

In Nowomoskowsk in der Oblast Tula erlangte ein FSB-Agent Zutritt zum Asot-Chemiekombinat, schrieb das Wort »vermint« auf einen Ammoniakbehälter und verließ das Werksgelände, ohne dass man ihn bemerkt hätte. Zwei Wochen vor der Übung hatte ein Sprecher der Firma bei einer Sitzung der regionalen Antiterrorkommission darauf hingewiesen, dass die Asot nicht über das nötige Personal verfüge, um das Firmengelände zu bewachen, und auch kein Geld habe, um ein privates Sicherheitsunternehmen zu bezahlen.

Jeder fehlgeschlagene Terroranschlag und jeder Zwischenfall mit Verbrechern konnte fortan als mögliche FSB-Übung abgetan werden.

Eine in St. Petersburg durchgeführte Übung hatte ihre eigenen Konsequenzen. Ein Lastwagen mit Kennzeichen einer anderen Stadt, der mit vermeintlichem Sprengstoff in Säcken beladen war, wurde auf einem speziellen Parkplatz an der Uliza Sacharewskaja unmittelbar gegenüber den Amtsräumen der Ermittlungsabteilung des MWD und des FSB St. Petersburg/Oblast Leningrad abgestellt. Das »Terroristenfahrzeug« stand tagelang dort, ohne besondere Aufmerksamkeit zu erregen, obwohl auf diesem amtlichen Parkplatz bislang noch nie ein Lkw geparkt hatte.

Schließlich wurde als Ergebnis der Übung der Chef des MWD St. Petersburg/Oblast Leningrad, Generalmajor der Polizei Wiktor Wlassow, seines Postens enthoben. (Dies war das wirkliche Motiv für die Übung gewesen.)

Anfang Oktober mussten in der Dritten Uliza Gradanskaja 4 in Moskau, einem neunstöckigen Wohnblock, die Bewohner in aller Eile das Haus verlassen. Jemand hatte auf den Stufen der Kellertreppe vier Kisten mit 288 Minensprengkapseln gefunden, genügend Sprengstoff, um das ganze Gebäude in die Luft zu jagen.

Nach Angaben der Bewohner waren zwei Shigulis in den Hof des Gebäudes gefahren, hatten gehalten, und mehrere kräftige Männer hatten aus dem Kofferraum der beiden Wagen vier mit Stahlbändern versehene Holzkisten geholt und auf den Kellertreppenstufen abgesetzt, bevor sie wieder davonfuhren. Es dauerte keine zwei Minuten, bis die ersten Polizeieinheiten am Ort waren und sich der Sache annahmen. Weitere fünfzehn Minuten später wurden die Kisten von Sprengstoffexperten des FSB untersucht, und man hatte eine »Sperrzone« um das Gebäude errichtet.

Der Polizei gelang es nicht festzustellen, wem die beiden Shigulis gehörten, mit denen die vier Kisten transportiert worden waren, und sie war auch nicht imstande, Phantombilder der kräftigen, sportlich wirkenden Terroristen zeichnen zu lassen.

Neben der traditionellen Erklärung einer »tschetschenischen Connection« verfielen die Polizeibeamten, die die Ermittlungen durchführten, auf die Alternative einer Wachsamkeitsübung, die von den Geheimdiensten abgehalten worden war.

Die Journalisten hatten ihren großen Tag und dachten sich passende Attribute für die dämlichen FSB-Agenten aus, die keinen einzigen realen Terroristen festgenommen hatten, sich dafür jedoch immer weitere kindische Kriegsspielchen in einem Land ausdachten, in dem der Terrorismus überhandnahm. Schlagzeilen wie »FSB – Ahnungslosigkeit und Dummheit«, »Der Föderale Sabotagedienst«, »Land furchtsamer Dummköpfe«, »Sollen sie ihre Übungen im Kreml abhalten« oder »Die Geheimdienste haben die Einwohner Rjasans für dumm verkauft« waren vor dem allgemeinen Hintergrund nichts Besonderes.

Doch die »ahnungslose und dumme« Führung des FSB bewies eine erstaunliche Dickfelligkeit, deponierte immer weitere »Übungsbomben« und nahm aus unerfindlichen Gründen keinen ernsthaften Anstoß an der plötzlichen Kühnheit der Journalisten – mit einer einzigen Ausnahme: wenn sie über Rjasan schrieben.

Die Arbeitsbelastung der Polizei und der Geheimdienste in Rjasan war in den Tagen, als Patruschew beschloss, dort seine »Übungen« abzuhalten, überaus beeindruckend. Vom 13. bis zum 22. September reagierten die Spezialeinheiten in Rjasan auf über vierzig Anzeigen von Einwohnern, die Sprengstoffladungen entdeckt zu haben glaubten.

Am 13. September mussten die Bewohner des Hauses Nummer 18 in der Uliza Kostjuschko und der benachbarten Häuser innerhalb von nur zwanzig Minuten ihre Wohnungen verlassen. Anderthalb Stunden lang wurde das Gebäude vom Keller bis zum Dachboden durchsucht. An der Operation waren WDW-Kadetten, Einheiten der Polizei, Ambulanzbrigaden, Mitarbeiter des Katastrophenschutzministeriums und Techniker der Milizbrigade OMON beteiligt. Eine ähnliche Räumung erfolgte bei einem Haus in der Uliza Internazonalnaja.

Während dieser Periode mussten die Redaktion der *Wetschernaja Rjasan* und die Schule Nummer 45 evakuiert werden. Schulkinder warfen aus reinem Übermut eine scharfe RGD-22-Handgranate in den Eingang des Hauses Uliza Stankowsawodskaja 32. Auch auf dem Siegesplatz im Zentrum der Stadt gab es einen Bombenalarm. Der verdächtige Gegenstand erwies sich als ein Gasbehälter, der zur Hälfte in der Erde steckte. Außerdem fanden in der Stadt die Übungen »Dynamit« und »Ausländer« im Rahmen der Antiterroroperation »Wirbelwind« statt, in deren Verlauf Spezialeinheiten dreimal täglich 3812 Keller und 4430 Dachböden durchsuchten. In allen Fällen handelte es sich um falschen Alarm.

Am Nachmittag des 22. September erhielt Rjasan eine Mitteilung des Moskauer FSB, dass nach einer in Moskau erhaltenen Information in einem der Häuser in der Uliza Birjusow Sprengstoff deponiert worden sei, man wisse jedoch nicht, in welchem. Darauf begann man sofort mit der Durchsuchung aller Häuser in dieser Straße. Tausende Bewohner wurden vorübergehend evakuiert, alle Wohnungen wurden überprüft, ohne dass man etwas gefunden hätte. Später stellte sich heraus, dass es falscher Alarm war, ausgelöst von einem Telefonterroristen.

Zu diesem Zeitpunkt beschloss Patruschew, die Wachsamkeit der Einwohner Rjasans während der Nachtstunden zu prüfen.

Aus einer ganzen Reihe formaler Gründe konnte die Deponierung der angeblichen Zuckersäcke in dem Wohnblock in Rjasan unmöglich eine Übung gewesen sein.

Eine Übung konnte nach dem Gesetz nicht mit einem gestohlenen Wagen abgehalten werden. Nach dem Strafgesetzbuch der Russischen Föderation ist der Diebstahl eines Wagens eine Straftat, und eine Person, die eine solche Straftat begangen hat, wird dafür zur Rechenschaft gezogen. Nach den Bestimmungen des Gesetzes über den FSB haben seine Agenten nicht das Recht, ein Verbrechen zu begehen, auch nicht bei der Verfolgung militärischer Ziele. Nur die eigenen Fahrzeuge des FSB werden bei operativen Übungen mit Agenten benutzt (einschließlich operativer Personenwagen, von denen allein die Zentralverwaltung zwei Parkplätze voll hat). Wird einer dieser Wagen beispielsweise von der Polizei angehalten, weil er auf der Fernstraße Moskau–Rjasan zu schnell gefahren ist, oder von der Rjasaner Polizei verhaftet, weil das Moskauer Nummernschild mit Papier überklebt wurde, was den Verdacht der Polizisten weckt, kann der Wagen sofort als ein speziell registriertes Fahrzeug identifiziert werden. Jeder Polizist wird das als einen Hinweis darauf erkennen, dass der Wagen eines der operativen Fahrzeuge ist, die der Polizei oder den Geheimdiensten gehören.

Bei den Übungen mussten operative Fahrzeuge benutzt werden. Der FSB konnte jedoch keine operativen Fahrzeuge einsetzen, um einen Terroranschlag zu verüben. Der Wagen hätte bemerkt und identifiziert werden können (was dann auch beides der Fall war). Es hätte nicht gut ausgesehen, wenn Terroristen ein Wohnhaus in Rjasan in die Luft gesprengt und dazu ein Fahrzeug des FSB benutzt hätten; bei einem gestohlenen Wagen hätte man das als passend und völlig normal angesehen.

Wenn andererseits FSB-Agenten, die am Tag (nicht bei Nacht) einen gestohlenen Wagen fuhren, bei einer Routinekontrolle oder wegen zu hoher Geschwindigkeit angehalten würden, brauchten sie nur ihre Amtsausweise oder »Tarnpapiere« vorzuzeigen, und danach würde sich kein Polizist mehr die Mühe machen, die Wagenpapiere zu überprüfen, und deshalb nie erfahren, dass es ein bei der Polizei als gestohlen gemeldeter Wagen war.

FSB-Agenten haben im operativen Einsatz häufig einen Ausweis der Moskauer Kriminalpolizei dabei, der im Speziallaboratorium des FSB als »Tarndokument« gedruckt wird. Bei seiner Verhaftung zeigte ein Journalist des *Moskowski Komsomolez* namens Chinschtejn, bekannt für seine bemerkenswerten und keineswegs zufälligen Kenntnisse über Fälle, die in den Safes der Geheimdienste verschlossen lagen, einen MUR-Ausweis Nr. 03726, ausgestellt vom Moskauer MWD. Außerdem trug Chinschtejn einen besonderen Ausweis mit sich, der es der Polizei untersagte, seinen Wagen zu durchsuchen. Als die Polizisten ihn fragten, woher er die Dokumente habe, antwortete er wahrheitsgemäß, dass sie ihm gehörten und seine »Tarndokumente« seien.

Wenn amtliche Ausweise dieser Art bei einem Mann wie Chinschtejn gefunden wurden, kann man sich vorstellen, welch verschiedenartige »Tarnpapiere« von den FSB-Agenten mitgeführt wurden, die den Auftrag hatten, den Wohnblock in Rjasan in die Luft zu sprengen. Und wenn die Wagenpapiere dennoch geprüft worden wären und die Polizisten entdeckt hätten, dass der Wagen gestohlen war, dann hätten die Agenten immer noch sagen können, sie hätten den Wagen gerade gefunden und wollten ihn seinem Eigentümer zurückbringen.

Der Wagen, in dem die Terroristen in Rjasan ankamen, war der einzige hinterlassene Hinweis nach dem Versuch, den Wohnblock in die Luft zu sprengen, der Anfang der einzigen Spur, die möglicherweise zu den Tätern führte. Der Wagen ist das schwächste Glied in der Planung und Durchführung eines Terroranschlags. Den Wohnblock in Rjasan unentdeckt in die Luft zu sprengen war nur möglich, wenn ein gestohlener Wagen benutzt wurde.

Gleichzeitig wird vor einer solchen Übung in einem Plan festgelegt, wie sie ablaufen muss. Der Plan muss den Leiter der Übung benennen, seinen Stellvertreter, die Beobachter sowie den Personenkreis, der geprüft werden soll (die Einwohner Rjasans, die Mitarbeiter des FSB der Oblast und andere). Der Plan muss die Objekte angeben, die überprüft werden sollen. Er muss ein spezifisches Szenario für die Durchführung der Übung enthalten.

Bei dem Zwischenfall in Rjasan bestand das Szenario in der Deponierung von Zuckersäcken im Keller eines Wohnblocks. Der Plan muss die materiellen Erfordernisse der Übung benennen: Fahrzeuge, Geld (zum Beispiel für den Kauf von drei Zuckersäcken), Lebensmittel (wenn eine große Zahl Personen in die Übung einbezogen wird), Waffen, Kommunikationsmittel, Codesysteme (Codetafeln) und anderes.

Wenn das alles geklärt ist, wird der Plan durch Befehl von oben gebilligt, und erst dann wird auf der Grundlage des gebilligten Plans eine schriftliche Instruktion (sie muss schriftlich sein) für die anberaumte Übung ausgegeben.

Unmittelbar vor Beginn der Übung meldet der Mann, der den Plan für die Übung gebilligt und den Befehl zu ihrer Durchführung gegeben hat, ihren Beginn. Nach ihrer Beendigung meldet er ihr Ende. Anschließend muss ein Bericht über die Ergebnisse der Übung verfasst werden, in dem die positiven Resultate und die Mängel aufgeführt und Personen, die sich ausgezeichnet haben, gelobt und Versager getadelt werden. In dem Bericht werden auch die materiellen Ressourcen aufgeführt, die während der Übung verbraucht oder vernichtet wurden (im Fall der Vorkommnisse in Rjasan am 23. September 1999 mindestens drei Säcke mit Zucker und eine Schrotpatrone).

Außerdem kann eine Übung nur unter Mitwirkung von Beobachtern abgehalten werden, die deren Ergebnisse möglichst objektiv beurteilen und anschließend in einem Bericht ihre Erfolge und aufgedeckte Mängel festhalten, Lob und Tadel aussprechen und Schlussfolgerungen ziehen. In Rjasan gab es jedoch keine Beobachter.

Es besteht auch die Pflicht, den Leiter des FSB am Ort von einer geplanten Übung zu unterrichten. Er untersteht unmittelbar dem Leiter des FSB, und niemand hatte in unserem Beispiel Rjasan das Recht, ohne die Erlaubnis Patruschews die Kompetenz Sergejews zu prüfen. Desgleichen hatte niemand das Recht, die Untergebenen Sergejews, die Mitarbeiter des FSB Rjasan, ohne die Erlaubnis Sergejews zu prüfen. Das bedeutet, dass Patruschew und Sergejew bereits am 22. September von »Übungen« gewusst haben müssten, die demnächst durchgeführt werden sollten. Doch Patruschew gab erst am 24. September eine entsprechende Erklärung ab, Sergejew dagegen blieb stumm, da er von irgendwelchen »Übungen« überhaupt nichts wusste.

Nach den Bestimmungen seiner Satzung ist der FSB lediglich berechtigt, seine eigenen Leute zu überprüfen. Er hat nicht das Recht, die Leistungen anderer Organisationen oder von Privatpersonen zu testen. Wenn der FSB eine Überprüfung des MWD vornimmt (zum Beispiel der Polizei in Rjasan), muss die Übung gemeinsam mit dem MWD durchgeführt werden, und dessen zuständige Beamte in der Hauptstadt und den Oblasten müssen darüber informiert werden. Betrifft die Übung die Zivilbevölkerung (wie dies in Rjasan der Fall war), dann sind auch der Zivilverteidigungsdienst und das Katastrophenschutzministerium involviert. In allen Fällen muss ein gemeinsamer Plan der Übung erstellt und von den Chefs aller betroffenen Abteilungen unterschrieben werden. Der Plan wird von der Person gebilligt, die alle verschiedenen Organe der Strafverfolgung koordiniert, die an der Übung beteiligt sind.

Die Übungen können weitgehend realitätsnah geplant werden, doch es ist streng verboten, Übungen durchzuführen, bei denen Menschen verletzt werden oder die zu Umweltschäden führen könnten. Insbesondere ist es verboten, Angehörige der Streitkräfte, Militäreinheiten im aktiven Dienst oder Schiffe auf Gefechtsstation in eine Übung einzubeziehen. Wenn ein Grenzsoldat Wache steht, darf seine Wachsamkeit nicht im Rahmen einer Übung durch eine simulierte Grenzverletzung auf die Probe gestellt werden. Ebenso ist es nicht erlaubt, eine bewachte Einrichtung im Rahmen einer Übung zu überfallen.

Der aktive Dienst im Militär unterscheidet sich von einer Übung darin, dass während der Dienstzeit militärische Ziele unter Einsatz scharfer Waffen verfolgt werden. Jede Dienststelle der Streitkräfte (und der Polizei) hat ihre Vorschriften für den aktiven Dienst, in denen alles bis ins Detail geregelt ist. Am 22./23. September 1999 befanden sich die Polizeistreifen in den Straßen Rjasans im aktiven Dienst und führten Waffen und eine spezielle Ausrüstung mit sich, die sie benutzen durften, um FSB-Agenten festzunehmen, die im Keller eines Wohnblocks mysteriöse Säcke deponiert hatten.

Nach einer Serie von Explosionen in Rjasan befanden sich alle Polizeikräfte der Stadt im Einsatz als Reaktion auf die reale Gefahr von Terroranschlägen, was bedeutete, dass FSB-Agenten, die an einer nicht angemeldeten Übung teilnahmen, das Risiko eingingen, einfach erschossen zu werden.

Das führt uns zur Einleitung eines strafrechtlichen Ermittlungsverfahrens nach Paragraf 205, die bedeutet, dass ein Untersuchungsbeamter die Genehmigung erteilt hat, den Aufenthaltsort von Verdächtigen festzustellen und diese zu verhaften, und dass die Polizei von der Schusswaffe Gebrauch machen darf, falls die Gesuchten sich einer Verhaftung zu entziehen versuchen. Die Voraussetzungen für die Einleitung eines Ermittlungsverfahrens sind in der Strafprozessordnung der Russischen Föderation klar definiert, in der nichts über die Einleitung eines Ermittlungsverfahrens im Verlauf einer Übung oder im Zusammenhang mit einer solchen Übung gesagt wird. Die unbegründete oder gesetzwidrige Einleitung eines Strafermittlungsverfahrens ist selbst eine Straftat, ebenso wie die gesetzwidrige Beendigung.

Falls Patruschew sich über die bestehenden Vorschriften und Bestimmungen hinweggesetzt und heimliche Übungen befohlen haben sollte, so müsste dieses Vorgehen als eine Straftat behandelt werden.

Nehmen wir als Erstes an, dass Patruschew gegen das Föderale Gesetz über die Organe des Föderalen Sicherheitsdienstes in der Russischen Föderation verstoßen hat, wie es am 22. Februar 1995 von der Staatsduma vorgebracht und vom Präsidenten ratifiziert wurde.

In Artikel 8 dieses Gesetzes heißt es: »Die Aktivitäten der Organe des Föderalen Sicherheitsdienstes und die von ihm angewandten Methoden und Mittel dürfen dem Leben und der Gesundheit der Bürger oder der Umwelt keinen Schaden zufügen.« In Artikel 6 werden die Kompetenzen des FSB und die Rechte der Bürger ausführlich dargelegt:

»Der Staat garantiert die Einhaltung der Grund- und Menschenrechte durch die Organe des Föderalen Sicherheitsdienstes bei der Erfüllung ihrer Pflichten. Eine Einschränkung von Grund- und Menschenrechten ist nur zulässig in den Fällen, die durch die föderale Verfassung und die föderalen Gesetze festgelegt sind.

Eine Person, die überzeugt ist, dass die Organe des Föderalen Sicherheitsdienstes oder deren Offiziere ihre Grund- und Menschenrechte beeinträchtigt haben, hat das Recht, gegen die Handlungen der genannten Organe und deren Offiziere bei einer höheren Behörde des Föderalen Sicherheitsdienstes, bei der Staatsanwaltschaft oder einem Gericht zu klagen.

Staatliche Organe, Wirtschaftsunternehmen, Institutionen und Organisationen, unabhängig von ihren Eigentumsverhältnissen, sowie öffentliche Organisationen und Einzelpersonen sind aufgrund der gesetzlichen Bestimmungen der Russischen Föderation berechtigt, von den Organen des Föderalen Sicherheitsdienstes in Fällen, in denen ihre Grund- und Menschenrechte verletzt sind, eine Erklärung und Informationen zu erhalten …

Im Fall einer Verletzung von Grund- und Menschenrechten durch Mitarbeiter der Organe des Föderalen Sicherheitsdienstes sind der Leiter des betreffenden Organs des Föderalen Sicherheitsdienstes, der Staatsanwalt oder ein Richter verpflichtet, Maßnahmen zu ergreifen, um diese Rechte wiederherzustellen, den angerichteten Schaden wiedergutzumachen und die Schuldigen entsprechend den Vorschriften des Gesetzes zur Rechenschaft zu ziehen.

Offiziere der Organe des Föderalen Sicherheitsdienstes, die sich eines Machtmissbrauchs schuldig gemacht oder die Grenzen ihrer amtlichen Machtbefugnisse überschritten haben, werden nach dem Gesetz der Russischen Föderation zur Rechenschaft gezogen.«

Die Straftaten, die in Paragraf 6 des Föderalen Gesetzes über den FSB aufgezählt sind, fallen unter die folgenden Paragrafen des Strafgesetzes der Russischen Föderation:

Paragraf 207. Die vorsätzliche Verbreitung von Falschinformationen über einen Terroranschlag, eine Brandstiftung oder andere Handlungen, die eine Bedrohung des Lebens von Individuen und eine starke Gefährdung von Sacheigentum darstellen ... können mit einer Geldbuße ... oder mit einer Gefängnisstrafe von bis zu drei Jahren belegt werden.

Paragraf 213. Hooliganismus, eine grobe Verletzung der öffentlichen Ordnung, die unmissverständlich eine Missachtung der Gesellschaft zum Ausdruck bringt ... wird mit Haftstrafen von bis zu zwei Jahren geahndet.

Paragraf 286. Von einem Offizier begangene Taten, die eindeutig außerhalb seiner Befugnisse liegen und die Rechte und legitimen Interessen einzelner Individuen oder Organisationen verletzt haben ... Dieselbe Tat, begangen von einer Person, die ein staatliches Amt der Russischen Föderation bekleidet ... unter Gebrauch von Gewalt oder der Androhung von ihrem Gebrauch; unter Verwendung einer Waffe oder besonderer Mittel; die gravierende Folgen hat ... wird mit Gefängnis nicht unter drei und bis zu zehn Jahren bestraft und darf während einer Zeit von bis zu drei Jahren bestimmte Ämter nicht bekleiden oder bestimmte Tätigkeiten nicht ausüben.

Ein Offizier in einem staatlichen Amt, FSB-Direktor Patruschew, befahl den Einsatz besonderer Mittel (Säcke unbekannten Inhalts und eine Schrotpatrone), die eine Evakuierung der Bewohner eines Wohnblocks in Rjasan während einer ganzen Nacht erzwangen. Diese völlig gesetzwidrige Aktion, die weder in militärischen noch in zivilen Sonderrechten oder Rechtsbestimmungen und schon gar nicht in Gesetzen eine Grundlage hat, hatte gravierende Folgen in Form von gesundheitlichen Schäden und starken seelischen Belastungen von Einzelpersonen, insbesondere die starke Erkältung eines Kindes, dessen Mutter von der Polizei gezwungen wurde, es sofort aus dem Bad ins Freie zu bringen, ohne jede Möglichkeit, ihm warme Kleidung überzuziehen, sowie Herzanfälle und hypertonische Krisen bei mehreren anderen Hausbewohnern.

Mindestens zwei medizinische Experten äußerten ihre Meinung zu den psychischen Folgen der »Übung« für die Menschen, die aus ihren Wohnungen genötigt wurden. Nach Ansicht von Nikolaj Kyrow, Leiter der Verwaltung des psychotherapeutischen Hilfsdienstes des Moskauer Öffentlichen Gesundheitsausschusses, waren die Bewohner des betroffenen Wohnblocks in Rjasan einem schweren psychischen Trauma ausgesetzt: »Es lässt sich mit dem vergleichen, was Menschen während eines echten Terroranschlags erlitten haben. Und Menschen, die eine Explosion überlebt haben, sind für immer verändert. Sie wurden bis an die Schwelle zwischen Leben und Tod geführt. Das Bewusstsein kann sich von solch erschütternden Augenblicken nie mehr befreien. Zumindest irgendwann im Verlauf der Übung hätte man die evakuierten Bewohner darüber informieren müssen, dass es kein wirklicher Katastrophenfall, sondern nur eine Übung war.«

Juri Bojko, ein namhafter Moskauer Psychotherapeut, malte ein noch düstereres Bild: »Die Folge von Ungewissheit und Angst wird ein deutlicher Anstieg im Verbrauch von Nikotin, Alkohol und einfach von Lebensmitteln sein. Ein Teil der Öffentlichkeit sucht bereits Hilfe bei Nichtfachleuten: Das Interesse der Menschen an den verschiedensten Sekten, Scharlatanen und Wahrsagern nimmt zu.«

Das Strafmaß für dieses Vergehen beträgt drei bis zehn Jahre Freiheitsentzug und beinhaltet einen dreijährigen Ausschluss von den Amtsgeschäften.

Obwohl ihm angeblich bekannt war, dass in Rjasan eine Übung abgehalten wurde, unterließ es Patruschew anderthalb Tage lang, die Öffentlichkeit und die Bewohner des Wohnblocks in Rjasan darüber zu informieren, was gleichbedeutend war mit einer vorsätzlichen Verbreitung von Falschinformationen über einen Terroranschlag. (Wir können uns mit der für dieses Vergehen vorgesehenen Geldbuße zufriedengeben und nach Paragraf 213 zwei Jahre Haft für eine eklatante Missachtung der Gesellschaft dazurechnen.)

Wir müssen noch hinzufügen, dass nach den Bestimmungen von Teil IV des Gesetzes über den Föderalen Sicherheitsdienst der Russischen Föderation vom 6. Juli 1998 »der Direktor des FSB Russland persönlich verantwortlich ist für die Verwirklichung der Ziele, die für den FSB Russland und die Organe des Föderalen Sicherheitsdienstes vorgegeben wurden«. Ob sich der Generalstaatsanwalt Russlands mit dem Fall befassen wird? Er hat bereits die Einleitung eines Strafverfahrens wegen Terrorismus abgelehnt.

Zum Schluss möchten wir gern die Ansicht des ehemaligen Generalstaatsanwalts Russlands Skuratow zitieren, die er in einem Interview mit der in Paris erscheinenden russischen Tageszeitung *Russkaja Mysl* vom 29. Oktober 1999 geäußert hat: »Ich war sehr aufgewühlt und beunruhigt über das, was in Rjasan geschehen war. In diesem Fall ist es durchaus möglich, ein Szenario zu konstruieren, bei dem die Geheimdienste selbst in die Planung eines Sprengstoffanschlags in Rjasan verwickelt waren und sehr ungeschickte Vorwände vorbrachten, als man sie ertappt hatte. Ich bin erstaunt, dass die Staatsanwaltschaft der Sache nie auf den Grund gekommen ist. Schließlich ist es ihre Aufgabe.«

Wir haben also keine Anhaltspunkte dafür, dass damals in Rjasan tatsächlich eine Übung abgehalten worden wäre, außer den mündlichen Erklärungen von FSB-Chef Patruschew, seinem Untergebenen Sdanowitsch, der alles unterstützen muss, was Patruschew sagt, und mehreren FSB-Offizieren.

Alle Fakten deuten jedoch darauf hin, dass in Rjasan tatsächlich ein Terroranschlag vereitelt wurde. Diejenigen, die dieses Verbrechen in Auftrag gegeben, geplant und ausgeführt haben, müssen noch vor Gericht gebracht und verurteilt werden. Doch da wir die Namen, Positionen, Arbeitsstellen, Privatadressen und selbst die Telefonnummern der Verdächtigen kennen, dürfte ihre Verhaftung eigentlich kein Problem sein.

KAPITEL 9

Massenterror

Die Täter weiterer Terroranschläge in Buinaksk, Moskau und Wolgodonsk sind nie gefasst worden, und wir können nur in Analogie zu den Vorgängen in Rjasan vermuten, wer hinter den Anschlägen steckte. In diesen drei Städten wurden »Übungen« à la Rjasan bis zu ihrem beabsichtigten Ende durchgeführt, und mehrere Hundert Menschen kamen dabei um.

Im August 1999 befanden sich alle Mitglieder von Lasowskis Gruppe auf freiem Fuß, auch Worobjow, der am 27. Dezember 1994 einen Bombenanschlag verübt hatte.

Zu dieser Zeit näherte sich eine weitere Militäroperation gerade ihrem Ende in Dagestan, in das die tschetschenischen Separatisten eingefallen waren. Seitdem hat man viel geredet und geschrieben über diesen tschetschenischen Übergriff auf Dagestan.

Man hat behauptet, die Invasion sei im Kreml geplant und vom russischen Geheimdienst bewusst provoziert worden. Die russischen Printmedien waren voll von Artikeln über ein konspiratives Treffen in Frankreich zwischen Schamil Bassajew und dem Chef der Präsidialverwaltung Alexander Woloschin, das von einem russischen Geheimdienstagenten in Frankreich, Anton Surikow, arrangiert wurde. Wir haben zu wenige Fakten, um endgültige Schlussfolgerungen ziehen zu können.

Fangen wir mit dem Interview Surikows an.

Am 24. August 1999 brachte die Zeitung *Wersija* – sie gehörte zur Medien-Holding Sowerschenno Sekretno (deren Präsident Artym Borowik am 9. März 2000 zusammen mit dem tschetschenischen Geschäftsmann Bashajew bei einem Flugzeugabsturz ums Leben kam) – ein Interview mit Oberst Surikow vom GRU.

Surikow unterhielt enge Beziehungen zu Jewgeni Primakow, einst Erster stellvertretender Direktor des KGB und von September 1998 bis Mai 1999 Ministerpräsident Russlands, auf der einen und zum früheren Ersten stellvertretenden Ministerpräsidenten Juri Masljukow auf der anderen Seite. Während des Konflikts zwischen Abchasien und Georgien diente Surikow unter dem abchasischen Verteidigungsminister Sultan Sosnaljew. Im Lauf des Krieges schloss er Bekanntschaft mit Bassajew. Von da an galt er als Kaukasusexperte.

In einer editorischen Notiz, die dem Interview vorangestellt wurde, meldete die *Wersija,* es sei Surikow gewesen, der die »geheime Zusammenkunft mit dem Chef des Präsidialamts Woloschin« organisiert hatte. Weder Surikow noch Woloschin dementierten diese Meldung. Hier der Bericht Surikows:

»Schamil Bassajew und Chattab [einer der Führer der tschetschenischen Wahhabiten] schufen in Dagestan befestigte Zonen in einem Umfang, der nicht einmal von der Presse vermutet worden war. Sie hoben Gräben aus, errichteten Befestigungen und Nachschublinien aus Tschetschenien für den Transport von Waffen und Munition. Daneben bauten sie Kommunikations- und Transportverbindungen im eigenen Land und mit Tschetschenien auf. Die befestigten Zonen sind durch Minenfelder geschützt.

Meiner fachlichen Meinung nach reicht der Einsatz von Artillerie und Flugzeugen, mit dem sich die föderalen Truppen in den Bergen Dagestans begnügt haben, allein nicht aus. Bislang waren die Aktionen der Föderation wirkungslos und haben den Streitkräften und den Befestigungen des Feindes keinen Schaden zugefügt. Um die befestigten Zonen zu zerstören, ist eine Bodenoffensive mit Luftunterstützung erforderlich …

Die in Dagestan aufgestellten Formationen bestehen aus zusammengewürfelten Haufen. Polizisten aus dem Ural, OMON-Agenten aus Murmansk, verschiedene Kräfte aus dem Verteidigungsministerium, eine große Zahl von Wehrpflichtigen. Nach meinen Quellen machen die Wehrpflichtigen ein Drittel aus – entgegen den Versicherungen der Generäle, nach Dagestan würden keine Wehrpflichtigen geschickt. Es ist zwecklos, von einer ›Durchorganisierung‹ einer derart heterogenen Menge für den aktiven Dienst zu sprechen.

Im Augenblick gibt es in der Region nicht weniger als dreißig Generäle, während ein einziges, straff geführtes Regiment ausreichen würde, die tschetschenischen Kämpfer zu vernichten. Und mit einer wirksamen Koordination und einem einheitlichen Kommando könnte ein einziger Oberst mit der ganzen Operation betraut werden. Gegenwärtig verursachen alle diese Generäle nichts als ein großes Durcheinander in der Befehlsstruktur, da sie unterschiedlichen Abteilungen angehören.

Deshalb hätte eine Militäroperation unter den gegenwärtigen Bedingungen eine hohe Zahl von Gefallenen unter unseren Soldaten und Polizisten zur Folge. Meiner Schätzung nach würden bei einem Angriff drei- bis vierhundert unserer Leute fallen, und wir haben jetzt schon etwa zweihundertfünfzig Tote und Verwundete.

Entgegen den Behauptungen der Generäle haben die tschetschenischen Kämpfer nur geringe Verluste zu beklagen – vielleicht vierzig Mann. Bei einem Angriff würden sie noch einmal so viele verlieren. Ganz allgemein erinnern mich die Meldungen über die Verluste auf tschetschenischer Seite – tausend Gefallene an einem einzigen Tag – an die Meldungen während des Tschetschenienkriegs von 1995 bis 1997.

Unsere Generäle lassen anscheinend die Tatsache unberücksichtigt, dass Schamil Bassajew ein erfahrener Guerillakämpfer ist, der lange vor dem Krieg in Tschetschenien zu einem Experten für Sabotageakte wurde. Er hat in einem der russischen Geheimdienstorgane eine vollständige Ausbildung durchlaufen. Das war während des Höhepunkts des georgisch-abchasischen Krieges. Zu dieser Zeit nahm Moskau einen ängstlichen Standpunkt ein, und statt Abchasien zu verteidigen, wo ein Völkermord stattfand, begnügten sich die russischen Streitkräfte damit, den freiwilligen Abteilungen, die in den Krieg zogen, ihre inoffizielle Unterstützung anzubieten. Pawel Sergejewitsch Gratschjow, der damalige Verteidigungsminister, tat, als wisse er davon nichts. Und ein Viertel dieser Freiwilligen, die dann in Abchasien kämpften, waren Tschetschenen. Und ihr Anführer war Schamil Bassajew.

Dank Bassajew gibt es jetzt bei den Militäraktionen in Dagestan spürbare taktische Verbesserungen. Er behauptet sich in einer befestigten Zone in Botlich, doch das ist nur ein Ablenkungsmanöver. Er ist dabei, eine Guerillabewegung aufzubauen. Neben Sabotageakten ist dies das effektivste Mittel einer Kriegsführung in einer bewaldeten Bergregion. Heute besteht seine Taktik in kurzen Angriffen auf Kolonnen der föderalen Streitkräfte, in Hinterhalten, der Verminung von Straßen und dem Beschuss strategischer Ziele mit raketengetriebenen Granaten …

Die Leute im Kreml wussten, dass Dagestan kurz vor einer Invasion durch die Wahhabiten stand. Es war unmöglich, davon nichts zu wissen. Die Geheimdienste hatten sie davor gewarnt. Selbst die *Wersija* schrieb darüber. Warum haben sie es trotzdem vermasselt? Weil sie allen Ernstes glauben, Männer wie Bassajew könne man mit Geld dazu bringen, alles zu machen, was Moskau ihnen sagt …

Letzten Endes haben aber auch die russischen Geheimdienste Bassajews Invasion in Dagestan verschlafen. Weil unsere Geheimdienste sich heute in jenem Stadium des Zerfalls befinden, in dem es schwer wird, direkten Verpflichtungen auf Kosten geschäftlicher Verbindlichkeiten nachzukommen … Noch ist die Lage im Kaukasus zu retten, aber wer soll es tun?«

Das Bemerkenswerte ist nicht, dass Surikow *Wersija* ein Interview gab, sondern dass dieses Interview drei Wochen nach dem Abdruck der Originalunterlagen über das Zusammentreffen zwischen Woloschin und Bassajew in der *Wersija* stattfand. Wäre Surikow der Meinung gewesen, dass dieser frühere Artikel nicht der Wahrheit entspreche, so hätte er entweder das Interview verweigert oder die Gelegenheit dazu genutzt, seine Version dazu wiederzugeben.

Der ursprüngliche Artikel in der *Wersija* trug die Überschrift »Das Abkommen« und wurde am 3. August 1999 veröffentlicht:

»Eine luxuriöse Villa in dem französischen Ort Beaulieu zwischen Nizza und Monaco wurde seit langem vom französischen Geheimdienst beobachtet. Die Villa gehört dem internationalen Waffenhändler Adnan Chaschoggi. Und obwohl Chaschoggi nach französischem Strafrecht nichts vorzuwerfen ist, hat der saudische Milliardär einen zweifelhaften Ruf.

Die *Wersija* wurde über ein verstärktes Interesse an Chaschoggi durch eine Quelle im französischen Geheimdienst informiert, deren Namen wir nicht veröffentlichen werden. Es ist Professor der Politologie und zugleich ein Experte in Fragen der russischen Verteidigung, Sicherheit und des organisierten Verbrechens. Er äußert sich häufig in der Presse und wirkt an Enthüllungsberichten mit. Er arbeitet unter Vertrag für französische Regierungsorgane, unter anderem auch für die französische Gegenaufklärung.

Nach Angaben dieser Quelle haben die Franzosen die Villa seit Anfang Juli einer strengen Überwachung unterworfen, als der venezolanische Bankier Alfonso Dawidowitsch mit seiner jungen schwarzen Sekretärin dort eingezogen ist. In der lateinamerikanischen Presse wird Dawidowitsch als Geldwäscher für die linke Aufständischenorganisation FARC (Fuerzas Armadas Revolucionarias de Colombia) bezeichnet, die seit einigen Jahrzehnten die Regierung zum Teil mit militärischen Mitteln bekämpft. Man nimmt an, dass die ›Revolutionären Streitkräfte Kolumbiens‹ sich hauptsächlich über den Drogenhandel finanzieren.

Es stellte sich bald heraus, dass einer der besonders häufigen Besucher Dawidowitschs ein gewisser französischer Geschäftsmann israelisch-sowjetischer Herkunft war, der in Suchumi geborene 53-jährige Jakow Kossman. Nach einiger Zeit brachte Kossman sechs Männer mit in die Villa, die mit türkischen Pässen über Österreich nach Frankreich gereist waren. Einer dieser Männer wurde von den Geheimdiensten identifiziert; er hieß Zweiba und hatte sich im abchasisch-georgischen Krieg auf eine Weise ausgezeichnet, dass die Behörden in Tiflis ihn wegen Kriegsverbrechen einschließlich Massakern an der Zivilbevölkerung suchten. Alle sechs zogen in die Villa ein und verließen sie drei Wochen lang nicht.

Schließlich gelang es den Geheimdiensten, Kossman zusammen

mit Zweiba und einem weiteren Gast – vermutlich ein Abchase – zu beobachten, als sie zum Flughafen Nizza fuhren.

Gleichzeitig trafen zwei Personen in einem Privatflugzeug aus Paris auf dem Flughafen Nizza ein. Einer von ihnen – Sultan Sosnaljew – war der ehemalige abchasische Verteidigungsminister während der Jahre des abchasisch-georgischen Krieges und praktisch der zweite Mann in der Republik hinter Wladislaw Ardsinba.

Der andere Mann, der dem Privatflugzeug entstieg, stammte ebenfalls aus Suchumi – Anton Surikow. Während der Jahre des Krieges in Abchasien hatte Surikow unter Sosnaljew gedient. Unter dem Decknamen Mansur war er verantwortlich für die Organisation von Sabotageakten. Später bekleidete Surikow unter seinem wirklichen Namen eine Schlüsselposition in der Administration Jewgeni Primakows, obwohl sein offizieller Titel nur der eines Assistenten des Ersten stellvertretenden Ministerpräsidenten Juri Masljukow war. Beide begaben sich zur Villa in Beaulieu.

Mitte Juli, zwei Tage nach der Ankunft der beiden Männer, lief die britische Privatjacht *Magia* von Malta kommend in den Hafen von Nizza ein. Zwei ›Engländer‹ gingen vom Boot an Land.

Ihren Pässen nach zu urteilen war einer der Männer ein Türke namens Mehmet, ein früherer Berater des [einstigen] islamistischen Ministerpräsidenten der Türkei, Erbakan, einer in türkischen, nahöstlichen und kaukasischen wahhabitischen Kreisen ziemlich einflussreichen Persönlichkeit.

Der zweite Mann war zur Verblüffung der Geheimdienste der bekannte tschetschenische Feldkommandeur Schamil Bassajew. Übrigens war er ebenfalls einmal der Stellvertreter Sosnaljews und stand an der Spitze der tschetschenischen Streitkräfte in Abchasien.

Die Franzosen verstärkten die Überwachung – aus gutem Grund. Am späten Abend traf ein Mann mit einem Flugzeug, das einer der russischen Ölgesellschaften gehörte, auf dem Flughafen Nizza ein. Er war fast kahlköpfig, trug einen Bart, hatte scharfe Augen und wies eine starke Ähnlichkeit mit dem Chef der Kreml-Verwaltung auf. Nachdem er die französische Passkontrolle hinter sich hatte, blickte er sich suchend um. Er trug einen Gesellschaftsanzug, hatte einen Koffer dabei und war ohne Bodyguards gekommen. Er beruhigte sich erst, als er die Männer sah, die ihn dort erwarteten – zwei Abchasen und Surikow. Alle vier stiegen in einen Rolls-Royce und fuhren zu der Villa in Beaulieu.

Während der ganzen Nacht ging etwas vor in der Villa. Ihre Überwachung wurde besonders intensiviert, und in der Umgebung gab es eine so starke magnetische Strahlung, dass Handys in einem Umkreis von mehreren Hundert Metern nicht mehr zu benutzen waren. Am nächsten Morgen fuhr derselbe Rolls-Royce wieder zum Flughafen, und die Person, die so viel Ähnlichkeit mit Woloschin hatte, flog zurück nach Moskau. Am nächsten Tag verließen auch alle übrigen Gäste die Villa.«

Es ist vielleicht interessant zu wissen, dass die *Wersija* bemerkenswert hartnäckig, um nicht zu sagen stur auf der Theorie beharrte, die Invasion in Dagestan im August 1999 sei von den russischen Geheimdiensten eingefädelt worden. Insbesondere brachte die Zeitung am 29. Februar 2000, wenige Tage vor dem Flugzeugabsturz, bei dem Borowik und Bashajew ihr Leben verloren, und vor den Präsidentenwahlen, die Putin an die Macht brachten, einen Artikel mit der Überschrift »Chasbulatows Verschwörung«:

»Nachdem Chasbulatow den Kreml über den Staatsstreich informiert hat, der [in Tschetschenien] vorbereitet wird, begibt sich der Chef der Präsidialverwaltung Alexander Woloschin eilends zu einem Treffen mit Schamil Bassajew in Frankreich. Das Treffen hat Anton Surikow für ihn arrangiert, ein GRU-Oberst, der den Spitzen der Regierung oder genauer dem Kreis um Jewgeni Primakow nahesteht, den ehemaligen Chef des föderalen Geheimdienstes.

Unmittelbar nach den Gesprächen in Frankreich fällt Schamil Bassajew in Dagestan ein. Es folgen die Sprengstoffanschläge auf Wohnhäuser in Moskau und anderen russischen Großstädten und danach der zweite Tschetschenienkrieg. So beginnen Kriege.«

Die Quellenangaben bezüglich der Zusammenkunft zwischen Woloschin und Bassajew wäre nicht vollständig ohne einen Hinweis auf »Verschwörung 2«, den letzten Artikel der Serie. Veröffentlicht wurde er – wiederum in der *Wersija* – am 2. Juli 2000, nach Putins Wahlsieg, ohne den Hintergrund eines Wahlkampfs. Er stellte eine erweiterte Fassung des früheren Artikels »Verschwörung« dar und enthielt neue Auszüge:

»Die Besprechung fand vermutlich in der Villa des internationalen Waffenhändlers Adnan Chaschoggi in dem Dorf Beaulieu in der Nähe von Nizza am 4. Juli 1999 statt … Davor hatten Quellen in den französischen und israelischen Geheimdiensten, von denen diese Information stammt, berichtet, es existiere ›ein Video von der Zusammenkunft in der Villa in Beaulieu‹. Den Beweis blieben sie jedoch schuldig.

Ende Juni erhielten wir einen großen Briefumschlag ohne Absenderadresse. Er enthielt ein Foto von drei Männern. Links auf dem Bild war ein Mann, der Ähnlichkeit mit Anton Surikow hatte, dem Assistenten des früheren Ersten stellvertretenden Ministerpräsidenten Juri Masljukow. Die Person in der Mitte hatte eine starke Ähnlichkeit mit dem Chef der Präsidialverwaltung im Kreml, Alexander Woloschin – mit beginnender Glatze und einem ähnlichen Bart. Neben diesen beiden Personen hockte eine Person, die Shorts trug – mit beginnender Glatze, aber einem volleren Bart.

Nach einiger Zeit erhielten wir einen Anruf, und der Anrufer, der sich nicht vorstellte, sagte: ›Das ist ein Foto von der Unterredung zwischen Woloschin und Bassajew. Woloschin ist leicht zu erkennen. Bassajew ist der bärtige Mann rechts auf dem Bild.‹ Der unbekannte Anrufer erläuterte, die Fotografie sei der Ausdruck eines Videoeinzelbilds, und dieses sei von einer Analog-Videokamera aufgenommen worden …

Zum Zeitpunkt der Besprechung war Surikow Berater des Generaldirektors des [Flugzeug]unternehmens MIG. Gegenwärtig ist er noch für Masljukow tätig, ist jedoch gleichzeitig Vorsitzender des Ausschusses für Industrie, Bauwesen und wissenschaftliche Technik in der Staatsduma …

Nach überprüfbaren Informationen der Franzosen und der Israelis fuhr die britische Privatjacht *Magia* von Malta aus am 3. Juli in den Hafen von Beaulieu ein. Zwei Personen gingen von Bord. Nach den von ihnen vorgelegten Pässen zu urteilen war einer dieser ›Engländer‹ ein Türke namens Mehmet ... Der Zweite war zur Überraschung der Geheimdienstoffiziere der tschetschenische Feldkommandeur Schamil Bassajew ...

Am späten Abend des 4. Juli traf auf dem Flughafen Nizza ein Mann in einem Privatflugzeug ein, das einer der russischen Ölgesellschaften gehörte. Er hatte schütteres Haar, einen gestutzten Bart und glich dem Chef der Präsidialverwaltung des Kremls ...

Ob Zufall oder nicht, einige Zeit später – im August – fiel die Gruppe Schamil Bassajews in Dagestan ein.

Bald darauf erfolgte der Rücktritt von Ministerpräsident Sergej Stepaschin. Seinen Platz übernahm der ehemalige Chef des FSB [Wladimir Putin]. Danach warfen Truppen der Russischen Föderation den Angriff auf Dagestan erfolgreich zurück und drangen ihrerseits bei der Verfolgung der tschetschenischen Kämpfer einmal mehr in das rebellische Tschetschenien ein. Die ›Antiterroroperation‹ in der Tschetschenischen Republik dauert seitdem an, und es ist unwahrscheinlich, dass sie in nächster Zeit beendet wird.

Wir müssen darauf hinweisen, dass verschiedene Quellen unterschiedliche Erklärungen für den Zweck des Treffens in Beaulieu von Personen gegeben haben, die eine Ähnlichkeit mit Woloschin und Bassajew aufwiesen. Einer Hypothese zufolge war die anschließende Invasion in Dagestan eine PR-Masche im Rahmen der Operation ›Erbe‹. Nach einer anderen Hypothese hatte der Mann, der dem Chef der Präsidialverwaltung im Kreml ähnelte, durch die russischen Geheimdienste von den Absichten Bassajews erfahren und jemanden, der früher einmal für ihn gearbeitet hatte – vermutlich Anton Surikow –, gebeten, ein Treffen mit Bassajew zu arrangieren, in dem Bestreben, die Invasion zu verhindern.«

Iljas Achmadow, der tschetschenische Außenminister in der Regierung Aslan Maschadows, vertrat die Meinung, dass die Invasion in Dagestan von Moskau provoziert worden sei:

»Die Führung Tschetscheniens hat den Einfall in Dagestan verurteilt. Für uns ist das wirklich ein großes Problem.

Aber man erinnere sich an die Ereignisse im Juli, als die russische Armee unsere befestigte Stellung zerstörte und anschließend ein ganzes Bataillon russischer Soldaten in unser Territorium eindrang. Was war das anderes als eine Provokation?

Pilger aus Dagestan kamen zu Bassajew und baten ihn, sie vom ›russischen Joch‹ zu befreien, und als er seinen Feldzug begann, sagten sie im Fernsehen, sie wollten das nicht, sondern wollten in Russland leben. Das war doch ein abgekartetes Spiel.«

Aus der Sicht Abduraschid Saidows, des Gründers und früheren Vorsitzenden der Islamisch-Demokratischen Partei Dagestans seit 1997, wurden nach der Verabschiedung des berühmten Gesetzes »Über den Kampf gegen den islamischen Fundamentalismus« durch das dagestanische Parlament Angehörige der religiösen Minderheit (Wahhabiten) aus Dagestan nach Tschetschenien vertrieben.

Verfolgungen und Drohungen mit physischer Gewalt machten es den Wahhabiten unmöglich, weiterhin in Dagestan zu leben. Gleichzeitig war sich die dagestanische Führung durchaus bewusst, dass die Wahhabiten in Tschetschenien mit offenen Armen empfangen würden. Nachdem sie aus Dagestan vertrieben worden waren und in Tschetschenien eine Zuflucht gefunden hatten, schlossen sich die Islamisten der Opposition an und waren bereit, in absehbarer Zeit nach Dagestan zurückzukehren und die Staatsführung zu übernehmen.

Gerüchte über eine bevorstehende Invasion aus Tschetschenien kursierten 1997 und 1998 in Dagestan, zu einer Zeit, als Russland die Grenzen zu Tschetschenien in den Rayons Tsumadin, Botlich und Kasbek ungeschützt ließ. Aktive Anhänger der radikalen dagestanischen Opposition bewegten sich ungehindert zwischen den Territorien der beiden Republiken, ohne dass es eine Reaktion des FSB gegeben hätte, an dessen Spitze damals Putin stand.

Es ist möglich, dass sich unter der Anhängerschaft des Führers der dagestanischen radikalen Islamisten, Bagaudin, der vor einer Verfolgung nach Tschetschenien geflohen war, Provokateure befanden, die auf Anweisung bestimmter Abteilungen der russischen Polizei und der Geheimdienste handelten, und dass sie die Einzigen waren, die, als der Zeitpunkt gekommen war, Bagaudin und über diesen Bassajew und Chattab zur Invasion in Dagestan drängten.

Im Mai und Juni 1999 sprach bereits jeder Markthändler in Grosny davon, dass eine Besetzung Dagestans unvermeidlich sei, nur die russischen Geheimdienste wussten aus unerfindlichen Gründen nichts davon.

Ab Juli befanden sich mehrere Hundert bewaffnete dagestanische Wahhabiten im dagestanischen Dorf Etscheda in Russland, wo sie sich eingegraben und ihre Stellungen in den unzugänglichen Schluchten an der russischen Grenze zu Tschetschenien und Georgien befestigt hatten. Lange vor der Ankunft der islamistischen Rebellen im Rayon Tsumadin starrte das Gebiet vor Waffen.

Ende Juli, auf dem Höhepunkt einer Ölkrise in dem Rayon, lieferten schwere Tanklastwagen tonnenweise Öl an die Guerillalager in den Bergen direkt über den Fenstern des regionalen MWD und des FSB des Rayons Tsumada.

Der FSB reagierte nicht, da der absehbare bewaffnete Konflikt zwischen den Tschetschenen und den Dagestani den Interessen des Kremls diente.

Zur selben Zeit erhielt Bagaudin ermutigende Meldungen von seinen Agenten: »Außer Polizisten befindet sich niemand in Tsumada, und sie werden nicht gegen ihre eigenen Leute vorgehen. Wir werden in kürzester Zeit im Zentrum des Rayons sein. Das ist Ihr Heimatrayon, die Menschen warten auf Sie, Unterstützung ist garantiert, also schlagen Sie los!« Und Bagaudin ging in die Falle.

Am Vorabend der Invasion machte Bassajew sogar den Vorschlag gemeinsamer Operationen mit Bagaudin, doch das Hilfsangebot wurde abgelehnt, sodass Bassajew und Chattab gezwungen waren, auf eigene Faust zu handeln und auf Botlich vorzurücken, was für die russische Führung besonders günstig war, für die Organisatoren von Putins Wahlkampf ein perfektes Timing.

Exakt zu diesem Zeitpunkt wurde Russland von einer beispiellosen Serie von Terroranschlägen erschüttert.

Das Motiv hinter den Septemberanschlägen wurde vom FSB selbst geliefert. Eine amtliche Mitteilung des FSB für die Stadt und die Oblast Moskau formulierte die Ziele der Terroristen, die im September 1999 Wohnhäuser in Moskau in die Luft sprengten, wie folgt: »Eine der hauptsächlichen Erklärungen, die von den Ermittlern in Betracht gezogen wurden, war ein Terroranschlag in der Absicht, die Lage in Moskau zu destabilisieren, die Bevölkerung einzuschüchtern und die Behörden dazu zu bringen, bestimmte Entscheidungen zu treffen, die im Interesse der Hintermänner des Anschlags liegen.«

Dieselbe Hypothese wurde in der Sprache einer satirischen Polemik von der Tageszeitung *Wetschernaja Moskwa* vorgetragen: »Das Hauptziel der Terroristen besteht darin, eine schändlich bedrückende Atmosphäre in der Gesellschaft zu erzeugen. Mich zu einem Feigling zu machen, sodass ich meinem Nachbarn aus dem Kaukasus ins Gesicht schlage und er seinen Dolch herauszieht, und dann fängt alles an ... sodass die Gesellschaft von Idioten aus dem Untergrund auftauchen kann und die Massenverhaftungen beginnen können – nur darf man nicht fragen, was für eine Gesellschaft das ist und wo sich der Untergrund befindet.«

Es liegt klar auf der Hand, welcher Art die »bestimmten Entscheidungen« waren, zu denen die Behörden sich durch die Sprengstoffanschläge hätten veranlasst sehen können. Die Explosionen hätten leicht in den Beschluss münden können, Truppen nach Tschetschenien zu entsenden. Auf keinen Fall konnten die Anschläge jedoch zu der Entscheidung führen, an der die Tschetschenen interessiert waren, nämlich die Gewährung einer formellen Souveränität (Tschetschenien war zu diesem Zeitpunkt bereits informell unabhängig).

Mit anderen Worten, die Anschläge waren zwar für die russischen Geheimdienste notwendig, um einen Krieg gegen Tschetschenien beginnen zu können, nicht jedoch für die Rebellen in Tschetschenien, um die legale Anerkennung ihrer unabhängigen Republik zu beschleunigen. Die späteren Ereignisse bestätigten, dass genau dies der Fall war: Der Krieg begann, die Geheimdienste gelangten in Russland an die Macht, und mit der tschetschenischen Unabhängigkeit war Schluss. Und das alles als Ergebnis der Terroranschläge vom September.

Am 31. August fand im Einkaufszentrum Ochotnyj Rjad am Manegeplatz im Zentrum Moskaus ein Test statt: ein Sprengstoffanschlag mit einem Toten und vierzig Verletzten. Die Regierung war schnell mit der »tschetschenischen Connection« als Erklärung bei der Hand, obwohl es nicht sehr plausibel war, dass Tschetschenen einen Anschlag auf ein Einkaufszentrum verüben sollten, dessen Leiter der allgemein bekannte Tschetschene Umar Dschabrajlow war.

Die Person, die später als derjenige verhaftet wurde, der den Anschlag geplant und ausgeführt hatte, war »ein gewisser Ryshenkow«, der sich laut FSB »als ein FSB-General ausgab«.

Der militärische Geheimdienst ist innerhalb und außerhalb Russlands operativ tätig, und er hat sein eigenes Personal von Geheimagenten. General Lew Rochlins 8. Armeekorps war in Wolgograd stationiert, hatte in Tschetschenien gekämpft und eine besondere Aktivität bei der Anwerbung von Nachwuchsagenten bei den Tschetschenen entfaltet. Schamil Bassajew hatte noch vor dem Konflikt zwischen Georgien und Abchasien eine Ausbildung auf dem GRU-Schießplatz in Wolgograd absolviert, und zwar durch den militärischen Geheimdienst.

Bereits 1996 hatte Nikolaj Selenko, der Chef des militärischen Geheimdienstes im 8. Armeekorps, dem FSB berichtet, dass FSB-General Ryshenkow »eindeutig« für Terroristen arbeite. Wenn Selenko Informationen über Ryshenkow sowie darüber erhalten haben sollte, wer hinter dem Anschlag auf das Einkaufszentrum Ochotnyj Rjad steckte, dann musste er dies an General Rochlin weitergegeben haben, der auch Vorsitzender des Verteidigungsausschusses der Staatsduma war.

Zu diesem Zeitpunkt war es jedoch nicht Ryshenkow, der verhaftet wurde, sondern Selenko.

Selenko hatte fast während seiner ganzen Zeit in der Armee im Kaukasus gedient. Er war überall gewesen, wo es brannte: Karabach, Baku, Tiflis, Abchasien, Dagestan und Tschetschenien. Nur Grosny ließ er aus, weil er schwer verwundet worden war.

Zwanzig Tage nach einer Herzoperation im Burdenko-Hospital in Moskau tauchten FSB-Mitarbeiter bei Selenko auf. Sie beschuldigten ihn, eine nicht registrierte Pistole zu besitzen und den Mord eines bestimmten Geschäftsmannes zu planen, und sie brachten ihn in das sehr weit von Moskau entfernt liegende Gefängnis von Tscheljabinsk im Ural.

Aber warum wurde Selenko verhaftet?

Rochlin stand damals auf gutem Fuß mit dem Chef des militärischen Geheimdienstes des FSB, Wladimir Petrischtschew, und wäre verpflichtet gewesen, ihm jede Information weiterzugeben, die er von Selenko erhielt.

Von da an geschahen seltsame Dinge: Zuerst wurde Selenko verhaftet, und dann, am 3. Juli 1999, wurde General Rochlin ermordet.

Der FSB selbst bestätigte praktisch, dass die Verhaftung Selenkos, der Mord an Rochlin und die Terroranschläge in Russland miteinander zusammenhingen. Alle Fälle wurden vom selben Ermittler bearbeitet.

N. P. Indjukow aus dem Amt der Generalstaatsanwaltschaft hatte viel Erfahrung mit Ermittlungen in manipulierten Fällen, bei denen es darauf ankam sicherzustellen, dass die Untersuchung einer falschen Fährte nachging.

Indjukow wurde beauftragt, die Ermittlungen im Fall Tamara Rochlina aufzunehmen, die man des Mordes an ihrem Mann beschuldigte. Die einzelnen Phasen dieses Bravourstücks russischer Rechtsprechung sind bekannt. Tamara Rochlina wurde nach dem Mord an dem General verhaftet, vor Gericht gebracht, schuldig gesprochen und im November 2000 zu acht Jahren Haft verurteilt. Im Dezember wurde die Haftzeit um die Hälfte gekürzt. Am 7. Juni 2001 kassierte das Oberste Gericht der Russischen Föderation das Urteil, und am 8. Juni wurde die Witwe des Generals aus der Haft entlassen. Indjukow unternahm keinerlei Versuche, Behauptungen der Angeklagten nachzugehen, dass der General von drei unbekannten maskierten Männern ermordet worden war.

Der Fall Selenko wurde im Anschluss an seine Verhaftung unter der Anschuldigung gewöhnlicher krimineller Handlungen ebenfalls von Indjukow bearbeitet und kam niemals vor Gericht. Selenko wurde nach dem Tod Rochlins ohne jedes Medienecho in aller Stille aus der Haft entlassen.

Diese merkwürdigen Morde, zweifelhaften Ermittlungen und provozierten Einfälle in fremdes Territorium lieferten den Hintergrund für einen Sprengstoffanschlag auf einen Wohnblock im Rayon Buinaksk in Dagestan. Dabei kamen vierundsechzig Bewohner ums Leben.

Dieser Terroranschlag wurde gezielt mit der Niederlage der tschetschenischen Rebellengruppierungen in Dagestan in Verbindung gebracht, obwohl sich unter den Tätern keine Tschetschenen befanden und diejenigen, die beschuldigt wurden, den Anschlag geplant zu haben, ihre Unschuld beteuerten.

Am selben Tag wurde in Buinaksk ein SIL-130 gefunden, ein Kleinlastwagen, der mit 2706 Kilogramm Sprengstoff beladen war. Er stand auf einem Parkplatz in einem Villenviertel mit einem Militärhospital. Eine Explosion wurde nur dank der Wachsamkeit der Anwohner verhindert. Mit anderen Worten, ein zweiter Terroranschlag in Buinaksk wurde von Bürgern der Stadt, nicht von den Geheimdiensten vereitelt.

In der Nacht vom 8. auf den 9. September wurde der neunstöckige Wohnblock in der Uliza Gurjanow 19 in Moskau durch eine Explosion zerrissen. Es gab 94 Tote und 164 Verletzte. Als erste Unglücksursache wurde von den Behörden ein Leck in der Gasleitung angegeben.

Am nächsten Tag gab der FSB der Stadt und Oblast Moskau bekannt, »der Einsturz der dritten und der vierten Einfahrt war die Folge der Detonation von etwa 350 Kilogramm einer hochexplosiven Mischung. Der Sprengsatz war in Bodennähe angebracht. Bei einer ... chemischen Untersuchung von Gegenständen, die am Ort der Explosion geborgen wurden, stellte man fest, dass diese auf ihrer Oberfläche Spuren ... von Hexogen und TNT aufwiesen.«

Unmittelbar nach dem ersten Sprengstoffanschlag auf einen Wohnblock war deutlich geworden, dass hier Fachleute am Werk gewesen waren, was man nicht so sehr an der konkreten Ausführung des Anschlags erkennen konnte als vielmehr an seiner Planung und Vorbereitung.

Ein derart massiver terroristischer Bombenanschlag, zu dessen Ausführung Hunderte Kilogramm Sprengstoff, mehrere Automobile und etliche Mitwirkende erforderlich waren, benötigte eine gewisse Vorbereitungszeit. Viele ehemalige und aktive Angehörige der Geheimdienste, darunter ein ehemaliger Angestellter des GRU, der pensionierte Oberst Robert Bykow, sind der Meinung, dass die Terroristen den Sprengstoff während eines Zeitraums von vier bis sechs Monaten in mehreren Chargen nach Moskau gebracht haben müssen. Simulationen von Sprengstoffanschlägen haben gezeigt, dass es unmöglich wäre, eine derart massive Explosion innerhalb einer kürzeren Zeit vorzubereiten. Simuliert wurden sämtliche Phasen der Operation: die exakte Formulierung des Auftrags, anfängliche Überlegungen und Berechnungen auf der Grundlage eines Gebäudeplans, Besichtigung des Zielobjekts, Überarbeitung der vorläufigen Berechnungen, Bestimmung des optimalen Mischungsverhältnisses des Sprengstoffs, der Auftrag, ihn herzustellen, endgültige Berechnungen auf der Grundlage des ermittelten Mischungsverhältnisses, das Anmieten eines Lagerraums, der Transport des Sprengstoffs etc.

Das bedeutete, dass die Vorbereitungen im Frühjahr 1999 begonnen haben mussten. In den dazwischen liegenden Monaten hätten die Tschetschenen keine Terroranschläge als Antwort auf die Gegenoffensive russischer Kräfte in Dagestan in die Wege leiten können, da sie selbst noch nicht in Dagestan einmarschiert waren.

Gerüchte über bevorstehende Terroranschläge hatten lange vor den ersten Explosionen die Runde gemacht.

Am 2. Juli 1999 gelangte der Journalist Alexander Shilin in den Besitz eines bestimmten Dokuments mit Datum vom 29. Juni 1999. Er nahm an, dass es aus dem Kreml stammte und dass Sergej Swerew die undichte Stelle war, der stellvertretende Chef der Präsidialverwaltung, der wegen dieser Indiskretion aus seinem Amt entfernt wurde. Der Inhalt des Dokuments war rätselhaft, aber Shilin übermittelte es dennoch an Sergej Jastrshembski, den Vizechef von Bürgermeister Lushkow in Moskau. Jastrshembski reagierte jedoch nicht darauf. (Im Dezember 1999 verließ er Lushkows Magistrat, was kaum überraschend war; daraufhin nahm Putin ihn in seine Dienste.)

Wäre das Dokument *nach* den Sprengstoffanschlägen veröffentlicht worden, hätte jedermann angenommen, dass es sich um eine

Fälschung handelte. Doch die *Moskowskaja Prawda* veröffentlichte als erste Zeitung das Dokument unter der Schlagzeile »Sturm in Moskau« am 22. Juli, noch vor den Terroranschlägen im September:

»Vertraulich: Zuverlässige Informationen über Pläne im Hinblick auf Ju. M. Lushkow und die Lage in Moskau.

Die folgende Information stammt aus zuverlässigen Quellen. Eine der analytischen Gruppen, die für die Präsidialverwaltung arbeiten, hat einen Plan zur Diskreditierung Lushkows entwickelt, dem zufolge Sabotageakte zur Destabilisierung der öffentlichen Stimmung in Moskau verübt werden sollen. Die Planer haben ihm die Bezeichnung ›Sturm‹ gegeben.

Nach unseren Quellen stehen der Stadt schwere Erschütterungen bevor. Es wird beispielsweise geplant, spektakuläre Terroranschläge auszuführen (oder rechtzeitig zu ›entdecken‹); ihr Ziel sind staatliche Einrichtungen: Gebäude des FSB und des MWD, das Gebäude des Föderationsrates, das Moskauer Stadtgericht, das Moskauer Schiedsgericht und einer Reihe weiterer Gebäude. Die Entführung prominenter Personen und einfacher Bürger durch ›tschetschenische Guerillas‹ wird ebenfalls diskutiert.

Ein eigenes Kapitel ist ›bewaffneten kriminellen‹ Aktivitäten gewidmet, die sich gegen kommerzielle Organisationen und Geschäftsleute richten, die Lushkow unterstützen. Man hat den Auftrag erteilt, ›operatives‹ Material über [den Politiker und Geschäftsmann Josef] Kobson, [den MTV-Gründer und Medienmogul Wladimir] Gussinski und die Most-Medien-Gruppe, [den Geschäftsmann Umar] Dschabrajlow, [den Geschäftsmann und als Gangster verdächtigten Grigori] Lutschanski, [Jelzins Ex-Tenniscoach und Sportminister Schmil] Tarpischtschew, [den Direktor des Unternehmens Russisches Gold und als Gangster verdächtigten Alexander] Taranzew, [den Politiker Jossif] Ordschonikidse, [die Geschäftsfrau Jelena] Baturina (Lushkows Frau), [den Politiker Boris] Gromow, [den Geschäftsmann und Lushkows Schwager Wladimir] Jewtuschenkow, [den Journalisten Pawel] Gussew und andere auszugraben oder zu fabrizieren. Insbesondere hat es angeblich bereits Zwischenfälle in nächster Nachbarschaft von Kobsons Büro und dem Unternehmen ›Russisches Gold‹ gegeben, wie der besagte Plan es vorgesehen hatte. Das Ziel ist die wirksame Drohung, dass Firmen, die Lushkow unterstützen, vernichtet werden und dass auch seine Verbündeten vor Anschlägen nicht sicher sind.

Man hat ein eigenes Programm entwickelt, um die Gruppen des organisierten Verbrechens, die in Moskau aktiv sind, gegeneinander aufzuhetzen und einen Krieg zwischen ihnen zu provozieren, was nach Meinung der Autoren auf der einen Seite eine unerträgliche Welle von Verbrechen in der Hauptstadt auslöst, und auf der anderen Seite als Tarnung für die geplanten Terroranschläge gegen staatliche Institutionen dient, als handle es sich um das Begleichen von Rechnungen zwischen Verbrechersyndikaten, und ein allgemeines Chaos zur Folge haben wird.

Diese ›Maßnahmen‹ verfolgen mehrere Zwecke: die Erzeugung einer Atmosphäre der Angst in Moskau und der Illusion einer völlig ungehemmten kriminellen Aktivität; die Einleitung eines Prozesses zur Entfernung des gegenwärtigen Leiters des MWD Moskau aus seinem Amt und schließlich das Einpflanzen der Überzeugung unter den Bewohnern Moskaus, dass Lushkow nicht mehr Herr der Lage in der Hauptstadt ist.

Zusätzlich zu diesen Maßnahmen wird unseren Quellen zufolge die Presse mit Informationen darüber eingedeckt, wer im Moskauer Magistrat Verbindungen zur Mafia und zum organisierten Verbrechen unterhält. Die Person, die als der Hauptverantwortliche für die Zusammenarbeit mit organisierten Verbrechergruppen hingestellt wird, soll Herr Ordschonikidse sein, der in der Presse unter anderem mit tschetschenischen Kriminellen in Verbindung gebracht werden soll, ›denen man die Nutzung des Kiewer Bahnhofs übertragen hat, das Hotel Radisson-Slawjanskaja, das Einkaufszentrum unter dem Manegeplatz‹ etc.

In der ›roten‹ und ›patriotischen‹ Presse will man Artikel unterbringen über die Beherrschung Moskaus durch Leute aus dem Kaukasus, über ihre wilden Exzesse in der Hauptstadt und den Schaden für die Sicherheit und das materielle Wohlergehen der Moskauer Bürger. Das Zahlenmaterial darüber wurde bereits im Innenministerium zusammengestellt.

Derselbe Kanal wird für Material genutzt, das bereits fabriziert wurde und ›Lushkows Verbindungen zu internationalen zionistischen und sektiererischen Organisationen‹ beweisen soll.«

Einige Tage vor den Explosionen hatte der Duma-Abgeordnete Konstantin Borowoj ein Gespräch mit einem GRU-Offizier, der ihm eine Liste mit den Namen der Beteiligten an einem Terroranschlag aushändigte. Borowoj übergab die Liste sofort dem FSB, doch auf diese Warnung erfolgte keinerlei Reaktion.

Borowoj nimmt an, dass er nicht der einzige Kanal war, über den die Geheimdienste Warnungen vor unmittelbar bevorstehenden Terroranschlägen erhielten, ohne dass diese etwas unternommen hätten, um sie zu verhindern.

Man könnte die Meinung Borowojs übergehen, wenn sie nicht mit der Ansicht eines der berühmtesten russischen Spezialisten auf dem Gebiet von Sabotageakten und terroristischen Aktivitäten und ehemaligen GRU-Offiziers, Ilja Starinow, übereinstimmte. Er erklärte, es sei einfach unmöglich, dass seine Abteilung nichts von den geplanten Sprengstoffattentaten gehört haben solle.

Dieses verhängnisvolle Ignorieren von Warnungen vor bevorstehenden Terroranschlägen ist nur durch die Annahme zu erklären, dass es der FSB selbst war, der die Anschläge geplant hatte.

Einer der Organisatoren der Attentate in Moskau war der FSB-Major Wladimir Kondratjew. Am 11. März 2000 schickte er ein Schuldbekenntnis mit der Überschrift »Ich habe in Moskau Bomben gelegt!« an das Internetorgan FreeLance Bureau.

Die Angestellten der *FLB*-Site taten das, was rechtschaffene Bürger tun: Sie informierten unverzüglich den FSB über den Brief, und sein Inhalt wurde Patruschew übermittelt. Umgehend erschienen zwei Computerspezialisten des FSB, luden den Brief herunter und versprachen, der ganzen Sache auf den Grund zu gehen. Danach wurden sie nicht mehr gesehen.

Im Folgenden geben wir einen Auszug aus dem Brief wieder:

»Ja, ich war derjenige, der das Haus an der Uliza Gurjanow in Moskau in die Luft gesprengt hat. Ich bin kein Tschetschene, kein Araber und auch kein Dagestani, ich bin ein echter Russe, Wladimir Kondratjew, ein Major im FSB, ein Angehöriger der streng geheimen Abteilung K-20.

Unsere Abteilung wurde unmittelbar nach der Unterzeichnung des Friedensabkommens von Chassawjurt eingerichtet. Wir hatten die Aufgabe, Operationen zu planen und durchzuführen, mit denen die Tschetschenische Republik diskreditiert werden sollte, sodass sie keine internationale Anerkennung erhielt. Zu diesem Zweck erhielten wir weitgehende Machtbefugnisse und hatten Zugang zu praktisch unbegrenzten finanziellen und technischen Ressourcen.

Eine der ersten von uns geplanten und erfolgreich ausgeführten Operationen hatte die Bezeichnung Kowpak. Sie bestand im Wesentlichen darin, dass wir alle [Straf]kolonien in Russland aufsuchten und Verbrecher anwarben (bevorzugt Männer kaukasischer Nationalität), sie zu Gruppen zusammenfassten, mit Waffen und Geld ausstatteten, anschließend nach Tschetschenien brachten und dort mit einem einzigen Auftrag freiließen: Menschen und vor allem Ausländer zu entführen. Man kann wohl sagen, dass unsere Schüler ihre Sache gut gemacht haben.

[Der tschetschenische Präsident] Maschadow und seine Leute besuchten alle Regierungen der Welt und bemühten sich vergeblich um Unterstützung aus dem Ausland, während gleichzeitig in der Republik Tschetschenien Ausländer verschwanden. Die effektivsten Elemente dieser Operation waren die Entführung und die Ermordung englischer und holländischer Ingenieure, zu denen wir den Auftrag erteilt hatten.

Im Juli vergangenen Jahres erhielt unsere Abteilung eine neue Aufgabe: die Suche nach Mitteln und Wegen, in der russischen Bevölkerung einen Hass gegen Tschetschenien und gegen die Tschetschenen zu schüren. In Brainstorming-Sitzungen entwickelten wir einige Ideen, beispielsweise die Verteilung von Flugblättern im ganzen Land mit Drohungen der Tschetschenen, die beliebteste Sängerin des Landes, Alla Pugatschowa, zu ermorden, Wohnblocks in die Luft zu sprengen und anschließend die Schuld auf die Tschetschenen zu schieben.

Alle diese Vorschläge wurden der Führung des FSB weitergegeben, die den effektivsten Vorschlag auswählte und grünes Licht für seine Umsetzung gab.

Wir planten Sprengstoffanschläge in Moskau, Wolgodonsk, Rjasan, Samara sowie in Dagestan und Inguschien/Inguschetien. Bestimmte Gebäude wurden ausgesucht, der Typ des Sprengstoffs wurde ausgewählt und die erforderliche Menge berechnet. Die Operation lief unter der Codebezeichnung ›Hiroshima‹. Ich war unmittelbar zuständig für ihre Verwirklichung, da ich der einzige Sprengstoffexperte in unserer Abteilung war und zudem viel Erfahrung hatte.

Obwohl sich mein Inneres gegen die Idee, Wohnhäuser in die Luft zu sprengen, sträubte, konnte ich mich nicht weigern, den Befehl auszuführen, da mit der Einrichtung unserer Abteilung alle ihre Mitglieder in die Lage versetzt wurden, Befehle widerspruchslos ausführen zu müssen. Andernfalls würde man für immer zum Schweigen gebracht. Also habe ich dem Befehl gehorcht!

Am Tag nach dem Anschlag habe ich den Ort der Explosion aufgesucht, um festzustellen, wie wirksam sie war, und um die Ergebnisse zu analysieren. Ich war erschüttert von dem, was ich dort sah.

Ich habe bereits erwähnt, dass ich schon zuvor Gebäude gesprengt hatte, aber das waren keine Wohnhäuser, und sie befanden sich nicht in Russland. Doch hier hatte ich ein russisches Haus in die Luft gesprengt und russische Menschen getötet, und die russischen Frauen, die über russischen Leichen weinten, verfluchten den, der das getan hatte, in meiner Muttersprache. Und während ich in ihrer Nähe stand, konnte ich körperlich die Flüche spüren, die mich einhüllten, sich in meinen Kopf und meine Brust senkten, meinen Körper erfüllten und in jede Zelle eindrangen. Und ich erkannte: ICH WAR VERFLUCHT!

Wieder zurück in meiner Abteilung, schrieb ich statt eines Berichts über die Wirkung der Detonation ein Gesuch, wegen körperlicher und seelischer Erschöpfung in eine andere Abteilung versetzt zu werden.

Angesichts des Zustands, in dem ich mich befand, wurde ich vorläufig von allen Operationen suspendiert, und mit der Ausführung des zweiten Sprengstoffanschlags, der für Montag geplant war, wurde mein Partner beauftragt.

Um sicherzustellen, dass ich nichts unternehmen konnte, ihn zu verhindern, beschlossen sie, mich auszuschalten.

Am Samstag wollte ich allein sein und darüber nachdenken, was ich tun sollte, und meine Gedanken ordnen. Ich fuhr aus der Stadt zu meiner Datscha. Unterwegs merkte ich, dass die Bremsen meines Wagens versagten, den ich immer sorgfältig gewartet habe und bei dem bisher immer alles in Ordnung war.

Es wurde mir klar, dass sie beschlossen hatten, mich auf die klassische, in meiner Abteilung übliche Art loszuwerden, und so machte ich das, was man uns für solche Situationen beigebracht hatte, und fuhr den Wagen in einen kleinen Bach, der neben der Straße verlief. Noch am selben Tag habe ich operative Kanäle genutzt, um aus Russland herauszukommen.

Jetzt lebe ich Tausende Kilometer von meiner Heimat entfernt. Meine Papiere sind in Ordnung – ich bin jetzt ein Bürger dieses kleinen Landes. Ich trage einen nichtrussischen Namen, und niemand hier hat eine Ahnung, wer ich wirklich bin. Ich weiß, dass der FSB zu allem fähig ist, aber ich bin zuversichtlich, dass meine Kollegen mich hier nicht finden.

In meinem neuen Land habe ich ein kleines Geschäft aufgebaut, ich habe Geld, und jetzt kann ich hier für den Rest meiner Tage in Frieden leben. Warum schreibe ich Ihnen dann dies alles und nehme das Risiko auf mich, enttarnt zu werden? (Obwohl ich Vorsichtsmaßnahmen getroffen und dafür gesorgt habe, dass der Brief von einem anderen aus einem anderen Land abgeschickt wurde.)

Ich habe bereits Samara als eine der Städte genannt, die man für einen Sprengstoffanschlag ausgewählt hat. Die Opfer sollten die Bewohner eines Hauses in der Uliza Nowowoksalnaja sein. Obwohl ich es für möglich halte, dass unsere Abteilung nach dem fehlgeschlagenen Versuch, ein Wohngebäude in Rjasan in die Luft zu sprengen, derartige Operationen ganz aufgegeben hat, halte ich es für meine Pflicht, Sie davor zu warnen.«

Nach der Veröffentlichung von Kondratjews Brief im Internet, nur wenige Tage vor der Präsidentenwahl, veröffentlichte der Verein der Alpha-Veteranen ein Dementi, in dem er unter anderem behauptete, in den Geheimdiensten habe es gar keine Abteilung K-20 gegeben. Angesichts dieser Behauptung möchten wir kurz die Entstehungsgeschichte der Abteilung K skizzieren.

1998 wurde innerhalb des FSB auf der Basis der Sektion Terrorismusbekämpfung ein Antiterrorzentrum eingerichtet. Zu diesem gehörte eine Operationsabteilung, die Informationen über Terroristen sammelte und diese verfolgte, sowie eine Abteilung für Verfassungsschutz (Abteilung K), die ehemalige Fünfte Hauptverwaltung des KGB, die Informationen über politische und religiöse Gruppen und Organisationen sowie Dissidenten sammelte.

Später wurden aus dem Antiterrorzentrum durch eine schlichte Umbenennung die Abteilung zur Terrorismusbekämpfung und die Abteilung für Verfassungsschutz (Abteilung K).

Am 28. August 1999, bevor die Serie der Sprengstoffanschläge einsetzte, erlebte es abermals eine Umbenennung und hieß von da an Abteilung für Verfassungsschutz und Terrorismusbekämpfung.

Diese zahlreichen Umstrukturierungen dienten allesamt ein und demselben Zweck. Mit der Umwandlung verschiedener »Abteilungen« und »Ämter« versuchte der FSB auf die simpelste Art und Weise seine Spuren zu verwischen. Angesichts derart häufiger Umbenennungen schien es für einen Außenstehenden absolut unmöglich festzustellen, wer welchen Aufgabenbereich hatte, wer die Anweisungen gab und wer der Vorgesetzte von wem war.

Diese komplizierten und verwirrenden Bezeichnungen, die untereinander so ähnlich klangen, wurden mit Bedacht gewählt. Das ganze Verwirrspiel diente auch dazu, Journalisten von der richtigen Spur abzulenken.

In Wirklichkeit machte jeder seine bisherige Arbeit weiter wie eh und je, und bis heute sitzen die Offiziere des Staatssicherheitsdienstes in ihren Büros im siebten und neunten Stock des Gebäudes in der Uliza Bolschaja Lubjanka 1, so wie Sudoplatow dort zu Stalins Zeiten saß. Nichts hat sich seitdem wirklich geändert.

Der Chef der neuen Abteilung war Vizeadmiral German Ugrjumow, der am 31. Mai 2001 in seinem Büro in Chankala in Tschetschenien starb. Unmittelbar nach seinem Tod kursierte das Gerücht, Ugrjumow habe Selbstmord begangen. Es hieß, ein Mann in

Zivilkleidung habe Ugrjumows Büro um ein Uhr mittags betreten und eine halbe Stunde später wieder verlassen. Vermutlich erschoss sich der Vizeadmiral fünfzehn bis zwanzig Minuten später.

Während frühere Angehörige der Fünften Hauptverwaltung des KGB mit der Aufgabe betraut wurden, den Terrorismus zu bekämpfen und die verfassungsmäßige Ordnung des demokratischen Russlands zu schützen, hatte, da können wir sicher sein, die Abteilung K nichts anderes zu tun, als Terroranschläge zu organisieren und die Demokratie zu beschädigen. Wie Sobtschak, der Oberbürgermeister von St. Petersburg, sagte, waren dies Menschen, für die die Wörter »Legalität« und »Demokratie« einfach keine Bedeutung hatten. »Für sie existiert nichts außer Befehlen, und Gesetze und Rechte sind für sie nur lästige Hemmnisse.«

Bedeutet die von Major Kondratjew erwähnte Bezeichnung K-20, dass es mindestens noch neunzehn weitere geheime Spezialabteilungen gab?

Bemerkenswerterweise waren selbst Agenten der Staatssicherheit überzeugt, dass die Terroranschläge das Werk des FSB waren.

Erik Kotljar, ein Journalist der *Moskowskaja Prawda*, schilderte in der Ausgabe seiner Zeitung vom 10. Februar 2000 ein besonderes Beispiel. In dem Artikel berichtete er, was ihm vergangenen Herbst »ein Mitglied eines Supergeheimdienstes« erzählt hatte: »An jenem Abend kam ich erst spät nach Hause. In der Wohnung war niemand. Meine Frau, meine Tochter und meine Schwiegermutter waren in der Datscha. Ich hatte gerade ein paar Eier in die Pfanne geschlagen, da gab es außerhalb des Hauses eine ohrenbetäubende Explosion. Die Fensterscheiben barsten, und von draußen drangen Wolken von Qualm und Staub in die Wohnung. Ich lief hinaus ins Treppenhaus, meine Nachbarn standen schon dort in Panik. Sie warteten auf den Aufzug. Ich brüllte sie an, der Lift sei zu gefährlich, sie sollten zu Fuß runtergehen. Ich hastete auf die Straße und sah, dass vom mittleren Teil des gegenüberliegenden Gebäudes fast nichts mehr da war. Am nächsten Tag erhielt ich Antwort auf ein paar Fragen und traf eine endgültige Entscheidung: Ich verlasse gemeinsam mit meiner Familie Russland, es ist gefährlich, hier zu leben, und ich habe nur eine einzige Tochter.«

Als Kotljar darauf hinwies, dass Tschetschenen die Bomben in Moskau gelegt hätten, sagte der Agent verärgert: »Die Tschetschenen hatten damit nichts zu tun.« Kotljar war überzeugt, dass dieser Mann Genaueres wusste.

Am 10. September 1999 erklärte der Gouverneur der Region Altai, Alexander Surikow, »die Explosionen in Moskau waren ein Echo aus Dagestan«, dass jedoch die Leute, die ein Interesse an Terroranschlägen hätten, in Russland und in Moskau säßen. Surikow machte den Vorschlag, eine außerordentliche Sitzung des Föderationsrates abzuhalten und eventuell einen Notstand im Land auszurufen.

Am 13. September brachte der *Moskowski Komsomolez* einen Artikel mit der Schlagzeile »Der Geheimbericht über einen Bombenanschlag«, in dem versucht wurde, das Geschehene genauer zu analysieren.

»Tschetschenische Guerillas waren an den Vorbereitungen des Terroranschlags nicht unmittelbar beteiligt. Nach dem allgemeinen Bild der Explosion zu urteilen, war der Sprengstoff von Spezialisten angebracht worden, die in russischen Geheimdienstabteilungen ausgebildet worden waren.

Es kommt hinzu, dass alle vorangegangenen Terroranschläge, deren Spuren angeblich nach Tschetschenien führten, nach genau demselben Muster ausgeführt wurden: Ein mit Sprengstoff beladener Wagen explodiert in unmittelbarer Nähe eines Gebäudes. Der Wagen wird gewöhnlich erst wenige Stunden vorher vor der Fassade des ausgewählten Gebäudes geparkt. Der Zünder ist mit einem Zeitschalter gekoppelt. Selbst wenn die Autobombe vor der Detonation entdeckt wird, haben die Sprengstoffexperten nur wenige Minuten Zeit, den Zünder zu entschärfen (wie am vergangenen Sonntag vor dem Militärhospital in Buinaksk) …

Diese Vorliebe für Autobomben ist sehr einfach zu erklären. Sprengstoff ist heutzutage sehr teuer, und die Terroristen bezahlen für jedes Kilogramm TNT oder eine andere Substanz in bar. Und das Deponieren der Bombe beim Ziel des Anschlags auch nur einen Tag vor dem Zündzeitpunkt erhöht die Gefahr eines Fehlschlags, das Risiko einer vorzeitigen Entdeckung ist zu groß …

Doch das allgemeine Bild der Explosion in der Uliza Gurjanow legt die Vermutung nahe, dass der Anschlag von Personen geplant wurde, die keine Sparsamkeit gewohnt sind, das heißt von Angehörigen der Geheimdienste ... Experten haben festgestellt, dass die Hauptladung in dem Haus in der Uliza Gurjanow in dem gemieteten Lagerraum eines Ladens im Erdgeschoss deponiert war. Außerdem befand sich die Sprengladung dort schon eine geraume Zeit vor der Explosion.

Die Verbrecher haben offenbar ihre Zeit nicht mit Lappalien vergeudet, und falls der Sprengstoff entdeckt würde, dann gäbe es eben in einem anderen Teil der Stadt eine Explosion. Diese Taktik gleicht der Benutzung von Geheimadressen, die bei den Geheimdiensten aller Länder so beliebt sind. Wird eine von ihnen enttarnt, dann findet die Operation eben woanders statt.

In den Tagen der UdSSR dienten Spezialisten, die einen derartigen Terroranschlag ausführen konnten, sowohl im KGB als auch in der Zweiten Hauptverwaltung des Generalstabs (besser bekannt unter der Abkürzung GRU).«

Mit anderen Worten, der *Moskowski Komsomolez* deutete ganz zart an, dass der FSB hinter den Anschlägen steckte.

Am 12. September erhielt die Moskauer Polizei einen Anruf von den Bewohnern des Hauses Kaschirskoje-Chaussee 6/3: »In unserem Keller stimmt etwas nicht«, berichteten besorgte Bürger. Eine Polizeistreife ging der Sache nach und traf am Eingang zum Keller auf einen Mann, den die Polizisten für einen Angestellten der Bezirkshausverwaltung (REU) hielten und der ihnen sagte, im Keller sei alles in Ordnung, »unsere Leute« seien dort drin. Die Polizisten blieben noch eine Weile an der Kellertür stehen, ohne hineinzugehen, und fuhren wieder weg.

Am nächsten Morgen in der Frühe, als gerade der aktuelle *Moskowski Komsomolez* mit dem Artikel »Der Geheimbericht über einen Bombenanschlag« an die neuen Kioske Moskaus ausgeliefert wurde, ging das achtstöckige Wohnhaus Kaschirskoje-Chaussee 6/3 in die Luft. Der Mann an der Kellertür hatte nicht gelogen – es waren »seine Leute« im Keller gewesen.

Einige Tage später versuchte der *Moskowski Komsomolez* dem schlagfertigen »REU-Angestellten« auf die Spur zu kommen. »Ich hatte ein Gespräch mit den Hausverwaltern des Bezirks Kaschirskoje-Chaussee«, berichtete der Reporter. »Bislang sind wir nicht in der Lage herauszufinden, welcher REU-Angestellte für den Mann eingesprungen ist, der den Keller zum Haus Nummer 6 gemietet hatte. Niemand gibt das zu. Es ist entweder ein Techniker, ein Aufseher oder ein Bezirksleiter.« Bis heute wurden weder der REU-Angestellte noch die Personen, die den Keller weitervermietet hatten, gefunden.

Bis zwei Uhr nachmittags am 13. September hatte man aus den Trümmern des gesprengten Hauses hundertneunzehn Leichen und dreizehn Körperteile gefunden. Unter den Toten waren auch zwölf Kinder.

Die Experten stellten bald fest, dass die beiden Explosionen in Moskau absolut identisch in der Methode waren, und in beiden Fällen war die Zusammensetzung der Sprengladung dieselbe.

Nun wurde eine sorgfältige Überprüfung von Gebäuden, Dachböden und Kellern vorgenommen. In einem Haus, in der Uliza Borissowskije Prudy 16/2, wurde ein Versteck mit Sprengstoff entdeckt. Neben einem Hexogengemisch und acht Kilogramm Plastiksprengstoff, der als Zündladung benutzt wurde, fanden sie sechs elektronische Schaltuhren, die aus Casio-Armbanduhren zusammengebaut waren. Fünf davon waren bereits auf bestimmte Zeitpunkte eingestellt. Die Terroristen brauchten nur noch die Zeitschalter zu den verschiedenen Stellen mit deponiertem Sprengstoff zu bringen und sie mit den Zündladungen zu verbinden. Eines der Häuser, in denen Sprengstoff versteckt war, lag in der Uliza Krasnodorskaja. Das letzte Wohnhaus, dessen Zerstörung sie geplant hatten, war das in der Uliza Borissowskije Prudy; der Zeitpunkt: 4.05 Uhr am 21. September.

Es war auffällig, dass der FSB, dessen Aufgabe es war, Terroristen in Moskau aufzuspüren, in dieser Straße keinen Hinterhalt legte, um die Terroristen zu ergreifen – denn früher oder später würden sie kommen und die Zünder holen –, sondern stattdessen umgehend die Verbrecher über die Massenmedien darüber informierte, dass in der Uliza Borissowskije Prudy ein Versteck entdeckt worden war. Wir können mit Sicherheit ausschließen, dass diese Bekanntmachung des FSB einfach nur eine Ungeschicklichkeit war. Nicht einmal einem Ermittler im ersten Berufsjahr wäre ein solcher Schnitzer unterlaufen.

Die Informationen über die nach den Terroranschlägen gefundenen Sprengstoffe und die entdeckte Menge waren ganz unterschiedlich.

Der Sprengstoff war in Zuckersäcken mit der Aufschrift »Tscherkessische Zuckerraffinerie« verpackt, doch es gibt keine Zuckerraffinerie dieses Namens. Wenn man den »Zucker« in solchen Säcken quer durch ganz Russland befördert hätte, vor allem mit gefälschten Begleitpapieren, wäre die Gefahr einer Entdeckung zu groß gewesen. Einfacher wäre es gewesen, Begleitpapiere für den »Zucker« einer Raffinerie zu fälschen, die tatsächlich existiert.

Aus diesem Umstand lassen sich sofort mehrere Schlüsse ziehen, zum Beispiel dass die Terroristen die Ermittlungen in die Richtung der Republik Karatschai-Tscherkessien lenken wollen, da sie damit rechnen mussten, dass früher oder später mindestens ein Sack aus der »Tscherkessischen Zuckerraffinerie« den Ermittlern in die Hände fallen würde; dass die Terroristen außerdem keine Angst davor hatten, Säcke mit einer falschen Aufschrift und mit falschen Begleitpapieren nach Moskau zu fahren, da sie offenbar fest davon überzeugt waren, dass ihnen selbst und der Ladung nichts passieren konnte.

In Moskau fand man dreizehn Tonnen Sprengstoff. Im Haus in der Uliza Borissowskije Prudy waren es drei bis vier Tonnen, noch größer war die Menge im Bezirk Ljublino, und vier Tonnen wurden in einem Unterstellraum für Pkws in der Industriezone Kapotnja aufgespürt. Einige Zeit später entdeckte man, dass sechs Tonnen Heptyl (ein Raketentreibstoff, der unter anderem aus Hexogen besteht) aus dem Chemiewerk Newinnomysk in der Oblast Stawropol entwendet worden waren.

Mit sechs Tonnen Heptyl kann man zwar zehn Tonnen Sprengstoff herstellen, aber nicht in einer Küche, einer Garage oder einem illegalen Laboratorium. Das Heptyl wurde offenbar in einem Armeedepot verarbeitet. Dann mussten die Säcke auf ein Fahrzeug geladen und unter den Augen der Wachen hinausgefahren werden, denen irgendwelche Papiere vorgezeigt wurden.

Es wäre schwierig gewesen, die Terroranschläge zu finanzieren, ohne irgendwelche Spuren zu hinterlassen. Die Geheimdienste müssten etwas gehört haben, zumindest über den Kauf großer Mengen Heptyl oder Hexogen von den Depots. Nur die Organe der Staatssicherheit oder Armeeoffiziere hätten Hexogen von einer Fabrik oder einem Lagerhaus bekommen, ohne dafür zu bezahlen.

Insgesamt ergibt sich das Bild, dass eine ganze Gruppe von Leuten an der Operation beteiligt gewesen sein muss, und wenn dies zutrifft, müssen Agenten des FSB und der Spionageabwehr davon gewusst haben.

Dies waren genau die Schlussfolgerungen, die von vielen Reportern und Spezialisten gezogen wurden, die versuchten, die raffinierte Methode zu rekonstruieren, mit der das Hexogen nach Moskau gebracht werden konnte. Der Plan erwies sich dann als überaus einfach, da er vom FSB selbst entwickelt worden war. Er bestand aus folgenden Schritten.

Am 24. Oktober 1991 wurde das wissenschaftliche Forschungsinstitut »Roskonwerswsrywzentr« eröffnet. Das Institut lag im Zentrum Moskaus – in der Uliza Bolschaja Lubjanka 18, Gebäude 3 –, und es sollte sich mit der »Nutzung von wandelbaren Explosivstoffen in der nationalen Landwirtschaft« befassen. Der Leiter dieser Einrichtung war von 1991 bis 2000 ein Mann namens Schtschukin.

In Wirklichkeit war das Institut eine Tarnung – eine Umschlagstelle zwischen der Armee und dem »Verbraucher« –, und seine Tätigkeit war der illegale Handel mit Sprengstoff. Hunderttausende Tonnen Sprengstoff, hauptsächlich TNT, nahmen ihren Weg über das Institut. Es kaufte Sprengstoff von der Armee zur Nutzung und zur Umwandlung oder von Chemiefabriken zu »Forschungszwecken«. Anschließend verkaufte es den Sprengstoff an Verbraucher, zu denen echte und berechtigte Handelsunternehmen gehörten wie das belorussische Regierungsunternehmen »Granit«. Natürlich hatte das Institut nicht das Recht, Sprengstoff zu verkaufen.

Aber aus irgendwelchen Gründen schien sich niemand daran zu stören, auch nicht die Leiter der Sicherheitsorgane und am allerwenigsten Patruschew.

Unter den zahlreichen Großverträgen über den Transport von Hunderttausenden Tonnen TNT lose und in Gebinden, über das Institut vermittelt zwischen dem Lieferanten (der Armee) und den Abnehmern (den Handelsunternehmen), erschienen gelegentlich kleine Bestellungen von ein bis zwei Tonnen TNT. Diese Bestellungen enthielten detaillierte Angaben über die Verpflichtungen beider Seiten, obwohl der Verkauf einer Tonne »Ware« nicht mehr als dreihundert bis dreihundertfünfzig Dollar einbrachte, kaum ausreichend zur Bezahlung des Transports.

In Wirklichkeit ging es bei diesen kleinen Bestellungen von TNT um die Lieferung von Hexogen. Über das Institut wurde das Hexogen von der Armee bezogen und den Terroristen übermittelt, die damit Wohngebäude in Moskau und anderen russischen Städten in die Luft sprengten.

Diese Lieferungen waren nur möglich, weil Schtschukins Forschungsinstitut von den Geheimdiensten eingerichtet worden war und die Terroristen, die das Hexogen erhielten, Agenten des FSB waren.

Das Hexogen, verpackt in Fünfzig-Kilo-Säcken mit der Aufschrift »Zucker«, wurde an dem einzigen Ort gelagert, wo es gelagert werden konnte – in Militärdepots unter Bewachung von Soldaten. Ein solches Depot war das des 137. Fallschirmjägerregiments in Rjasan. Eine seiner Wachen war der Gefreite Alexej Pinjajew.

Das Institut bezog zum Preis für TNT von dem Militärdepot Hexogen zu »Forschungszwecken«. Auf den Rechnungen firmierte das Hexogen als TNT. Die Bestellformulare lauteten auf den »Empfänger« – die Verbindungsstelle zwischen dem Institut und den Terroristen, und anstelle von TNT stand dort die kryptische Bezeichnung A-IX-1. Nur ein ganz kleiner Personenkreis wusste, was sich dahinter verbarg. Es kann gut sein, dass die Mittelsmänner, die das Hexogen mit ihren eigenen Fahrzeugen von den Militärdepots abtransportierten, nicht eingeweiht waren.

Die geringen »TNT«-Mengen, die aus den Militärdepots abtransportiert wurden, lösten sich anschließend scheinbar in Luft auf. Unter den riesigen Mengen echter TNT-Lieferungen fielen die kleinen Bestellungen in der Größenordnung von drei- bis sechshundert US-Dollar kaum auf, und der weitere Weg der Chargen ließ sich unmöglich verfolgen.

Reporter haben versucht herauszufinden, wie die Terroristen eigentlich das Hexogen über große Strecken hinweg in Russland transportiert haben. Aber ein Transport war gar nicht notwendig. Das Hexogen wurde dort verwendet, wo es gelagert war. So wurde beispielsweise das Hexogen im Depot des 137. Fallschirmjägerregiments in Rjasan in dem Wohngebäude in der Uliza Nowosjolow in Rjasan deponiert. Das Hexogen aus den Militärdepots vor den Toren Moskaus wurde in Moskau eingesetzt.

Das System war genial einfach. An alles war gedacht, ausgenommen vielleicht rein zufällige Pannen, die nicht vorhersehbar waren: der aufmerksame Fahrer Alexej Kartofelnikow, der neugierige Gefreite Alexej Pinjajew oder der unerschrockene Reporter Pawel Woloschin von der *Nowaja Gaseta*. Und was man auch nicht vorhersehen konnte, war der Flug von Nikita Tschekulin nach London mit Dokumenten und Videoaufnahmen im Gepäck. Tschekulin war ein Agent des FSB und Mitglied des Beratenden Ausschusses der Staatsduma-Kommission zur Bekämpfung der Korruption, der, wie es der Zufall wollte, in den Jahren 2000/2001 auch Direktor des Instituts »Roskonwerswsrywzentr« war.

Nachdem zwei Wohngebäude in die Luft gesprengt worden waren, wurde die Suche nach weiterem deponiertem Sprengstoff in Wohngebäuden in Moskau fortgesetzt. An einem einzigen Tag überprüfte die Moskauer Polizei 26 561 Wohnungen. Ihre besondere Aufmerksamkeit galt den nicht für Wohnzwecke gedachten Räumen im Erdgeschoss von Wohngebäuden, im Souterrain und in den Kellern, die häufig als Abstellplätze genutzt werden. Die Zahl dieser überprüften Räume betrug 7908. Auch öffentliche Gebäude wurden durchsucht: 180 Hotels, 415 Wohnheime und 548 Vergnügungsstätten (Casinos, Kneipen und Cafés).

Der Öffentlichkeit gegenüber wurde erklärt, die Suche gelte Personen, die der Beteiligung an den Terroranschlägen in Moskau verdächtigt würden. An diesen Überprüfungen beteiligt waren 14500 Angestellte der MWD und 9500 Angehörige der bewaffneten Kräfte des Innenministeriums, darunter eine eigene operative Abteilung (die ehemalige Abteilung Dserschinski). Angestellte des MWD arbeiteten zwölf Stunden täglich, auch an Wochenenden, und man fand noch einige Räumlichkeiten, in denen die Terroristen Sprengstoff deponiert hatten.

Nach der amtlichen Version der Ermittlung (die möglicherweise von der Wahrheit weit entfernt ist) waren sie von einem Atschimes Gotschijajew angemietet worden, vermutlich ein tschetschenischer Agent mit dem Decknamen Laipanow. Der echte Laipanow stammte aus der Republik Karatschai-Tscherkessien und war 1999 bei einem Autounfall in Krasnodar ums Leben gekommen. Die Papiere des toten Laipanow wurden »Deckpapiere« für den wirklichen Terroristen. Ein ehemaliger Mitarbeiter des GRU, der den größten Teil seines Lebens mit dem Aufbau eines Agentennetzes im Ausland verbracht hatte, sagte dazu: »Diese Vorgehensweise ist die übliche Praxis zur Legalisierung von Agenten in allen Geheimdiensten auf der Erde. Es ist eine klassische Methode, die in allen Lehrbüchern beschrieben wird. Es ist, als gewähre man dem Toten ein zweites Leben.«

Bereits im Juli 1999 hatte Gotschijajew/Laipanow sich bei einem der Moskauer Autovermieter an der Uliza Begowaja erkundigt und Informationen über einundvierzig mögliche Ziele erhalten. Nach der ersten Explosion wurden achtunddreißig dieser Häuser von den Ermittlern auf Sprengstoff überprüft.

Auch »Laipanows« Juniorpartner wurde ermittelt. Der FSB behauptete, es handle sich um Denis Saitakow, einen jungen Mann von zwanzig Jahren, den man aus Usbekistan ausgewiesen habe und der früher Novize in der Joldys-Madrasa (islamische Hochschule) in Nabereshnije Tschelnyj in Tatarstan gewesen sei; seine Mutter sei Russin, sein Vater Baschkire. Der FSB ging von der Annahme aus, während der Vorbereitungen des Sprengstoffanschlags hätten er und »Laipanow« ein Zimmer im Hotel Altai gemietet und mit Firmen telefoniert, die Lastwagen verliehen.

Obwohl das KGB in Tatarstan zwei Tage nach dem Anschlag auf dringendes Ersuchen aus Moskau eine Fahndung nach Saitakow einleitete, glaubte dort niemand daran, dass dieser an den Anschlägen beteiligt war. Jedenfalls mahnte der stellvertretende Leiter des KGB in Tatarstan, Ilgis Minullin: »Niemand kann Saitakow als Terroristen bezeichnen, bevor seine Schuld erwiesen ist ... Gegenwärtig sind die Organe der Staatssicherheit nicht im Besitz irgendwelcher Tatsachen, aus denen die Beteiligung von Schülern der Joldys-Madrasa an Terroranschlägen in Moskau hervorgeht.« Das KGB von Nabereshnije Tschelnyj gab außerdem eine Erklärung ab, dass die gegen Einwohner Tatarstans erhobenen Anschuldigungen der Mittäterschaft bei Terrorakten grundlos seien und dass dem KGB Tatarstan keine Indizien einer Beteiligung von Einwohnern der Republik an den Bombenanschlägen vorlägen.

Die Urheber der Terroranschläge im September folgten dem Prinzip des geringsten Widerstandes. Zuerst benutzten sie ihre »Tarnpapiere«, um mehrere Keller- und Abstellräume anzumieten, darunter die in der Uliza Gurjanow und der Kaschirskoje-Chaussee. Dann brachten sie den Sprengstoff dorthin und stapelten um die Hexogenkisten Zucker- und Teesäcke und Kartons mit Sanitärmaterial (zumindest war dies ihr Vorgehen in der Uliza Gurjanow).

Die Ziele für die Anschläge waren mit Bedacht gewählt. Das Risiko, vor einem der Gebäude der wenig anziehenden »Schlafvorstädte« einem Polizisten zu begegnen, ist normalerweise sehr gering, und gewöhnlich stehen auch keine Hausmeister in den Einfahrten. Starinow erklärte, »die Lage dieser Gebäude und ihre Umgebung erfüllen die beiden wichtigsten Bedingungen für einen Terroranschlag – Schutzlosigkeit und Zugänglichkeit«.

Die Terroristen deponierten genau die richtige Menge an Sprengstoff, die für die vollkommene Zerstörung ihrer Ziele nötig war. Der Saboteur Starinow war der Meinung, dass die Anschläge von drei Personen ausgeführt werden konnten.

Die Terroristen waren offenbar gut ausgebildet, nicht nur in Sabotageakten, sondern auch in der geheimdienstlichen Arbeit: Sie wussten, wie sie einer Überwachung entgehen und unter einer angenommenen Identität leben konnten.

Selbst ein einjähriger Kurs im besten Zentrum für Spezialausbildung reicht nicht aus, um das alles zu lernen. Es sah also ganz danach aus, dass Moskau professionellen Terroristen ausgeliefert war. Und die einzigen professionellen Terroristen, die in Russland tätig waren, gehörten dem FSB und dem GRU an.

Petra Prohaskova, eine tschechische Journalistin, die Chattab zur Zeit der Sprengstoffanschläge interviewte, erinnerte sich an seine verblüffende Reaktion auf die Bekanntgabe der Terroranschläge in Moskau. Sein Gesicht nahm plötzlich einen Ausdruck echter Furcht an. Es war die aufrichtige Furcht eines Frontsoldaten, der erkennt, dass er nun für alles den Buckel hinhalten muss. Alle, die Chattab kennen, sind sich darin einig, dass er kein Schauspieler ist und dass sein Erschrecken und seine Furcht echt gewesen sein mussten.

Die Tschetschenen wussten, dass es nicht in ihrem Interesse lag, Terroranschläge zu verüben. Die öffentliche Meinung war auf ihrer Seite, und die öffentliche Meinung in Russland wie im Ausland war für sie wertvoller als zwei- bis dreihundert Tote. Das war der Grund, warum hinter den Terroranschlägen vom September 1999 keine Tschetschenen stecken konnten.

Und es war auch glaubwürdig, wenn sie stets jede Beteiligung an diesen Anschlägen bestritten. Iljas Achmadow, der Außenminister in der Regierung Aslan Maschadows, hat sich darüber mit folgenden Worten geäußert:

»*Frage:* In Frankreich sprechen Sie, als wisse alle Welt, dass die Terroranschläge in Moskau und Wolgodonsk von den russischen Geheimdiensten durchgeführt worden seien ... Haben Sie dafür Beweise?

Antwort: Selbstverständlich. Während des gesamten vergangenen Krieges haben wir nicht die geringste Neigung zu derartigen Dingen gezeigt. Aber wenn sie von Bassajew oder Chattab organisiert worden wären, dann hätten diese sich nicht gescheut, es gegenüber Russland zuzugeben.

Außerdem weiß jeder, dass die verhinderten Anschläge in Rjasan vom FSB eingefädelt wurden ... Ich selbst habe in der Armee als Sprengstoffexperte im Rang eines Offiziers auf einem militärischen Übungsgelände gedient, und ich weiß sehr genau, was der Unterschied zwischen Sprengstoff und Zucker ist.«

Es folgt die Meinung einer weiteren interessierten Partei, der man schlecht widersprechen kann. Der tschetschenische Verteidigungsminister und Kommandeur der Präsidialwache, Mahomet Chambijew, sagte:

»Nun zu den Explosionen in Moskau. Warum verüben die Tschetschenen selbst jetzt, da unser Volk vernichtet wird, keine Terrorakte? Warum haben sich die russischen Behörden nicht für den Hexogenzwischenfall in Rjasan interessiert, als die Polizei einen Angehörigen der Geheimdienste mit dem Sprengstoff festgenommen hat?

Es gibt keinen einzigen Beweis für die sogenannte tschetschenische Connection bei diesen Anschlägen. Und diese Anschläge lagen am allerwenigsten im Interesse der Tschetschenen.

Doch was verborgen ist, wird eines Tages enthüllt. Ich versichere Ihnen, dass die [Namen der] Täter und Planer der Sprengstoffanschläge in Moskau bekannt werden, wenn es erst einmal einen Regimewechsel im Kreml gibt. Weil diejenigen, die die Attentate befohlen haben, in den Korridoren des Kremls gesucht werden müssen. Diese Anschläge waren notwendig, um den Krieg beginnen zu können, um die Aufmerksamkeit der Russen und der ganzen Welt von den Skandalen und schmutzigen Intrigen, die im Kreml vorgehen, abzulenken.«

Es kam der Verdacht auf, die Anschläge seien von Personen ausgeführt worden, die versuchten, auf diese Weise die Regierung zu zwingen, einen Notstand auszurufen und die Wahlen abzusagen. Aber das wäre den Interessen der Tschetschenen zuwidergelaufen.

1996 traten das Trio Korshakow-Barsukow-Soskowez und die hinter ihnen stehenden Geheimdienste für eine Absage der Wahlen ein. Aber wer sollte versuchen, 1999 die Ausrufung eines Notstands zu provozieren?

Mehrere Politiker verwarfen diese Idee: »Ich halte nichts von den Erklärungen bestimmter Analysten, die diese Serie von Terroranschlägen mit dem Interesse bestimmter Leute in Verbindung bringen, in Russland einen Notstand auszurufen und die Wahlen zur

Staatsduma auszusetzen«, erklärte der ehemalige russische Innenminister Kulikow in einem Interview mit der *Nesawisimaja Gaseta*, das am 11. September erschien.

Verteidigungsminister Igor Sergejew hielt es für möglich, dass sich in den Straßen Moskaus auch Militärpatrouillen zeigen könnten. »Soldaten könnten gemeinsam mit den Kräften des Innenministeriums in der Stadt patrouillieren«, erklärte er vor Journalisten nach einem Gespräch mit Boris Jelzin. Wie er hinzufügte, arbeitete der GRU »intensiv« daran, alle möglichen Kontakte festzustellen zwischen denen, die die Sprengstoffexplosionen in russischen Städten geplant hätten, und internationalen Terroristen (ein Hinweis auf ausländische Saboteure!).

Der Einsatz von Soldaten zum Schutz friedlicher Bürger vor Terroristen sah eher nach der Verhängung des Kriegsrechts aus.

Igor Sergejew sprach sich auch »für die Einführung weitreichender Antiterrormaßnahmen und Antiterroroperationen« aus. Mit anderen Worten, das russische Verteidigungsministerium forderte einen Krieg gegen einen ungenannten Feind, doch es war jedermann klar, dass er in Wirklichkeit zu einem Krieg gegen Tschetschenien aufrief.

Die letzte Entscheidung über alle diese Fragen blieb bei Präsident Jelzin. Die Geheimdienste hatten jedoch praktisch unbegrenzte Möglichkeiten, die dem Präsidenten übermittelten Informationen zu filtern oder zu fälschen. Das wurde in einem Interview bestätigt, das Eduard Schewardnadse, der Präsident Georgiens und ehemalige Chef des georgischen MWD, am 12. November 1999 gab. Dabei kam er auch auf das tschetschenische Problem zu sprechen: »Immer wieder wird der Umstand angesprochen, dass der GRU über solche Informationen verfüge. Ich weiß, von welchen Informationen der GRU in der Geschichte Gebrauch gemacht hat, wie sie zustande kommen und wie sie zuerst dem Generalstab, dann dem Verteidigungsminister und dann dem Oberkommandierenden vorgetragen werden. Ich weiß, dass hier in großem Umfang gefälscht wird.«

Der frühere Ministerpräsident Jewgeni Primakow, ein weiterer gut informierter zeitgenössischer Politiker, der bei den Wahlen 2000 für die Präsidentschaft kandidierte, sah das Problem unter einem anderen Blickwinkel. Als er zu seiner Meinung über die Terroranschläge gefragt wurde, sagte er, seiner Ansicht nach seien diese Anschläge noch nicht das Ende der Angelegenheit, es könnte noch weitere Explosionen überall in Russland geben, und einer der Gründe für die Lage, die inzwischen entstanden sei, liege in den Verbindungen zwischen Personen in den Organen der Polizei und der Geheimdienste und der kriminellen Unterwelt.

Letztlich räumte Primakow ein, dass die Sprengstoffanschläge in ganz Russland das Werk von Menschen waren, die mit den Geheimdiensten in Verbindung standen.

Das wurde auch von Eduard Schewardnadse in einer Rede bestätigt, die am 15. November 1999 vom russischen Fernsehen übertragen wurde: »Bereits bei einer Unterredung in Kischinew habe ich Präsident Jelzin darüber informiert, dass seine Geheimdienste Kontakte zu tschetschenischen Terroristen unterhielten. Doch Russland hört nicht auf seine Freunde.« Die Regeln der Diplomatie ließen eine deutlichere Erklärung nicht zu. Der georgische Präsident konnte nicht sagen, dass er mit »tschetschenischen Terroristen« einfach nur »Terroristen« gemeint hatte.

Es ist jedoch offensichtlich, dass Schewardnadse die russischen Geheimdienste im Verdacht hatte, die Urheber der Anschläge zu sein. Die in seinem Besitz befindlichen Informationen legten sogar den Schluss nahe, dass die russischen Geheimdienste auch in zwei versuchte Anschläge auf sein eigenes Leben verwickelt gewesen waren.

Um keine unbelegten Behauptungen aufzustellen, geben wir eine Äußerung des ehemaligen Direktors der US National Security Agency, General a. D. William Odom, wieder. Im Oktober 1999 erklärte er, für Ministerpräsident Putin und seine nächste Umgebung aus dem Militär sei dieser Tschetschenienfeldzug ein Mittel, Schewardnadse unter starken Druck zu setzen. Sie hätten bereits einen Versuch unternommen, Georgien zu zerschlagen, indem sie Abchasien und Südossetien von ihm abgetrennt hätten, und jetzt wollten sie die Ereignisse in Tschetschenien dazu nutzen, ihre Streitkräfte dort zu stationieren, eine Absicht, der sich der gegenwärtige Präsident Georgiens widersetze.

Angefangen mit Primakows Amtszeit als Ministerpräsident habe die russische Regierung mindestens zwei Anschläge auf das Leben Schewardnadses versucht. Die georgische Führung habe den Regierungen mehrerer Drittländer überzeugende Beweise hierfür übermittelt.

Primakow sei persönlich darin verwickelt gewesen. Er habe Geheimagenten des russischen Auslandsnachrichtendienstes in Weißrussland eingesetzt, und im Mai sei mit seinem Wissen ein Anschlag auf das Leben Schewardnadses und einiger seiner engsten Gefolgsleute versucht worden. »Die amerikanische Regierung besitzt Tonbandaufnahmen von Gesprächen, die von den damals beteiligten Attentätern geführt wurden. Ein Jahr zuvor wurde der erste Anschlag auf Schewardnadse unternommen, nicht von Amateuren, sondern von Berufskillern, gut vorbereiteten militärischen Gruppen, die nur in Russland ausgebildet sein konnten. Darüber hinaus gibt es zahlreiche konkrete Beweise, die an Ort und Stelle des geplanten Attentats erhoben wurden und dies alles bestätigen.«

Was Schewardnadse über die Sprengstoffanschläge in Moskau nicht so direkt sagen konnte, sprach der einstige Sekretär des Sicherheitsrates (und 1999 Gouverneur von Krasnojarsk) Alexander Lebed offen aus, als er von einem Journalisten des französischen *Figaro* gefragt wurde: »Wollen Sie damit sagen, dass hinter den Bombenanschlägen die gegenwärtige Regierung steckt?« Der General antwortete: »Davon bin ich ziemlich überzeugt.«

Lebed verwies darauf, dass die Kraft, die man hinter den Anschlägen auf Wohnblocks in Moskau und Wolgodonsk erkennen könne, nicht die tschetschenischen Terroristen seien, sondern »die Hand der Macht«, das hieß der Kreml und der Präsident, die »bis zum Hals in der Scheiße« steckten, vollkommen isoliert seien und gemeinsam mit Jelzins »Familie ... nur das eine Ziel [hätten], die Lage zu destabilisieren, um Wahlen zu verhindern«.

Am 14. September gaben der FSB und das MWD die Erklärung ab, deretwegen der FSB die Anschläge ausgeführt hatte.

Der PR-Chef des FSB, Sdanowitsch, gab bekannt, Polizei und Geheimdienste hätten keinen Zweifel daran, dass die Serie der Explosionen von Buinaksk bis zu einem Haus an der Kaschirskoje-Chaussee in Moskau »eine groß angelegte terroristische Operation der Guerillas von Bassajew und Chattab zur Unterstützung ihrer Militäraktion in Dagestan« darstelle. Igor Subow, der stellvertretende Außenminister, bekräftigte diese Aussage: »Wir können jetzt jeden Zweifel daran ausschließen, dass Bassajew und Chattab hinter diesen Anschlägen stecken.«

Die Erklärungen von Sdanowitsch und Subow entsprachen nicht der wirklichen Lage. Einen Tag später erklärte der Leiter der MWD-Hauptverwaltung für den Kampf gegen das organisierte Verbrechen, Generalleutnant Wladimir Koslow, man habe »mehrere Personen, die an diesen Terroranschlägen beteiligt waren, identifiziert«, und erläuterte, gemeint sei eine Gruppe von Terroristen mit Kontaktpersonen in Moskau und den Bezirken und Städten im Umkreis der Hauptstadt. Tschetschenien oder Dagestan wurden von Koslow nicht einmal erwähnt.

Sdanowitsch hatte offensichtlich eine Falschinformation verbreitet. Die Schlussfolgerungen des FSB klangen nicht überzeugend, und die Versuche der Geheimdienste, die wahren Schuldigen festzunehmen, wirkten wie eine Farce.

In der Atmosphäre einer tschetschenenfeindlichen Hysterie in Moskau verhafteten Angehörige des FSB und des MWD zwei Männer, die als Beteiligte an den Anschlägen verdächtigt und deren Namen sehr bald veröffentlicht wurden, obwohl deren Tatbeteiligung überhaupt noch nicht bewiesen war. Es waren der zweiunddreißigjährige Timur Dachkilgow und sein Schwiegervater, der vierzigjährige Bekmars Sauntjew.

Timur Dachkilgow war ein Ingusche, der in Grosny geboren war und dort lebte, bevor er nach Moskau zog. Hier arbeitete er als Färber in einem Textilkombinat.

Am 10. September, unmittelbar nach dem Sprengstoffanschlag auf das Haus in der Uliza Gurjanow, suchte Sauntjew Dachkilgow auf, um ihm zu sagen, sie müssten zur Polizei im Stadtteil Nord-Butowo gehen, um sich erneut als in Moskau wohnhaft zu melden. Auf dem Revier wurden Timur Dachkilgow und seine Frau Lida fotografiert, man nahm ihnen Fingerabdrücke ab, machte einen Abstrich von ihren Handflächen und entließ sie wieder.

Bald nach der zweiten Bombenexplosion erschienen MWD-Agenten vor den Wohnungen Sauntjews und Dachkilgows. Sie erklärten, auf den Handflächen Timur Dachkilgows habe man Spuren von Hexogen entdeckt, und verhafteten ihn. Bei Sauntjew fanden sie einen Revolver hinter seiner Toilette und Spuren von Hexogen auf dem Griff der Tür zu seiner Wohnung (auf der Außenseite, im Treppenhaus).

Drei Tage lang wurden die Verdächtigen verhört. Sauntjew ließ man später frei, und die Pistole in seiner Wohnung wurde anscheinend vergessen. Timur Dachkilgow wurde zur MUR-Dienststelle an der Uliza Petrowka gebracht, wo man ihn beschuldigte, er habe Sprengstoff in seinem Besitz und Terroranschläge verübt. Über die ganze Vernehmung wurde öffentlich im Fernsehen berichtet, und Innenminister Ruschailo teilte sogar dem Föderationsrat mit, man habe einen der Terroristen verhaftet.

Nach Angaben Dachkilgows wurde er von drei Männern verhört, die ihm jedoch nie vorgestellt wurden und sich gegenseitig nie mit Namen anredeten. Er gab ihnen eigene Namen: Alter Mann, Ingwer und Netter Kerl. Der zuletzt Genannte hatte sich diesen Namen verdient, weil er Dachkilgow nie wirklich schlug. Das Verhör dauerte drei Tage, danach wurde Dachkilgow in das zu Sowjetzeiten berüchtigte Lefortowo-Gefängnis in Moskau gebracht.

Sie versuchten, Dachkilgow in seiner Zelle mit Methoden zu bearbeiten, von denen er nichts ahnte. Als seinen Zellengenossen schleuste man einen Spitzel ein, der sich als »richtiger« Verbrecher ausgab. Der Agent erwarb sich Dachkilgows Vertrauen, und dieser erzählte ihm die näheren Umstände seiner Verhaftung und dass er mit den Anschlägen nichts zu tun habe.

Einige Zeit danach wurde Dachkilgow entlassen. Eine Analyse des von seiner Handfläche gemachten Abstrichs ergab Spuren von Hexan, einem Lösungsmittel, das in der Textilfabrik, in der er arbeitete, zur Reinigung von Wolle verwendet wurde. Spuren von Hexogen wurden auf seiner Handfläche nicht festgestellt.

Die »tschetschenische Connection« existierte nicht. Doch der Krieg mit Tschetschenien war jetzt in vollem Gange, sodass Dachkilgow seine Zeit nicht sinnlos im Gefängnis verbracht hatte.

Am 16. März 2000, als die Führung des FSB der Öffentlichkeit über den Stand der Ermittlungen gegen die Urheber der Terroranschläge vom vergangenen September berichtete, fragte ein Journalist den stellvertretenden Leiter der Ermittlungsbehörde, Nikolaj Saposhkow: »Können Sie mir bitte erklären, warum Timur Dachkilgow drei Monate lang als Terrorist im Gefängnis gesessen hat?«

Die Antwort Saposhkows, der einer Gruppe von einigen Dutzend Ermittlern angehörte, die den Fall seit Monaten bearbeiteten, war für die Journalisten bedrückend, da sie ihr entnahmen, dass die Ermittler eine falsche Spur verfolgten:

»Das kann ich erklären. Es gab eine unmittelbare Zeugenaussage gegen ihn von den Leuten, die den Zucker und den Sprengstoff nach Moskau gebracht haben …«

»Sie haben also seinen Namen genannt?«

»Nein, sie … Ich meine, es war eine unmittelbare Zeugenaussage, sie haben ihn vom Sehen als den Mann wiedererkannt, der dabei geholfen hatte, diese Säcke abzuladen. Danach, sehen Sie, als wir eine eingehendere … Na ja, Sie wissen ja, dass er Spuren von Hexogen an den Händen hatte, und dann die übrigen Details, die zum damaligen Zeitpunkt eine unzweideutige Grundlage bildeten, ihn als Verdächtigen anzusehen. Später sind wir der Dachkilgow-Connection sorgfältig nachgegangen. Wir mussten noch einmal alles nachprüfen und in einer ruhigeren Atmosphäre eine erneute Gegenüberstellung vornehmen. Und wir waren überzeugt, dass die Merkmale, anhand deren er identifiziert wurde, solche waren, wie sie Slawen an sogenannten Kaukasiern auffallen, doch diejenigen, die ihn wiedererkannt haben wollten, bekamen jetzt Zweifel, und durch eine sorgfältige Überprüfung auch seines Alibis gelangten wir zu dem Schluss, dass er mit diesem Verbrechen nichts zu tun hatte. Der Fall wurde gemeinsam mit den Mitarbeitern der Staatsanwaltschaft erörtert, und sie schlossen sich unserer Meinung an.«

Wir müssen uns bei unseren Lesern für die Formulierungen Saposhkows entschuldigen. Was er eigentlich sagen wollte, war dies:

Als die Ermittler Dachkilgow verhaftet hatten und ihn den Bewohnern der zerstörten Häuser gegenüberstellten und diese befragten, ob er zu den Männern gehört habe, welche die Säcke von einem Auto geladen und in den Keller gebracht hatten, bezeichneten ihn die Bewohner, für die alle Kaukasier gleich aussahen, als einen dieser Männer. »Später sind wir der Dachkilgow-Connection sorgfältig nachgegangen« – wir wissen, dass sie ihn verhört, misshandelt, gefoltert und ihm eine Plastiktüte über den Kopf gezogen und gewürgt haben. Für sie war es das Wichtigste, die Ermittlungen so lange wie möglich hinzuziehen. Nach drei Monaten wurde Dachkilgow nicht mehr benötigt und mit Zustimmung der Staatsanwaltschaft entlassen, und sein Fall wurde abgeschlossen.

Somit musste Dachkilgow aus zwei Gründen seine Zeit in der Haft verbringen. Erstens hatten ihn die Bewohner der zerstörten Häuser als einen der Täter identifiziert, und zweitens waren an seinen Handflächen Spuren von Hexogen gefunden worden. Doch der FSB schaffte es, seine Sprengstoffe durcheinanderzubringen. Bald darauf meldeten die Medien in den ersten Berichten über die Explosionen, »nach Angaben des FSB ist die Geschichte mit dem Hexogen ein Täuschungsmanöver. Tatsächlich benutzten die Terroristen bei allen Anschlägen einen anderen Sprengstoff.«

Westlichen Beobachtern fiel auf, dass die Trümmer der zerstörten Wohnhäuser in Moskau in kürzester Zeit abtransportiert wurden: innerhalb von nur drei Tagen. Diese argwöhnischen Ausländer nahmen an, dass ein solches Tempo in Russland nur bedeuten konnte, dass da jemand Spuren beseitigen wollte.

Jedenfalls war das angebliche Täuschungsmanöver des FSB nur für die Öffentlichkeit bestimmt. Die Terroristen selbst wussten ja genau, welchen Sprengstoff sie benutzt hatten, und es war sinnlos, die Zusammensetzung des Sprengstoffs vor ihnen zu verheimlichen.

Die Frage, welcher Sprengstoff denn nun tatsächlich für die Anschläge im September 1999 benutzt wurde, gilt als noch immer unbeantwortet.

Hexogen wurde in Russland ausschließlich in Anlagen auf militärischem Sperrgebiet hergestellt. »Das Hexogen wird scharf bewacht, und sein Gebrauch wird scharf kontrolliert«, beteuerten im September 1999 die Verantwortlichen im russischen Forschungs- und Produktionsunternehmen »Region«, wo mit Hexogen gearbeitet wird. In der Führung des Unternehmens war man davon überzeugt, dass ein Diebstahl von Hexogen aus den geheimen militärischen Produktionsanlagen, praktisch unmöglich war.

Da die Terroristen Hexogen in großen Mengen eingesetzt hatten, wäre es ein Leichtes gewesen festzustellen, wer diese Substanz gekauft oder auf andere Weise erworben hatte, zumal die Experten stets genau herausfinden konnten, in welchem Werk eine bestimmte Charge produziert worden war. Es war unmöglich, dass zehn Tonnen Hexogen unbemerkt gestohlen werden konnten. Tausende Tonnen einer Mischung aus TNT und Hexogen wurden in Militärdepots und den Lagern der Munitionsfabriken gelagert, um in Gefechtsköpfe von Flugkörpern, in Minen, Torpedos und Granaten gefüllt zu werden. Doch Hexogen, das scharfer Munition entnommen wird, hat ein charakteristisches Aussehen, und das hierzu benötigte Verfahren ist schwierig und riskant. Hier sind einige Beispiele.

Am 8. Oktober 1999 gab eine der russischen Nachrichtenagenturen bekannt, dass das Zentralbüro des Militärstaatsanwalts ein Verfahren gegen mehrere Beamte in der Hauptverwaltung der Truppen der Luftverteidigung Russlands eingeleitet habe. Der oberste Militärstaatsanwalt erklärte, dass über mehrere Jahre hinweg hochrangige Offiziere ihre Positionen missbraucht und Dokumente fabriziert und gefälscht hätten, um Ersatzteile für verschiedene Luftabwehr-Raketenwerfer zu stehlen, die an Handelsgesellschaften und Privatunternehmen verkauft wurden. Bereits ein kleiner Teil der vielen kriminellen Eskapaden dieser Gruppe hatte den Staat über zwei Millionen Dollar gekostet. Man kann sich leicht vorstellen, welche »Handelsgesellschaften und Privatunternehmen« gestohlene Ersatzteile für Raketenwerfer gekauft haben. Es liegt auf der Hand, dass es ohne die Beteiligung des FSB und des GRU nicht möglich gewesen wäre, über mehrere Jahre hinweg militärische Ersatzteile zu stehlen.

Am 28. September 1999 verhafteten Mitarbeiter der Regionalverwaltung für die Bekämpfung des organisierten Verbrechens in Rjasan den Chef einer Autoreparaturwerkstatt in einem Depot für Luftwaffentechnologie, den fünfundzwanzigjährigen Oberstabsfeldwebel Wjatscheslaw Kornijew, der auf dem Militärflughafen in Djagilew Dienst tat, auf dem Bomber stationiert waren. Bei seiner Verhaftung stellte man fest, dass er im Besitz von elf Kilogramm TNT war. Kornijew gestand, dass das TNT aus einem Militärdepot gestohlen worden war und dass eine Gruppe von Angestellten, der er angehörte, das TNT hochexplosiven FAB-300-Bomben entnommen hatte, die außerhalb des Depots gelagert waren.

Am selben Tag verkündete das Militärgericht der Rjasaner Garnison das Urteil über den Verantwortlichen für das Feldnachschubdepot des Rjasaner Instituts der Luftlandesturmtruppen, A. Aschbarin. Er hatte über drei Kilogramm TNT gestohlen, das er für dreitausend Dollar verkaufen wollte. Obwohl der einschlägige Paragraf des Strafgesetzbuchs der Russischen Föderation für einen solchen Diebstahl eine Strafe von drei bis sieben Jahren Gefängnis vorsah, wurde dem Soldaten lediglich eine Geldbuße von zwanzigtausend Rubel auferlegt.

Der Diebstahl einer TNT-Hexogen-Mischung in geringen Mengen war offensichtlich schwierig. Dagegen war ihr illegaler Abtransport in großen Mengen einfach, allerdings nur, wenn man die richtigen Papiere hatte. Das bedeutete allerdings, dass man eine Spur hinterließ, und eine Spur wie diese konnte zurück zum FSB führen. Nach den Explosionen erklärten zahlreiche Vertreter des russischen militärisch-industriellen Komplexes, dass eine so große Menge Sprengstoff nur mit stillschweigender Duldung hoher Amtsträger gestohlen werden konnte. Am 15. September bestätigte der Leiter der Hauptverwaltung für die Bekämpfung des organisierten Verbrechens, Wladimir Koslow, dass die Detonation in der Uliza Gurjanow nicht durch eine selbst verfertigte pyrotechnische Mischung, sondern durch industriell hergestellte Sprengstoffe ausgelöst worden war.

Um ehrgeizige Journalisten und gewissenhafte Ermittlungsbeamte auf eine falsche Fährte zu locken, hatte der FSB den Medien seine Geschichte vom Hexogen als Ablenkungsmanöver aufgetischt; tatsächlich hätten die Terroristen Ammoniumnitrat benutzt, ein Düngemittel. Der Dreh an der Sache war, dass Ammoniumnitrat frei erhältlich war und problemlos offen transportiert und gelagert werden konnte. Wenn man ihm Hexogen, TNT oder Aluminiumpulver beimischte, wurde daraus ein hochwirksamer Sprengstoff. Allerdings benötigte man für eine Detonation einen komplizierten Zünder, den unausgebildete Terroristen nicht korrekt handhaben konnten.

Warum wurde die Geschichte vom Hexogen als Ablenkungsmanöver überhaupt in die Welt gesetzt? Weil die Häuser von einer bestimmten Gruppe von FSB-Offizieren in die Luft gesprengt wurden, der benutzte Sprengstoff von einer anderen Gruppe untersucht und die Propaganda (oder die PR, wie es inzwischen hieß) von einer dritten Gruppe übernommen wurde. Die erste Gruppe führte die Terroranschläge »erfolgreich« aus (ausgenommen in Rjasan). Die zweite stellte sehr schnell fest, dass Hexogen verwendet wurde. Der dritten Gruppe wurde plötzlich bewusst, dass Hexogen in Russland nur in militärischen Sperrgebieten produziert wird und dass nicht viel dazu gehörte herauszufinden, wer das für die Anschläge benutzte Hexogen gekauft hatte und wann.

An diesem Punkt kam Panik auf. Innerhalb von drei Tagen wurden alle konkreten Beweise (die Trümmer der gesprengten Häuser) beseitigt, und den Medien wurde schleunigst etwas von Ammoniumnitrat erzählt.

Am 16. März 2000 erklärte Alexander Schagako, der Erste stellvertretende Chef der Zweiten Hauptverwaltung (für den Verfassungsschutz und die Bekämpfung des Terrorismus, das ist Abteilung K) und Erste stellvertretende Vorsitzende der Abteilung für operative und Ermittlungsaufgaben des FSB, auf einer Pressekonferenz, man habe den bei sämtlichen Terroranschlägen in Russland verwendeten Sprengstoff untersucht und identifiziert; es habe sich in allen Fällen um Nitrat gehandelt:

»Ich möchte feststellen: Russland hat – ein Ergebnis von kriminaltechnischen Untersuchungen, die von Experten des FSB durchgeführt wurden – die Bestätigung erhalten, dass die Zusammensetzung des in Moskau verwendeten Sprengstoffs und die Zusammensetzung des Sprengstoffs, der im Keller des Hauses in der Uliza Borissowskije Prudy entdeckt wurde, und auch die Zusammensetzung des Sprengstoffs, der in Buinaksk am 4. September in einem SIL-130 rechtzeitig entdeckt wurde, identisch sind, genauer gesagt, alle diese Explosivstoffe bestanden aus Nitrat und Aluminiumpulver, wobei in einigen Fällen Hexogen und in anderen TNT zugesetzt wurde ...«

Jetzt ging es nur noch darum, herauszufinden, woher das Nitrat in Moskau und den anderen russischen Großstädten stammte. Schagako und Sdanowitsch, der ebenfalls bei der Pressekonferenz anwesend war, hatten damit keine Schwierigkeiten. »Hat es Fälle von Diebstahl dieser Sprengstoffe aus staatlichen Fabriken gegeben, wo sie unter Einsatz spezieller technischer Verfahren produziert werden?«, fragte Sdanowitsch und gab auch gleich die Antwort: »Ich kann unumwunden sagen, dass es keine solchen Fälle gab oder dass zumindest die Ermittlungen hierfür keine Anhaltspunkte ergeben haben.«

Es ist unmöglich festzustellen, wer Nitrat zu kriminellen Zwecken gekauft und verkauft hat. Es gibt einfach zu viel davon in ganz Russland und auch in Tschetschenien. Geringe Mengen TNT, Hexogen und Aluminiumpulver hätten von jedermann aus einem Militärdepot gestohlen werden können (ein Umstand, der unter Nachhilfe des FSB und der militärischen Staatsanwaltschaft in mehreren Zeitungen zur Sprache gebracht wurde).

Mit seiner Desinformation der Öffentlichkeit im Hinblick auf den bei den Anschlägen verwendeten Sprengstoff versuchte der FSB den Verdacht auszuräumen, er selbst habe die Terroranschläge geplant und ausgeführt. Jetzt musste man nur noch ein Lagerhaus mit Kunstdünger irgendwo in Tschetschenien finden.

Es stellte sich heraus, dass der SFB sich dieses Problems bereits angenommen hatte, gerade noch rechtzeitig, um die Ermittlungen wenige Tage vor der Präsidentenwahl abschließen zu können. Schagako erläuterte die Ergebnisse:

»Vor zwei Monaten haben Angestellte des Föderalen Sicherheitsdienstes in Urus-Martan ein Zentrum entdeckt, in dem Agenten in Sprengstoffattentaten ausgebildet werden. Auf dem Gelände dieses Zentrums haben wir fünf Tonnen Ammoniumnitrat gefunden, außerdem Zünder von derselben Bauart, wie sie für die Explosionen benutzt wurden, die ich bereits aufgezählt habe ... Bei den in dem

SIL-130 in Buinaksk und in der Uliza Borissowskije Prudy in Moskau entdeckten Zündern ergab die kriminaltechnische Untersuchung, dass sie alle identisch waren. Alle diese Zünder enthielten Leuchtdioden derselben Bauart; die Elektronikkarten, selbst die Farben der aufgelöteten Kabel waren überall dieselben ...

In diesem Zusammenhang möchte ich Ihnen mitteilen, dass vor einigen Tagen der Föderale Sicherheitsdienst in Tschetschenien Zünder bei Guerillas gefunden hat, die bei dem Versuch getötet wurden, aus der Einkesselung der Stadt Grosny zu entkommen. Untersuchungen von Spezialisten des FSB ergaben, dass die Bauart dieselbe war wie bei den Zündern in dem SIL-130 in Buinaksk und in der Uliza Borissowskije Prudy in Moskau. Sie waren alle identisch ...

Im März wurde in der [tschetschenischen] Ortschaft Duba-Jurt ein einzeln stehendes Gebäude entdeckt, in dem man Anleitungen zum Minenlegen und zu Sprengstoffanschlägen in arabischer Sprache fand, außerdem Instruktionen zu einer militärischen Ausbildung sowie zum Gebrauch einer Casio-Armbanduhr. Uhren dieser Marke wurden, wie ich Ihnen schon früher gesagt habe, von den Verbrechern bei allen Sprengstoffanschlägen benutzt.

Im März stieß man in dem [tschetschenischen] Dorf Tschiri-Jurt auf ein frei stehendes Gebäude, das von einem Eisenzaun umgeben war und in dem fünfzig Säcke mit einer Substanz gelagert waren, die sich als Ammoniumnitrat herausstellte – alles zusammen in einer Größenordnung von zweieinhalb Tonnen.«

Hätten die Terroristen wirklich Ammoniumnitrat benutzt, dann hätten die Ermittler auf den Handflächen von Dachkilgow und Sauntjew nicht nach Spuren von Hexogen, sondern von Ammoniumnitrat gesucht. Die Polizei suchte jedoch nach Hexogenspuren, und zwar einfach deshalb, weil die Experten im Zuge der Ermittlung zu dem Schluss gelangt waren, die Häuser seien mit Hexogen in die Luft gesprengt worden.

Keine nachträgliche Expertenanalyse hätte genauer sein können, auch nicht die Nachuntersuchung, die später von den Ermittlungsorganen des FSB durchgeführt und deren Ergebnisse im März 2000 veröffentlicht wurden, nur wenige Tage vor den Präsidentschaftswahlen. Es spricht im Gegenteil alles dafür, dass im März 2000, einige Tage vor den Wahlen, der FSB gezielt Falschinformationen verbreitete.

Am 13. September 1999 unterschrieb Bürgermeister Lushkow in Moskau drei Verordnungen, deren Inhalt der Verfassung und den Gesetzen der Russischen Föderation zuwiderlief. Die erste gab bekannt, dass alle in Moskau gemeldeten Flüchtlinge und Migranten sich ein zweites Mal bei den Polizeirevieren melden müssten. Die zweite forderte die Vertreibung von Menschen aus der Hauptstadt, welche gegen die Meldepflicht verstießen. Mit der dritten Verordnung wurde künftig jede weitere Meldung von Flüchtlingen und Migranten in Moskau ausgeschlossen. Am selben Tag erließ der Gouverneur der Oblast Moskau, Anatoli Tjashlow, eine Verordnung, der zufolge alle Personen festgenommen werden sollten, die sich ohne festen Wohnsitz in Moskau oder in der Oblast Moskau ungemeldet aufhielten. Natürlich wurden in keiner dieser Verordnungen Tschetschenen oder auch nur Kaukasier erwähnt.

Am 15. September wurden in Moskau gemeinsame Streifen aus Polizisten und Soldaten eingeführt, und in ganz Russland wurde die Operation »Wirbelwind« zur Bekämpfung des Terrorismus unter Beteiligung der Kräfte des Innenministeriums gestartet.

Die Moskauer ahnten noch nicht, dass damit für sie die Terrorwelle beendet war. Jetzt waren die Provinzen an der Reihe.

Am frühen Morgen des 16. September wurde in Wolgodonsk in der Oblast Rostow ein Wohnblock in die Luft gesprengt, es gab siebzehn Tote.

Auf einer außerordentlichen Sitzung des Föderationsrates, die am 17. September in Anwesenheit des Ministerpräsidenten Putin und hochrangiger Vertreter des Militärs und der Strafverfolgungsbehörden stattfand, wurde der Vorschlag gebilligt, in den russischen Oblasten »zivile Sicherheitsräte« einzurichten. Der Sprecher des Hauses sagte: »Die Explosion in Wolgodonsk hat die Senatoren in ihrer Ansicht bestärkt, dass ein entschlosseneres und härteres Vorgehen im Kampf gegen den Terrorismus notwendig ist.«

Der Vorsitzende des Föderationsrates, Jegor Strojew, führte aus, dass die Senatoren (wie die Mitglieder des Föderationsrates genannt werden) beabsichtigten, »eine politische Einschätzung der Ereignisse vorzutragen und konkrete wirtschaftliche und soziale Maßnahmen in der Konfliktzone zu ergreifen, unter anderem Maßnahmen zur Unterstützung der Zivilbevölkerung und der Armee«. Strojew benannte zwar nicht die Tschetschenen als die Schuldigen an den Terroranschlägen, stellte jedoch offensichtlich eine Verbindung her zwischen der »Konfliktzone« in Dagestan und dem »Kampf gegen den Terrorismus«.

Ministerpräsident Wladimir Putin hielt in dieser außerordentlichen Sitzung des Föderationsrates ein Referat über »Abwehrmaßnahmen gegen den Terrorismus« und schlug vor, einen Sicherheitskordon entlang der gesamten russisch-tschetschenischen Grenze zu errichten und gleichzeitig den militärischen Druck auf tschetschenisches Territorium aus der Luft und mit Artillerie zu verstärken. Damit machte Putin die Republik Tschetschenien für die Terroranschläge verantwortlich. Zum Schluss der Sitzung erklärte er, die Mitglieder des Föderationsrates hätten sich für Maßnahmen »härtester Art« seitens der Regierung ausgesprochen, um die Lage im Nordkaukasus unter Kontrolle zu bringen, unter anderem den »Plan, über ganz Tschetschenien eine Quarantäne zu verhängen«. In seiner Antwort auf die Fragen von Journalisten verkündete Putin, man habe gegen »Banditenstützpunkte« in Tschetschenien Präventivschläge geführt und werde dies auch weiterhin tun; über die Möglichkeit, mit russischen Streitkräften in Tschetschenien einzumarschieren, habe man jedoch nicht gesprochen.

Putin drang darauf, dass »die Banditen vernichtet werden müssen, in diesem Punkt haben wir keine andere Wahl«. Mit »Banditen« meinte Putin die Angehörigen der tschetschenischen Streitkräfte, nicht die Terroristen. Mit anderen Worten, die Regierung hatte sich auf eine bestimmte Interpretation der Sprengstoffanschläge festgelegt – dass es die Tschetschenen waren – und war entschlossen, die Anschläge als Vorwand für einen Krieg zu benutzen.

Die Führer der nordkaukasischen Teilrepubliken erkannten, dass Russland sich auf einen neuen Krieg gegen die Republik Tschetschenien vorbereitete. Am 20. September kam es zu einem Treffen in Magas (Inguschien/Inguschetien), auf dem der inguschische Präsident Alexander Dsassochow und der Präsident Nordossetiens Ruslan Auschew der Ansicht des tschetschenischen Präsidenten Aslan Maschadow zustimmten, zwischen diesem und Jelzin müsse ein Gespräch zustande kommen. Dsassochow und Auschew wollten außerdem bis spätestens Ende September 1999 ein Gespräch zwischen dem Präsidenten Tschetscheniens und dem russischen Ministerpräsidenten Putin in Naltschik oder Pjatigorsk arrangieren. Alle politischen Führer des Nordkaukasus sollten bei dem Treffen anwesend sein.

Solche politischen Gespräche hätten möglicherweise den Krieg verhindert und die Terroranschläge in Russland zu einem Thema gemacht. Aus diesem Grund unternahm der FSB alles, was in seiner Macht stand, um eine Zusammenkunft der politischen Führer im Nordkaukasus zu hintertreiben.

Nach den Plänen des FSB sollten bis Ende September in Rjasan, Tula, Pskow und Samara weitere Wohnblocks in die Luft gesprengt werden. Wie immer, wenn groß angelegte Terroranschläge geplant werden, an denen mehrere Gruppen beteiligt sind, sickerte etwas von diesen Plänen an die Öffentlichkeit. »Nach einer Information, die wir erhalten haben, wurde Rjasan von Terroristen als Stadt für den nächsten Sprengstoffanschlag ausgewählt, weil es dort ein WDW-Ausbildungszentrum gibt«, sagte der Bürgermeister von Rjasan, Pawel Mamatow. Der »nächste Sprengstoffanschlag« sollte der fehlgeschlagene Versuch vom 22. September sein, das bereits erwähnte Haus in der Uliza Nowosjolow in die Luft zu sprengen.

Am 23. September gab Sdanowitsch bekannt, dass der FSB alle Beteiligten an den Terroranschlägen in Buinaksk, Moskau und Wolgodonsk ermittelt habe: »Unter ihnen befindet sich nicht ein einziger ethnischer Tschetschene.« Nicht ein einziger.

Man hätte erwarten können, dass der FSB-General sich gegenüber dem tschetschenischen Volk und der tschetschenischen Gemeinde in Russland entschuldigte, aber nichts dergleichen geschah.

Stattdessen machte sich Sdanowitsch unverdrossen auf die Suche nach einer »tschetschenischen Connection«. Und er fand sogar eine. Er hielt es für möglich, dass die Terroristen, die ihre Anschläge schließlich seit Mitte August geplant hatten, für Fluchtwege nach getaner Arbeit gesorgt hatten. Vielleicht seien sie in eines der GUS-Länder geflüchtet, doch höchstwahrscheinlich hätten sie sich nach Tschetschenien zurückgezogen.

Kurzum, die Tschetschenen wurden bombardiert und mit Granaten beschossen, weil sich die Terroristen (unter denen sich doch überhaupt keine Tschetschenen befanden) nach Meinung Sdanowitschs wahrscheinlich in Tschetschenien aufhielten. Aber warum wurden dann nicht auch die GUS-Länder beschossen und bombardiert?

»Wir haben präzise Informationsquellen in Tschetschenien, und wir wissen, was dort vorgeht«, rechtfertigte sich Sdanowitsch. Von 1991 bis 1994 seien die Geheimdienste in dieser Republik operativ kaum tätig gewesen, doch später »haben wir dort einiges getan. Wir haben Informationen über diese Leute, die Terroroperationen planen und durchführen, die sich um die Finanzierung kümmern, die Söldner anwerben und den Sprengstoff mischen. Heutzutage ist es in unserem Land einfach, Informationen darüber zu erhalten, wie man einen Sprengstoffzünder baut, und davon abgesehen gibt es viele Leute, die in Krisengebieten gekämpft haben und über die nötigen Kenntnisse und Fertigkeiten verfügen. Viele von ihnen waren in Karabach, Tadschikistan und Tschetschenien. Das bedeutet nicht, dass jemand die Bevölkerung Tschetscheniens oder Aslan Maschadow beschuldigt. Wir beschuldigen bestimmte Kriminelle, Terroristen, die ihren Standort in Tschetschenien haben. Daher kommt die Bezeichnung ›tschetschenische Connection‹.«

Einen »wahrscheinlichen« Rückzug der Terroristen nach Tschetschenien als Vorwand für einen Krieg gegen das tschetschenische Volk zu benutzen und gleichzeitig zuzugeben, dass die Anschläge nicht von Tschetschenen durchgeführt wurden, ist der Gipfel des Zynismus. Wenn die Regierung Putins es für möglich hielt, den zweiten Tschetschenienkrieg auf der Grundlage einer solchen »Wahrscheinlichkeit« zu beginnen, müssen wir daraus den Schluss ziehen, dass die Sprengstoffanschläge nichts anderes als ein Vorwand waren und dass der Krieg lange vorher im Hauptquartier des Generalstabs geplant wurde.

Der frühere FSK-Chef Sergej Stepaschin brachte ein wenig Licht in diese Angelegenheit, als er im Januar 2000 bekannt gab, dass die politische »Entscheidung, in Tschetschenien einzumarschieren, bereits im März 1999 getroffen wurde«, dass man die Intervention »für August/September geplant« hatte und dass »es dazu selbst dann gekommen wäre, wenn es in Moskau keine Explosionen gegeben hätte«. »Ich habe mich auf eine aktive Intervention vorbereitet«, sagte Stepaschin. »Wir haben geplant, im August oder September nördlich des Tereks zu stehen.« Putin, »der damals an der Spitze des FSB stand, war darüber informiert«.

Die Aussage des früheren Leiters des FSK und einstigen Ministerpräsidenten Stepaschin war jedoch noch harmlos im Vergleich zu dem, was der ehemalige Leiter des FSB Putin, zu jener Zeit Ministerpräsident, erklärt hat:

»Im vergangenen Sommer haben wir einen Feldzug geführt, nicht gegen die Unabhängigkeit Tschetscheniens, sondern gegen die aggressiven Impulse, die sich auf seinem Territorium bemerkbar gemacht haben. Wir greifen nicht an, wir verteidigen uns. Und wir haben sie aus Dagestan vertrieben … Und nachdem sie von uns ordentlich Dresche bekommen haben, haben sie in Moskau, Buinaksk und Wolgodonsk Häuser in die Luft gesprengt.«

Frage: »Haben Sie die Entscheidung getroffen, die Operation in Tschetschenien fortzusetzen, bevor die Häuser gesprengt wurden oder erst danach?«

Antwort: »Danach.«

Frage: »Ist Ihnen bekannt, dass die Häuser nach einer bestimmten Version bewusst in die Luft gesprengt wurden, um den Beginn von Militäroperationen in Tschetschenien zu rechtfertigen? Das heißt, war das möglicherweise ein Werk der russischen Geheimdienste?«

Antwort: »Was? Wir haben unsere eigenen Häuser in die Luft gesprengt? Sie wissen doch … Quatsch! Hanebüchener Blödsinn! Es gibt keine Leute in den russischen Geheimdiensten, die zu einem solchen Verbrechen an ihrem eigenen Volk fähig wären. Allein schon die Vermutung ist sittenwidrig, und letztlich ist es nicht mehr als ein Beispiel für den Nachrichtenkrieg gegen Russland.«

Eines Tages, wenn die Archive des Verteidigungsministeriums geöffnet werden, dann werden wir diese militärischen Dokumente zu sehen bekommen: Karten, Pläne, Weisungen, Tagesbefehle für Luftschläge und den Einsatz von Bodentruppen. Sie werden ein Datum tragen.

Dann werden wir mit Sicherheit feststellen, wie spontan die Entscheidung der russischen Regierung wirklich war, Bodenoperationen in Tschetschenien einzuleiten, und ob der Generalstab die Planung der Militäroperationen bereits vor dem ersten Sprengstoffanschlag im September 1999 abgeschlossen hatte.

Wir werden uns fragen, warum die Anschläge vor den Präsidentschaftswahlen und vor dem Einmarsch in Tschetschenien erfolgten (als sie unmöglich im tschetschenischen Interesse liegen konnten) und warum sie aufhörten, nachdem Putin die Wahl gewonnen und der totale Krieg gegen die Republik Tschetschenien begonnen hatte (zu einer Zeit, da die Tschetschenen wirklich einen Grund zu solchen Anschlägen gehabt hätten).

Die endgültigen und vollständigen Antworten auf diese und viele andere Fragen werden wir erst erhalten, wenn die Macht in Russland in andere Hände gelangt ist.

KAPITEL 10

Der FSB gegen das Volk

Bislang waren die Terroristen noch nicht identifiziert, aber zumindest stand fest, dass sie keine Tschetschenen waren. Der vorzeitig entdeckte Sprengstoffanschlag in Rjasan brachte die Bürger auf den Gedanken, dass der FSB hinter den Anschlägen stecken könnte.

Für die »Kriegspartei« war dies nur ein weiteres Zeichen, dass so bald wie möglich ein regelrechter Krieg gegen Tschetschenien begonnen werden müsse. Das Datum des 24. September war kein Zufall, denn wenn der Anschlag in Rjasan geglückt wäre, hätten Putin und der Verteidigungs- und der Innenminister bereits entsprechend vorbereitete Reden gehalten.

Am 24. September forderten russische Politiker wie ein gut einstudierter Chor einen Krieg. FSB-Chef Patruschew gab bekannt, die Terroristen, die die Wohnblocks in Moskau in die Luft gesprengt hatten, befänden sich in Tschetschenien. Wir wissen, dass dies eine Lüge war. Er nannte seine Informationsquellen nicht, da diese gar nicht existierten. Patruschew legte keinerlei Beweise vor. Sein Pressesprecher Sdanowitsch hatte nur von einem möglichen oder wahrscheinlichen Rückzug der Terroristen nach Tschetschenien (oder in eines der GUS-Länder) gesprochen. Doch Patruschew brauchte diesen Krieg, und deshalb behauptete er, Tschetschenien sei zu einer Brutstätte des Terrorismus geworden.

Die Lage im Nordkaukasus und die möglichen Konsequenzen für Russland wurden vom Vorsitzenden des Sicherheits- und Verteidigungsausschusses des Föderationsrates Alexander Rjabow in einem Interview gegenüber der *Segodnja* skizziert. Seiner Ansicht nach erlebte die Welt eine neue geopolitische Aufteilung unter dem Deckmantel muslimischer Parolen. Für Russlands Feinde gehe es in erster Linie darum, eine schwache Zone in »Russlands Unterleib« zu schaffen.

Diese Theorie erinnerte an die »Protokolle der Weisen von Zion«, nur dass diesmal die Weisen Muslime und keine Juden waren. »Eine neue geopolitische Aufteilung« ist eine ernste Sache. Man braucht schon einen Krieg, um sich dagegen zu behaupten.

Die Zeitung *Wek* brachte ein Interview mit dem Vizepräsidenten eines Kollegiums von Militärexperten, Alexander Wladimirow, der die Überzeugung äußerte, dass die beste Lösung in einem sofortigen kleinen Sieg in Tschetschenien bestehe. Er hielt einen Sicherheitskordon um Tschetschenien, wie Putin ihn geplant hatte, für eine gute Idee, doch könne er nur ein erster Schritt sein, da ein Kordon um seiner selbst willen eine sinnlose Veranstaltung sei. (Wladimirows Einschätzung wurde offenbar zur Kenntnis genommen, da die Verantwortlichen gleich mit dem zweiten Schritt, einem regelrechten Krieg anfingen.)

Innenminister Wladimir Ruschailo behauptete daraufhin, das organisierte Verbrechen innerhalb und außerhalb Russlands habe den »tschetschenischen Brückenkopf [dazu benutzt], eine umfassende Subversionskampagne gegen Russland zu entfesseln … Die Polizei, die Geheimdienste und die Streitkräfte haben angemessene Möglichkeiten, die Interessen Russlands im Nordkaukasus zu verteidigen … Die Streitkräfte der Föderation sind darauf vorbereitet, bewaffnete Operationen aufzunehmen.« Mit anderen Worten, das Innenministerium war bereit, im Rahmen seiner Anstrengungen im Kampf gegen das organisierte Verbrechen unter Einschluss krimineller Gruppen einen Krieg gegen Tschetschenien zu führen. Als ob der Kampf gegen das Verbrechen im übrigen Russland gut vorangekommen wäre.

Das letzte, entscheidende Wort für einen Krieg sprach Ministerpräsident Putin: »Der russische Staat hat nicht die Absicht, den Dingen tatenlos zuzusehen ... Mit den jüngsten unprovozierten Angriffen auf Territorien, die an Tschetschenien angrenzen, den barbarischen Akten, die zu Toten und Verletzten unter der friedlichen Bevölkerung geführt haben, haben sich die Terroristen nicht nur außerhalb des Gesetzes, sondern auch außerhalb der menschlichen Gesellschaft und der modernen Zivilisation gestellt.« Luftschläge würden »ausschließlich gegen die [Stützpunkte der] Guerillas geführt ... Wir werden die Terroristen überallhin verfolgen. Und wenn wir sie, um es drastisch auszudrücken, auf der Toilette finden, dann vernichten wir sie eben auf dem Klo.«

Die Stimmung in der Bevölkerung in jenen Wochen lässt sich am besten daran ablesen, dass die Beliebtheitswerte Putins nach dieser Rede anstiegen. Der von den Befürwortern des Krieges eingeleitete Propagandafeldzug hatte seinen gewünschten Zweck erfüllt.

Nach einer Meinungsumfrage des Allrussischen Zentralinstituts für Meinungsforschung waren knapp fünfzig Prozent der Befragten überzeugt, dass die Sprengstoffanschläge in den russischen Städten auf das Konto der Kämpfer Bassajews gingen, während weitere dreiunddreißig Prozent die Drahtzieher in den Wahhabiten und ihrem Führer Chattab sahen. Achtundachtzig Prozent der Befragten befürchteten, sie könnten einem Sprengstoffanschlag zum Opfer fallen. Vierundsechzig Prozent stimmten darin überein, dass alle Tschetschenen des Landes verwiesen werden sollten, und ebenso hoch war der Anteil derjenigen, die sich für schwere Bombenangriffe auf Tschetschenien aussprachen.

Die Sprengstoffanschläge auf die Wohnhäuser hatten den Widerstand der öffentlichen Meinung gebrochen. Ein kleiner siegreicher Krieg erschien jetzt als die einzige angemessene Antwort im Kampf gegen den Terrorismus. Die abgestumpfte Bevölkerung hatte noch nicht erkannt, dass die Terroristen keine Tschetschenen waren und dass der Krieg weder klein noch siegreich sein würde.

Man beachte die eklatante Unlogik, die hier am Werk ist. Die tschetschenische Führung bestreitet, etwas mit den Terroranschlägen zu tun zu haben. Sdanowitsch bestätigt, dass sich unter den Verdächtigen keine Tschetschenen befinden, erklärt jedoch, die Terroristen hätten »wahrscheinlich« in Tschetschenien Zuflucht gesucht. Dieses Wörtchen »wahrscheinlich« reicht aus, die Terroristen mit einer »tschetschenischen Spur« zu versehen, die ihrerseits einen Vorwand liefert, gegen Tschetschenien einen Bombenkrieg zu führen. Aslan Maschadow erklärt, er sei zu Verhandlungen bereit, findet jedoch kein Gehör.

Für den FSB kam alles darauf an, Russland so schnell wie möglich in einen Krieg zu verwickeln, damit die Präsidentschaftswahlen vor dem Hintergrund eines größeren bewaffneten Konflikts abgehalten werden konnten. Nur so konnte der neu gewählte Präsident den Krieg mit allen damit verbundenen Konsequenzen erben und damit von den Geheimdienstorganen abhängig gemacht werden.

Nur durch diesen Krieg konnte der FSB schließlich die Macht in Russland übernehmen. Das Ganze war nichts anderes als eine Verschwörung mit dem Ziel, dem ehemaligen KGB eine Machtergreifung unter der Parole eines Kampfs gegen den tschetschenischen Terrorismus zu ermöglichen.

Am 4. Oktober endete der Putsch mit einem Sieg für die Verschwörer. Das war der Tag, an dem russische Streitkräfte die tschetschenische Grenze überschritten. Der größte Teil der russischen Bevölkerung unterstützte die Entscheidung, die der ehemalige Leiter des FSB und jetzige Ministerpräsident Wladimir Putin, der neue Leiter des FSB Patruschew und der FSB-General Sergej Iwanow getroffen hatten.

Während dieser für die russische politische Elite schwierigen Periode machten diejenigen, die sich entschieden gegen einen Krieg aussprachen, ihre Position deutlich. Die *Nowaja Gaseta* muss als einer der prinzipienfestesten Gegner dieses Kriegs genannt werden:

»Der KGB-Oberstleutnant mit dem Mundwerk eines Gassenjungen, der sich auf wunderbare Weise an der Spitze eines großen Landes wiederfindet, verliert keine Zeit, die von ihm produzierte Wirkung auszunutzen.

Jeder General oder Politiker, der einen militärischen Feldzug plant, ist bemüht, die Zahl seiner Feinde möglichst gering und die seiner Verbündeten möglichst groß zu halten.

Putin lässt Grosny bewusst bombardieren, um Verhandlungen mit Maschadow unmöglich zu machen und um alle bisherigen Verbrechen des Regimes unter dem blutigen Gemetzel zu begraben.

Das abtretende Regime will das Verbrechen, das gegenwärtig vorbereitet wird – der Völkermord am tschetschenischen Volk –, dazu benutzen, das gesamte russische Volk mit Blut zusammenzubinden und es zum Komplizen und zur Geisel des Regimes zu machen. Noch ist es nicht zu spät, auf dem Weg zur Vernichtung Russlands innezuhalten.«

Konstantin Titow, der Gouverneur der Oblast Samara, betrachtete die Bodenoperationen in Tschetschenien als eine Katastrophe für Russland. »Ich bin kein Anhänger reiner Zwangsmethoden zur Lösung umfassender Probleme. Und in Samara werde ich niemals ethnische Säuberungen von der Art zulassen, wie sie von Moskau betrieben werden.« (Titow wusste natürlich nicht, dass zu jener Zeit Vorbereitungen für die Sprengung eines Wohngebäudes in der Uliza Nowowoksalnaja in der Stadt Samara getroffen worden waren, die vom FSB jedoch wegen des Fiaskos in Rjasan abgebrochen wurden.)

Die Stimmung des besorgten Teils der demokratischen Öffentlichkeit zu dieser Zeit wurde von dem bekannten russischen Rechtsanwalt Anatoli Kutscherena so beschrieben:

»*Wenn die Kanonen donnern, schweigen die Staatsanwälte*

Die denkbar klarste Illustration hierfür liefern die ›Übungen‹, die der FSB in Rjasan durchgeführt hat. Diese Tat bezeugt die tiefste, hauptsächlich moralische Verkommenheit der russischen Geheimdienste. Sie verstehen sich nach wie vor als ein ›Staat im Staat‹. Ihre Führer glauben anscheinend, sie seien keinen Gesetzen unterworfen, und sie handeln allein auf der Grundlage einer politischen Zweckmäßigkeit, wie in jenen ruhmreichen Tagen, als ihre Organe im Ausland Entführungen und Morde organisierten, ›Legenden‹ für nicht existierende antisowjetische Organisationen erfanden und Drehbücher für Schauprozesse verfassten …

Man gewinnt den Eindruck, dass sowohl die gegenwärtige Partei der Macht als auch die sogenannte Opposition der Meinung sind, das demokratische Projekt Russlands sei tot und begraben. Die Behörden sind nicht in der Lage, eine im Gesetz verankerte Ordnung durchzusetzen, es übersteigt ihre Fähigkeit, eine vom Gesetz beherrschte Gesellschaft zu errichten. Die Alternative zu einer Gesellschaft, in der Recht und Gesetz schaffen, ist ein Gangster-und-Polizei-Staat, in dem sich die Handlungen von Terroristen und Gangstern auf der einen und der Polizei und der Geheimdienste auf der anderen Seite weder in ihren Zielen noch in ihren Mitteln voneinander unterscheiden lassen. In der Öffentlichkeit setzt sich zunehmend die Überzeugung durch, dass die Demokratie als Regierungsform die in sie gesetzten Erwartungen nicht erfüllt hat.

Und da aus dem demokratischen Projekt nichts geworden ist, sind viele Politiker versucht, sich ein für alle Mal von ihr zu verabschieden. So verfolgt jeder von ihnen seine eigenen Ziele, doch objektiv fallen die Zielrichtungen ihrer Bemühungen zusammen. Manche befürchten eine drohende Umverteilung des Vermögens, andere möchten für die begangenen gesetzwidrigen Handlungen nicht verantwortlich gemacht werden, wieder andere sehen sich als einen neuen Bonaparte oder Pinochet und brennen darauf, das ›Ruder‹ mit eiserner Hand zu ergreifen.

Eine Regierung durch demokratische Institutionen ist in Russland wieder einmal gescheitert. Jetzt beginnt die Zeit einer Regierung durch das Einflößen von Furcht und Schrecken. Eine Zeit des Terrors durch Gangster und den Staat. Sollte dies vielleicht das ›politische Projekt‹ des Regimes für Russland sein?«

Während Kutscherena die tiefe Besorgnis des demokratischen Teils der Bevölkerung formulierte, wurden am 8. März 2000 die Ziele und Pläne der Verschwörer, die erfolgreich für die Invasion Tschetscheniens getrommelt hatten, in einem Zeitungsartikel des Duma-Abgeordneten und ehemaligen SBP-Chefs Alexander Korshakow unter der Überschrift »Das Land braucht ein neues KGB« offengelegt:

»Die Vorbereitungen für die Präsidentschaftswahlen weisen ein Merkmal auf, das von grundlegender Bedeutung ist. Wenn vom Spitzenkandidaten für das höchste Staatsamt, Wladimir Putin, die Rede ist, äußert sich so gut wie niemand unzufrieden über die Tatsache, dass er ein Mann der Geheimdienste ist, genauer gesagt, dass er aus dem Innersten des KGB kommt. Noch vor wenigen Jahren war es unmöglich, sich so etwas vorzustellen, doch heute steht die öffentliche Meinung offen wohlwollend einem Politiker gegenüber, der seine Laufbahn in einem der Geheimdienste begonnen hat.

Wladimir Putins hohes Ansehen ist zunächst einmal ein Beweis für die Tatsache, dass die Menschen in ihm, einem Produkt des KGB, einen Politiker sehen, der in der Lage ist, das Land auf die rechte Bahn zu bringen und die Arbeit aller Machtstrukturen so zu organisieren, dass wir endlich wirklich anfangen können, uns aus der sozialen und politischen Krise zu befreien. Die Nominierung eines ehemaligen KGB-Offiziers für das höchste Staatsamt gibt mir einen weiteren Grund, die Aufmerksamkeit auf bestimmte Aspekte der Aktivitäten der Geheimdienste sowie der Rolle zu lenken, die sie im Allgemeinen in der gegenwärtigen Phase unserer wirtschaftlichen und politischen Entwicklung spielen …

Die allgemein bekannten Sprengstoffvorfälle in Häusern in Moskau und anderen Städten des Landes, die den Tod von Dutzenden friedlicher und unschuldiger Menschen zur Folge hatten, der anhaltende Abfluss der Reichtümer der Nation ins Ausland, die überhandnehmende Korruption in staatlichen Strukturen, Sklavenhandel und der Verkauf von Kleinkindern – all dies löst unter unseren Bürgern einen berechtigten Zorn aus. Die Menschen fragen verwirrt: Wo sind unsere Geheimdienste, die doch dazu da sind, derartige Phänomene zu bekämpfen? Wir haben genügend qualifizierte Fachkräfte und Geheimdienste – den FSB, das MWD, den GRU, den SWR und die FAPSI – sie alle sind in der Lage, die kompliziertesten Probleme zu lösen. Das eigentliche Problem besteht darin, dass die Geheimdienste nebeneinanderher agieren, wie die fünf Finger einer gespreizten Hand und nicht wie eine geballte Faust.

Es gab eine Zeit, in der die bloße Existenz des KGB unsere demokratische Gesellschaft in Angst und Schrecken versetzte. Damals beschlossen die Bürger, das ›Ungeheuer‹ zu vernichten, sodass von ihm keine unliebsamen Überraschungen mehr zu befürchten waren. Für manche hatte es den Anschein, dass sich die Aktivitäten der Geheimdienste auf diese Weise leichter kontrollieren ließen. Doch die Kontrolle erwies sich als nicht so einfach, wie sie sich das vorgestellt hatten, und die Koordinierung der Tätigkeiten der einzelnen Geheimdienste kam nicht sehr weit. Das bestätigte sich in den lehrbuchmäßigen Patzern und Fehlschlägen, die sie im Kampf gegen tschetschenische und internationale Terroristen hinnehmen mussten.

Heute gelangen selbst die vehementesten Gegner des KGB allmählich zu der Einsicht, dass die Zerschlagung dieser Struktur zu nichts Nützlichem geführt hat. Alexander Solshenizyn hatte recht, als er vor einem kleinen Kreis von Bekannten sagte, was wir jetzt brauchten, sei das KGB.

Es gibt noch einen weiteren realen Faktor. Niemand wird jemals freiwillig unseren nationalen Reichtum zurückgeben, der gestohlen und in andere Länder ausgeführt wurde. Kein einziger ausländischer Geheimdienst wird sich die Chance entgehen lassen, an wichtige Geheimnisse in der Wissenschaft oder in anderen bedeutenden Gebieten heranzukommen, solange wir ihren Zugang zu diesen Geheimnissen nicht versperren.

Die Korruption wird so lange fortbestehen, wie die zuständigen Dienste, deren Aufgabe es ist, bestechliche Leute aufzuspüren, allein vor sich hin arbeiten. Die Diebstähle am nationalen Gut werden so lange weitergehen, wie unsere Gesetze jene human behandeln, die ihre Finger gern in den Staatssäckel stecken.

Indem sie Wladimir Putins Kandidatur für das Amt des Präsidenten unterstützen, senden unsere Bürger der Obrigkeit ein Signal, dessen Bedeutung völlig klar ist: Es ist höchste Zeit, die Geheimdienste so zu organisieren, dass sie eine Faust bilden und damit auf jene einschlagen, die uns daran hindern, ein normales Leben aufzubauen. Russland braucht sein eigenes KGB! Es ist an der Zeit, ohne Hemmungen davon zu sprechen!

Da ich diese Meinung teile, bin ich davon überzeugt, dass der erste Schritt auf dem Weg zur Schaffung eines neuen Komitees der Staatssicherheit die Bildung eines Koordinierungsausschusses der Geheimdienste sein muss, der mit dem Sicherheitsrat verbunden ist und unmittelbar dem Staatsoberhaupt untersteht. Das wird es ermöglichen, die Struktur des zukünftigen KGB zu benennen und seine Aufgaben und Ziele festzulegen. Sollte das Koordinierungskomitee in der unmittelbaren Zukunft ins Leben gerufen werden, würde dies eine effektivere Lösung des Problems ermöglichen, illegal ausgeführtes Kapital ins Land zurückzuholen. Ich sage das zuversichtlich, weil der Sicherheitsdienst des Präsidenten bereits damit begonnen hat, in diesem Sinne zu arbeiten, und konkrete Resultate erzielt hat. Der Dienst hat in der Praxis gezeigt, dass die Rückholung von Kapital in unser Land nicht nur notwendig, sondern auch möglich ist, wenn diese Aufgabe erst einmal ernst genommen wird.

Eine zweite Aufgabe von besonderer Dringlichkeit ist der Kampf gegen den Terrorismus unter Anwendung spezifischer Methoden und Mittel, ohne den Einsatz umfangreicher Streitkräfte und mit einem Minimum an Opfern unter der Zivilbevölkerung.

Niemand zweifelt daran, dass die tschetschenischen und internationalen Terroristen vernichtet werden. Doch die Terrordrohung wird danach nicht aufhören. Wir dürfen nicht vergessen, dass in Tschetschenien eine neue Generation unter den Bedingungen eines Krieges und mit einem Hass gegen Russland aufgewachsen ist. Der brennende Wunsch der tschetschenischen Jungen von heute, sich an den ›Tätern‹ auf jede mögliche Weise zu rächen, wird sein Betätigungsfeld nicht nur in Tschetschenien finden. Es ist nicht mehr möglich, lokale Phänomene des Terrorismus mit der Armee zu bekämpfen; derartige Möglichkeiten sind erschöpft. Die Geheimdienste werden sich damit befassen müssen.

Eine dritte Aufgabe ist die Aufdeckung von Fällen einer illegalen Privatisierung von Einrichtungen von strategischer Bedeutung und des manipulierten Bankrotts von Fabriken, Industrieanlagen und Bergwerken mit dem Ziel, sie sich als Privatvermögen anzueignen. Die Erfahrung hat gezeigt, dass wir auch dieses Problem nicht ohne die Einschaltung der Geheimdienste lösen können.«

Kutscherena war der Überzeugung, die Ursache von Russlands Unglück sei ein Gangster-und-Polizei-Staat. Korshakow behauptete, das ganze Elend rühre aus dem Fehlen einer starken führenden Kraft, da die Geheimdienste wie die fünf Finger einer gespreizten Hand anstelle einer geballten Faust handelten. Als Abhilfe schlug er einen Koordinationsausschuss für die Geheimdienste vor, der dem Sekretär des Sicherheitsrates (FSB-General Sergej Iwanow) unterstehen sollte. Wir dürfen annehmen, dass Korshakow sich selbst an der Spitze dieses neuen Organs sah, da er betonte, dass der SBP, den er früher geleitet hatte, genau nach diesem Prinzip gehandelt und konkrete Ergebnisse erzielt habe.

Mit anderen Worten, Korshakow räumte ein, dass er seine Macht missbraucht und seine offiziellen Befugnisse überschritten hatte, nach russischem Recht eine Straftat, die mit einer Haftstrafe bedroht ist (Korshakows formale Funktionen bestanden im Schutz des Präsidenten und der Präsidentenfamilie).

Allein schon diese Erklärung Korshakows macht deutlich, was der SBP in all den Jahren unter seiner Leitung getan und wozu Korshakow anschließend als Privatmann seine Kontakte zu den staatlichen Zwangsorganen genutzt hatte. Nennen wir die Dinge beim Namen.

Nachdem sie keinen Posten mehr im Inneren des Machtgefüges bekleideten und aus den Geheimdiensten entlassen waren, versuchten der frühere Erste stellvertretende Ministerpräsident Oleg Soskowez, der Ex-SBP-Chef Alexander Korshakow und der ehemalige FSO-Leiter Michail Barsukow mithilfe der Strukturen des organisierten Verbrechens, deren sie sich schon früher bedient hatten – man denke nur an Stealth –, in die Umverteilung von Eigentum in Russland einbezogen zu werden und eine Kontrolle über bestimmte Firmen zu erlangen, um ihr privates Vermögen zu mehren. Das Verbrechersyndikat Ismailowo finanzierte ihre Aktivitäten. Die verdeckte und die operative Arbeit wurden von verschiedenen privaten Sicherheitsdiensten übernommen. Informationen und Propagandaunterstützung wurden von mehreren – kontrollierten oder gekauften – Medienkanälen geliefert. Ging es um Kampfhandlungen, so halfen organisierte Verbrechergruppen und Einzelkämpfer aus den Reihen ehemaliger Mitarbeiter der Spezialabteilung des Verteidigungsministeriums, des FSB und des Innenministeriums aus.

Die Rückführung von Kapital aus dem Ausland »à la Korshakow« ist nichts anderes als die Erpressung von in Russland lebenden ausländischen Geschäftsleuten. In der Praxis bedeutete dies, dass

Korshakow sich von den Geheimdiensten entsprechende Informationen besorgte, Geschäftsleute zu sich bestellte, ihnen sagte, er wisse von ihren Devisenschiebungen, und sie aufforderte, das Geld an Russland zurückzuerstatten. Natürlich landete dieses Geld nicht in der Staatskasse, sondern auf Konten Korshakows.

Korshakow enthüllte auch die politischen Ziele seiner Umstrukturierung. Das erste bestand darin, alle Geheimdienste dem Schutzdienst für den Präsidenten (oder dem von ihm vorgeschlagenen Organ eines Koordinationsausschusses) zu unterstellen. Das zweite war ein Freibrief für Strafaktionen im ganzen Land, mit anderen Worten: diktatorische Vollmacht. Außerdem erklärte Korshakow unverhohlen, der Völkermord an den Tschetschenen müsse russische Staatspolitik sein.

Wir erinnern noch einmal an seine Worte: »Wir dürfen nicht vergessen, dass in Tschetschenien eine neue Generation unter den Bedingungen eines Krieges und mit einem Hass gegen Russland aufgewachsen ist. Der brennende Wunsch der tschetschenischen Jungen von heute, sich an den ›Tätern‹ auf jede mögliche Weise zu rächen, wird sein Betätigungsfeld nicht nur in Tschetschenien finden.« Das hörte sich so an, als wollte Korshakow alle »tschetschenischen Jungen« überall in Russland erschießen lassen, sodass sie gar nicht erst in das Alter kommen würden, in dem sie in der Lage wären, ihre ermordeten Väter und Mütter und ihre zerstörte Heimat zu rächen.

Dass Korshakows Parole »Das Land braucht ein neues KGB« keine vereinzelte, zufällige Geste war, sondern das Symptom eines echten Trends, bewies im Juli 2001 der FSB-Offizier und Leiter des Instituts für Probleme wirtschaftlicher Sicherheit, Juri Owtschenko.

Vor einer kleinen Gruppe von Journalisten äußerte er, dass etliche hohe Amtsträger »mit Zugang zum Präsidenten« und Verbindungen zu den staatlichen Sicherheitsdiensten, darunter der stellvertretende Direktor des FSB, Juri Saostrowzew, die Absicht hätten, die Wirtschaftspolitik des Regimes grundlegend zu ändern und »von einem oligarchischen zu einem nationalen System« überzugehen. Die Wochenzeitung *Argumenti i Fakti* zitierte Owtschenko mit folgenden Worten:

»Die Geheimdienste spielen eine besonders wichtige Rolle im Prozess der Entprivatisierung und der Ermittlung von illegalem Kapitaltransfer ins Ausland.

Die Kontrolle über den Prozess des Eigentümerwechsels muss dem FSB-System übertragen werden.

Die Aufgaben der Beaufsichtigung der Ergebnisse der Privatisierung müssen dem Sicherheitsrat übertragen werden, in dem der Sekretär ein Mann des FSB sein muss ... Um jeden weiteren Kapitalabfluss ins Ausland zu verhindern, müssen die Systeme der Zentralbank und des Staatlichen Zollkomitees einer effektiven Kontrolle unterworfen werden ... Vertreter des wirtschaftlichen Sicherheitsdienstes sollen in die Leitung dieser Organe aufgenommen werden, sämtliche Informationen über die finanziellen Mittel erhalten, die bereits außer Landes geschafft wurden, und fähig sein, mit den Oligarchen in einer Sprache zu sprechen, die diese verstehen ...

Obwohl die vorgeschlagenen Maßnahmen ... in der Öffentlichkeit auf große Zustimmung stoßen werden, erfordert ihre Durchsetzung die Errichtung einer staatlichen Kontrolle über die wichtigsten elektronischen Medien. Es wäre zweckmäßig, ein Verbot für das Privatkapital zu erlassen, Mehrheitsbeteiligungen an Rundfunk- und Fernsehsendern sowie an Zeitungen mit einer Auflage von mehr als 200 000 zu halten.«

Auf die Frage, wie lange es dauern könne, bis der Plan verwirklicht sei, antwortete Owtschenko: »Die Änderungen werden zum Jahresende erfolgen. Es kann aber auch schneller gehen, wenn die Bedingungen dafür gegeben sind.«

Die Gesellschaft war geteilter Meinung. Einige forderten die Einrichtung neuer Geheimdienste. Andere waren der Meinung, die alten Geheimdienste seien schlimmer als die schlimmsten Terroristen. Die Öffentlichkeit war außer sich und bestürzt über die Sprengstoffanschläge in Moskau und das Theater in Rjasan. In einem Land, in dem es keine Gesetze gab, war es ohnehin unmöglich, etwas zu unternehmen. Die Reaktionen darauf erschöpften sich in sarkastischen Zeitungsartikeln.

Der Rechtsanwalt Pawel Astachow versuchte, vom FSB eine Antwort darauf zu bekommen, welche operativen Tätigkeiten der Grund für die Beschneidung bestimmter Grundrechte der Bürger Rjasans waren, die an einem kalten Herbstabend auf die Straße geschickt wurden. Der FSB verwies ihn auf sein eigenes Gesetz »Über operative und ermittelnde Tätigkeit«. Man konnte dies so verstehen, als habe der FSB nach diesem Gesetz das Recht, Übungen abzuhalten, wo immer und wann immer er wollte, während die Bürger keine Möglichkeit hätten, gegen das FSB-Gesetz Einspruch zu erheben.

Doch der Zwischenfall in Rjasan entsprach keineswegs den Bestimmungen der föderalen Gesetzgebung und ging über die Kompetenzen des FSB hinaus. »Das Föderale Gesetz über den Föderalen Sicherheitsdienst« bestimmte, dass die Tätigkeit der Organe des FSB »in Übereinstimmung mit dem Gesetz der Russischen Föderation ›Über operative und ermittelnde Tätigkeit in der Russischen Föderation‹, dem Strafrecht und der Strafprozessordnung der Russischen Föderation und auch in Übereinstimmung mit dem gegenwärtigen Bundesgesetz ausgeübt werden muss«. Keine dieser Bestimmungen, auch nicht die »über operative und ermittelnde Tätigkeit«, erklärte es für zulässig, Übungen zum Nachteil und in Verletzung der Grundrechte der Bevölkerung insgesamt durchzuführen. Und außerdem schützt Paragraf 5 des Gesetzes »Über operative und ermittelnde Tätigkeit« die Bürger formell vor einem möglichen Missbrauch ihrer Befugnisse durch die staatlichen Sicherheitsdienste:

»Organe (Amtsträger), die eine operative oder ermittelnde Tätigkeit ausüben, müssen bei der Durchführung operativer und im Zusammenhang mit Ermittlungen stehender Maßnahmen sicherstellen, dass die Grund- und Menschenrechte im Hinblick auf die Unverletzlichkeit der Privatsphäre nicht verletzt werden ... Es ist nicht zulässig, eine staatliche operative und ermittelnde Tätigkeit auszuüben, um Ziele zu erreichen und Aufgaben auszuführen, die in dem vorliegenden Gesetz der Föderation nicht aufgeführt sind. Eine Person, die der Ansicht ist, dass die Handlungen von Organen, die operative und ermittelnde Tätigkeiten ausüben, ihre Grund- und Menschenrechte beeinträchtigt haben, hat das Recht, im Hinblick auf diese Handlungen bei einem übergeordneten operativ und ermittelnd tätigen Organ, einem Staatsanwalt oder einem Gericht Beschwerde einzulegen ... Wenn das Organ (der Amtsträger), das (der) eine operative und ermittelnde Tätigkeit ausübt, die Rechte und legitimen Interessen von Einzelpersonen und rechtlichen Körperschaften verletzt hat, ist das übergeordnete Organ, der Staatsanwalt oder der Richter verpflichtet, entsprechend den Bestimmungen des Gesetzes der Russischen Föderation Maßnahmen zur Wiederherstellung solcher Rechte und legitimen Interessen und zur Wiedergutmachung für den zugefügten Schaden zu ergreifen. Verstöße gegen das vorliegende Föderale Gesetz, die im Verlauf einer operativen und ermittelnden Tätigkeit begangen wurden, sind strafbare Handlungen im Sinne des Gesetzes der Russischen Föderation.«

Sdanowitsch und Patruschew hatten somit beide die Unwahrheit gesagt, als sie sich auf das russische Gesetz beriefen.

Putin und Patruschew sollten den Zwischenfall in Rjasan kurz vor den Präsidentschaftswahlen nicht vergessen.

In der Nacht vom 3. zum 4. Oktober 1999 verschwanden drei GRU-Offiziere spurlos im Nadterek-Bezirk in Tschetschenien: Oberst Suriko Iwanow, Major Wiktor Pachomow und Oberleutnant Alexej Galkin sowie ein GRU-Mitarbeiter tschetschenischer Nationalität, Wessami Abdulajew. Der Führer der Gruppe, Iwanow, hatte die Offiziersschule der Fallschirmjäger in Rjasan absolviert und war in den Geheimdienst eingetreten, wo er in der Fünfzehnten Spezialeinsatzbrigade diente, die aus dem Afghanistankrieg berühmt war, und sich anschließend im Militärbezirk Nordkaukasus einen Namen machte. Er leitete den Personenschutz für Doku Sawgajew, den ehemaligen tschetschenischen Staatschef und späteren stellvertretenden Außenminister Russlands, der Beziehungen in Moskau hatte. Kurz vor dem Beginn des zweiten Tschetschenienkrieges wurde Iwanow zur Hauptverwaltung in Moskau versetzt. Hier ging es nicht um Stoßtruppunternehmen hinter den feindlichen Linien, doch sobald die Vorbereitungen für die Bodenoperationen in Tschetschenien begannen, wurde Iwanow in der Konfliktzone benötigt.

Am 19. Oktober informierte in Grosny der Chef des Pressezentrums der Streitkräfte Tschetscheniens, Wacha Ibragimow, die versammelten Journalisten im Namen des Militärkommandos, dass GRU-Offiziere, die zu den Tschetschenen übergelaufen seien, »aus eigenem Entschluss Verbindung zu tschetschenischen Soldaten aufgenommen« und den Wunsch geäußert hätten, mit den tschetschenischen Behörden zusammenzuarbeiten. Ibragimow erklärte, die GRU-Offiziere und ihr Agent seien bereit, Informationen über die Drahtzieher der Sprengstoffanschläge in Moskau, Buinaksk und Wolgodonsk zu liefern.

Das russische Verteidigungsministerium bezeichnete diese Erklärung auf tschetschenischer Seite als eine Provokation in der Absicht, die Innenpolitik der russischen Führung und die Aktionen der föderalen Streitkräfte im Nordkaukasus zu diskreditieren. Doch Ende Dezember 1999 bestätigte das russische Verteidigungsministerium offiziell den Tod des Führers der Gruppe, Iwanow: Man hatte den föderalen Truppen den kopflosen Leichnam eines Mannes übergeben sowie einen blutgetränkten Ausweis, der auf einen Oberst Suriko Iwanow ausgestellt war (der abgetrennte Kopf des Offiziers wurde später entdeckt). Am 24. März 2000 gab Sdanowitsch bekannt, dass die ganze Gruppe der GRU-Offiziere von Tschetschenen hingerichtet worden sei.

Am 6. Januar 2000 brachte der in London erscheinende *Independent* einen Artikel seiner Korrespondentin Helen Womack mit der Überschrift »Russische Agenten stecken hinter den Moskauer Sprengstoffanschlägen«:

»Der *Independent* hat ein Videoband erhalten, auf dem ein russischer, von Tschetschenen gefangener Offizier ›gesteht‹, dass die russischen Geheimdienste den Sprengstoffanschlag auf einen Moskauer Wohnblock ausgeführt haben, der den jüngsten Krieg in Tschetschenien auslöste und Wladimir Putin in den Kreml beförderte.

Auf dem Videoband, das im vergangenen Monat von einem türkischen Journalisten aufgenommen wurde, bevor Grosny schließlich von russischen Kräften abgeschnitten wurde, bezeichnet sich der gefangene Russe als Alexej Galkin vom GRU (russischer Militärischer Auslandsnachrichtendienst). Der bärtige Gefangene bestätigt, dass die von den Tschetschenen gezeigten Papiere, die auf einen ›Oberleutnant, militärische Geheimdienste, Generalhauptquartier für Spezialkräfte der Russischen Föderation‹ lauten, seine Ausweispapiere sind. Das Verteidigungsministerium hat gestern überprüft, ob es tatsächlich einen GRU-Offizier dieses Namens gibt. ›Selbst wenn er existiert, können Sie sich ja vorstellen, mit welchen Methoden man ihn in der Gefangenschaft bearbeitet hat‹, sagte ein junger Offizier, der seinen Namen nicht gedruckt sehen wollte.

Oberst Jakow Firsow vom Verteidigungsministerium gab eine offizielle Erklärung ab: ›Die (tschetschenischen) Banditen fühlen ihr Ende nahen, und deshalb benutzen sie die verschiedensten schmutzigen Tricks im Informationskrieg. Das ist eine Provokation. Das ist Blödsinn. Die russischen Streitkräfte schützen das Volk. Es ist unmöglich, dass sie ihre eigenen Leute umbringen.‹

Auf dem Videoband sagte Leutnant Galkin, man habe ihn an der Grenze zwischen Dagestan und Tschetschenien gefangen genommen, während er sich auf einer Mission als Minenleger befand. ›Ich war an der Zerstörung der Gebäude in Moskau und Dagestan nicht beteiligt, aber ich habe Informationen darüber. Ich weiß, wer für die Anschläge in Moskau (und Dagestan) verantwortlich ist. Es ist der FSB (der russische Geheimdienst), der, in Zusammenarbeit mit dem GRU, für die Explosionen in Wolgodonsk und Moskau verantwortlich ist.‹ Danach nannte er die Namen von weiteren GRU-Offizieren.

Fast dreihundert Menschen starben, als vier Wohnblocks im September durch Sprengstoffanschläge von Terroristen zerstört wurden. Die Anschläge bewogen Herrn Putin, der einen Monat zuvor zum Ministerpräsidenten ernannt worden war, einen neuen Krieg gegen Tschetschenien zu beginnen.

Sedat Aral, ein Fotograf der ISF News Pictures, hatte das Video nach eigenen Angaben in einem Bunker in Grosny aufgenommen, wo er mit Abu Mowsajew zusammenkam, dem Chef des Geheimdienstes der Rebellen. Herr Mowsajew sagte, die Tschetschenen könnten beweisen, dass sie nicht für die Sprengstoffanschläge auf russische Wohngebäude verantwortlich seien.

Die russische Öffentlichkeit unterstützt die ›Antiterrorkampagne‹ in Tschetschenien, dank deren die Beliebtheitswerte von Herrn Putin so rasant in die Höhe geschossen sind, dass Boris Jelzin frühzeitig zurückgetreten ist, um den Weg für den von ihm auserkorenen Nachfolger freizumachen.

Was immer den Krieg ausgelöst hat, der Nutznießer ist ohne Zweifel Herr Putin. Der ehemalige Chef des russischen Inlandsgeheimdienstes steht jetzt kurz davor, seine Ambitionen auf die Präsidentschaft zu verwirklichen.«

In einem Kommentar zu diesem Artikel bestätigte die BBC, dass die Hypothese einer Verschwörung der Geheimdienste seit der Zeit aufkam, als die Sprengstoffanschläge sich ereignet hatten; der FSB habe möglicherweise die Bomben selbst deponiert, um die Militäroperation in Tschetschenien zu rechtfertigen. In diesem Zusammenhang wies die BBC darauf hin, dass die Behörden noch immer keine überzeugenden Beweise für eine Verwicklung von Tschetschenen in die Anschläge vorgelegt hätten und dass Schamil Bassajew, eine der Personen, die dieser schändlichen Verbrechen beschuldigt werden, kategorisch bestritten habe, etwas damit zu tun zu haben. Der BBC-Korrespondent nahm an, dass am Vorabend der Präsidentschaftswahlen Putins Wahlchancen durch den Skandal des auf Video aufgenommenen Geständnisses von Galkin stark beeinträchtigt werden könnten, da die Popularität dieses wenig bekannten FSB-Offiziers nach dem Beginn der Militäroperationen in Tschetschenien deutlich gestiegen war.

Le Monde schrieb ebenfalls über die Gefahr, die Putin durch die Enthüllungen über die Beteiligung der russischen Geheimdienste an den Sprengstoffanschlägen drohte: »Nachdem er seine Popularität gesteigert hat und aus den Wahlen zur Staatsduma als Folge des gegen das tschetschenische Volk entfesselten Kriegs siegreich hervorgegangen ist, weiß Wladimir Putin, dass es nur zwei Dinge gibt, die ihn daran hindern können, bei den Wahlen im März Ministerpräsident zu werden: größere militärische Fehlschläge und hohe Verluste in Tschetschenien und die Erkenntnis [innerhalb der Bevölkerung], dass die russischen Geheimdienste in die Bombenanschläge verwickelt sein könnten, die im September vergangenen Jahres rund dreihundert Menschen das Leben kosteten und als offizieller Vorwand für den Beginn der ›Antiterroroperation‹ in Tschetschenien gedient haben.«

Es ist interessant, dass in Verbindung mit den Sprengstoffanschlägen in Moskau weder Lasowski noch einer seiner Leute vernommen wurden, obwohl die Annahme eigentlich nahelag, dass die Leute, die hinter diesen Terroranschlägen steckten, dieselben waren wie die Urheber der Anschläge von 1994 bis 1996. Erst im Frühjahr 2000 stimmte der Staatsanwalt einer Verhaftung Lasowskis zu.

Die Leute hinter Lasowski – und es ist offensichtlich, dass die wichtigsten von ihnen hohe Mitarbeiter des FSB waren – wollten nicht zulassen, dass er verhaftet würde. Nach Informationen von Agenten wurde Lasowski ermordet, unmittelbar nachdem der Haftbefehl gegen ihn ausgestellt war. Er wurde am 28. April 2000, auf der Schwelle der Mariä-Himmelfahrts-Kathedrale erschossen. Die vier Kugeln, von denen eine ihn in den Hals traf, wurden aus einem etwa hundertfünfzig Meter entfernten Gebüsch abgefeuert.

Aus unbekannten Gründen war der Jeep, in dem Lasowskis Bodyguards ihm auf Schritt und Tritt folgten, nirgendwo in der Nähe. Der Mörder ließ seine Waffe zurück und tauchte unter. Jemand brachte den blutigen Leichnam zum nahe gelegenen Hospital und legte ihn dort auf eine Bank. Die Protokolle der Untersuchung des Mordopfers und der Spurensicherung am Tatort waren extrem schlampig und unsachgemäß abgefasst, was dann als Vorwand für die Behauptung benutzt wurde, es sei nicht Lasowski, sondern sein Double gewesen, das ermordet worden war.

Am Abend des 22. Mai 2000 geriet eine kleine Abteilung von Guerillas in einen Hinterhalt, den GRU-Kämpfer im Sondereinsatz zwischen den Dörfern Sershen-Jurt und Schali organisiert hatten. Nach kurzem Kampf lagen zehn Guerillas tot am Boden, die übrigen flohen in alle Richtungen.

Unter den Getöteten befand sich der achtunddreißigjährige Feldkommandeur und Chef des tschetschenischen militärischen Abwehrdienstes, Abu Mowsajew, der Oberleutnant Galkin verhört hatte und möglicherweise noch über weitere Informationen über die Sprengstoffanschläge verfügte. Anwohner in der Gegend erzählten, Mowsajew sei im Mai mehrmals hierhergekommen, um die Nacht bei Verwandten in Schali zu verbringen. Mitarbeiter der Lokalbehörden hatten dies dem Vertreter des FSB mitgeteilt, der nichts weiter unternahm. Als ein Sondereinsatzkommando des GRU versuchen wollte, den Feldkommandeur gefangen zu nehmen, hatte sich der FSB diesem Plan widersetzt. Es kam zu einem Skandal, der Fall wurde Moskau übertragen, und von hier aus erging der Befehl, Mowsajew festzunehmen und in die Hauptstadt zu bringen. Nun war er da, aber er lebte nicht mehr.

Am 9. März 2000 stürzte in Moskau ein Flugzeug kurz nach dem Start auf die Landebahn. An Bord waren neun Personen: Artym Borowik, Präsident der Holding Sowerschenno Sekretno, Sija Bashajew, ein tschetschenischer Staatsangehöriger und Direktor der Holding Alliance Group, seine beiden Bodyguards und fünf Mitglieder der Crew. Die Jak-40, ein Jahr zuvor von Sowerschenno Sekretno bei der Wologda-Luftfahrtgesellschaft über die Moskauer Luftfahrtgesellschaft Aerotex gemietet, hatte nach Kiew fliegen sollen.

In dem Bericht der Kommission für die Untersuchung von Zwischenfällen beim Lufttransport hieß es, die Techniker von Wologda hätten das Flugzeug vor dem Start nicht mit einer speziellen Enteisungsflüssigkeit besprüht, und seine Wölbungsklappen seien nur um zehn Grad angestellt gewesen, während für einen Start ein Anstellwinkel von zwanzig Grad vorgeschrieben sei. Doch am Morgen des 9. März herrschte auf dem Scheremetjewo-Flughafen nur eine Temperatur von vier Grad minus, und es hatte keine Niederschläge gegeben. Es war deshalb gar nicht erforderlich, das Flugzeug zu enteisen. Außerdem hätte die Jak-40 selbst bei einem Anstellwinkel der Wölbungsklappen von zehn Grad fliegen können; der Start wäre lediglich länger und etwas schwerfälliger gewesen. Aus der Tatsache, dass das Flugzeug etwa in der Mitte der Startbahn abstürzte, die auf dem Scheremetjewo-Flugplatz 3,6 Kilometer lang ist, kann man schließen, dass das Flugzeug nach rund achthundert Metern vom Boden abhob, was der Standardstrecke entsprach.

Als er von der Tragödie erfuhr, erklärte Grigori Jawlinski, der Führer der Russischen Demokratischen Partei Jabloko und Abgeordneter der Staatsduma, vor Kurzem hätten Borowik und seine Mitarbeiter eine unabhängige Untersuchung der Sprengstoffanschläge in

Moskau durchgeführt. Wir können nur vermuten, zu welchen Schlussfolgerungen Borowik gelangt war.

Mehrere ungenannte FSB-Mitarbeiter äußerten ihre Meinung zu den vereitelten Sprengstoffanschlägen in Rjasan in einem Interview mit Journalisten der *Nowaja Gaseta*:

»Wenn diese Anschläge in Rjasan tatsächlich von den Geheimdiensten geplant wurden, dann musste für diesen Zweck eine äußerst geheime Gruppe (fünf oder sechs Leute) gebildet worden sein, darunter fanatische Offiziere zweierlei Art. Die Angehörigen der ersten Kategorie, die Offiziere in vorderster Front, hätte man unmittelbar danach ausschalten müssen. Und die Bosse hätten natürlich ihre Anweisungen nicht ihnen direkt gegeben …

Außerdem gibt es eine bestimmte unwahrscheinliche, aber unter unseren Bedingungen durchaus mögliche Darstellung der Vorkommnisse in Rjasan. Der Zerfall innerhalb der Geheimdienste führte innerhalb des – sagen wir – FSB zur Bildung einer Gruppe nationalistischer Offiziere, die außer Kontrolle gerieten. (Der gegenwärtige Grad der Koordination bei Aktionen innerhalb dieser Organisation lässt ein solches Szenario möglich erscheinen.)

Nehmen wir an, die Gruppe war so abgeschirmt und autonom, dass sie spezifische Geheimaufträge ausführte, darüber hinaus jedoch auf eigene Rechnung arbeitete. So könnten beispielsweise bestimmte ›autonome Gruppen‹ in ihrer Freizeit als schwer fassbare kriminelle Banden tätig werden. Doch aufgrund bestimmter politischer Erwägungen wollten sie ein Haus in die Luft sprengen, um den Kampfgeist der Nation zu stärken oder sonst etwas dergleichen.

Selbst wenn die Führung des FSB die unautorisierten Aktivitäten einer solchen Splittergruppe entdecken sollte, wird sie deren reale Existenz nie zugeben. Natürlich werden die Abtrünnigen auf die Fahndungsliste gesetzt, und am Ende werden sie liquidiert, aber ohne unnötiges Theater.

Dieses Geheimnis, wenn es denn ein solches gegeben hätte, wäre mit besonderem Aufwand gehütet worden. Und auf alle Versuche, es aufzudecken, hätten sie so reagiert, wie sie es jetzt tun.«

Trotzdem kann die Theorie einer Verschwörung innerhalb des FSB die offensichtliche Rückendeckung durch die obersten Ränge des FSB und des Staates nicht erklären. Die Annahme, dass dem FSB die Existenz einer solchen Verschwörung innerhalb seiner Organisation entgangen sein könnte, geht an der Realität vorbei. Wer in den Rang eines FSB-Generals aufgestiegen ist, muss mit allen Wassern gewaschen sein und eine so subtile Intuition entwickelt haben, dass er eine Verschwörung von Untergebenen kilometerweit wittert.

Doch davon abgesehen gibt es innerhalb des FSB eine umfassende interne Information. Eine Gruppe von fünf oder sechs Personen kann sich unmöglich zu einem Terroranschlag verschwören, ohne entdeckt zu werden, und für die Ausführung von Sprengstoffanschlägen in vier verschiedenen Städten sind weit mehr als fünf bis sechs Männer nötig.

Auch der Staatsduma-Abgeordnete Wladimir Wolkow glaubte, dass die Septemberanschläge das Werk der Geheimdienste war:

»Das ist das zweite Mal hintereinander, dass Präsidentschaftswahlen scheinbar zufällig mit einer Verschlechterung des Verhältnisses zu Tschetschenien zusammenfielen. Diesmal gingen dem Tschetschenienfeldzug Terroranschläge in Moskau, Buinaksk, Wolgodonsk, Rostow voraus ... Doch aus irgendeinem Grund wurde der Anschlag auf einen Wohnblock in Rjasan vorzeitig entdeckt und wird jetzt als eine Übung hingestellt.

Als Militär weiß ich, dass keine Übung jemals mit echtem Sprengstoff durchgeführt wird und dass die Polizei und der FSB am Ort von der Übung informiert sein mussten.

Leider war das, was in Rjasan passiert ist, etwas anderes, und die Presse sagt bereits ganz offen, dass alle diese ›tschetschenischen‹ Terroranschläge in russischen Großstädten von den Geheimdiensten begangen wurden, die einen Putin ins Konzept passenden ›kleinen Krieg‹ vorbereiteten. Die Suche nach einer Antwort auf diese Vermutungen hat noch nicht begonnen, doch es ist schon heute klar, dass man für Putin anstelle eines weißen Dienstpferds ein Ross gesattelt hat, das rot vom vergossenen Blut des Volkes ist.«

Der frühere KGB-General Oleg Kalugin hatte seine eigene Meinung zu der Angelegenheit. Er glaubte nicht, dass der FSB als Organisation unmittelbar in die Vorbereitung von Terroranschlägen verwickelt gewesen war, sondern dass die Attentate von einem der »russischen Machtblöcke« befohlen wurden, der ein Interesse daran gehabt hatte, Putins Ansehen zu erhöhen. Diejenigen, die den Befehl zu den Terroranschlägen gaben, hätten durchaus einzelne Spezialisten des FSB oder des alten KGB einsetzen können, doch der FSB selbst sei erst nach dem Fiasko in Rjasan in die Operation einbezogen worden, und sie habe ihm als eine Deckgeschichte für die fehlgeschlagene Operation und deren Drahtzieher gedient.

Natürlich wirft diese Version die Frage auf, welcher Art dieser »Machtblock« und wer sein Führer war, wenn nach dem Fehlschlag in Rjasan der gesamte FSB und andere staatliche Verwaltungen für die »Deckgeschichte für die fehlgeschlagene Operation und deren Drahtzieher« vereinnahmt wurden.

Es steht außer Frage, dass allein Putin einen solchen »Block« kontrolliert haben kann und dass der »russische Machtblock«, dem es um eine Verbesserung des Images von Putin ging, in der Hauptsache aus Putin selbst, Patruschew, all den Personen, die an der Entfesselung eines Kriegs gegen Tschetschenien interessiert waren, sowie jenen bestand, die aus den fünf gespreizten Fingern der Geheimdienste eine geballte Faust machen wollten.

In ihrer ganz besonderen Weise, den Jahrestag der Sprengstoffanschläge in Moskau, Buinaksk und Wolgodonsk zu begehen, verübten am 8. August 2000 zwei FSB-Agenten mit den Decknamen Major Ismailow und Hauptmann Fjodorow einen Sprengstoffanschlag in einer der Fußgängerunterführungen des Puschkinplatzes in Moskau. Es gab dreizehn Tote und über hundert Verletzte. Unweit der Explosionsstelle entdeckten Spezialisten des Moskauer FSB zwei weitere Sprengladungen und beschossen sie mit einem Wasserwerfer.

Die Explosion unter dem Puschkinplatz traf ins Herz. »Die noch nicht identifizierten Täter hatten den Ort ihrer Tat mit Bedacht gewählt«, schrieb Witali Portnikow in der Kiewer Wochenzeitung *Serkalo Nedeli* am 12. August.

»Um zu verstehen, was der Puschkinplatz für einen Einwohner der Hauptstadt bedeutet, muss man Moskauer sein. Der Rote Platz, der Alexanderowski-Garten, das Einkaufszentrum Ochotnyj Rjad mit seinem Souterrainkomplex, Alter Arbat – das alles sind Plätze zum Besichtigen. Doch wenn Moskauer sich verabreden wollen, dann tun sie das am Puschkinplatz ...

Der Puschkinplatz ist nicht einfach nur der Mittelpunkt der Stadt, ein Platz oder eine Metrostation. Er ist eine Welt ...

Eine Welt in die Luft zu sprengen ist für einen Terroristen wirkungsvoller als das Deponieren einer Bombe in einem Wohnblock. Ein Anschlag auf einen Wohnblock trifft meistens den Nächsten, doch ein Anschlag auf eine Welt trifft stets einen selbst.«

Der Moskauer Bürgermeister Juri Lushkow hatte keine Hemmungen, auch diesen Anschlag den Tschetschenen anzulasten: »Das ist Tschetschenien, keine Frage.«

Diesmal beschlossen die Tschetschenen, die solche stereotypen Anschuldigungen satt waren, den Bürgermeister zur Ordnung zu rufen. Der Chef der provisorischen Verwaltung der Republik Tschetschenien, Achmad Kadyrow, gab seiner Entrüstung darüber Ausdruck, dass die Tschetschenen einmal mehr eines Anschlags bezichtigt wurden, ohne dass es einen Beweis dafür gab. Kadyrows Vertreter bei der russischen Regierung, der frühere Außenminister in der Regierung Dschochar Dudajews, Schamil Beno, drohte eine Demonstration von Tschetschenen in Moskau an, und der Vorsitzende des tschetschenischen Staatsrats, Malik Saidulajew, setzte eine beträchtliche Belohnung für Informationen über die wahren Urheber des Anschlags aus. Aslan Maschadow distanzierte sich ebenfalls von diesem Anschlag und sprach den Russen sein Beileid aus.

Am 12. August 2000 hatte eine Gruppe von zwölf Mitgliedern von Andrej Morjews Spezialeinheit, die gerade in der Uliza Petrowka 38 zu einer Besprechung der nächsten Operation eingetroffen war, ein Gespräch zwischen Ismailow und Fjodorow über einen Einsatz am Puschkinplatz mitgehört. Drei Tage später erfolgte der Terroranschlag, und Morjew erkannte auf den Phantombildern zwei FSB-Offiziere wieder.

Jahre werden vergehen, vielleicht Jahrzehnte. Russland wird sich natürlich ändern. Es wird eine andere politische Elite haben, eine andere politische Führung. Wenn wir dann noch am Leben sind, werden unsere Kinder uns fragen: Warum habt ihr nichts gesagt? Als sie eure Häuser in Moskau, Wolgodonsk, Buinaksk und Rjasan in die Luft gesprengt haben, warum habt ihr da nichts gesagt? Warum habt ihr euch wie Ratten in einem Laboratorium verhalten?

Wir haben etwas getan. Wir haben geschrien und laut gerufen, wir haben geschrieben ...

Die Bewohner des Hauses Uliza Nowosjolow 14/16 haben versucht, den FSB vor Gericht zu bringen. In einem Brief an den Generalstaatsanwalt von Russland steht: »Wir sind für ein ungeheuerliches Experiment benutzt worden, bei dem zweihundertvierzig völlig unschuldige Menschen die Rolle von Statisten spielen mussten. Wir alle haben nicht nur ein schweres seelisches Trauma davongetragen, sondern auch einen nicht wiedergutzumachenden Schaden an unserer Gesundheit.« Obwohl diese Einwohner Rjasans von den Regionalbehörden des Bezirks Rjasan unterstützt wurden, ging der Fall nie über leere Worte hinaus, und das kollektive Schreiben an den Generalstaatsanwalt wurde ad acta gelegt.

Am 18. März setzten Sergej Iwanenko und Juri Schtschekotschichin, zwei Duma-Abgeordnete der Russischen Demokratischen Partei Jabloko, den Text einer Duma-Resolution für eine parlamentarische Anfrage an den amtierenden Generalstaatsanwalt Wladimir Ustinow auf, die den Titel trug »Über die Entdeckung einer explosiven Substanz in der Stadt Rjasan am 22. September 1999 und die Umstände der Ermittlung in dieser Sache«.

Iwanenko und Schtschekotschichin verlangten, dass der Staatsduma Antworten auf die folgenden Fragen gegeben würden:

In welchem Stadium befinden sich die Ermittlungen im Fall der Entdeckung einer explosiven Substanz in Rjasan am 22. September 1999?
Hat man die entdeckte Substanz analysiert?
Wer hat den Befehl gegeben, eine Übung abzuhalten, und wann, welches waren die Ziele und Zwecke der Übung?

Welche Ausrüstung und welche Substanzen – tatsächlich oder nur scheinbar explosive – wurden im Verlauf der Übung eingesetzt?

In den Fragen des Entwurfs wurde auch die Tatsache erwähnt, dass der FSB während der beiden ersten Tage nach dem Zwischenfall seine offizielle Stellungnahme geändert hatte. Nach seiner ersten Darstellung vom 22. September 1999 war ein Terroranschlag vereitelt worden. Erst der zweiten Erklärung zufolge handelte es sich nicht mehr um einen Anschlag, sondern um eine Übung zu dem Zweck, die Bereitschaft von Polizei, lokalem FSB, der Feuerwehr etc. in Rjasan auf die Probe zu stellen.

»Eine Reihe von angeführten Tatsachen lassen Zweifel an der offiziellen Version der Ereignisse aufkommen, die sich in Rjasan abgespielt haben«, hieß es im Text des Entwurfs. Die Informationen über die Übung seien eingeschränkt. Die Unterlagen der vom FSB des Bezirks Rjasan eingeleiteten Ermittlungen in Verbindung mit der Entdeckung der explosiven Substanz seien unzugänglich. Die Personen, welche die vermeintlich explosive Substanz deponiert hätten, seien namentlich ebenso wenig benannt worden wie die Personen, die den Befehl zu der Übung gegeben hätten. »Die Erklärung der Führung des FSB, die in Rjasan entdeckte Substanz habe aus Grießzucker bestanden, hält einer Untersuchung nicht stand.« Vor allem habe das Gerät, mit dem die aufgefundene Substanz untersucht wurde, das Vorhandensein von Hexogen angezeigt und sei völlig in Ordnung und der Zünder der Sprengladung keine Attrappe gewesen. Erwähnt wurde auch das Material, das die *Nowaja Gaseta* über in Zuckersäcken verpacktes Hexogen veröffentlicht hatte, die im Waffen- und Munitionsdepot einer Ausbildungseinheit der Fallschirmjäger deponiert waren.

Leider stimmte eine Mehrheit der Abgeordneten in der Staatsduma gegen den Fragenkatalog. Zu ihnen gehörten die Mitglieder der Partei Einheit, einer regierungsfreundlichen Partei, die Volksdeputierten, ein Teil der Fraktion Bezirke Russlands und ein Teil der Liberaldemokratischen Partei. Diejenigen, die für den Antrag stimmten, waren Jabloko, die Union der rechten Kräfte, die Kommunisten und die Agrar- und Industriepartei Russlands. Infolgedessen erhielt der Antrag Schtschekotschichins und Iwanenkos nur 103 statt der benötigten 226 Ja-Stimmen.

Der zweite Versuch, einen Antrag auf eine Anfrage einzubringen, der am 31. März unternommen wurde, brachte Schtschekotschichin und Iwanenko ihrem Ziel zwar näher, endete jedoch ebenfalls mit einer Abstimmungsniederlage. Die Abstimmung fand während einer Plenarsitzung der Duma statt, und trotz der Unterstützung der Kommunisten, der Agrar- und Industriepartei und von Jabloko sowie eines Teils der Vaterlandspartei und der Union der rechten Kräfte erhielt der Antrag nur 197 Stimmen, 137 Abgeordnete stimmten dagegen, Enthaltungen gab es keine. Kein einziger Abgeordneter der Partei Einheit stimmte für den Antrag. Aus unerfindlichen Gründen war das russische Parlament an einer Aufklärung der Hintergründe der Septemberanschläge nicht interessiert.

Am 16. März 2000 kündigte Sdanowitsch in einem seiner Interviews an, nach Informationen des FSB werde der Journalist Nikolaj Nikolajew, der die Serie »Unabhängige Ermittlung« im NTW-Kanal moderierte, innerhalb der nächsten Tage, kurz vor den Präsidentschaftswahlen, eine Untersuchung der Übung in Rjasan aus dem NTW-Studio senden. Vorgesehen für die Sendung sei der 24. März.

Es ist kaum überraschend, dass nur wenige Tage später die Nachricht, die man seit vielen Monaten erwartet hatte, endlich bekannt gegeben wurde. Am 21. März berichtete die Föderale Nachrichtenagentur über die Analyse der Proben des in Rjasan am 22. September 1999 gefundenen »Zuckers«. Die Information kam aus dem Bezirk Rjasan, von Generalmajor Igor Sergejew, dem Chef des lokalen FSB, der erklärte, die Untersuchung habe ergeben, dass die entdeckten Säcke reinen Zucker ohne jede Spur von explosiven Substanzen enthalten hätten.

»Im Zuge der Untersuchungen, die an den Zuckerproben durchgeführt wurden, konnten keine Spuren von TNT, Hexogen, Nitroglyzerin oder anderen explosiven Substanzen festgestellt werden«, hieß es in dem Bericht der Sachverständigen. Außerdem habe, so Sergejew weiter, die Analyse bestätigt, dass der Zünder, der zusammen mit den Zuckersäcken gefunden worden war, nur eine Attrappe gewesen sei: »Daraus können wir den Schluss ziehen, dass der Fund keine Bombe war, da es weder eine Sprengladung noch einen Zünder gegeben hat.«

Allmählich wurde deutlich, dass der FSB bemüht war, die Ermittlungen noch vor der Fernsehsendung Nikolajews und vor den Präsidentschaftswahlen abzuschließen.

Nach der ursprünglichen Erklärung Patruschews, es habe sich um »Übungen« gehandelt, wurden die Ermittlungen, die der Chef der Ermittlungsabteilung des FSB für den Bezirk Rjasan, Oberstleutnant Juri Maximow, eingeleitet hatte, eingestellt. Doch am 2. Dezember, also mehr als zwei Monate später, verfügte die Generalstaatsanwaltschaft, die Ermittlungen seien vorzeitig abgebrochen worden, und hob den am 27. September vom FSB Rjasan gefassten Beschluss wieder auf, womit sie die Ermittlungen fortsetzen ließ und deutlich machte, dass an der vom FSB vorgetragenen Geschichte mit den »Übungen« etwas nicht stimmte. Die Fortsetzung der Ermittlungen wurde allerdings keinem unabhängigen Ermittler anvertraut, sondern einer der interessierten Parteien, praktisch dem FSB, gerade der Organisation, die beschuldigt wurde, den Terroranschlag geplant zu haben. Zumindest war der Fall noch nicht abgeschlossen.

Als schließlich der Bericht über die Art der Substanzen, die in dem Rjasaner Wohnblock gefunden worden waren, am 21. März vorlag, verkündete Maximow erneut: »Meiner Ansicht nach gab es inzwischen genügend gewichtige Gründe, die Ermittlungen einzustellen, da die Ereignisse vom 22. September 1999 in dem Haus in der Uliza Nowosjolow einen Übungscharakter hatten.« Die Akten wurden ein weiteres Mal geschlossen.

Jetzt mussten die Ergebnisse der ursprünglichen Analyse abqualifiziert werden. Dieser ehrenvollen Aufgabe entledigte sich Maximow ebenfalls am 21. März: »Die Analyse wurde vom Leiter der technischen Abteilung, Juri Tkatschenko, durchgeführt. Wie man später entdeckte, wiesen seine Hände vierundzwanzig Stunden später Spuren von Plastiksprengstoffen auf, die unter anderem auch Hexogen enthielten. Man muss wissen, dass sich diese Art einer Verunreinigung bis zu drei Monate auf der Haut erhalten kann. Das angewandte Untersuchungsverfahren hätte mit Wegwerfhandschuhen durchgeführt werden müssen. Leider gehören diese nicht zum Arbeitsgerät eines Sprengstoffspezialisten, und es gibt auch keine finanziellen Mittel hierfür. Wir sind zu dem Schluss gelangt, dass dies der einzige Grund dafür war, dass bei der von den Polizeioffizieren durchgeführten ›Diagnose‹ Spuren einer explosiven Substanz entdeckt wurden.«

Das entsprach zweifellos auch dem, was Maximow in der beigelegten Dokumentation für die Generalstaatsanwaltschaft geschrieben hatte, als er die Notwendigkeit erläuterte, die Ermittlungen gegen den FSB nach dem Terrorismusgesetz einzustellen.

Wir hatten kein Recht, vom Ermittler Heroismus zu verlangen. Maximow hatte Familie, genau wie wir alle, und es wäre unzweckmäßig und gefährlich gewesen, gegen die Führung des FSB anzugehen. Es ist jedoch anzumerken, dass Maximows Meinung der Ansicht Tkatschenkos widersprach, dem man nun wirklich nicht unterstellen konnte, in dieser Angelegenheit parteiisch zu sein. Tkatschenkos prinzipientreue Haltung konnte ihm nur Schwierigkeiten einbringen. Und nach der Episode in Rjasan wurde er denn auch nach Tschetschenien versetzt.

Die Gruppe der Sprengstoffexperten in Rjasan unter der Führung Tkatschenkos war nicht nur in Rjasan, sondern auch in allen Bezirken der Umgebung etwas Besonderes. Ihr gehörten dreizehn Ingenieure mit langer Erfahrung an, die in Moskau mehrere Fortbildungskurse am Moskauer Zentrum für Sprengstoffforschung und -technik absolviert hatten und sich alle zwei Jahre speziellen Prüfungen auf diesem Gebiet unterziehen mussten.

Tkatschenko wies darauf hin, dass die Ausrüstung in seiner Abteilung Weltniveau hatte. Das Gasanalysegerät, mit dem die entdeckte Substanz untersucht wurde, befand sich in einem hervorragenden Betriebszustand (was auch gar nicht anders sein konnte, wenn er das hohe Niveau seiner Arbeit halten wollte). Nach seiner technischen Beschreibung war das Gasanalysegerät nicht nur besonders zuverlässig, sondern auch sehr genau; wenn es also bei der Untersuchung des Inhalts der Zuckersäcke Hexogendämpfe registrierte, konnte an dem Ergebnis kein Zweifel bestehen.

Auch die »Attrappe« eines Zünders enthielt scharfen Sprengstoff und keine harmlose Übungssubstanz. Nach den Ausführungen Tkatschenkos wies der Zünder, den die Sprengstoffspezialisten erst entschärfen mussten, zudem eine professionelle Bauart auf und war auch aus diesem Grund keine Attrappe.

Theoretisch wäre ein Irrtum möglich gewesen, wenn das Gerät nicht vorschriftsmäßig bedient worden wäre oder wenn sich in ihm noch Rückstände von einer früheren Untersuchung befunden hätten. Auf diesen Einwand gab Tkatschenko folgende Antwort: »Das Gasanalysegerät wird ausschließlich von einem staatlich geprüften Spezialisten und nach strengen Vorschriften bedient: Es gibt Arbeitspläne, und das Gerät wird regelmäßig überprüft, weil es unter anderem eine permanente Strahlungsquelle enthält.« Es konnte auch keine »Spuren« von früheren Untersuchungen geben, weil die Identifizierung von Hexogendämpfen in einem Laboratorium nur selten durchgeführt wird. Tkatschenko und seine Kollegen konnten sich an keinen Fall erinnern, in dem sie das Gerät zu diesem Zweck benutzt hätten.

Am 20. März kamen die Bewohner des Hauses in der Uliza Nowosjolow im NTW-Studio zusammen, wo eine Sendung der Serie »Unabhängige Ermittlung« aufgezeichnet werden sollte. Auch Vertreter des FSB waren anwesend. Ausgestrahlt wurde die Sendung am 24. März unter Beteiligung von Alexander Sdanowitsch, Stanislaw Woronow, dem Ersten stellvertretenden Leiter der Ermittlungsabteilung des FSB, dem Mitglied des Parlaments und stellvertretenden Chefredakteur der *Nowaja Gaseta*, Juri Schtschekotschichin, Oleg Kalugin, dem früheren KGB-General, Jewgeni Sawostjanow, dem Chef des FSB Moskau, Alexander Sergejew, dem Leiter der FSB Rjasan, sowie Ermittlern und Experten des FSB, unabhängigen Fachleuten, Juristen, Menschenrechtsanwälten und Psychologen.

Ohne Tarnung und unbewaffnet erlitten die Mitarbeiter des FSB eine klare Niederlage gegen die anwesenden Bewohner des Wohnblocks. Die über sechs Monate hingezogene Analyse des Zuckers erschien wie ein Witz. »Wenn Sie behaupten, die Säcke hätten Zucker enthalten, dann hätten die Ermittlungen wegen des Verdachts eines Terroranschlags eingestellt werden müssen. Doch die Ermittlungen wurden nicht eingestellt. Das bedeutet, dass es doch kein Zucker war«, rief Anwalt Pawel Astachow aus, ohne zu ahnen, dass die Ermittlungen am nächsten Tag tatsächlich eingestellt würden.

Es war klar, dass in Moskau andere Säcke untersucht worden waren als die, die man in Rjasan entdeckt hatte. Doch niemand konnte diese offensichtliche Tatsache beweisen.

Der Sprengstoffexperte Rafael Gilmanow, der ebenfalls an der Gesprächsrunde teilnahm, bestätigte, dass es ganz unmöglich sei, Hexogen mit Zucker zu verwechseln. Schon rein äußerlich seien sie verschieden. Nach seiner Meinung war die Behauptung der FSB-Ermittler, das erste Analyseergebnis in Rjasan sei durch »Spuren« an oder in der Aktentasche eines Sprengstoffspezialisten verfälscht worden, nicht überzeugend.

Ebenso wenig überzeugten die Behauptungen der Vertreter des FSB, die Techniker, die man nach der Entdeckung der Säcke hinzugezogen hatte, hätten eine Attrappe für einen echten Sprengstoffzünder gehalten. Die FSB-Offiziere erklärten, dass General Sergejew, der den Fund eines Zünders gemeldet hatte und sich jetzt im Studio befand, »kein großer Fachmann auf dem Gebiet von Sprengstoffzündern« sei und sich am 22. September einfach geirrt habe. Erstaunlicherweise nahm der General keinen Anstoß daran, dass man ihm mangelnde Fachkenntnisse unterstellt hatte, obwohl die öffentliche Erklärung, die er am 22. September über den Zünder abgegeben hatte, auf den Schlussfolgerungen von Experten beruhte, deren Vorgesetzter er war und an deren fachlicher Qualifikation kein Zweifel bestehen konnte.

Wie sich herausstellte, befanden sich unter den Zuschauern im Studio auch zahlreiche Angehörige der Streitkräfte, die bereitwillig erklärten, dass die Ereignisse in Rjasan keinerlei Ähnlichkeit mit irgendwelchen Übungen gehabt hätten, nicht einmal mit denen, die möglichst »lebensecht« durchgeführt würden. Zu den Vorbereitungen für militärische Übungen gehörten bestimmte vorgeschriebene Verfahren, insbesondere im Hinblick auf die Möglichkeit eines Notfalls, die Bereitstellung von Erster Hilfe und Medikamenten, Verbänden und warmer Kleidung. Selbst die wichtigsten Übungen müssten mit den lokalen Amtsträgern und den betroffenen Regierungsministerien abgesprochen werden. Bei den Vorfällen in Rjasan habe es weder Vorbereitungen noch vorherige Absprachen gegeben. So würden keine Übungen durchgeführt, erklärte einer der Bewohner des betroffenen Hauses in Rjasan, ein Berufssoldat.

Alles in allem waren die Argumente der FSB-Offiziere so dummdreist, dass einer der Bewohner des Hauses schroff reagierte: »Hören Sie doch auf, uns Geschichten zu erzählen.« Im Folgenden geben wir einen kurzen Ausschnitt aus der Sendung wieder.

Publikum: Die Ermittlungsabteilung des FSB hat eine Ermittlung eingeleitet. Hat er damit Ermittlungen gegen sich selbst eingeleitet?

FSB: Die Ermittlungen wurden auf der Grundlage von Beweisen eingeleitet, die man entdeckte.

Publikum: Aber wenn es doch eine Übung war, worin bestanden dann die Beweise?

FSB: Sie haben nicht richtig zugehört. Die Übung wurde durchgeführt, um die Interaktion zwischen verschiedenen staatlichen Zwangsorganen [das heißt Polizei und Sicherheitsdiensten] zu prüfen. Zu dem Zeitpunkt, an dem die Ermittlungen eingeleitet wurden, wussten weder die Polizei in Rjasan noch die föderalen Organe, dass es eine Übung war …

Publikum: Gegen wen richteten sich dann die Ermittlungen?

FSB: Ich wiederhole, die Ermittlungen wurden aufgrund von entdeckten Beweisen aufgenommen.

Publikum: Welche Beweise? Beweise für eine Übung in Rjasan?

FSB: Es hat keinen Sinn, auch nur den Versuch zu unternehmen, das jemandem zu erklären, der keine Ahnung von strafrechtlichen Ermittlungen hat …

Publikum: Was ist mit der Sicherheit der Bürger, die die ganze Nacht auf der Straße verbracht haben, was ist mit der Sicherheit ihrer körperlichen und seelischen Gesundheit? Und noch etwas, Sie sind entrüstet, wenn Telefonterroristen anrufen und mit Sprengstoffanschlägen drohen, aber was unterscheidet Sie überhaupt von ihnen?

FSB: Was es bedeutet, die Sicherheit der Bürger zu garantieren? Es ist die abschließende Wirkung, wenn es keine Explosionen mehr gibt ...

Publikum: Ich bin ehemaliger Soldat. Die Anzahl der Übungen, die ich in achtundzwanzig Jahren mitgemacht habe, nicht wahr, und was diese feinen, respektablen Leute, diese Generäle uns über Übungen erzählen, nicht wahr, das kann einen ganz krank machen!

FSB: Als ehemaliger Soldat haben Sie vermutlich militärische Übungen mitgemacht. Wir arbeiten in einem Spezialdienst, und dieser Dienst arbeitet mit einem speziellen Personal und einer speziellen Ausrüstung auf der Grundlage des Gesetzes über operative und ermittelnde Tätigkeit ...

(Wir unterbrechen die Auseinandersetzung zwischen Publikum und FSB und weisen noch einmal darauf hin, dass im Gesetz »Über die operative und ermittelnde Tätigkeit in der Russischen Föderation« nichts über Übungen steht.)

Publikum: Wenn jemand schriftlich festgehalten hat, was während der Übung passiert ist, wo sind diese Leute jetzt?

FSB: Wenn wir zehnmal so viel Personal hätten, dann natürlich ...

Publikum: Hören Sie auf, uns Geschichten zu erzählen! Die Leute, die das Hexogen gesehen haben, würden es nie mit Zucker verwechseln.

FSB: Sie haben das Pulver auf dem Deckel der Aktenmappe verstreut, die sie seit 1995 auf allen Fortbildungsveranstaltungen dabeihatten. Sie haben sie sogar nach Tschetschenien mitgenommen. Kurzum, das Testpapier hat auf die Hexogendämpfe reagiert ...

Publikum: Ich habe die Säcke aus drei Metern Entfernung gesehen. Erstens war der Inhalt gelblich. Und zweitens waren es feine Körnchen.

FSB: Zucker aus dem Gebiet Kursk. Zucker aus dem Gebiet Woronesch ist wieder anders, und der Zucker, den wir aus Kuba bekommen, ist richtig gelb!

Der Journalist Alexander Badanow aus Rjasan war auch im Studio anwesend, und am nächsten Tag erschien sein Bericht in einer Rjasaner Lokalzeitung. Darin hieß es:

»In der Fernsehsendung versuchten die Bürger Rjasans herauszubekommen, was wirklich passiert war. Doch die Vertreter des FSB konnten auf die meisten Fragen keine zufriedenstellenden Antworten geben ...

Nach Aussage Sdanowitschs nimmt der FSB jetzt aufgrund der Ereignisse in Rjasan im September Ermittlungen auf. Eine derartige Absurdität ist wohl nur in Russland möglich: Der FSB stellt strafrechtliche Ermittlungen zu einer Übung an, die er selbst durchgeführt hat. Aber eine Ermittlung kann erst dann aufgenommen werden, wenn anzunehmen ist, dass eine Straftat begangen wurde. Was sollen wir dann von allen bisherigen Erklärungen hochrangiger Geheimdienstmitarbeiter halten, im Verlauf der Übung sei nicht gegen das Gesetz verstoßen worden?

Die Bewohner des Hauses Nummer 14 haben versucht, beim Staatsanwalt Schadensersatzansprüche gegen den FSB wegen seelischer Schäden geltend zu machen. Man erklärte ihnen, dass sie nach den Verfahrensregeln ihre Forderungen nur gegenüber bestimmten Personen stellen könnten, die den Befehl zu der Übung erteilt hatten. Sechsmal wurde diese Frage an Sdanowitsch und Sergejew gestellt: Wer gab den Befehl, die Übung in Rjasan abzuhalten? Sechsmal umgingen Sdanowitsch und Sergejew die Antwort mit dem Argument, dies würde die Ermittlungen beeinflussen ...

Das Ausbleiben zuverlässiger Informationen führte unter anderem zu der Geschichte, dass die Geheimdienste tatsächlich ein Wohnhaus in Rjasan in die Luft sprengen wollten, um den Einmarsch der föderalen Streitkräfte in Tschetschenien zu rechtfertigen und die Kampfmoral der Soldaten zu heben.

›Ich habe den Inhalt der Säcke gesehen, und er hatte nichts von Zucker an sich‹, sagte Alexej Kartofelnikow zum Abschluss. ›Ich bin mir sicher, dass die Säcke keinen Zucker, sondern Hexogen enthielten.‹ Die übrigen Bewohner des Hauses stimmten ihm zu.

Es wäre doch sicher im eigenen Interesse des FSB, den Namen der Person zu nennen, die den Befehl zu der Übung unterschrieben hatte. Immerhin hat sie das Vertrauen der Bevölkerung in die russischen Geheimdienste und ihr Ansehen erschüttert.«

Das praktische Ergebnis der TV-Veranstaltung bestand darin, dass Rechtsanwalt Astachow mit der alten kollektiven Beschwerde zu tun bekam, die von den Bewohnern des Wohnblocks eingereicht wurde. Die Opfer ersuchten die Generalstaatsanwaltschaft, die Ziele der Operation zu erläutern und den Umfang und die Form einer Entschädigung für die seelischen Beeinträchtigungen zu bestimmen.

Diesmal erfolgte die Antwort verdächtig schnell: »Die Mitarbeiter des FSB handelten im Rahmen ihrer Befugnisse«, verlautete aus dem Büro des Generalstaatsanwalts. Der Grund für diese Eile lag auf der Hand. Sdanowitsch hatte für den 24. März eine Pressekonferenz geplant, auf der er sich an die Massenmedien wenden wollte, und die Präsidentschaftswahlen sollten am 26. März stattfinden.

Nach der schmählichen Blamage Sdanowitschs und seiner Kollegen im NTW-Studio beschloss die Führung des FSB, sich nicht mehr an offenen Debatten mit einem Publikum zu beteiligen und an keiner weiteren NTW-Sendung teilzunehmen. Während dieser für das ganze Land schicksalhaften Tage beschloss der FSB zudem, die geplante Ausschaltung von NTW in Angriff zu nehmen.

Am Abend des 26. März, dem Tag der Wahlen, erklärte der frühere Vizepremier und Führer der Union der rechten Kräfte Boris Nemzow in Jewgeni Kisseljows Sendung »Zusammenfassung«, dem Sender NTW drohe die Schließung, nachdem dieser Nikolajews Feature »Der Zucker von Rjasan – FSB-Übung oder verhinderter Sprengstoffanschlag?« ausgestrahlt habe. Nemzow begründete seine Befürchtungen:

»Ich weiß nicht, wie es mit NTW weitergehen wird, nachdem einer der Moderatoren, ich glaube, es war Nikolajew, seine Version der Bombenanschläge in Moskau und anderen Großstädten wiedergegeben hat. Ich glaube, dass NTW jetzt ernsthaft bedroht ist …

Ich halte es für meine Pflicht, NTW zu schützen, wenn irgendwelche Versuche gemacht werden sollten, diesem Sender die Lizenz zu entziehen. Und eine solche Möglichkeit kann ich nicht ausschließen. Zumindest hat man versucht, eine Reihe von Journalisten mundtot zu machen, was vielleicht nicht direkt von Putin, aber von seiner Umgebung ausging.«

Hinter vorgehaltener Hand gaben FSB-Generäle zu, dass sie entschieden hätten, die Spitzen des Senders NTW – Wladimir Gussinski, Igor Malaschenko und Moderator Jewgeni Kisseljow – des Landes zu verweisen.

Bereits am ersten Tag nach seiner Wahl zum Präsidenten machte sich Putin daran, NTW und Gussinskis Holding Media-Most zu zerschlagen, und von den drei genannten Männern konnte nur Kisseljow in Russland bleiben.

Bis Ende März benötigte Sdanowitsch dringend eine Entscheidung der Generalstaatsanwaltschaft der Russischen Föderation, mit der die Rechtmäßigkeit der FSB-Übung in Rjasan im September 1999 bestätigt werden sollte. Tatsächlich erhielt er ein entsprechendes Dokument kurz vor seiner Pressekonferenz am 24. März 2000.

Die Generalstaatsanwaltschaft wies den Antrag der Bürger Rjasans auf die Einleitung eines Ermittlungsverfahrens gegen Mitarbeiter des FSB wegen der Durchführung einer »Antiterrorübung« im September 1999 mit der Begründung ab, dass »keine Straftat begangen« worden sei. Der Generalstaatsanwalt stellte sich auf den Standpunkt, dass die Mitarbeiter der Staatssicherheitsdienste mit den Aktionen zur Überprüfung der Wirksamkeit von Maßnahmen der staatlichen Zwangsorgane die Befugnisse der Organe des FSB Russland nicht überschritten hätten, jedenfalls nicht im Hinblick auf einen »Komplex präventiver und prophylaktischer Maßnahmen, mit denen die Sicherheit der Öffentlichkeit gewährleistet werden sollte« und die man im Zuge der Antiterroroperation »Wirbelwind« »aufgrund der deutlichen Verschlechterung der operativen Lage im Land infolge einer Serie von Terroranschlägen« eingeführt hatte. Angesichts dieses Sachverhalts sowie der Tatsache, dass die Aktionen der FSB-Agenten mit keinerlei Gefahr für die Öffentlichkeit und keinerlei Verletzungen der Rechte oder Interessen der Bürger verbunden gewesen seien, entschied der Generalstaatsanwalt, den Antrag auf Eröffnung eines Strafverfahrens abzulehnen.

Am selben Abend verkündete der Chef der Abteilung zur Beaufsichtigung des FSB bei der Generalstaatsanwaltschaft, Wladimir Titow, diese Entscheidung triumphierend in den Fünf-Uhr-Nachrichten des staatlichen Fernsehsenders RTR. So wie die Ereignisse in Rjasan vom RTR und von Titow geschildert wurden, waren sie kaum wiederzuerkennen:

RTR: Die Bewohner wurden evakuiert. Der Sprengstoffexperte, der am Ort erschien, konnte keine explosive Substanz feststellen. Zunächst wollten die Polizisten den ganzen Zwischenfall zu einem dummen Scherz erklären.

Titow: Doch dann kam der Leiter der Analyseabteilung Tkatschenko und untersuchte die Säcke mit einem Gerät, das er mitgebracht hatte. Dieses Gerät zeigte Spuren von Hexogen an.

RTR: Jedem der drei Säcke wurde ein Kilogramm der Substanz entnommen, und die Proben wurden auf ein Versuchsgelände gebracht. Doch es war unmöglich, die Substanz zur Explosion zu bringen. Die Säcke enthielten Zucker. Zwei Tage später gab der Chef des FSB, Nikolaj Patruschew, bekannt, dass man in Rjasan eine Antiterrorübung durchgeführt hatte. Und die Experten erklärten, wie es dazu gekommen war, dass das Analysegerät Tkatschenkos Hexogen angezeigt hatte.

Titow: Der Leiter des Laboratoriums nahm regelmäßig Analysen vor, und das Gerät reagierte auf mikroskopisch kleine Partikel auf seinen Handflächen.

RTR: Heute hat man unter den Rjasan-Hexogen-Fall einen Schlussstrich gezogen. Kopien der Entscheidung der Generalstaatsanwaltschaft werden dem FSB Rjasan und den Abgeordneten der Jabloko-Fraktion in der Duma zur Kenntnisnahme übersandt, die eine Anfrage zum Stand der Ermittlungen gestellt hatten.
Die anfänglichen Befunde von Experten, dass die im Keller des Wohnblocks in Rjasan entdeckten Säcke Hexogen enthielten, wurden im Lauf der Ermittlungen der Generalstaatsanwaltschaft verworfen. Wiederholte Analysen haben bewiesen, dass die Säcke Zucker enthalten hatten. Doch Presse und Fernsehen brachten Berichte, dass bei der Übung Hexogen verwendet worden sei und dass der FSB mit der Durchführung der Übung die Bevölkerung einer Gefahr ausgesetzt habe.

Titow: Daraus kann man nur einen einzigen Schluss ziehen: die Selbstsucht, um nicht zu sagen Unehrlichkeit mancher Korrespondenten ... Ihnen geht es nur darum, sich eine reißerische Geschichte auszudenken ... nur um die Auflage zu steigern.

RTR: Die Bewohner des Hauses 14 bis 16 in der Uliza Nowosjolow werden jetzt endlich erfahren, warum sie die ganze Nacht auf der Straße verbringen mussten, wo sie auf eine Explosion warteten.

Titow: Es war eine Prüfung des Chefs des FSB Rjasan. Es galt zu prüfen, wie er sich in einem Katastrophenfall verhielte.

RTR: In seiner Entscheidung hat der Generalstaatsanwalt festgestellt, dass die Übung in der Form, wie sie abgehalten wurde, mit keiner Gefahr für die Bürger verbunden war und die Befugnisse der Geheimdienste nicht überschritten hat. Die offiziellen Ermittlungen, die von den Ermittlern in Rjasan nach dem Terrorismusgesetz im vergangenen Herbst aufgenommen wurden, werden eingestellt.

Am 24. März führte Sdanowitsch, nunmehr im Besitz dieses bemerkenswerten Papiers, in dem der Generalstaatsanwalt den betroffenen Bürgern Rjasans das Recht absprach, rechtliche Schritte gegen den FSB zu unternehmen, seinen Angriff gegen die Journalisten. In nervöser Verfassung und in einem barbarischen Russisch stieß er während der Pressekonferenz unverhohlene Drohungen aus:

»Ich möchte Ihre Aufmerksamkeit auf die Tatsache lenken, dass uns weder in der Vergangenheit noch in der Zukunft – ich möchte das ganz offiziell sagen – auch nur eine einzige Provokation entgangen ist oder entgehen wird, die von Journalisten gegen den Staatsdienst, die Institution des Staates organisiert wurde oder wird ...

Das bedeutet, um ein konkretes Beispiel zu nennen: Es gibt da einen Korrespondenten der *Nowaja Gaseta*, der diese Artikel veröffentlicht hat: Ich scheue mich nicht, ihn einen Provokateur zu nennen, da wir über eine umfassende Aussage von dem Soldaten verfügen, der später sozusagen benutzt wurde, die Geschichte noch einmal in der *Obschtschaja Gaseta* aufzuwärmen, und zwar darüber, wie die ganze Sache abgelaufen ist und wie diese Worte sozusagen aus ihm herausgeholt wurden und was man ihm alles dafür versprochen hat. Wir haben für all das Beweise.

Im Rahmen der laufenden Ermittlungen im Zusammenhang mit dieser … im Zusammenhang mit Ihren Publikationen … es wird alles bis Anfang April abgeschlossen sein. Das bedeutet, dass Ihr Korrespondent im Lauf der Ermittlungen vernommen wird, um festzustellen, warum er sozusagen solche Taten begangen hat.

Und darunter fallen auch schon bestimmte Beschwerden von Mitgliedern der Fallschirmjägereinheiten, und wenn alles verfahrensmäßig zusammengestellt ist und die Vernehmungsprotokolle in die Prozessakten eingefügt und von der Staatsanwaltschaft und den Mitgliedern unserer Rechtsabteilung in angemessener Weise beurteilt worden sind, dann wäre ich keineswegs überrascht, wenn wir rechtliche Schritte unternähmen und vor Gericht klagen würden, denn niemand hat ein Recht auf Provokationen.«

Nachdem Sdanowitsch seine Drohrede beendet hatte, meldete sich einer der anwesenden Journalisten, der sich davon anscheinend nicht besonders beeindrucken ließ, zu Wort: »Eigentlich wollte ich Ihnen keine Frage zu Rjasan stellen, weil mich das Thema nicht besonders interessiert, aber da Sie nun einmal polemisch geworden sind: Könnten Sie mir bitte erklären, wenn ich beispielsweise ein Privathaus auf dem Land habe, können Sie dann dort einen Übungsalarm abhalten und unter meinem Haus eine Übungsbombe deponieren? Gibt Ihnen das Gesetz das Recht dazu?«

Die Antwort Sdanowitschs zeigte einmal mehr, dass die russische Gesellschaft und der FSB zwar in ein und demselben Staat leben, aber ganz verschiedene Sprachen sprechen: »Aha, ich verstehe, richtig, dann lassen Sie mich noch einmal wiederholen, dass wir uns streng innerhalb der Grenzen des Gesetzes zur Terrorismusbekämpfung bewegt haben. Alle unsere Maßnahmen sind vom Staatsanwalt geprüft worden, und man hat keine einzige Handlung festgestellt, die gegen dieses oder jenes Gesetz verstoßen hätte. Das ist die Antwort, die ich Ihnen geben kann.«

Es lag offensichtlich auch an den Wahlen, dass die Ausgabe der in Ungnade gefallenen *Nowaja Gaseta*, in der Näheres über die Finanzierung von Putins Wahlkampf und den FSB stehen sollte, nie erschien. Am 17. März brachen unbekannte Hacker in den Zentralrechner der Redaktion ein und vernichteten das elektronische Beweismaterial zu diesem Thema.

Der stellvertretende Chefredakteur Schtschekotschichin gab bekannt, dass das gewaltsame Eindringen in das Computersystem der Zeitung nur der jüngste einer ganzen Reihe von Zwischenfällen war, die den Zweck verfolgten, den normalen Redaktionsbetrieb zu beeinträchtigen. Vor allem waren Unbekannte in die Redaktionsräume eingebrochen und hatten den Computer mit Dateien der Anzeigenkunden gestohlen. In den beiden vorangegangenen Jahren war die Redaktion viermal von der Steuerfahndung durchsucht worden, und der Kreml hatte gefordert, einige der Sponsoren dieser Zeitung müssten damit aufhören, dieses wenig kooperative Mitglied der Presse finanziell zu unterstützen.

Die Leitung der *Nowaja Gaseta* versuchte herauszufinden, womit sie sich eigentlich den FSB so sehr zu ihrem Feind gemacht hatte. Einige ihrer Journalisten baten sogar Mitarbeiter dieses Organs, für sie die Lage zu analysieren. Die bei der Zeitung eingegangene Antwort dürfte an Deutlichkeit nichts zu wünschen übrig lassen: »Diese Form des Vorgehens des Staates gegen ein Presseorgan deutet darauf hin, dass Sie sich auf verbotenes Gelände begeben und jemandem auf die Zehen getreten haben. Es kann sein, dass Sie unerwünschte Zeugen einer der weniger glücklich verlaufenen Episoden in den internen Streitigkeiten zwischen den Geheimdiensten waren. Sollte das der Fall sein, wird keine der sich befehdenden Gruppen innerhalb des Systems dies bestätigen. Es ist in ihrer aller Interesse, dass dies verborgen bleibt. Sie befürchten offenbar, dass neue Zeugen der Vorbereitungen der ›Ereignisse‹ in Rjasan auftauchen könnten.«

Zu diesem Zeitpunkt war die Provinzstadt Rjasan zu einem Wallfahrtsort für ausländische Journalisten geworden. Wie *Nowaja-Gaseta*-Reporter Pawel Woloschin damals prophezeite, würde Rjasan »bald ebenso viele Auslandsjournalisten pro Kopf der Bevölkerung haben wie Moskau«. Sämtliche Zimmer der Fünf-Sterne-Hotels in der Stadt waren belegt, und alle belagerten sie zusammen mit ihren Kamerateams die Stadtpolizei und den FSB.

Schließlich erhielten der FSB und das MWD in Rjasan Anweisung aus Moskau, alle Kontakte mit der Presse abzubrechen. Einige

Offiziere, die bereits ein Interview gegeben hatten, zogen eiligst ihre Aussagen zurück. Innerhalb der Polizei und der Geheimdienste Rjasans begann die Suche nach undichten Stellen.

Nach und nach sahen sich die Bewohner des Wohnblocks in Rjasan genötigt, auf eine Klage gegen den FSB zu verzichten, obwohl keiner von ihnen überzeugt war, der FSB sei unschuldig. Polizei- und FSB-Offiziere sprachen wiederholt bei ihnen vor und wollten sie dazu bewegen, die Drahtzieher der »Übung« nicht zu verklagen. General Sergejew erschien sogar persönlich, bat sie, keine Klage zu erheben, und entschuldigte sich für seine Kollegen in Moskau.

Als der Sender NTW am 20. September 2000 einen Bericht über den bevorstehenden ersten Jahrestag des beklagenswerten Zwischenfalls brachte, sagte in der Sendung eine der Bewohnerinnen: »Dieses Datum steht jetzt bevor, und ich habe das Gefühl, ich sollte besser wegbleiben. Ich habe einfach Angst, dass sie, Gott bewahre, den Jahrestag mit einer weiteren Übung wie der ersten begehen werden. Ich persönlich habe meine Zweifel, dass es eine Übung war. Ich kann es nicht so ganz glauben.« »Sie haben uns wie den letzten Dreck behandelt«, sagte eine Mitbewohnerin des Hauses. »Wenn sie uns wenigstens gleich am frühen Morgen gesagt hätten, dass es eine Übung war, aber sie haben zwei Tage damit gewartet … Wir glauben nicht, dass es eine Übung war.« »Das glaube ich auch nicht«, sagte eine andere. »Wie können sie die Menschen so in die Irre führen? Im achten Stock unseres Hauses konnte eine ältere Frau ihre gelähmte Mutter nicht ins Freie tragen und musste sie in der Wohnung allein zurücklassen. Wie sie danach im Kinosaal geweint hat!« Auch der Held der Ereignisse in Rjasan, Alexej Kartofelnikow, hatte seine Zweifel: »An diesem Tag hat uns niemand erklärt, dass es eine Übung sei. Und wir glauben auch nicht, dass es eine war. So ist das hier – wenn etwas in die Luft ging, war es ein Terroranschlag. Wenn sie es rechtzeitig entschärften, war es eine Übung.«

Die Bewohner des unseligen Wohnblocks waren mit ihren Zweifeln nicht allein: Auch die russische Presse wollte nicht an eine Übung glauben. »Wenn die Behörden überzeugend beweisen«, so die *Wersija*, »dass es speziell tschetschenische Terroristen waren, die die Wohngebäude in die Luft gesprengt haben, in denen Menschen schliefen, dann werden wir die Grausamkeit, mit der unsere Truppen tschetschenische Dörfer und Städte angegriffen haben, zwar immer noch nicht billigen, aber doch zumindest verstehen. Doch was ist, wenn die Anschläge nicht von den Tschetschenen, von Chattab, von Bassajew, von Radujew befohlen worden waren? Wenn sie es nicht waren, wer war es dann? Es ist furchtbar, sich das vorzustellen ... Es dürfte inzwischen klar sein, dass wir nicht einfach behaupten können, die Sprengstoffanschläge seien von Tschetschenen geplant und ausgeführt worden.«

Schließlich äußerten auch viele Fachleute aus dem Ausland ihre Zweifel. So sagte beispielsweise der ehemalige Direktor der Nationalen Sicherheitsbehörde der USA, General William Odom, über die Ursachen des Tschetschenienkriegs:

»Meiner Meinung nach hat Russland selbst einen Vorwand für diesen Krieg fabriziert. Es gibt ziemlich überzeugende Beweise dafür, dass die Polizei in Moskau einige Sprengstoffanschläge inszeniert hat. Man hat sie dabei ertappt, als sie dasselbe in Rjasan tun wollten – worauf sie versucht haben, ihre Tat als Teil einer Übung hinzustellen.

Meiner Meinung nach hat das russische Regime eine ganze Reihe von Ereignissen fabriziert, die im Voraus geplant waren, um die öffentliche Meinung in Russland zu beeinflussen und das Land in eine Richtung zu steuern, die von den meisten Russen abgelehnt wird.«

Der FSB hat in seinen Aktionen weder die Verfassung der Russischen Föderation noch das Strafgesetz oder die Strafprozessordnung geachtet, sondern allein nach seinen politischen Präferenzen gehandelt, wie sie in formellen Befehlen und mündlichen Anweisungen zum Ausdruck kommen.

Die willkürliche Gesetzlosigkeit, in die man Russland gestürzt hat, ist vor allem das Werk der Geheimdienste, die geplant und bewusst darauf hingearbeitet haben, die gesetzlichen Fundamente des russischen Staates zu untergraben, um ein Chaos und jene Bedingungen zu schaffen, die es ihnen ermöglichen sollten, die Macht an sich zu reißen.

KAPITEL 11

Reform oder Auflösung?

Alles nach Plan!

Slogan für Jugendliche,
erfunden von Putins PR-Abteilung

Warum tadelt ihr uns, die ihr alles wisst?
Zum Unglück ist alles nach Plan,
selbst ein reines Gewissen.

Wladimir Wyssozki

Um der Objektivität Gerechtigkeit widerfahren zu lassen, müssen wir daran erinnern, dass vereinzelte Personen versucht haben, den FSB von innen heraus zu reformieren, jedoch an dieser Aufgabe gescheitert sind. Ihre Niederlagen haben wieder einmal gezeigt, dass eine Reform des FSB unmöglich ist und dass dieses staatliche Organ abgeschafft werden muss.

Eines der vielen Dokumente, aus denen dies deutlich hervorging, ist ein Brief an Präsident Jelzin vom 5. Mai 1997, lange vor den Sprengstoffanschlägen auf Wohnblocks in russischen Großstädten. Da wir in der ersten Auflage unseres Buchs diesen Brief ohne Kenntnis und Zustimmung seines Autors veröffentlicht hatten, hielten wir uns nicht für berechtigt, seinen Namen zu nennen. Doch bis zum Zeitpunkt der zweiten Auflage hatte sich etwas Entscheidendes in seinem Leben geändert: Er war verhaftet worden. Aus diesem Grund haben wir uns entschieden, seinen Namen zu veröffentlichen.

Der Schreiber des Briefs an Jelzin war der ehemalige FSB-Oberst und Anwalt Michail Trepaschkin. Er wurde 2003 in Moskau unter der fabrizierten Anschuldigung verhaftet, er sei im Besitz illegaler Waffen und habe Staatsgeheimnisse verraten (Spionage). Er befindet sich noch immer in Haft.

»Betrifft: Die gesetzwidrigen Aktivitäten etlicher Angehöriger des FSB der Russischen Föderation

Sehr geehrter Boris Nikolajewitsch,

die Umstände machen es erforderlich, dass ich mich an Sie persönlich wende, da der Direktor der föderalen Geheimdienste, Generaloberst N. D. Kowaljow, und weitere Führer des FSB nichts gegen die Probleme der Staatssicherheit in Russland unternehmen, die ich seit Anfang 1996 in für sie bestimmten Berichten und Erklärungen aufgeführt habe.

In den letzten Jahren haben organisierte Verbrechergruppen versucht, den FSB mit allen möglichen Mitteln zu unterwandern. Zunächst bestand der Versuch in der Regel darin, Beziehungen zu einzelnen Angehörigen des FSB anzuknüpfen und kriminelle Handlungen unter ihrem Schutz (›Dach‹) zu begehen. Danach stellten diese Gruppen einzelne ihrer Leute dafür ab, in die Reihen des FSB einzutreten. Sie werden für einen Dienst im FSB RF über Bekannte akzeptiert, die in Personalabteilungen oder als Abteilungsführer arbeiten.

Das Einschleusen von Mitgliedern diverser Verbrecherbanden in die Reihen des FSB war besonders intensiv unter M. I. Barsukow und N. D. Kowaljow. Unter diesen Führern wurden mehrere Mitglieder von Gangsterbanden aus den Gebieten Solnzewo, Podolsk und anderen in den Dienst aufgenommen ... Um ihre Sicherheit zu gewährleisten, wurden die ›richtigen Leute‹ in Schlüsselpositionen untergebracht. Gleichzeitig wurde etlichen FSB-Mitarbeitern mit umfangreichen operativen Erfahrungen ohne Grund gekündigt. Das alles geschah mit der Einwilligung des ehemaligen Leiters der Personalabteilung, N. P. Patruschew.

Die Maßnahmen der FSB-Führer Barsukow, Kowaljow und Patruschew zielen darauf ab, bewährte Mitarbeiter aus den Abteilungen des FSB zugunsten krimineller Elemente zu entfernen. Als Patruschew zum Beispiel zum Leiter der FSB-Abteilung für innere Sicherheit ernannt wurde, ging er nicht etwa gegen kriminelle Gruppen innerhalb des Dienstes vor, sondern begann Mitarbeiter des FSB zu verfolgen, Leute mit langjähriger Erfahrung in der Bekämpfung des organisierten Verbrechens, und zwang sie, aus den Geheimdienstorganen auszuscheiden. Infolgedessen verfolgte die Abteilung keine Fälle gegen bewaffnete kriminelle Gruppen mehr.

Der ehemalige Leiter der FSB-Abteilung für innere Sicherheit, Patruschew, ist inzwischen auf den Posten des Leiters der Verwaltungs- und Inspektionsabteilung des FSB versetzt worden, und Kowaljow hat Sotow zu seinem Nachfolger bestimmt, dank dessen Verbindungen zu kriminellen Organisationen der FSB viele Informationen erhalten hat. Vor der Berufung in dieses Amt war Sotow Leiter des Zentrums zur Terrorismusbekämpfung, das so gut wie keine erfolgreich abgeschlossenen Operationen zu verzeichnen hatte, während zur selben Zeit allenthalben Terroranschläge begangen wurden und noch immer begangen werden. Allein in Moskau werden große Mengen illegaler Waffen samt Munition gehandelt. Es war Sotow, der im Dezember 1995 besondere Anstrengungen unternahm, die Ermittlungen zu einem Fall zu blockieren, in dem es um eine organisierte tschetschenische Verbrecherbande ging. Nach geheimdienstlichen Quellen erhielt Sotow von einem Mann aus der Gruppe ein Geschenk in Form eines ausländischen Geländewagens im Stil eines Jeeps, den er, nachdem er in das Amt eines Generals befördert worden war, wieder verkaufte, um die Bestechung zu verschleiern.

Kowaljow hat mehrere Offiziere auf Generalsposten befördert, ohne sich um das fachliche Können oder die Berufserfahrung zu kümmern, sondern rein auf der Grundlage von Bekanntschaft und Loyalität gegenüber dem Direktor. So wurde beispielsweise im August 1996 innerhalb des FSB eine Abteilung für Langzeitprogramme eingerichtet. Diese dem FSB-Direktor Kowaljow unmittelbar unterstellte Abteilung absorbierte eine beträchtliche Zahl fachlich kompetenter Mitarbeiter aus anderen Sektionen. Doch kein Mensch innerhalb des FSB weiß, wozu Kowaljow diese Abteilung eingerichtet hat, da seine Ziele und die Aufgaben ihrer Mitarbeiter erst noch festgelegt werden müssen. Die FSB-Abteilung für Langzeitprogramme trägt nichts zur Bekämpfung des Verbrechens bei, sondern garantiert vielmehr die Unantastbarkeit nichtstaatlicher Organisationen (wie das Unternehmen Stealth und andere). Dessen ungeachtet wurden Freunde von Kowaljow – Chocholkow, Stepanow und Owtschinnikow – auf den Posten eines Generals in der Abteilung für Langzeitprogramme gehievt. Die beiden Erstgenannten haben zudem bereits ihre Generalsepauletten erhalten. Chocholkow und Owtschinnikow waren zuvor beide von der FSB-Abteilung für innere Sicherheit überprüft worden. Der Erstere unterhielt enge Beziehungen zu Gangstern, von denen er finanzielle Zuwendungen erhielt, sodass er es sich leisten konnte, in einer einzigen Nacht in einem Casino 25 000 US-Dollar zu verspielen …

Der Gangster Stalmachow, ein guter Bekannter der RUOP im MWD Moskau-Stadt, sagte in einem Gespräch mit einer unserer Quellen, seit 1993 hätten die Mitglieder seiner Gruppe, zu denen mehrere ehemalige Mitarbeiter des KGB UdSSR gehörten, Schmuggel getrieben. Ihre kriminellen Aktivitäten seien gegen Geldzahlungen vertuscht worden, und zwar von hochgestellten Mitarbeitern des FSB, darunter Generäle der Wirtschaftsabteilung des FSB, Porjadin und Kononow, General Trofimow vom FSB Oblast Moskau und der FSB-Direktor N. D. Kowaljow.

Im Februar 1994 habe ich in meiner Eigenschaft als Chefermittler in besonders wichtigen Fällen der Ermittlungsabteilung des MB [Ministerium für Sicherheit der Russischen Föderation] neun Automobile konfisziert, die Schmuggelwaren im Wert von über drei Millionen US-Dollar enthielten. Aufgrund der Intervention der oben genannten Amtspersonen wurde das Schmuggelgut freigegeben und in der Fabrik ›Hammer und Sichel‹ gelagert, von wo es anschließend auf dem schwarzen Markt verkauft wurde. Man fabrizierte Anschuldigungen gegen mich, ich hätte mich einer Erpressung schuldig gemacht, sodass es mir nicht mehr möglich war, dem Verbleib der konfiszierten Waren nachzugehen.

Ebenso beunruhigend ist die Weitergabe von operativen Informationen vom FSB an kriminelle Organisationen.

Der Leiter des FSB N. Kowaljow (und vor ihm M. Barsukow) und die Abteilungsleiter Patruschew und Sotow vereiteln alle Bemühungen, die kriminellen Machenschaften von organisierten Banden einzudämmen, die Schwerverbrechen begangen haben, insbesondere wenn es um das Treiben krimineller Tschetschenen in Moskau geht ... Eine Operation, die sich auf zugängliche Indizien stützte, führte zur Verhaftung von Mitgliedern einer ›tschetschenischen‹ organisierten Bande, die Gelder aus Erpressungen in Höhe von 1,5 Milliarden Rubel und rund 30 000 US-Dollar bei der Handelsbank Soldi eingezahlt hatte. Unter den Verhafteten befanden sich W. D. Nowikow, L. M. Bakajew und K. N. Asisbekian, der Chef der Sicherheitsagentur Kobra-9, Oberst G. U. Golubowski, Gruppenführer im Generalstab der russischen Armee, sowie Polizeioberleutnant W. W. Uglanow, ein Agent des MWD.

Unter den Personen, die verhaftet wurden, während sie den Erpressern behilflich waren, in die Bank einzudringen, befanden sich die Bandenmitglieder B. B. Chanschew und S. A. Ajtupajew sowie drei Agenten der Moskauer Polizei ...

Im Lauf der Vernehmung stellte sich heraus, dass diese Verbrecherbande bei ihren kriminellen Unternehmungen beträchtliche Unterstützung durch den Berater der Generalstabsakademie der Russischen Föderation, Generalmajor Ju. I. Tarassenko, erhalten hatte, der von W. D. Nowikow monatliche Zahlungen in einer Höhe von 5000 bis 10 000 US-Dollar erhielt. Während seiner Vernehmung gab Tarassenko zu, dass er von W. D. Nowikow und K. N. Asisbekian finanzielle Gegenleistungen erhalten und Offiziere des Generalstabs und Polizeiagenten angewiesen hatte, die tschetschenische Verbrecherbande zu unterstützen.

Am 1. Dezember 1995 stellte die Ermittlungsabteilung der Stadt Moskau Strafantrag (Nr. 055277) nach Statut 148 Abschnitt 5 des Strafgesetzbuchs der Russischen Föderation.

Im Verlauf der anfänglichen Ermittlungen, operativen Maßnahmen und Durchsuchungen wurde festgestellt, dass die Mitglieder der genannten Verbrecherbande außer Erpressungen auch Morde in Moskau und Tschetschenien verübt, Waffen und Munition in einem illegalen Depot außerhalb Moskaus gelagert und aus den Militärdepots in der Stadt Elektrogorsk in tschetschenische Gebiete transportiert hatten, in denen Militäroperationen stattfanden.

Da ich einer der Führer der Operation war, habe ich eine wichtige Rolle bei der Aufdeckung der kriminellen Aktivität der ›tschetschenischen‹ organisierten Verbrecher gespielt. Doch bereits Anfang Dezember 1995 wurde ich von dem Fall abgezogen, da eine Hintergrundprüfung vorgenommen werden sollte, und ich musste meine Dienstwaffe abgeben. Der Anlass und die Gründe für diese Untersuchung sind mir bis heute nicht bekannt.

Nach dem Abschluss der ›Hintergrundprüfung‹ erging am 8. Februar 1996 eine Anweisung (Nr. 034) des Inhalts, dass ich bestraft werden müsse, weil ich die Operation sabotiert hätte, obwohl aus den Unterlagen des Kriminalfalls Nr. 055277, den Briefen der Moskauer RUOP/MWD und des Büros des Generalstaatsanwalts Twer genau das Gegenteil hervorgeht.

Die Mitglieder der Kommissionen gelangten unter Berufung auf ›vorerwähnte‹ Hinweise zu dem fabrizierten Beschluss, ich hätte mit der Verhaftung gefährlicher Verbrecher meine Kompetenzen überschritten. Das lieferte den Vorwand, mich von meiner Tätigkeit als Ermittler gegen kriminelle Banden zu entbinden.

Nach operativen Angaben, die sich in meinem Besitz befinden, haben die Mitglieder der oben genannten Verbrecherbande 100 000 US-Dollar dafür bezahlt, dass der Fall nicht weiter verfolgt würde, und erklärt, sie verfügten über genügend Geld, ›um den FSB, das Innenministerium und das Verteidigungsministerium zu kaufen‹.«

Eine kurze Nachbemerkung zum Ausgang dieser Beschwerde Trepaschkins im Jahr 2002, in der Zeit also, als wir die erste Fassung dieses Buches konzipierten.

Nachdem er den Brief an Jelzin abgeschickt hatte, wurde er aus dem Dienst entlassen. Sdanowitsch verleumdete ihn in den Medien und beschuldigte ihn, er sei ein ganz gewöhnlicher Verbrecher.

Der entlassene Polizeioffizier ging gegen die Führung des FSB vor Gericht. Während der Verhandlungen, die sich über ein Jahr lang hinzogen, wurden zwei vom FSB geplante Attentate auf den Oberstleutnant verübt. Wie durch ein Wunder überlebte er beide Anschläge und gewann sogar seinen Prozess, in dem Patruschew einer der Beklagten war.

Leider weigerte sich der neue Chef des FSB (es war Putin), die Entscheidung des Gerichts in die Tat umzusetzen, obwohl sie gesetzeskonform war, womit er einmal mehr bewies, dass es unmöglich war, den FSB zu reformieren oder ihn auf der Grundlage der bestehenden Gesetze zu bekämpfen.

Nachdem Trepaschkin als Rechtsanwalt für die Schwestern Tatjana und Aljona Morosowa auftrat (deren Mutter in einer der im September 1999 in die Luft gesprengten Moskauer Wohnungen den Tod gefunden hatte) und anbot, die Interessen ihrer Familie in einem Fall zu vertreten, in dem es um die Untersuchung der von Mitarbeitern russischer Geheimdienste verübten Terroranschläge ging, wurde der ehemalige FSB-Offizier schließlich 2003 verhaftet.

Die Idee, den FSB aufzulösen, ist keineswegs originell. Im Dezember 1999, möglicherweise unter dem Eindruck der Sprengstoffattentate in Russland, brachten die Zeitungen Meldungen über eine geplante Auflösung des FSB. In einer der Moskauer Zeitungen konnte man damals lesen:

»Wie aus gut unterrichteten Kreisen verlautet, wird in den nächsten Tagen möglicherweise ein neues bewaffnetes Organ der Strafverfolgungsbehörden ähnlich dem FBI in den Vereinigten Staaten eingerichtet. Man nimmt an, dass die Leitung der neuen Behörde einem Offizier im Rang des Ersten stellvertretenden Ministerpräsidenten übertragen wird. Nach unseren Informationen ist daran gedacht, den gegenwärtigen Innenminister Ruschailo mit diesem Amt zu betrauen …

Die neue Verwaltung hat die Aufgabe, alle Ermittlungs- und Aufklärungsorgane einschließlich FAPSI, MWD, FSB, Verteidigungsministerium etc. zu beaufsichtigen. Die neue Abteilung wird sich in der Hauptsache auf die Strukturen des Innenministeriums stützen.

Während der Anfangsphase wird sie vom FSB die Abteilungen zur Bekämpfung des organisierten Verbrechens und des politischen Extremismus sowie der wirtschaftlichen Gegenspionage übernehmen. Und falls die neue Abteilung in Zukunft auch die übrigen Aufgaben der Abwehr übernimmt, wird der FSB praktisch zu existieren aufhören.«

Doch eine freundliche Übernahme des FSB durch das Innenministerium genügt nicht.

Das Oberste Gericht der Russischen Föderation muss eine umfassende Untersuchung aller spektakulären Terroranschläge und vor allem der Terroranschläge vom September 1999 veranlassen, einschließlich des Zwischenfalls in Rjasan, und diese Untersuchung kann unmöglich dem FSB übertragen werden, der aufgelöst werden muss, sondern nur einem eigens geschaffenen Organ innerhalb des Innenministeriums, und die Personen, die an der Planung und Durchführung der Terroranschläge in Russland beteiligt waren, müssen nach dem Gesetz bestraft werden.

Die Staatsduma muss auf dem Weg eines Dringlichkeitsantrags eine Gesetzesvorlage einbringen und verabschieden, die es ehemaligen und aktuellen Angehörigen der Geheimdienste für die nächsten fünfundzwanzig Jahre verbietet, Wahlämter oder staatliche Positionen zu bekleiden, und die alle ehemaligen und heutigen Angehörigen der Geheimdienste verpflichtet, zu einem bestimmten Datum aus solchen Ämtern auszuscheiden. Dieser Prozess sollte von einer Kommission beaufsichtigt werden, die eigens zu diesem Zweck gegründet wird.

Dieses Dekret der Staatsduma muss auch für den gegenwärtigen Präsidenten Russlands und ehemaligen Direktor des FSB (gleich KGB) Wladimir Putin gelten.

KAPITEL 12

Der FSB an der Macht
(Statt eines Schlussworts)

Dem Föderalen Sicherheitsdienst ist es schließlich gelungen, seinen eigenen Kandidaten bei den Präsidentschaftswahlen durchzusetzen.

Künftige Historiker werden die Frage beantworten müssen, wer für die brillante Abfolge präzise geplanter Schritte verantwortlich war, die Putin an die Macht brachten, und wer Putin als einen potenziellen Kandidaten für die engste Umgebung des Präsidenten vorgeschlagen hatte, die ihrerseits dem amtierenden Präsidenten Jelzin den ehemaligen Chef des KGB als seinen Nachfolger präsentierte. Doch vielleicht noch erstaunlicher ist die Tatsache, dass Stepaschin und Primakow, die beiden Kandidaten für die Nachfolge, die Putin vorausgingen, ebenso Männer der Geheimdienste waren. Jelzin war jedenfalls erstaunlich hartnäckig darum bemüht, einen Angehörigen der Organe des Staatssicherheitsdienstes zu seinem Nachfolger zu machen.

Als Putin 2000 zum Jahrestag der Gründung der Gesamtrussischen Außerordentlichen Kommission sprach, wandte er sich an seine alten Kollegen, als er sagte, der Auftrag des FSB sei erfüllt – er sei jetzt der Ministerpräsident Russlands.

Die Wiederanbringung der Gedenktafel zu Ehren Andropows am Gebäude des FSB in der Uliza Bolschaja Lubjanka, ein Trinkspruch auf die Gesundheit Stalins vom Führer der russischen Kommunisten Sjuganow, Bombenanschläge auf Wohnblocks und ein neuer Krieg in Tschetschenien, die Verabschiedung eines Gesetzes, mit dem es wieder möglich war, auf der Grundlage anonymer Denunziationen Ermittlungen über Einzelpersonen anzustellen, die Beförderung von FSB-Generälen und Armeeoffizieren auf Machtpositionen und schließlich die vollständige Zerstörung der Fundamente einer konstitutionellen Gesellschaft, die auf den zweifellos schwachen, aber nichtsdestoweniger demokratischen Werten einer Marktwirtschaft gründet, die Unterdrückung der Rede- und Meinungsfreiheit – das sind nur einige der Errungenschaften von Ministerpräsident und Staatspräsident Putin während der ersten Monate seiner Regierung.

Hinzu kommen die Militarisierung der russischen Wirtschaft, die Benutzung von FSB-Kanälen für den Schmuggel von Drogen unter der Kontrolle und dem Schutz des FSB aus Mittel- und Südostasien nach Russland und von dort aus in den Westen; der Beginn eines neuen Wettrüstens, eine Zunahme des Schmuggels und Verkaufs russischer Waffen und Militärtechnologien an Regierungen, die den entwickelten Nationen der Welt feindselig gegenüberstehen.

Bei den Präsidentschaftswahlen 2000 wurde den russischen Wählern eine aparte Kandidatenliste vorgestellt, auf der die Namen von drei Männern standen: der alte KGB-Mann Primakow, der vollmundig ankündigte, falls er die Wahl gewinne, werde er neunzigtausend Geschäftsleute (die gesamte wirtschaftliche Elite Russlands) ins Gefängnis stecken; der junge KGB-Mann Putin, der vor seiner Wahl die Notwendigkeit betonte, die Politik Jelzins fortzusetzen; und schließlich der Kommunist Sjuganow, dessen ins Auge gefasste Maßnahmen niemandem Rätsel aufgaben.

Um neunzigtausend führende Männer der Wirtschaft ins Gefängnis zu stecken, hätte Primakow während seiner vierjährigen Amtszeit Tag für Tag, auch an Sonn- und Feiertagen, sechzig Personen verhaften lassen müssen. Die Versprechungen des jungen KGB-Mannes Putin waren weniger rachedurstig. Man hätte meinen können, jemand habe ein Drehbuch des Wahlkampfs nach dem Prinzip »good cop – bad cop« geschrieben. Der böse Polizist Primakow zog seine Kandidatur freiwillig zurück, nachdem er bei den Wahlen zur

Staatsduma eine verheerende Niederlage erlitten hatte. Damit blieben nur noch der KGB-Mann und der Kommunist übrig. Es war eine ähnliche Wahl zwischen Schwarz und Weiß wie 1996, und Putin war der Gewinner.

Er hat das Vertrauen seiner Wähler nicht völlig enttäuscht. Zumindest sieht es nicht danach aus, dass er täglich sechzig Personen ins Gefängnis sperren lässt, und über die Terroranschläge und die Maßnahmen zur Bekämpfung des Terrors und den Tschetschenienkrieg reden wir besser nicht.

Dennoch verdient Putin die Bezeichnung Despot, da er bereits mit seinen ersten Dekreten bewusst die Anfänge einer Selbstregierung in Russland im Keim erstickt hat, und heute übt er jene durchsichtige Form einer Willkürherrschaft aus, die in Russland als *bespredelnyj* (wörtlich »maßlos«, »schrankenlos«) gekennzeichnet wird. Er entspricht mit dem Stil seiner Regierung vollkommen dem eines *tiran*, wie dieser im Sowjetischen Enzyklopädischen Wörterbuch von 1989 definiert wird: »ein Herrscher, dessen Macht auf willkürliche Entscheidung und Gewalt gegründet ist«.

Russland ist jedoch ein unberechenbares Land – das ist das Einzige, was wir sicher wissen. Und es kann sich als eine mächtigere Kraftquelle erweisen als die geballte Faust der Geheimdienste.

Anhang A

Um 24.00 Uhr am .. September 20.. wurde der Föderale Sicherheitsdienst (FSB) Russlands aufgrund eines Dekrets des Präsidenten der Russischen Föderation aufgelöst. Es war dies eine wahrhaft historische Entscheidung, die den Beginn einer neuen Ära in der Entwicklung demokratischer Institutionen in Russland markiert. Angesichts der offensichtlichen Bedeutung dieses Dekrets haben wir beschlossen, für unsere Leser seinen vollständigen Wortlaut abzudrucken.

Dekret des Präsidenten der Russischen Föderation

Über die Auflösung der folgenden Organe der Staatssicherheit: Föderaler Sicherheitsdienst, Auslandsgeheimdienst, Föderaler Geheimpolizeidienst, Föderationsdienst für Regierungskommunikation und -information.

1. Hiermit wird festgestellt, dass die Aktivitäten der Organe der Staatssicherheit der UdSSR und Russlands vom Dezember 1917 bis zur Gegenwart im Widerspruch zu den Gesetzen der Russischen Föderation stehen, wie sie in der Verfassung der Russischen Föderation verankert sind, und auch im Widerspruch zu den Interessen des Volkes.
2. Die folgenden Organe der Staatssicherheit werden hiermit aufgelöst: der Föderale Sicherheitsdienst, der Auslandsgeheimdienst,

der Föderale Geheimpolizeidienst, der Föderationsdienst für Regierungskommunikation und -information.

3. Die rechtlichen Instrumente, an denen sich die Aktivitäten dieser Organe orientiert haben, werden mit Wirkung vom Tag der Veröffentlichung des Dekrets für null und nichtig erklärt.
4. Innerhalb von 30 Tagen nach Veröffentlichung des Dekrets soll eine Öffentliche Kommission eingesetzt werden, deren Aufgabe es ist, die Verbrechen zu untersuchen, die von Organen der Staatssicherheit gegen die eigenen Bürger des Staates innerhalb und außerhalb Russlands begangen wurden. Den Mitgliedern der Kommission sollen prominente öffentliche Persönlichkeiten angehören, ferner Bürgerrechtsaktivisten, Juristen, Abgeordnete der Staatsduma und Vertreter der Massenmedien. Der Vorsitzende der Öffentlichen Kommission soll vom Präsidenten der Russischen Föderation ernannt werden und ihm gegenüber verantwortlich sein.
5. Alle Einschränkungen des Zugangs zu Archiven der Organe der Staatssicherheit werden hiermit aufgehoben. Die Öffentliche Kommission zur Untersuchung der von den Organen der Staatssicherheit begangenen Verbrechen gegen die eigenen Bürger des Staates wird hiermit beauftragt, ein Programm zur Veröffentlichung von Dokumenten von besonderem öffentlichen Interesse aufzustellen und zu verwirklichen.
6. Die schriftlichen Unterlagen der Operationen, die von Organen der Staatssicherheit in Bezug auf Personen russischer oder einer anderen Staatsangehörigkeit durchgeführt wurden, sollen diesen Personen oder, falls sie nicht mehr am Leben sind, den Hinterbliebenen zugänglich gemacht werden.
7. Sollten Einzelpersonen, die Gegenstand von Operationen von Organen der Staatssicherheit waren, der Meinung sein, dass diese Staatssicherheitsorgane ihre Bürgerrechte verletzt und ihnen dadurch moralischen und materiellen Schaden zugefügt haben, so sollen sie das Recht haben, sich nach den Bestimmungen der geltenden Gesetze an die Justiz Russlands oder ihres Landes zu wenden und bestimmte Angehörige der Staatssicherheitsorgane zu verklagen.

8. Vom 1. Januar 20.. null Uhr an werden die Organe des Innenministeriums alle Büros der Staatssicherheitsorgane so lange bewachen, bis eine neue Anordnung erfolgt.
9. Das Innenministerium wird einen Kommandanten (aus seinem Mitarbeiterstab) ernennen, der für die Bewachung der Büros der Staatssicherheitsorgane in ganz Russland verantwortlich ist. Funktionsträger des Innenministeriums werden rücksichtslos alle Akte einer Insubordination von Angehörigen der Staatssicherheitsdienste unterdrücken.
10. Innerhalb von 90 Tagen nach der Bekanntmachung des vorliegenden Dekrets wird die Öffentliche Kommission zur Untersuchung der von den Organen der Staatssicherheit begangenen Verbrechen gegen die eigenen Bürger des Staates gemeinsam mit dem Innenministerium der Russischen Föderation die Bedingungen für die Übertragung einer Reihe von Aufgaben der aufgelösten Staatssicherheitsorgane in die Zuständigkeit des Innenministeriums festlegen.
11. Das Büro des Präsidenten wird den Text eines Gesetzes für Einsichtnahme und Verbreitung aufsetzen, das auf die gegenwärtigen und ehemaligen Angehörigen der Staatssicherheitsorgane und ihre Agenten anwendbar ist, und innerhalb von zehn Tagen nach der Veröffentlichung des vorliegenden Dekrets den Entwurf der Staatsduma zur Beratung vorlegen. Ein besonderes Interesse soll in dieser Angelegenheit jenen Angehörigen der Staatssicherheitsorgane gelten, zu deren Tätigkeit die sogenannte Bekämpfung des Dissidententums gehörte.
12. Alle gegenwärtigen und ehemaligen Angehörigen der Staatssicherheitsorgane müssen innerhalb von einem Monat bei ihrem zuständigen Finanzamt in der Russischen Föderation eine formelle Aufstellung aller Geld- und Sachwerte abgeben, die ihr eigenes oder das Eigentum naher Verwandter sind (einschließlich ihrer Eltern, Geschwister und enger Verwandter des Ehegatten in Gegenwart und Vergangenheit). Hierzu gehören im Einzelnen folgende Posten: Grundbesitz, Automobile, Konten bei russischen und ausländischen Banken, Aktien und Anleihen russischer und ausländischer Gesellschaften sowie eine ausführliche

Offenbarung ihrer Einkommensquellen, aus denen das Vermögen bezahlt wurde. Im Lauf des Jahres 20.. werden die Finanzämter der Russischen Föderation geeignete Maßnahmen ergreifen, um diese Vermögenserklärungen zu prüfen, und auf der Grundlage der russischen Steuergesetzgebung auf die Prüfungsergebnisse reagieren.
Vom Tag der Ratifizierung und Veröffentlichung des vorliegenden Dekrets bis zum Tag, an dem die Überprüfungen abgeschlossen sein werden, wird es allen Einzelpersonen und Organisationen verboten sein, Grundbesitz, Automobile, Aktien und Anleihen zu kaufen, zu verkaufen, zu übertragen oder zu beleihen sowie Geld von Bankkonten gegenwärtiger oder früherer Angehöriger der Staatssicherheitsorgane oder deren Verwandten abzuheben oder zu überweisen. Alle derartigen Transaktionen während des angegebenen Zeitraums, die von gegenwärtigen oder früheren Angehörigen der Staatssicherheitsorgane oder deren Verwandten vorgenommen werden sollten, werden als null und nichtig erklärt.

13. Bis zu dem Tag, an dem sie in die Reservetruppen der Streitkräfte der Russischen Föderation entlassen werden, gelten für alle militärischen Angehörigen der Staatssicherheitsdienste folgende Bestimmungen:

   a. Niemand darf in dieser Zeit seinen Wohnort verlassen.

   b. Innerhalb von sieben Tagen nach der Veröffentlichung dieses Dekrets müssen sich alle vorübergehend bei dem für ihren Wohnsitz zuständigen Meldeamt einfinden; zu diesem Zweck sind aus dem Offizierskorps des Innenministeriums Beauftragte zu ernennen.

   c. Innerhalb von 24 Stunden nach der Veröffentlichung dieses Dekrets müssen sie die Dienstwaffen ihres Rangs, ihre Dienstausweise, Undercover-Ausweise, Schlüssel und Dienstsiegel dem Beauftragten im Einwohneramt aushändigen, ebenso einen detaillierten Bericht über ihre amtliche Tätigkeit und ihre Aufgaben am Arbeitsplatz, die Bezeichnungen ihrer Abteilungen und Unterabteilungen und ihre individuellen Positionen.

   d. Bis zum Zeitpunkt ihrer Entlassung in die Reserve sind die militärischen Mitarbeiter der Staatssicherheitsorgane verpflichtet, sich regelmäßig im Meldeamt persönlich bei dem für ihren Wohnsitz zuständigen Beauftragten zu melden: Generäle und Admirale alle drei Tage, Offiziere aller Dienstgrade alle fünf Tage; alle übrigen vom Stabsfeldwebel abwärts alle sieben Tage. Die Beauftragten im Meldeamt müssen zu diesem Zweck spezielle Listen führen.

e. Verstöße gegen diese Vorschriften werden von den diensthabenden Offizieren des Meldeamts mit Strafen bis zu einem Arrest belegt. Die Unterlassung einer vorgeschriebenen Meldung wird wie eine unterlassene Meldung zum Dienst behandelt.

f. Ausfallzahlungen werden über die Buchhaltungen der genannten Meldeämter entsprechend den Gehältern außerplanmäßiger militärischer Dienstgrade erfolgen, bis eine Entscheidung getroffen wird, die Betroffenen zu entlassen.

14. Innerhalb von sieben Tagen nach der Bekanntmachung des vorliegenden Dekrets haben die Angehörigen der Staatssicherheitsorgane einen ausführlichen Bericht über ihre Tätigkeit in diesen Organen vom Tag ihrer Einstellung bis zum Datum der Bekanntmachung des Dekrets über die Auflösung dieser Organe vorzulegen, der folgende Informationen enthalten muss:

a. Eine genaue Angabe über ihre Beteiligung an bestimmten Operationen und die Bezeichnungen dieser Operationen, über die davon betroffenen Personen sowie jene Personen, von denen die Operationen angeordnet wurden. Darüber hinaus müssen sie alles offenlegen, was sie über Operationen wissen, die von anderen Angehörigen ihres Organs und anderer Organe durchgeführt wurden.

b. Eine Liste mit den vollständigen persönlichen Angaben zu fest angestellten Agenten, sonstigen Agenten, den Eigentümern von Wohnungen, die für geheime Zusammenkünfte und zu heimlichen oder konspirativen Zwecken genutzt wurden, den Namen und Adressen von Kontaktpersonen; dem Standort, an dem ihre privaten und Personalakten geführt werden; ihrem Decknamen sowie den persönlichen Daten der Beteiligten an wichtigen Operationen und den Standorten ihrer Akten.

c. Hochrangige Angehörige der Staatssicherheitsorgane müssen die volle Bezeichnung ihrer Einheiten sowie die persönlichen Daten und den Wohnsitz ihrer Untergebenen nennen.

d. Diese Berichte müssen den Beauftragten in den Ämtern für innere Angelegenheiten vorgelegt, in das Register der individuellen Erklärungen eingetragen und unmittelbar dem Vorsitzenden der Öffentlichen Kommission übergeben werden.

e. Einzelne Angehörige der Staatssicherheitsorgane, welche die bewusste Vernichtung operativer Unterlagen ohne Befugnis erlaubt haben, müssen sich vor einer Strafkammer verantworten.

15. Alle Personen, die früher Angehörige der Staatssicherheitsorgane der UdSSR und Russlands waren und gegenwärtig in staatlichen Institutionen der Russischen Föderation tätig sind, müssen innerhalb von fünf Tagen aus dem aktiven Dienst entlassen werden und für die betreffenden Abteilungen zur Verfügung stehen, bis das Gesetz für Beaufsichtigung und Rechtsprechung, das auf die gegenwärtigen und ehemaligen Angehörigen der Staatssicherheitsorgane und ihre Agenten anwendbar ist, in Kraft tritt.
16. Die Bestimmungen des vorliegenden Dekrets müssen auf alle gegenwärtigen und ehemaligen Angehörigen der Staatssicherheitsorgane sowie auf alle Personen angewendet werden, die zu irgendeiner Zeit dem geheimdienstlichen Personal der Staatssicherheitsorgane der UdSSR und Russlands angehört haben.
17. Das vorliegende Dekret muss von allen militärischen Angehörigen der Staatssicherheitsorgane wie ein schriftlicher Befehl ihres Oberkommandierenden betrachtet werden. Alle Zuwiderhandlungen dagegen werden strafrechtlich verfolgt.
18. Dieses Dekret tritt mit dem Tag in Kraft, an dem es unterzeichnet und in den Massenmedien bekannt gemacht wird.

Präsident der Russischen Föderation
Oberkommandierender

Eine Vorwegnahme der Zukunft ist stets ein riskantes Unternehmen, umso mehr, wenn es darum geht, etwas über die zukünftigen politischen Entwicklungen in Russland auszusagen. Dennoch möchten wir behaupten, dass die einzige Ungenauigkeit in dem »Dekret des Präsidenten«, das als Epilog zu diesem Buch dient, die präzise Zeitangabe ist. Wir sind fest davon überzeugt, dass dieses Dekret irgendwann in der nahen Zukunft verkündet werden wird. Wenn wir nicht daran glaubten, welchen Sinn hätte es dann gehabt, dieses Buch zu schreiben?

Anhang B

Transkript der Anhörungen der Öffentlichen Kommission zur Untersuchung der Ereignisse im Zusammenhang mit den Sprengstoffanschlägen auf Wohnblocks in Moskau und Wolgodonsk und die Übung im Rahmen eines Ausbildungsmanövers in Rjasan im September 1999

Telekonferenz: Moskau–London, 25. Juli 2002

Aus Moskau: Der Vorsitzende der Kommission Sergej Kowaljow, der stellvertretende Vorsitzende Sergej Juschenkow, Generalsekretär Lew Lewinson, die Kommissionsmitglieder Leonid Batkin, Waleri Borschew, Alexander Daniel, Gennadi Shaworonkow, Otto Lazis, Karina Moskalenko, Lew Ponomarew, Juri Proswirin, Juri Samodurow, Alexander Tkatschenko und möglicherweise weitere Mitglieder der Öffentlichen Kommission zur Untersuchung der Ereignisse im Zusammenhang mit den Sprengstoffanschlägen auf Wohnblocks in Moskau und Wolgodonsk und der Übung in Rjasan im September 1999; Journalisten

Aus London: Alexander Litwinenko, Tatjana Morosowa und Yuri Felshtinsky.

Kowaljow: Meine Damen und Herren, erlauben Sie mir, die heutige – ich weiß nicht einmal, wie ich sie nennen soll, also sagen wir, Versammlung – zu eröffnen. Diese Versammlung unterscheidet sich grundlegend von den Arbeitsmethoden, welche die Öffentliche Kommission bis heute benutzt hat, sie ist etwas anderes als ihre Arbeitssitzungen. Der Unterschied ist klar: Dies ist die erste Sitzung vor einem solchen breiten öffentlichen Auditorium.
Wir können nicht behaupten, dass wir darüber besonders glücklich sind. Die Unterlagen, die wir heute erhalten haben, sind für unsere Arbeit von großer Bedeutung. Und es hat sich gerade jetzt herausgestellt, dass ein öffentliches Interesse nicht nur nicht vermieden werden kann, sondern sogar notwendig ist.
Wir hatten keine Ahnung – wir haben erst heute Morgen den Hauptteil der Unterlagen erhalten, die der Kommission zugeschickt wurden. Wir haben ihren Inhalt weder analysiert noch bewertet. Das alles liegt noch vor uns. Wir werden wahrscheinlich weitere Fragen haben, und wir hoffen, dass unsere Partner im Ausland mit weiteren Veranstaltungen wie dieser einverstanden sein werden, sodass diese Fragen beantwortet werden können.
Lassen Sie mich ein paar Worte über die Grundsätze unserer Arbeit sagen und darüber, womit die Kommission sich bisher beschäftigt hat und womit sie sich in Zukunft noch beschäftigen wird. Ich werde mich sehr kurz fassen, und es gibt gute Gründe, warum ich das tun werde.
Erstens. Wir geben keiner der Darstellungen der barbarischen Sprengstoffanschläge, die im September 1999 verübt wurden, den Vorzug. Unser Bestreben ist es, absolut unparteiisch zu sein – ermüdend unparteiisch, möchte ich sagen –, gewissenhaft in unserer Analyse und unseren Schlussfolgerungen. Wir sind bislang noch zu keinen Schlussfolgerungen gelangt, nicht einmal zu Hypothesen.
Die verschiedenen Darstellungen der Sprengstoffanschläge. Es gibt zwei extreme Interpretationen dieser Ereignisse – die sogenannte Interpretation einer »tschetschenischen Spur« und die Interpretation, der zufolge die Anschläge Verbrechen der Moskauer

Geheimdienste darstellen. Ich wiederhole: Das sind zwei extreme Deutungen. Beide haben ihre Argumente, und gegen beide gibt es substanzielle Einwände. Wir werden, um es noch einmal zu sagen, absolut unvoreingenommen bleiben.

Doch dies sind extreme Interpretationen, und es spricht vieles dafür, dass sich am Ende weder die eine noch die andere als zutreffend erweisen wird – weil auch andere Darstellungen dieser Ereignisse denkbar sind, die ich als moderate Interpretationen bezeichnen will. Wir werden uns streng an die Forderung halten, die man vernünftigerweise an jede Untersuchung stellen muss und die an alle Untersuchungen in der ganzen Welt gestellt werden: Keine Darstellung der Ereignisse kann ungeprüft akzeptiert werden.

Nun noch einige Worte über das, was wir in unserer, sagen wir, alltäglichen Arbeit tun. Wir treffen uns mit verschiedenen Leuten, reden mit ihnen und machen Notizen von unseren Gesprächen. Wir hoffen immer noch, dass wir früher oder später die Gelegenheit haben werden, mit offiziellen Vertretern von Regierungsorganen zu sprechen und ihnen Fragen zu stellen, die für uns von wesentlicher Bedeutung sind. Wir machen einen ausgiebigen Gebrauch von Anfragen an die Regierung – da zu den Mitgliedern der Kommission mehrere Abgeordnete gehören und die Anfrage eines Abgeordneten einen speziellen Rechtsstatus hat –, und wir stellen eine »Sammlung« der Antworten auf diese Anfragen zusammen. Ich verzichte vorläufig darauf, diese offizielle Korrespondenz ausführlicher darzustellen. Wir erhalten Antworten in unterschiedlicher Form. In ganz seltenen Fällen sind sie ausführlich und gehen auf den Inhalt der Frage ein. Doch die meisten Antworten sind kaum mehr als ein – verzeihen Sie bitte den Ausdruck – Muhen oder so gut wie inhaltslos.

Trotzdem setze ich zunächst einmal darauf, dass die Regierungsorgane ihre Einstellung zu unserer Arbeit ändern und unsere aktiven Partner werden. Was bewegt mich zu dieser Hoffnung? Die Vorwürfe, die gegenüber der Regierung erhoben werden, sind wirklich erschreckend. Die einzige Möglichkeit, sie zu widerlegen, ist die einer sorgfältigen und offenen Untersuchung, in deren Ver-

lauf alle Einzelheiten und alle Ergebnisse einer verängstigten Öffentlichkeit vorgelegt werden. Das ist unsere Hoffnung.
Nun aber zum Hauptteil unserer Veranstaltung. Wir werden unseren Gesprächspartnern in London zuhören, und dann werden beide Seiten die Möglichkeit haben, Fragen zu stellen. Außerdem möchte ich meine Zuversicht wiederholen, dass dies nicht das letzte Mal sein wird, dass wir miteinander in Verbindung stehen, und dass wir in nicht allzu ferner Zeit die Möglichkeit zu ausführlicheren Diskussionen haben werden. Ich danke Ihnen für Ihre Aufmerksamkeit.

Juschenkow: Darf ich Ihnen unsere Gesprächspartner in London vorstellen: Von links nach rechts: Alexander Litwinenko, Tatjana Morosowa, Yuri Felshtinsky.

Felshtinsky: Hallo.

Juschenkow: Wer soll ...? Alexander, Sie, ja?

Felshtinsky: Ach, wissen Sie, lieber nicht. Vielleicht kann Tatjana Morosowa zuerst sprechen – ein paar Minuten.

Morosowa: Zunächst möchte ich der gesamten Kommission meinen Dank aussprechen, dass sie in Moskau zusammengekommen ist, und allen Journalisten, die erschienen sind, um zu diskutieren und zu hören, was hier geschieht. Wir haben eine Menge Neuigkeiten für Sie. Sie werden einige dieser Befunde [der Welt] präsentieren können. Ich persönlich bin nicht an politischen Diskussionen interessiert. Was mich wirklich interessiert, ist die Wahrheit. Deshalb bin ich hier.
Sergej Adamowitsch, ich weiß, dass Sie mit Michail Trepaschkin gesprochen haben. Ich wäre sehr glücklich, wenn Sie ihn als unseren Vertreter betrachten würden – als meinen und den meiner Schwester.

Felshtinsky: Ich möchte hinzufügen, das richtet sich ebenfalls an Sergej Adamowitsch, dass wir eigentlich dankbar dafür sind, dass dies eine öffentliche Diskussion ist, denn das Einzige, auf das es in dieser Angelegenheit wirklich ankommt, ist, dass unsere Diskussion, unsere Analyse völlig offen ist. Letztlich ist das Einzige, was diese Untersuchung untergraben könnte, Versuche, diese Gespräche zu etwas Privatem und Exklusivem zu machen. Denn in Wirklichkeit geht es darum – wie viele Menschen immer wieder gesagt haben und wie, glaube ich, das Motto auf unserer Website lautet –, dass wir die Wahrheit wissen wollen. Und es ist uns sehr wichtig, dass unsere Seite – zumindest unsere Seite – öffentlich und offen auftritt und handelt. Denn leider tut die andere Seite – ob wir sie die Regierung nennen oder den FSB – alles in ihren Kräften Stehende, um zu verhindern, dass unsere Diskussionen öffentlich werden, um zu verhindern, dass unsere Tatsachen und Schlussfolgerungen eine größere Öffentlichkeit erreichen, um zu verhindern, dass andere die Wahrheit darüber erfahren, wer letztlich für die Terroranschläge vom September 1999 verantwortlich ist. Deshalb möchte ich Ihnen noch einmal dafür danken, dass diese Veranstaltung, diese Diskussion öffentlich und offen geführt wird. Und ich bin zuversichtlich, dass alle weiteren Diskussionsrunden der Öffentlichen Kommission ebenfalls öffentlich stattfinden werden, da dies für die russische Öffentlichkeit die einzige Möglichkeit ist, Informationen über diese Angelegenheit zu erhalten.
Ich danke Ihnen. Ich glaube, jetzt kann ich an Alexander Litwinenko übergeben.

Litwinenko: Hallo. Haben Sie vielen, vielen Dank, dass Sie uns zu dieser Veranstaltung eingeladen haben. Yuri Felshtinsky und ich haben beschlossen, unser Material vor allem Ihnen zukommen zu lassen. Warum? Weil Sie öffentlich und offen arbeiten.
Ich möchte noch etwas zu dem sagen, was Felshtinsky angesprochen hat. Es wäre schön, wenn Sie die Personen, die wir als Zeugen nennen werden, ebenso öffentlich und offen in Anwesenheit der Journalisten fragen würden. Das wird uns alle gegen verschie-

dene Machwerke, Machenschaften, Unterstellungen und Beschuldigungen schützen, denen zufolge jemand irgendwo versucht, etwas zu fabrizieren oder der ganzen Sache einen politischen Dreh zu geben.

Mit anderen Worten, wenn wir die Wahrheit herausfinden wollen und die Menschen überzeugt sein sollen, dass dies wirklich die Wahrheit ist, dann müssen wir offen vorgehen. Das ist mein Standpunkt. Und deshalb wenden wir uns insbesondere an Sie.

Felshtinsky: Ich glaube, wir sind jetzt so weit, an Moskau abzugeben und alle Fragen zu beantworten, die sich bereits gestellt haben oder noch zur Sprache kommen werden.

Juschenkow: Yuri, ich meine immer noch, dass Alexander ganz kurz etwas zu den Dokumenten sagen sollte, die er uns geschickt hat, um den Vertretern der Presse die Möglichkeit zu geben, den Kern der Sache zu sehen.

Litwinenko: Ja, natürlich. Also einige Worte zu den Dokumenten.

Yuri Felshtinsky und mir ist es gelungen, Verbindung zu Atschimes Gotschijajew aufzunehmen, der nach der Darstellung des FSB der Anführer der Terroristengruppe war, die die Sprengstoffanschläge auf die Wohnblocks in Moskau im September 1999 organisiert hatte. Ich bin davon überzeugt, dass die Dokumente, die Gotschijajew uns zukommen ließ, von großer Bedeutung sind, um die Wahrheit ans Licht zu bringen.

Ich möchte betonen, dass Atschimes Gotschijajew sich aus eigenem Entschluss an uns gewandt hat, und soweit ich weiß, hat er uns diese Belege, diese Erklärung, die er uns geschickt hat, aus freien Stücken und ohne Zwang gegeben.

Die Erklärung Gotschijajews enthält ausführliche autobiografische Einzelheiten, deren Richtigkeit Sie, sehr geehrte Mitglieder der Kommission, wahrscheinlich ohne großen Aufwand überprüfen können.

Außerdem hat Gotschijajew erklärt, er habe tatsächlich die Lagerräume in den Häusern gemietet, die später von Terroristen in die

Luft gesprengt wurden. Er habe dies jedoch auf Bitten eines Bekannten getan.

Meiner Ansicht nach ist die wichtigste Aussage in dieser Erklärung die, dass nach dem zweiten Sprengstoffanschlag – am 11. September im Haus Kaschirskoje-Chaussee 6/3 – Gotschijajew selbst es gewesen war, der die Polizei, den Rettungs- und den Katastrophendienst benachrichtigt und gewarnt hatte, möglicherweise könne es zu weiteren Anschlägen in weiteren Häusern kommen, in denen er Lagerräume gemietet hatte, darunter auch Häuser in der Uliza Borissowskije Prudy und in Kopotnja.

Ich möchte auf den folgenden Punkt besonders hinweisen: Tatsächlich wurde in dem Haus an der Uliza Borissowskije Prudy ein Sprengstoffdepot entdeckt samt sechs vorbereiteten Zündern. Und jetzt habe ich als ehemaliger Geheimdienstagent eine sehr ernste Frage an die Polizei und die Geheimdienste: Wenn Sie tatsächlich zu den genannten Adressen gefahren sind und dort den Sprengstoff und die Zünder entdeckt haben, warum haben Sie dann nicht im Hinterhalt gelegen, wie es in Geheimdiensten heißt, und die Verbrecher verhaftet, statt die Entdeckung sofort im Fernsehen bekannt zu geben? Mit anderen Worten, warum haben Sie die Verbrecher gewarnt, dass die Polizei das Sprengstoffdepot mit den Zündern entdeckt hatte?

Zweitens. Atschimes Gotschijajew macht ... Angaben über die Person, auf deren Bitte er diese Lagerräume gemietet hatte. Ich meine, es dürfte nicht schwierig sein, diese Person aufzufinden; jeder Anwalt verfügt über die nötigen Mittel dazu. Hier könnte sicherlich die Polizei behilflich sein.

Drittens erhebt Gotschijajew die schwerwiegende Beschuldigung, dass seine Schwester von den Ermittlungsbehörden mit rechtswidrigen Mitteln zu einer Aussage gezwungen wurde (sie wurde gefoltert, damit sie ihren Bruder beschuldigte). Des Weiteren erklärt er, dass sein Bruder, der als Polizist in Karatschai-Tscherkessien arbeitet, ihn warnte, es gebe einen Befehl, ihn nicht festzunehmen, sondern auszuschalten.

Auch diese Behauptungen lassen sich überprüfen, und es wäre sicher gut, wenn Sie sie öffentlich und offen nachprüfen würden.

Sie könnten diese Personen zu Ihrer nächsten Sitzung einladen, wo sie gegenüber den anwesenden Journalisten vor einem Publikum entweder etwas aussagen oder Gründe dafür anführen können, warum sie lieber keine Aussage machen möchten.
Dies sind die Behauptungen, die ich für besonders wichtig halte. Wenn sie bestätigt werden können, werden sie dazu beitragen, dass wir zur Wahrheit in dieser Angelegenheit vordringen.

Juschenkow: Alexander, könnten Sie jetzt die Videos vorführen und die Fotos zeigen? Und dann: Wann standen Sie zum letzten Mal mit Gotschijajew in Verbindung? Sind Sie sicher, dass er noch am Leben ist?

Litwinenko: Fangen wir mit seiner Aussage an. Hier ist seine handschriftliche, sechsseitige Aussage.

Juschenkow: Wir haben sie bekommen, sie ist in unserem Besitz. Was wir nicht haben, sind die Videos und die Fotos.

Litwinenko: Ich glaube, durch einen Vergleich mit anderen schriftlichen Zeugnissen Gotschijajews wird sich leicht feststellen lassen, ob dieses Dokument echt ist oder nicht. Zweitens. Hier sind die Fotos von ihm, die er uns geschickt hat. Hier sind die vergrößerten Aufnahmen. Das erste Foto …

Juschenkow: Kann man das etwas schärfer einstellen? Gibt es hier einen Kameramann? … Kann die Kamera näher herangehen, Yuri? Nein?

Felshtinsky: Diese Fotos werden Ihnen als Digitalaufnahmen übermittelt. Wie ich gerade höre, finden sie sich bereits auf der Website Grani.ru. Deshalb haben wir sie Ihnen nicht geschickt. Es wird einfacher sein, sie im Internet aufzurufen.

Litwinenko: Hier ist ein Foto, ein zweites Foto von ihm. Hier ist noch eines und noch eines.

Juschenkow: Vielen Dank. Wenn sie schon ins Internet gestellt wurden, ist es nicht mehr nötig.

Litwinenko: Um festzustellen, ob diese Person tatsächlich Gotschijajew ist oder nicht, haben wir einen Sachverständigen herangezogen und ihm alle diese Fotos zusammen mit den offiziellen Aufnahmen der FSB-Website gegeben – der Fotografie in der »Fahndungsliste« der FSB-Website. Hier ist dieses Foto sowie zwei weitere, auf denen er zusammen mit Chattab aufgenommen wurde. Angeblich.
Auf der Grundlage der Fotos, die Gotschijajew uns geschickt hat, und der Fotos auf der Website des FSB gelangte der Sachverständige zu dem Schluss, dass es möglich sei, festzustellen, ob der Mann auf den einzelnen Fotos tatsächlich Gotschijajew ist oder nicht. Außerdem sagte er, auf der Fotografie, die Gotschijajew zusammen mit Chattab zeige, sei eine endgültige Identifizierung Gotschijajews nicht möglich. Diese Fotografie sei als Beweismittel in einem Prozess untauglich und möglicherweise digital bearbeitet worden. Diese Fotografie ist demnach schlicht und einfach eine Fälschung und kein dokumentarischer Beweis.
Und damit stellt sich sogleich die nächste Frage: Welche Gründe haben Polizei und Geheimdienste, der Öffentlichkeit eine Fälschung vorzulegen?
Sergej Nikolajewitsch, könnten Sie die Fragen wiederholen?

Juschenkow: Wann hatten Sie zum letzten Mal Kontakt mit Gotschijajew? Sie hatten keinen direkten Kontakt zu ihm, oder? Nur über Mittelsmänner?

Litwinenko: Was die Herstellung eines Kontakts zu Gotschijajew angeht, die Herstellung einer Verbindung zu ihm, bitte ich Yuri Felshtinsky um eine Klärung dieser Frage, weil alle Kontakte … Nun, er hatte zuerst einen Kontakt zu einem Mittelsmann und später ich. Und Sie müssen sich vorstellen, wie die Lage hier ist: Wir bemühen uns zurzeit, diese Verbindung, diesen Kontakt nicht zu verlieren, da mit dem Mittelsmann vereinbart wurde, dass nach einer Prüfung dieser Unterlagen ... Gotschijajew schreibt sogar, das sei nur »eine kurze Darstellung, über die Einzelheiten sprechen wir später«.

Ich hoffe darauf, dass Gotschijajew selbst erfahren wird, was vorgeht, und wenn wir noch weitere Fragen haben, wird er uns sicher darauf antworten. Aber ich möchte Yuri Felshtinsky bitten, etwas ausführlicher über diese Kontakte zu sprechen.

Felshtinsky: Ich glaube, einige Informationen haben wir Ihnen bereits gegeben. Den Mitgliedern der Kommission liegen sie ausgedruckt vor. Aber ich möchte von vornherein sagen, noch bevor die Journalisten ihre Fragen zu diesem Punkt stellen, dass unsere Kontakte eine einseitige Angelegenheit sind. Gotschijajew, die Leute in seiner Umgebung, Gotschijajews Mittelsmänner, seine Botschafter – wie immer Sie es ausdrücken wollen – können Kontakt zu uns aufnehmen, aber nicht umgekehrt.

Trotzdem ist dieser Dialog völlig real. Die Möglichkeit, Gotschijajew zu erreichen, mit ihm zu sprechen, besteht ohne jeden Zweifel. Es ist möglich, Antworten auf bestimmte Fragen zu erhalten. Und in diesem Sinne ist unsere Arbeit meiner Meinung nach effektiver als die bestimmter staatlicher Organe. Ich glaube, es ist auch klar, warum das so ist. Schließlich ist es doch für wirklich jedermann klar, auch für Gotschijajew, dass wir einzig an der Wahrheit interessiert sind, während der FSB ein völlig anderes Interesse hat. Das ist die kurze Antwort auf diese Frage.

Jemand hat gefragt, wann wir den Kontakt zum ersten Mal hergestellt haben. Wir haben auch diese Episode geschildert. Gotschijajew machte seine Aussage in mehreren Abschnitten am 24. April [2002], wenn ich mich nicht irre.

Ich möchte noch ein paar Worte zu den Fotos sagen. Hier sind die Aufnahmen, bei denen unser unabhängiger Sachverständiger in London zu dem Ergebnis gelangt ist, sie seien nicht sehr überzeugend oder sogar unecht bis hin zu einer möglichen Fotomontage. Diese Bilder sind die einzige Verbindung, die zwischen Gotschijajew und Chattab besteht. Man muss sogar sagen, dass diese Aufnahmen zurzeit auch die einzige Verbindung zwischen Chattab,

Tschetschenien und den Sprengstoffanschlägen vom September 1999 sind. Mit anderen Worten, nach vielen, vielen Monaten gewissenhafter Untersuchungen des Föderalen Geheimdienstes gibt es noch immer keinen Hinweis, geschweige denn einen Beweis, dass die Anschläge in Moskau im September 1999 von Tschetschenen oder von tschetschenischen Feldkommandeuren einschließlich Chattabs verübt wurden.

Außerdem wissen wir alle, dass der FSB vor einiger Zeit einen Mann namens [Adam] Dekkuschew verhaftet und nach Moskau gebracht hat und dass Dekkuschew nach einer Erklärung des FSB ausgesagt hat, die Anschläge in Moskau seien von ebenjenem Chattab und anderen Tschetschenen verübt worden.

Damit im Zusammenhang möchte ich bekannt geben, dass wir über die schriftliche Aussage von zwei weiteren angeblichen Beteiligten an den Bombenanschlägen in Moskau 1999 verfügen, [Jussuf] Krymschamchalow und [Timur] Batschajew. Sie haben uns gegenüber bereits ihre Aussagen gemacht. Und diesen Aussagen zufolge (die wir in schriftlicher Form und auf einem Videoband haben) hatten weder Chattab noch irgendein tschetschenischer Feldkommandeur oder überhaupt ein Tschetschene mit diesen Sprengstoffanschlägen in Moskau im September 1999 etwas zu tun. Ich sage das in Verbindung mit der Tatsache, dass der FSB gegenwärtig auf diese Männer eine regelrechte Jagd macht und dass es durchaus möglich ist, dass diese beiden Männer früher oder später dasselbe Schicksal erleiden werden wie Dekkuschew, und dass wir nicht wissen, welche Aussage sie machen werden, wenn sie erst einmal dem FSB in die Hände gefallen sind.

Außerdem, während der FSB an den Beteiligten der Sprengstoffanschläge auf der »untersten« Ebene interessiert ist – an Leuten wie Dekkuschew, Batschajew und Krymschamchalow, von denen der FSB behauptet, sie seien alle drei an den Sprengstoffanschlägen beteiligt gewesen –, interessieren wir uns allerdings nicht nur für jene Personen, die am Ort die Wohngebäude in die Luft gesprengt haben, sondern auch für diejenigen, die den Befehl zu diesen Anschlägen gegeben, und für die Personen, die auf der mittleren Ebene an dieser Operation mitgewirkt haben.

Deshalb muss ich an dieser Stelle wiederum öffentlich und offen aussprechen, dass nach den Aussagen Krymschamchalows und Batschajews die Führer der Sprengstoffanschläge in Moskau 1999 dem Föderalen Sicherheitsdienst der Russischen Föderation angehörten. In derselben schriftlichen Aussage wird als Leiter der Operation der Direktor des FSB, Nikolaj Platonowitsch Patruschew, genannt. Verantwortlich für die Durchführung der Operation war wiederum nach derselben Aussage Generalmajor German Alexejewitsch Ugrjumow, der Leiter der Abteilung für Verfassungsschutz [innerhalb des FSB], der am 31. Mai 2001 unter ungeklärten Umständen ums Leben kam (es gibt gute Gründe für die Annahme, dass er vom FSB ermordet wurde).

Darüber hinaus überprüfen wir zurzeit die Möglichkeit, dass einer der wirklichen Führer der Operation auf der untersten Ebene der bekannte Geheimagent Max Lasowski war. Wie Sie wissen, wurde mehr oder weniger juristisch festgestellt, dass zwischen ihm und den Terroranschlägen in Moskau 1994 und höchstwahrscheinlich auch zu den Anschlägen in Moskau 1996 eine Verbindung bestand.

Wir überprüfen gegenwärtig alle diese Informationen. Sie ergänzen die Informationen Gotschijajews, die wir Ihnen bereits früher übermittelt haben.

Juschenkow: Vielen Dank. Ist vielleicht ein Vertreter des FSB anwesend? Ich meine, wer hat eine Frage? *(Gelächter im Publikum).* Nein, ja? Sergej Adamowitsch, wie wollten wir vorgehen? Zuerst die Fragen der Kommissionsmitglieder zu Einzelheiten und dann die Fragen der Journalisten?

Borschew: Alexander, könnten Sie etwas ins Detail gehen? Gotschijajew rief persönlich bei der Polizei an, um vor möglichen Sprengstoffanschlägen in der Uliza Borissowskije Prudy und in Kopotnja zu warnen? Und ist der Name der Person bekannt, die seinen Anruf entgegengenommen hat?

Litwinenko: Nach seiner eigenen Aussage hat Gotschijajew am Morgen des 13. persönlich die Polizei, den Rettungs- und den Katastrophendienst angerufen. Als ehemaliger Geheimagent weiß ich ganz sicher, dass alle derartigen Anrufe auf Band gespeichert werden. Wenn somit die Kommission von der Polizei die Bandaufnahmen [der Telefonanrufe bei den genannten Organen] erbittet und erhält und sie auf einer öffentlichen Sitzung abspielt und hört, dann kann meiner Meinung nach diese Information rundum überprüft und bestätigt werden.
Außerdem lässt sich die Nummer des von Gotschijajew benutzten Handys feststellen, und man kann die bei den genannten Stellen an jenem Tag aufgezeichneten Anrufe überprüfen: Welche Anrufe kamen am Morgen des 13. [September] von dieser Nummer? Sie können eine bestimmte Zeitspanne eingrenzen und auf diese Weise die gewünschte Information erhalten. Das ist eine Aufgabe für Fachleute. Trepaschkin und andere Rechtsanwälte müssten das schaffen. Sie kennen die erforderlichen amtlichen Formalitäten, um an die Bänder zu kommen, können sie Experten vorlegen, unter juristischen Gesichtspunkten bewerten und das gesamte Material der Kommission und der russischen Öffentlichkeit präsentieren.

Juschenkow: Vielen Dank. Jetzt Leonid Michailowitsch Batkin.

Batkin: Hallo. Hier ist meine Frage.
Die Aussage Gotschijajews ist sehr detailliert, und in dieser Hinsicht flößt sie Vertrauen ein und wirkt aufrichtig. In einem Punkt allerdings nicht, der zudem meiner Ansicht nach sehr wichtig ist und mich stark verwirrt hat. Ich zitiere: »Ein gewisser Mann kam in meine Firma, den ich seit meiner Schulzeit sehr gut kenne ...«, und so weiter.
Dieser »gewisse Mann« hat Gotschijajew angewiesen, die Lagerräume in den Häusern anzumieten, die später in die Luft gesprengt oder von Gotschijajew als mögliche Ziele weiterer Anschläge genannt wurden. Er selbst gibt an, er kenne diesen Mann sehr gut – »seit meiner Schulzeit«. Diese ganze Geschichte hängt

allein mit ihm zusammen, und er scheint der eigentliche Organisator (auf der mittleren Ebene, wie Sie es ausgedrückt haben) der Sprengstoffanschläge in Moskau gewesen zu sein. Aber warum wird er nicht mit Namen genannt? Warum erfährt man nichts Konkretes über ihn? Wer ist er? Warum wird er immer als »ein gewisser Mann« bezeichnet, obwohl er im Mittelpunkt der Ereignisse steht? Was hat Gotschijajew zu verbergen? Und warum haben Sie ihm diese Frage nicht gestellt?

Litwinenko: Ich kann Ihre Frage verstehen. Erstens möchte ich eine Kleinigkeit richtigstellen. Diese Person hat Gotschijajew nicht angewiesen, die Lagerräume anzumieten; sie hat ihn lediglich gebeten, ihm dabei behilflich zu sein. Anders ausgedrückt, Gotschijajew nahm keine Befehle von ihm entgegen.

Zweitens macht Gotschijajew einige nähere Angaben zu diesem Mann, wie zum Beispiel, dass er ihn seit seiner Schulzeit kennt. Mit anderen Worten, es handelt sich um einen Landsmann von ihm. Aber gerade deshalb nennt er seinen Namen nicht.

Wir haben dem Mittelsmann diese Frage gestellt: Warum nennt Gotschijajew nicht den Namen dieses Mannes? Dieser verwies auf den letzten Satz der schriftlichen Aussage: »Das ist eine kurze Darstellung, über die Einzelheiten sprechen wir später.« Ich habe das so verstanden, dass dies so etwas wie eine Anzahlung von Gotschijajews Aussage war. Gotschijajew kennt uns nicht, er vertraut uns nicht vorbehaltlos. Nachdem man seine Schwester gefoltert und er von dem Befehl erfahren hatte, ihn zu liquidieren, statt zu verhaften, hat er natürlich Angst, den Namen dieses wichtigen Zeugen zu nennen.

Aber ich will Ihnen als ehemaliger Geheimagent sagen, was ich davon halte, dass er den Namen nicht preisgibt ... Wir haben seinen Mittelsmann gefragt, und er hat gesagt: Er hat Angst, den Namen zu nennen. Meiner Meinung nach handelt Gotschijajew in diesem Punkt unklug, aber ich kann ihn doch nicht zwingen, oder?

Selbst mit den Informationen, über die wir verfügen, dürfte es nicht schwerhalten, diese Person ausfindig zu machen. Befragen

Sie die Menschen, die während dieser Zeit in der Firma Gotschijajews gearbeitet haben. Stellen Sie die Namen all seiner Landsleute fest, die zu ihm Kontakt hatten und denen er Mineralwasser geliefert hat. Kurzum, das ist kein so großes Problem.
Und wenn wir die Bänder mit den Telefonanrufen erhalten – anhand dieser Anrufe lässt sich die Person feststellen, die ihn, wie es hier steht, am 9. [September] um fünf Uhr morgens angerufen hat. Verstehen Sie? Es sieht so aus, als wollte Gotschijajew uns den Namen dieses Mannes nicht nennen, als wollte er diesen Zeugen schützen, aber damit hat er ihn für uns völlig enttarnt. Jeder Geheimdienstagent wird Ihnen das sagen. Diese Person zu ermitteln und aufzuspüren – für einen findigen Kriminalbeamten ist das eine Sache von zwei bis drei Tagen.

Juschenkow: Juri Wladimirowitsch Samodurow. Und danach Gennadi Shaworonkow.

Samodurow: Alexander, in der Aussage Gotschijajews, die Sie uns übermittelt haben, stehen folgende Sätze: »Jetzt bin ich beinahe sicher, dass dieser Mann, mit dem ich zusammengearbeitet habe, ein Agent des FSB ist. Informationen über ihn werde ich später nachliefern.« Dies sind die Worte Gotschijajews. Wenn Gotschijajew erneut mit Ihnen Verbindung aufnimmt, können Sie ihn bitten, der Öffentlichen Kommission Informationen über diesen Mann zukommen zu lassen? Er kann selbst entscheiden, in welcher Form er diese Informationen weitergeben will – öffentlich oder privat.

Litwinenko: Ich werde versuchen, nach unserer Veranstaltung Verbindung zu Gotschijajew aufzunehmen und ihm eine Reihe von Fragen zu stellen. Warum habe ich das nicht schon vor unserer Veranstaltung getan? Ich wollte, dass Gotschijajew sich persönlich über die Medien davon überzeugen könnte, dass wir seine Aussage nicht unterdrücken, nicht mit einem Stempel »Vertraulich!« versehen, wie dies von bestimmten Personen in der Russischen Föderation getan wird, dass wir von seiner Erklärung keinen Gebrauch hinter den Kulissen machen und sie nicht anderen Leuten verkaufen würden. Weil es Leute gibt, die versuchen, diese Information zu kaufen und zu verkaufen – Sie verstehen, was ich meine? Es gibt die verschiedensten Arten von Gaunern. Ich möchte, dass Gotschijajew erkennt, dass unsere Untersuchung öffentlich geführt wurde. Und ich hoffe noch immer ... Selbst hier, in dieser Fernsehübertragung – ich nehme an, dass er sie am Bildschirm verfolgt –, möchte ich mich an ihn wenden und ihm sagen, dass alle Unterlagen, die er uns übermittelt, an Ihre Kommission weitergeleitet werden. Öffentlich und offen.

Sie müssen verstehen, dass es mir nicht darum geht, Gotschijajew anzuklagen oder freizusprechen. Ich kann nur eines sagen: dass Gotschijajew uns seine Erklärung übermittelt hat, dass sie Aussagen enthält, die unsere ganze Aufmerksamkeit verdienen, und dass diese gewissenhaft und objektiv untersucht und veröffentlicht werden müssen.

Ich werde tun, um was Sie gebeten haben, und wenn wir wieder Kontakt zu Gotschijajew haben, werde ich ihn bitten, den Namen dieser Person zu nennen, die seiner Meinung nach ein FSB-Agent ist. Aber ich glaube, dass Trepaschkin und andere Anwälte ... wenn die Organe der Polizei und der Geheimdienste vollständige und objektive Antworten auf alle ihre Anfragen geben und sich nicht einmischen, dann werden sie in der Lage sein, diese Person früher zu ermitteln, ihre Identität früher festzustellen als Gotschijajew.

Mit anderen Worten, es ist die Frage, ob diese Organe sich einmischen werden oder nicht, ob sie auf die Zeugen Druck ausüben werden oder nicht. Das ist die Frage.

Und hier habe ich eine Bitte an die Kommission. Eine Bitte, die äußerst ernst und äußerst wichtig ist.

Wir haben einen direkten Beweis dafür, dass der FSB an dem verhinderten Sprengstoffanschlag auf ein Wohnhaus in Rjasan beteiligt war. (Das war keine Übung, es war ein geplanter Sprengstoffanschlag auf ein Wohngebäude, und dafür haben wir einen direkten Beweis. Ich möchte darüber jetzt nicht zu viel sagen, weil ich glaube, dass wir diesen Beweis bei der nächsten Sitzung vorlegen werden.) Ich möchte die Kommission bitten, den Direktor des FSB, Patruschew, offiziell zu ersuchen, die Unterlagen zum Fall Rjasan für unsere nächste Veranstaltung freizugeben, sodass wir die Dokumente in dieser Akte unvoreingenommen überprüfen und mit den in unserem Besitz befindlichen Dokumenten vergleichen können. Das ist meine Bitte.

Shaworonkow: Alexander, was macht Sie so überzeugt, worauf stützt sich Ihre Überzeugung, dass Gotschijajews Mittelsmann nicht ebenfalls ein FSB-Agent ist? Die Tscheka hat in der Vergangenheit verschiedene Spiele gespielt. Ich muss Ihnen nichts über den Fall Sawinkow sagen – wie er nach Russland gelockt und dann in einen Treppenschacht gestürzt wurde.

Litwinenko: Ich habe an keiner Stelle etwas darüber gesagt, ob dieser Mittelsmann ein FSB-Agent oder kein FSB-Agent ist. Ich habe dergleichen zu keiner Zeit und in keiner Form gesagt. Ich sage nur eines: Wir erhielten ein handschriftliches Dokument, in dem es heißt, dass Gotschijajew es geschrieben habe, und wir erhielten Fotos von ihm. Alles, was ich von London aus überprüfen konnte, habe ich überprüft. Ich habe Sachverständige gefragt, und diese gelangten zu dem Ergebnis, dass es tatsächlich Aufnahmen von Gotschijajew waren. Mit anderen Worten, das Fahndungsfoto auf der amtlichen Website ist ein Foto von diesem Mann. Doch der Rest – die Überprüfung seiner Handschrift – ist Sache der Anwälte in Moskau.

Was diesen Mittelsmann angeht, so kann ich über ihn in keiner Weise etwas aussagen. Verstehen Sie, was ich damit sagen will? Wenn dies, nehmen wir einmal an, eine Falle des FSB sein sollte, eine Spezialoperation ... Wozu hätte er all das nötig? Ich meine, wenn es darauf hinauslaufen sollte, dann wäre dies eine weitere Bestätigung dafür, dass der FSB, statt die Wahrheit herauszufinden, das Geld und die Ressourcen der Steuerzahler vergeudet, um eine Art Kleinkrieg gegen mich zu führen, der inzwischen fünf Jahre lang anhält. Um mehr geht es dabei nicht.

Tkatschenko: Alexander, hallo. Hier spricht Alexander Tkatschenko. Hier ist meine Frage an Sie: Sie haben gesagt, Gotschijajew habe die Behörden persönlich vor möglichen weiteren Anschlägen in Kopotnja und der Uliza Borissowskije Prudy gewarnt, ja? Glauben Sie, dass es irgendwelche Aufzeichnungen, polizeiliche Aufzeichnungen, SMS-Aufzeichnungen gibt, aus denen hervorgeht, dass er derjenige war, der tatsächlich die Warnungen ausgesprochen hat?

Litwinenko: Zunächst einmal müssen Sie die Einheit ermitteln, die in die Uliza Borissowskije Prudy geschickt wurde, den Führer dieser Einheit und den Ursprung der Warnung. Aber wenn sie erst einmal anfangen, von »Agenten« und »geheim« zu reden, in dieser späten Phase, dann funktioniert das nicht mehr.
Zweitens. Wenn ich der Chef einer Abteilung und ein Offizier wäre, der die Fahndung nach einem für Terroranschläge verantwortlichen Verbrecher leitet, was wären meine ersten Schritte? Ich würde ein offizielles Ersuchen an das Innenministerium schicken – an alle betroffenen Organe wie den Rettungsdienst – und darum bitten, die Bänder von jenem Tag und dem gesamten Zeitraum zu kopieren und die Kopien den Ermittlungsbehörden zu schicken. Und ich würde alle diese Dokumente, diese Bandmitschnitte, gewissenhaft untersuchen. Ich würde die Personen ermitteln, die bei der Polizei angerufen haben, und ich würde alle diese Personen als Zeugen befragen. Nicht nur für diesen Tag, nicht nur für den 13., sondern für den gesamten September. Falls die Polizei oder die Kripo das unterlassen hat, müssen wir herausfinden, warum sie es unterlassen hat: Entweder waren sie einfach nur nachlässig, oder sie haben es mit Absicht unterlassen. Haben sie es aber getan, dann müssten sie Ihnen diese Bandaufnahmen zukommen lassen.
Falls der Anruf Gotschijajews auf den Bändern nicht festzustellen sein sollte, muss man sich um das Mobiltelefon kümmern – ist vielleicht ein Anruf vom Handy aus erfolgt? Und das ist auch eine wichtige Frage. Das lässt sich überprüfen.

Juschenkow: Die Kommissionsmitglieder haben anscheinend keine weiteren Fragen, oder doch noch, Leonid Michailowitsch?

Batkin: Ja, ich habe noch eine Frage zu einem ganz anderen Aspekt. In der Erklärung des FSB werden gewisse Wahhabiten erwähnt. Ich muss ganz allgemein sagen, dass diese völlig neue Darstellung des FSB in einem krassen Widerspruch zu seiner Behauptung einer tschetschenischen Spur steht, die trotz eines absoluten Mangels an Beweisen zweieinhalb Jahre lang eine gewisse Bedeutung hatte. Jetzt werden wir genötigt, von einer dagestanischen Spur zu sprechen. Das bedeutet, dass wir die Motive und Umstände erklären müssen, die Menschen aus Dagestan dazu gebracht haben, Wohngebäude in Moskau in die Luft zu sprengen. Abgesehen von der Nennung Chattabs (sozusagen die arabische Spur) auf der Grundlage einer gefälschten Fotografie, gibt es keine Beweise. Doch wo sind diese Wahhabiten? Die Stadt, in der Gotschijajew geboren wurde – Karatschajewsk –, sind dort jetzt Wahhabiten? Waren dort damals welche? Wer war ihr Anführer? Können wir irgendetwas über diese Gruppe herausfinden, aus der die Attentäter in Moskau angeblich kommen?
Und noch ein Letztes. Was diesen mysteriösen »gewissen Mann« betrifft, so möchte ich als eine Warnung sagen, dass ich persönlich nicht daran glaube, dass er gefunden wird. Weil er eine zentrale Rolle spielt. Wenn Gotschijajew die Wahrheit sagt, und wir haben Gründe, ihm Glauben zu schenken, dann muss dieser Mann entweder isoliert in einem sicheren Versteck leben – oder er ist tot oder seit langem untergetaucht. Schließlich ist er die Verbindung zwischen allen Fäden (immer vorausgesetzt, dass Gotschijajew die Wahrheit gesagt hat). Und es ist unmöglich zu widerlegen, was Gotschijajew erklärt hat, weil es sicherlich eine ausreichende Zahl von Dokumenten und Tatsachen im Zusammenhang mit seinem Unternehmen und seinen Geschäften gibt. In dieser Hinsicht kann er nicht die Unwahrheit sagen.

Litwinenko: Zu Ihrer Frage möchte ich Folgendes sagen. Was das Motiv [hinter den Anschlägen] betrifft. Ich möchte mir nicht mehr vorhalten lassen ... Leider ... Es kommt vor, dass ich ein Interview gebe, etwas zu erklären versuche, und dann wird ein Satz aus dem Zusammenhang gerissen, und man gibt ihm einen völlig anderen Sinn als das, was ich gesagt habe. Deshalb möchte ich jetzt eine [mehr oder weniger einfache] Erklärung zu den Motiven geben.

Ich verteidige niemanden. Man hat uns gesagt, dass Chattab Gotschijajew einen Auftrag erteilt hat und dass sein Motiv Rache für die Niederlage in Dagestan gewesen sei. Das war alles, in dürren Worten.

Doch lassen Sie uns die Sache näher betrachten. Wenn jemand ein Motiv hat ... Nehmen wir eine Person X. Wenn X ein Motiv für ein Verbrechen hat, als Rache für eine Niederlage irgendwo anders, und wenn er diese Niederlage im August erlitten hat, wird er seine Vergeltung nach dem August planen, nicht wahr? Erst gibt es die Niederlage, dann ein Motiv, und dann plant er seine Rache. Wenn dagegen X im August, genauer gesagt, zwischen dem 7. und dem 26. August, eine Niederlage erlitten hat, dann kann er unmöglich bereits im Juli seine Rache geplant haben. Die Absurdität dieser Idee liegt auf der Hand.

Vorsätzlich begangenen Verbrechen liegt stets ein Motiv zugrunde. Ein Verbrechen kann nicht begangen werden, bevor das Motiv dazu nicht existiert. Jeder Anwalt kann Ihnen das sagen. Wenn wir jemanden beschuldigen, ein Verbrechen begangen zu haben, müssen wir als Erstes ein Motiv auffinden: Warum hat er das getan? Und erst dann sondieren wir, was er unternommen hat, um seine Absichten zu verwirklichen.

Nun zu den Wahhabiten. Ich kenne mich mit dem Koran und dem Islam nicht besonders gut aus. Ich habe nicht in den Einheiten gedient, die mit militanten Andersdenkenden, Parteien und verschiedenen religiösen Bewegungen zu tun hatten. Die Einheit, der ich angehört habe, bekämpfte Terroristen und das organisierte Verbrechen. Übrigens war meine letzte Stellung die eines Leiters einer Untereinheit, die nach Personen fahndete, deren Namen auf der internationalen Fahndungsliste standen. Deshalb kann ich Ihre Frage nicht eingehend beantworten. Aber wenn Sie interessiert sind, kann ich mich mit den Dokumenten beschäftigen, die sich auf Wahhabiten beziehen, und kann Ihnen bei unserer nächsten Veranstaltung mehr dazu sagen ... Oder Spezialisten einladen, die etwas darüber wissen, was der Wahhabismus als Religion ist, worin diese Religion besteht, worauf sie sich gründet und welche Beweggründe die Menschen haben, die sich dieser oder jener religiösen Gruppe anschließen.

Moskalenko: Hallo. Ich habe eine Frage – oder eher eine Empfehlung. Es ist möglich – jedenfalls nehmen Sie das an –, dass Gotschijajew mit der Kommission zusammenarbeiten möchte. In diesem Fall möchte ich eine Empfehlung aussprechen, in der Hoffnung, dass er uns jetzt hört.

Einer unserer Kollegen hat soeben gesagt, es sei unmöglich, Gotschijajews Aussage zu widerlegen. Im Augenblick möchte ich dies durch die Behauptung ergänzen, dass es ebenso unmöglich ist, sie zu bestätigen. Wenn er irgendwelche dauerhaften, wie ich sie einmal nennen möchte, Spuren hat – Tatsachen, die nicht getilgt und leicht ausfindig gemacht oder ermittelt werden können –, soll er sie uns nennen, und wir werden sie bis zu einem gewissen Punkt überprüfen können. Das ist die Empfehlung, die ich aussprechen möchte.

Andernfalls werden wir Ihre Dokumente und Unterlagen durchgehen, und die Kommissionsmitglieder werden weitere Fragen an Sie richten.

Litwinenko: Schön, ich werde Ihre Bitte natürlich weitergeben. Aber ich möchte sagen, dass die Unterlagen, die Gotschijajew mir geschickt hat, seine Anschrift, seinen damaligen Wohnort und autobiografische Daten enthalten, die man überprüfen kann. Außerdem kann man Personen befragen, die ihn zu verschiedenen Zeitpunkten gesehen haben. Wir haben ferner den Ort, wo er nach der offiziellen Darstellung in Terroristenlagern in Tschetschenien ausgebildet wurde. Anhand der angegebenen Zeiten können Sie ermitteln, wo und wie lange er sich dort aufgehalten hat.

Doch andererseits, was möchte ich Ihnen eigentlich sagen? Ich möchte mich an die Polizei und die Geheimdienste wenden, an die Menschen, mit denen ich tagtäglich zwanzig Jahre lang gearbeitet habe. Ich möchte diese Menschen bitten, Ihnen zu helfen. Weil es für Anwälte äußerst schwierig ist, dies selbst zu tun. Oder ich appelliere an sie, Ihnen zumindest keine Steine in den Weg zu legen, verstehen Sie?

Lazis: Wenn die Kommission keine Einwände hat, können wir dann den Journalisten die Bühne freigeben? Ich fürchte, wir lassen ihnen nicht mehr viel Zeit.

Kowaljow: Sie haben mir das Wort aus dem Mund genommen. Und ich möchte sagen, dass die Kommission ihre Fragen in Bälde vorbereitet und Ihnen vorlegen wird. Es gibt viele Fragen. Doch jetzt sollten wir, glaube ich, der Presse eine Chance geben.

Eine kurze Anmerkung möchte ich noch machen. Durch Ihre Worte, meine sehr geehrten Londoner Kollegen, zieht sich ein immer wiederkehrendes Thema: Jeder Schritt in der Untersuchung muss von Anfang an transparent sein. Erlauben Sie mir, dass ich diese Ansicht nicht teile. Ich werde erklären, was ich meine.

Die Kommission wird zweifellos einen umfangreichen und ausführlichen Bericht über ihre Arbeit veröffentlichen – sobald sie dies für machbar und nützlich hält, wenn dieses Werk sich seiner Vollendung nähert. Aber alle Zwischenschritte veröffentlichen? Ich muss sagen, ich bin etwas erstaunt. Schließlich war Herr Litwinenko bereits an ähnlichen Untersuchungen beteiligt. Und ich muss keine Gedanken lesen können, um zu sehen, dass Sie unerschütterlich einer einzigen bestimmten Darstellung der Ereignisse verpflichtet sind (ich weise noch einmal darauf hin, dass die Kommission es nicht nur mit einer Darstellung zu tun hat und auch keine einzelne Darstellung untersucht – sie untersucht mehrere verschiedene Darstellungen, wie es jede Untersuchungskommission tun sollte). Sie sind einer einzigen, bestimmten Darstellung verpflichtet. Das ist Ihr gutes Recht. Doch indem Sie jeden einzelnen Schritt von vornherein transparent machen – all die zwischengeschalteten, formalen Schritte –, geben Sie den Personen, gegen die sich Ihr Verdacht richtet, die Möglichkeit, Ihren nächsten Schritt vorauszusehen.

Sie berufen sich immer wieder auf Ihre Fachkenntnis auf dem Gebiet polizeilicher Ermittlungen. Ich persönlich finde das Beharren auf der absoluten Transparenz aller formalen und aller Zwischenschritte sehr überraschend. Wir in der Kommission haben die Möglichkeit, unsere Arbeitsprinzipien zu erörtern. Meine Kollegen mögen mich korrigieren, aber ich glaube, dass die meisten Mitglieder dieser Kommission eher dazu neigen, viele Arbeitssitzungen privat abzuhalten, dass sie dies für zweckmäßig halten und dass das Einzige, was offen sein kann – absolut transparent und absolut ausführlich, ohne Details zu verschweigen –, die abschließende Schlussfolgerung ist.

Ich habe es für notwendig gehalten, diese Anmerkung explizit auszusprechen, da Sie, Yuri, und Sie, Alexander, fortwährend auf dem Gegenteil bestehen. Ich bitte Sie dringend, über diesen Punkt nachzudenken.

Aschot Nassibow: In der Presseverlautbarung für Journalisten, die wir hier bekommen haben, heißt es, Gotschijajew habe über den Mittelsmann eine Videokamera erhalten, mit der seine Antworten aufgezeichnet werden könnten, und dass er ein Videoband und mehrere Fotografien zurückgeschickt hat. Die Fotos hat man uns gezeigt. Warum ist jedoch den Journalisten nicht auch das Videoband gezeigt worden?

Felshtinsky: Das hat rein technische Gründe, wir wissen einfach nicht, wie wir das bewerkstelligen sollten. Natürlich sind wir bereit, das Videoband den Journalisten zur Verfügung zu stellen, doch die Zeit war für die Übermittlung dieses Bandes an die Journalisten einfach zu kurz.

Litwinenko: Wir werden Ihnen gern eine Kopie übergeben.

Felshtinsky: Leider können wir jetzt nicht nach Moskau kommen.

Soja Orjachowa (von der Nachrichtenagentur *Prima-News*): Ich habe zwei Fragen: Gestern hielt in Paris der Sprecher des Tschetschenischen Demokratischen Vereins, Borsali Ismailow, eine Pressekonferenz ab. Er behauptete, die Erklärung Gotschijajews befinde sich im Besitz der tschetschenischen Öffentlichen Kommission zur Untersuchung der Sprengstoffanschläge. Er machte dieses Dokument öffentlich und sagte, seiner Meinung nach hätten Sie es über einen amerikanischen Reporter erhalten. Können Sie etwas zu dieser Behauptung sagen?
Eine zweite Frage. In seiner Erklärung behauptet Gotschijajew, er sei bereit, eine öffentliche Erklärung vor der Presse abzugeben, glaube jedoch, dass die Garantien seiner Sicherheit in einem dritten Land nicht bessere seien als ... Können Sie dazu beitragen, dass Gotschijajew in einem dritten Land öffentlich auftritt ...?

Litwinenko: Zu der Möglichkeit eines Zusammentreffens von Gotschijajew mit Journalisten und einer Erklärung vor der Presse: Wir werden diese Frage auf jeden Fall stellen, ich weiß nur nicht, wie er das bewerkstelligen soll. Offen gesagt ist das sein Problem – wie er das organisieren will. Ich kann nicht in ein Drittland reisen. Ich bin kein Geheimdienstagent. Wir können auch keine Geheimoperation durchführen, das werden Sie verstehen. Der Transfer einer solchen Person in ein anderes Land wäre eine Geheimoperation, zu deren Durchführung wir weder die nötigen Mittel noch die Befugnis haben.

Felshtinsky: Zu einer Veröffentlichung der Unterlagen Gotschijajews in den tschetschenischen Medien (im Internet, wenn ich es richtig verstehe): Das ist nur ein weiteres Anzeichen für ihre Echtheit, das beweist, dass die tschetschenische Seite ebenfalls von ihrer Echtheit überzeugt ist. Wir haben dieses Material direkt erhalten, ohne umständliche Manöver. Ich weiß nicht, woran Sie denken, wenn Sie sagen, wir hätten sie über einen amerikanischen Reporter erhalten.

Juschenkow: Diese Materialien sind authentisch – *Prima-News*-Nachrichtenagentur?

Litwinenko: Wir haben jetzt eine Möglichkeit, das zu prüfen: Wir können uns die Handschrift Gotschijajews ansehen. Ich glaube, das Passamt hat eine Schriftprobe. Wir können seine Frau, seine Schwester fragen. Sie wird uns seine Briefe bringen, seine Notizbücher, Aufzeichnungen, und wir können vergleichen: Ist es seine Handschrift oder nicht? Das ist kein Problem. Es lässt sich leicht feststellen.

Eshenedelnyj Shurnal: Nach dem, was in der Presseverlautbarung stand, die wir von Ihnen erhalten haben, fanden Ihre Zusammenkünfte mit dem Vertreter Gotschijajews im März/April statt. Warum wurde diese Information erst jetzt, vier Monate später, veröffentlicht? Was haben Sie während dieser vier Monate getan?

Litwinenko: Erstens haben wir das Material überprüft, alles, was wir überprüfen konnten. Zweitens haben wir Kontakt zu den Mitgliedern der Kommission aufgenommen und sie gebeten, dieses Material öffentlich zu machen. Das war, glaube ich, vor anderthalb Monaten, nachdem wir die Unterlagen erneut geprüft hatten, und der 25. wurde als Datum festgelegt. Wir haben keine Notwendigkeit gesehen, das Material noch am selben Tag, an dem wir es erhielten, so schnell wie möglich irgendwohin zu bringen. Zuerst musste es geprüft werden. Außerdem mussten wir eine Verbindung herstellen – wir mussten sie davon in Kenntnis setzen, dass wir Vorbereitungen trafen, sie zu veröffentlichen, sie öffentlich zu machen – und auf eine Antwort warten. Die Verbindung musste aufrechterhalten werden, falls wir noch zusätzliche Fragen hatten. Wir mussten ja auch eine gewisse Korrektheit wahren.

Felshtinsky: Es gab noch zwei weitere Überlegungen. Erstens brauchte es einige Zeit, bis die Information von Gotschijajew konkrete Ergebnisse erbrachte. Und außerdem wollten wir, wie schon gesagt, die Meinung von Sachverständigen zu den Fotografien einholen.

Ein Journalist des *Kommersant*: Können Sie uns den Namen des Labors des Sachverständigen nennen, der das Foto Chattabs mit Gotschijajew für eine Fälschung hält?

Litwinenko: Das ist seine Visitenkarte, sein Name ...

Kommersant: Das steht alles in der Presseverlautbarung. Nennen Sie uns den Namen des Labors, in dem er arbeitet.

Litwinenko: ... Dieser Mann ist ein amtlicher Sachverständiger. Er ist für britische und internationale Gerichte tätig. Ich weiß, dass er gestern von Reportern angerufen wurde. Er hat vor einem britischen Gericht ein Sachverständigengutachten abgegeben. Er hat eine Lizenz. Hier haben wir zum Beispiel eine notarielle Bestätigung seiner Ergebnisse.

Kommersant: Warum zeigen Sie das Videoband nicht, das Sie bekommen haben?

Felshtinsky: Diese Frage richtet sich an diejenigen, die sich um die technischen Einzelheiten des Transfers der Dokumente gekümmert haben. Ich weiß nicht viel über diesen Aspekt des Unternehmens. Aber ich weiß, dass die Fotos überbracht wurden, aber ... Sie können selbst kommen oder jemanden bitten – wir werden es Ihnen geben. Wir werden mehrere Kopien machen. Das ist kein Problem. Zurzeit gibt es nur zwei oder drei Kopien von dem Band. Außerdem wussten wir bis zum letzten Augenblick nicht, in welchem Format die Fotos und die Texte übermittelt werden würden. Das ist es im Wesentlichen. Ich wiederhole, dies ist eine reine Zeitfrage.

Kommersant: Eine Frage an Herrn Felshtinsky. Sie haben eine weitere Aussage von einem gewissen Batschajew erwähnt, der behauptet, Chattab habe nichts mit den Sprengstoffanschlägen in Moskau zu tun und dasselbe gelte für Gotschijajew. Welche Leute haben diese Behauptungen aufgestellt?

Felshtinsky: Es sind gut bekannte Leute. Es sind die Personen, die vom FSB bezichtigt werden, sie hätten die Sprengstoffanschläge in Moskau und Wolgodonsk organisiert. Es sind die Personen, die vom FSB gegenwärtig in Georgien hartnäckig verfolgt werden. Es sind die Personen, von denen der FSB behauptet (ich glaube, zuletzt noch vor zwei Tagen gegenüber einem der Kabelnachrichtensender), ihre Verhaftung sei nur noch eine Frage der Zeit. Ich bin ziemlich fest davon überzeugt, dass ihre Verhaftung tatsächlich nicht mehr lange auf sich warten lässt.

Gerade weil die Erfahrung lehrt, dass Personen, die aus diesem oder jenem Grund in den Verhörräumen des FSB landen, dort Aussagen machen, die ausschließlich im Sinne des FSB sind, und dass außerdem selbst diese Aussage, die wir in schriftlicher Form erhalten haben und veröffentlichen werden, [vom FSB] der Öffentlichkeit nicht mitgeteilt wird ... Um zu verhindern, dass genau das passiert – dass diese Personen, wenn sie einmal in die Hände des FSB gefallen sind, aussagen werden, Chattab oder ein tschetschenischer Feldkommandeur habe ihnen befohlen, die Wohnhäuser in die Luft zu sprengen –, wollte ich diese Gelegenheit nutzen und festhalten, dass wir bereits über schriftliche Zeugnisse von Batschajew und Krymschamchalow verfügen.

Und diese schriftliche Aussage, um es noch einmal zu sagen, bestätigt die Darstellung des FSB *nicht*. Aus ihr geht vielmehr hervor, dass weder Chattab noch einer der tschetschenischen Feldkommandeure, noch irgendein anderer aus der tschetschenischen Führung hinter den Sprengstoffanschlägen vom September 1999 stand oder für diese Anschläge Geld bezahlt hat, sondern dass dahinter ganz andere Leute stehen, nämlich, wie ich schon oft gesagt habe, der Föderale Sicherheitsdienst unter der Führung ganz bestimmter Individuen – Patruschew und German Ugrjumow.

Kommersant: Was ist die Grundlage des …

Litwinenko: Ich möchte noch ergänzen, was Felshtinsky gesagt hat. Wenn der FSB beispielsweise die Aussage Dekkuschews vorlegt, dann hat er außer dieser Aussage nichts in der Hand. Sie kennen das schon: »Dekkuschew hat ausgesagt …« – und damit hat es sich. Nur … Gotschijajew hat zwar diese Erklärung abgegeben, doch wenn der FSB Gotschijajew in seine Hände bekommt, wird er sagen: »Gotschijajew hat dies ausgesagt …« Mit anderen Worten, außer dieser Aussage gibt es nichts sonst. Erstens.
Und zweitens ist der FSB natürlich eine interessierte Partei. In Rjasan gibt es direkte Beweise für einen Versuch, ein Wohngebäude in die Luft zu sprengen. Seit zwei bis drei Jahren wird Patruschew des Terrorismus beschuldigt. Das sage ich nicht einfach so daher. Es wird von den Medien berichtet. Sie erklären offen, dass Patruschew diese Anschläge organisiert habe. Und bis jetzt hat es noch keine einzige widerspruchsfreie Antwort darauf gegeben! Sie sehen ja selbst, was los ist. Kein einziger Vertreter des FSB ist zu dieser Veranstaltung gekommen … [Sie haben sich] an die britischen Geheimdienste [gewandt]. Und warum? Weil es eben geheime Dienste sind. Deshalb. Sie setzen darauf, dass ich dieses Material dem britischen Geheimdienst übergebe und dass es von dort aus heimlich an Patruschew weitergeleitet wird und dass wir nie wieder etwas davon sehen oder hören werden.
Deshalb sage ich noch einmal: Ich bin nur bereit, Fragen der Geheimdienste öffentlich zu beantworten.

Felshtinsky: Ich fürchte, wir haben Sie unterbrochen und Sie konnten Ihre Frage nicht zu Ende bringen – aus Russland.

Frage: Eine Frage aus Russland – hier, bitte! Eine Frage aus Russland! *(Unruhe im Publikum.)* Herr Felshtinsky, sagen Sie uns bitte, worauf diese Aussage sich stützt. Was hat Patruschew [gemeint ist Gotschijajew] damit zu tun, was hat Chattab damit zu tun? Nichts ist klar.

Felshtinsky: Es geht darum, dass diese Personen in den Augen des FSB ebenso wie nach unserer eigenen Einschätzung die Hauptzeugen im Fall der Sprengstoffanschläge vom September 1999 sind. Der Generalstaatsanwalt der Russischen Föderation hat gegen sie einen offiziellen Haftbefehl erlassen. Sie stehen auf der Fahndungsliste. Ich wiederhole: Nach Ansicht des FSB und nach unserer eigenen Meinung sind sie zumindest die Hauptzeugen (vielleicht gemeinsam mit Dekkuschew) im Fall der Sprengstoffanschläge vom September 1999. Sie sind sehr wertvolle, sehr wichtige Zeugen. Und morgen oder übermorgen wird ihnen etwas zustoßen. Wenn sie beispielsweise morgen zufällig während ihrer Festnahme in Georgien getötet werden, werden wir wahrscheinlich niemals herausfinden, was sie über die Anschläge in Moskau wissen.

Ich habe die schriftlichen Aussagen beider Beteiligten (oder mutmaßlichen Beteiligten) an diesen Ereignissen, in denen sie behaupten, alles über diese Sprengstoffattentate zu wissen, und beteuern, sie seien bereit, darüber zu reden.

Sergej Kuznezow: Ich habe eine Frage aus Russland. Sergej Kuznezow, *Radio Liberty*, Jekaterinburg. Eine Frage an Alexander Felshtinsky. Genau das, was Sie gerade ... Entschuldigung, an Alexander Litwinenko.

Der 2. September ist [nach der ursprünglichen Fassung des Buches] der Jahrestag der möglichen Unterzeichnung des Dekrets, das in Ihrem Buch abgedruckt ist: die Auflösung des FSB. Glauben Sie nicht, dass ein solches Dekret gerade jetzt besonders zweckmäßig wäre? Es würde der Kommission die beste Gelegenheit geben, wirkungsvoll zu arbeiten. Hat sich Ihre Einstellung zu diesem Dekret überhaupt geändert? Und würden Sie nicht wenigstens die Empfehlung aussprechen, dass unser Präsident Patruschew unverzüglich seines Postens enthebt – zumindest für die Dauer der Untersuchung dieser Kommission?

Litwinenko: Putin empfehlen, irgendjemanden seines Postens zu entheben? Ich halte das für wenig zweckmäßig. Er ist ein erwachsener Mensch, bekleidet ein hohes Amt und muss selbst entscheiden, wen er ernennt und wen er entlässt. Er ist für seine Untergebenen persönlich verantwortlich.
Was das Dekret angeht, so gibt es ein Gesetz im Hinblick auf den Terrorismus, auf die Bekämpfung des Terrorismus innerhalb der Russischen Föderation. In diesem Gesetz steht klar und deutlich, dass jede Organisation, zu der Mitglieder gehören, die terroristische Akte verüben, zu einer Terrororganisation erklärt und aufgelöst werden muss.
Aber wir haben bereits Fälle, in denen Agenten des Föderalen Geheimdienstes solche Akte verübt haben: Hauptmann Schelenkow 1994, Anschlag auf eine Eisenbahnstrecke; Oberstleutnant Worobjow, ein Anschlag auf einen Bus, noch vor dem Beginn des ersten Tschetschenienkriegs. Allein auf der Grundlage dieser Fakten können wir bereits eine Frage vor dem Hintergrund des Gesetzes zur Bekämpfung des Terrorismus stellen: Ganz allgemein: Operiert der FSB der Russischen Föderation – unter den gegenwärtigen Bedingungen in Russland, im Rahmen der gegenwärtigen Gesetze und der Verfassung – innerhalb der Grenzen dessen, was im Land akzeptabel ist, oder tut er das nicht? Wenn wir diese Tatsachen ansprechen ... (*Unruhe im Publikum.*)

Juschenkow: Alexander, ich verstehe. Aber Yuri und Alexander, Sie haben immer noch nicht die Frage des Journalisten von *Kommersant* beantwortet: Wo erhielten Sie die Aussage dieser neuen Parteien zu dieser Angelegenheit? Und auf welcher Grundlage haben sie Ihnen generell diese Beweise und andere Materialien übergeben und das alles? Und welche Bestätigung gibt es – gibt es für die Aussage, die man Ihnen übermittelt hat, irgendeine objektive Bestätigung?

Felshtinsky: Der Kontakt zu uns wurde in mehr oder weniger derselben Weise aufgenommen wie bei Gotschijajew. Ja, diese Menschen nahmen mit uns Verbindung auf und sagten uns, dass sie die Wahrheit sagen wollten, und wiederum darüber, was im September 1999 passiert ist. Wir stehen mit diesen Personen inzwischen in fester Verbindung. Natürlich sind auch diese Kontakte nicht direkt, sondern erfolgen durch Mittelsmänner. Ich weiß nicht einmal, wie ich diese Frage genauer beantworten soll. Diese Menschen, ich sage es noch einmal, sind entweder Beteiligte oder zumindest Zeugen. Sie behaupten, dass sie alles wüssten ... alles über das, was im September 1999 in Moskau passiert ist.

Alexander hat ihnen Fragen gestellt, viele Fragen, auf die sie ausführlich geantwortet haben. Und aus ihren Antworten auf diese Fragen (ganz präzise, gezielte Fragen, die wir gestellt haben) ergibt sich ein sehr klares Bild.

Ich wiederhole: Dieses Bild sieht so aus, dass kein Tschetschene auf irgendeiner Ebene, nicht einmal Leute wie Chattab, etwas mit den Befehlen zu tun hatten, die Sprengstoffanschläge in Moskau und Wolgodonsk (und übrigens auch in Dagestan) im Jahr 1999 auszuführen, dass diese ganze Serie von Anschlägen vom Föderalen Geheimdienst organisiert wurde. Ich wiederhole: Dabei wurden auch bestimmte Namen genannt.

Juschenkow: Yuri, wann werden Sie uns dieses Material, diese Aussagen übergeben?

Felshtinsky: Sie müssen verstehen, und ich hoffe, dass auch die Journalisten dies verstehen, dass Alexander und ich beide Privatleute sind; wir führen keine Deckausweise von Geheimdiensten mit uns und tragen keine Holster für Revolver am Gürtel, hinter uns steht kein russisches oder sonst ein Innenministerium. Die Arbeit, die wir auf uns genommen haben, ist eigentlich sehr schwierig, anstrengend und sogar gefährlich und richtet sich gegen einen schier übermächtigen Apparat mit der Bezeichnung Föderaler Sicherheitsdienst, für den mehrere Zehntausend Menschen arbeiten. Während wir uns bemühen, so offen wie möglich vorzugehen – denken Sie an unser Prinzip der Offenheit – und jedes neue beweistaugliche Mosaiksteinchen in unserer privaten Untersuchung so schnell wie möglich an die Öffentlichkeit zu bringen, müssen wir (ich hoffe, Sie können das verstehen) auch auf die Sicherheit unserer Arbeit achten. Und in dieser Phase, gerade jetzt, möchte ich Ihnen diese Informationsbruchstücke, über die wir bereits verfügen, noch nicht anvertrauen, einfach deshalb, weil es sich um Personen handelt, mit denen wir – im Unterschied zu Gotschijajew, mit dem wir zurzeit keine feste Verbindung unterhalten – kontinuierlich Kontakt haben, Krymschamchalow und Batschajew, und von denen wir immer wieder kleine Portionen neuer Informationen erhalten und …

Juschenkow: Yuri, das ist in Ordnung. Da heute nur Gotschijajew auf dem Programm steht, wollen wir darauf nicht näher …

Litwinenko: Sergej Nikolajewitsch, ich möchte gern noch darauf hinweisen, dass wir selbst ständig überwacht werden. So haben beispielsweise russische Agenten vor kurzem versucht, in meine Wohnung zu gelangen. Meine Frau hat sie nicht hereingelassen. Vor Gericht wurde nachgewiesen, dass sie keine Mitarbeiter der Russischen Botschaft, sondern russische Geheimagenten waren. Ihre Dokumente [liegen beim Gericht], ich kann sie Ihnen zeigen. Verstehen Sie, was da gespielt wird? Meine Verwandten werden unter Druck gesetzt. Meine nächsten Verwandten, die mir einen Besuch abstatten wollen, werden auf dem Flughafen Scheremetewo festgenommen und durchsucht, Leibesvisitation, verstehen Sie? Meine fünfundsechzigjährige Schwiegermutter musste auf dem Flughafen Scheremetewo 2 eine Leibesvisitation über sich ergehen lassen. Immer wieder gibt es Drohungen. Dort drüben [bei Ihnen] ist Rechtsanwalt Trepaschkin. Er wird bestätigen, dass sie mir gedroht haben, dass ich ermordet, vor einen Zug geworfen würde, wenn ich nicht aufhörte. Verstehen Sie, was ich meine?

Juschenkow: Doch, wir verstehen Ihre Lage …

Litwinenko: Diese Tatsachen werde ich auch Ihrer Kommission vorlegen. Ich werde Ihnen das Material dazu übergeben.

Juschenkow: Das ist gut.

Litwinenko: Warum machen sie das? Weil sie kein Interesse daran haben, objektiv zu sein.

Juschenkow: Bitte die nächste Frage.

Agentur RosBisnessKonsalting: Ich habe eine Frage an Tatjana Morosowa. Wenn ich mich nicht irre, haben Sie zu einem früheren Zeitpunkt Ihre Absicht angekündigt, im Zusammenhang mit der unzureichenden Untersuchung dieser Sprengstoffanschläge, [bei denen] Ihre Mutter starb, Russland zu verklagen. Sagen Sie uns bitte, haben Sie Ihre Absicht in die Tat umgesetzt, haben Sie eine Klage eingereicht?

Morosowa: Ja, wir haben eine Klage eingereicht, und jetzt nehmen sich die Anwälte der Sache an. Die Klage wurde beim Stadtgericht Lublin am 4. März dieses Jahres eingereicht, unmittelbar vor der Pressekonferenz am 5. März.
Ich bin Ihnen sehr dankbar, geehrte Journalisten und Mitarbeiter der Presse, dass Sie hierhergekommen sind. Ich hoffe, dass meine Klage, meine Eingabe bei Gericht alle Menschen erreichen wird, die jene Telefonanrufe entgegengenommen haben, von denen Alexander gesprochen hat, bei den Rettungsdiensten 03 und 911. Ich hoffe, dass diese Menschen sich melden und mit der Moskauer Kommission Verbindung aufnehmen, die diese Tragödie untersucht. Ich hoffe von ganzem Herzen, dass diese Menschen sich melden. Ich denke, dass ihre Herzen noch nicht erkaltet sind und dass wir schließlich Hilfe finden werden. Bitte geben Sie meinen Appell weiter.

Juschenkow: Ja … Ich danke Ihnen. Wer hat Fragen? Bitte heben Sie die Hand, um sich bemerkbar zu machen.

Lew Moskowkin: Ich habe eine eher ideologische Frage. Gegenwärtig ist die Position der Geheimdienste im öffentlichen Bewusstsein erstaunlich stark, im Unterschied zu [ihrem Ansehen einige Jahre] zuvor. Selbst wenn wir uns auf Ihre Seite schlagen und Ihre Argumente übernehmen – wie sollten wir sie auffassen? Was hoffen Sie zu erreichen, was streben Sie an …?

Juschenkow: Ich glaube, wir haben alle gesagt, dass wir Tatsachen untersuchen und dass wir die Wahrheit herausfinden wollen. [Der Korrespondent von] *El País* bitte.

Lew Moskowkin: Das ist wahrscheinlich eine Frage an jedermann, für die Kommission ebenso wie an Sie … Nun, Sie haben darauf nicht geantwortet … Alexander, die Frage geht an Sie.

Litwinenko: Ich möchte Folgendes sagen. Diese Sprengstoffanschläge, die verübt wurden – sie haben jede russische Familie betroffen. Wieso? Manche Menschen starben in den Trümmern dieser Häuser. Manche Menschen kämpfen heute in Tschetschenien – der Präsident Russlands hat ausdrücklich erklärt, diese Anschläge seien ein Casus Belli. Manche Menschen kämpfen heute in Tschetschenien, werden getötet oder töten andere. Die Mehrzahl der russischen Bürger hat ihre Freiheit gegen Sicherheit eingetauscht. Mit anderen Worten, die Menschen in Russland haben den Geheimdiensten und der Polizei erlaubt, im Interesse ihrer eigenen Sicherheit ihre Autos und ihre Wohnungen zu durchsuchen. Sie sind gezwungen, vor ihren Häusern Streife zu gehen, und können sich keine zwanzig Meter weit von ihren Wohnungen entfernen, ohne einen Pass, eine Aufenthaltsgenehmigung oder irgendeinen Meldezettel mit sich zu führen. Darum geht es doch, nicht wahr?
Und deshalb meine ich, dass jetzt jeder seinen Standort als Bürger klären muss. Und jeder russische Bürger muss ein Interesse daran haben, dass die Wahrheit ans Licht kommt. Ich will diese Wahrheit herausfinden, verstehen Sie? Und dabei unter anderem von der Erfahrung Gebrauch machen, die ich während zwanzig Jahren im Geheimdienst erworben habe. Ich bin nicht der erfahrenste Geheimagent, ich bin aber auch kein Agent ohne jede Erfah-

rung. Ich war zwanzig Jahre lang im Geheimdienst und möchte die Kenntnisse, die ich dort erworben habe, dafür einsetzen, dass die Verbrecher namhaft gemacht werden, die für diese Sprengstoffanschläge verantwortlich waren. Das ist meine Position.

Juschenkow: El País, Spanien.

*El País:*Ich habe eine ganz spezielle Frage. Nach Gotschijajews Aussage vom 24. April hat ihn ein gewisser Mann in seiner Firma aufgesucht, ein Mann, den er sehr gut kannte, und aus dem Text ergibt sich, dass dies der Mann ist, der ihn in die Falle gelockt hat. Daraus folgt meine Frage: Warum wird der Name dieses Mannes nicht genannt?

Juschenkow: Diese Frage ist schon gestellt worden.

El País: Schon gestellt? Pardon, aber ist der Mann nun vom FSB oder nicht? (*Gelächter im Publikum.*)

Felshtinsky: Zuletzt hat Sascha geantwortet, also werde ich jetzt antworten. Sehen Sie mal, was wir Ihnen gezeigt, was wir bekommen haben, ist – noch einmal – die erste und bislang einzige schriftliche Aussage Gotschijajews, über die wir verfügen. Ich wiederhole: Die Annahme war – für Gotschijajew offensichtlich und natürlich auch für uns –, dass diese Verbindung andauern würde.
Welche Gründe Gotschijajew bewogen haben, den Namen dieses Mannes nicht zu nennen (an dem wir sehr interessiert waren, und Sie können uns glauben, dass wir diese Frage hartnäckig immer wieder gestellt haben), kann ich heute noch nicht sagen. Doch wie Alexander ausgeführt hat, ist die Aufdeckung dieses Namens für jeden erfahrenen Ermittler eine Angelegenheit von zwei, drei Tagen.

Nesawissimaja Gaseta: Ich habe eine Frage an die Kommissionsmitglieder. Sergej Adamowitsch, Sie haben gesagt, dass Sie von offiziellen Anfragen Gebrauch machen, indem Sie Briefe an verschiedene Organe, Regierungsbehörden schicken. Ich möchte gern konkret wissen: An welche Stellen schreiben Sie, und wie reagieren sie? Sind sie verständnisvoll? Wer ignoriert Ihre Anfragen und wer …?

Kowaljow: Ich habe bewusst gesagt, dass heute über keine Details dieser Sache gesprochen wird. Es wird wahrscheinlich auch in der nächsten Zeit keine Details geben. Warum nicht? Ich will es Ihnen sagen. Wir beschränken uns nicht auf einzelne Anfragen. Wir führen eine ständige Korrespondenz. Ich habe einige Erfahrung aus den beiden Jahrzehnten nach 1960, wenn Sie so wollen. Nicht jede Antwort … Sie erstellen erst dann einen Bericht über eine Korrespondenz, wenn Sie klar und deutlich erkennen, dass die Korrespondenz beendet ist, dass die Position der einzelnen Beteiligten klar geworden ist und sich nicht mehr ändern wird. Dann können Sie sie der Öffentlichkeit vorstellen.

Juschenkow: Manche Personen haben sehr ausführlich geantwortet.

Kowaljow: Die gehaltvollste und ausführlichste Antwort kam von Bildungsminister Filippow.

Juschenkow: Allein über das Hexogen. Über dieses Forschungsinstitut.
Wenn ich richtig sehe, gibt es keine weiteren Fragen. Unser Dank geht an die Journalisten. Danke, Alexander, Tatjana, Yuri, Sergej Adamowitsch, beenden wir jetzt diesen Teil der Sitzung für heute, ja? Haben die Mitglieder der Kommission noch irgendwelche Fragen? Wann haben wir die nächste Sitzung? … Verehrte Journalisten, wir danken Ihnen. Vielleicht machen wir eine Pause und treffen uns anschließend wieder hier? In Ordnung, dann machen die Kommissionsmitglieder jetzt eine Pause. Danke, Alexander, Tatjana und Yuri. Auf Wiedersehen.

Anhang C

Schriftliche Aussage von A. Gotschijajew
24. April 2002

Im Folgenden veröffentlichen wir die schriftliche Aussage Gotschijajews, wie wir sie am 24. April 2002 erhalten haben.

Mein Name ist Atschimes Schagabanowitsch Gotschijajew. Ich bin am 28. September 1970 in der Stadt Karatschajewsk in der KTschR (Republik Karatschai-Tscherkessien, ehemals die Region Stawropol) geboren.

Bis zu meinem siebzehnten Lebensjahr wohnte ich in Karatschajewsk und ging dann von der höheren Schule [mit der mittleren Reife] ab. Ich wohnte in der Kurdshijewstraße 14, Kwartira 34. Nach dem Abgang von der Schule ging ich zum Studium nach Moskau und schrieb mich an der Technischen Fachhochschule Nr. 67 ein, die an der Metrostation Perwomaiskij liegt. Ein Jahr später machte ich Examen und wurde zum Wehrdienst eingezogen. Anschließend erhielt ich eine Ausbildung bei der Strategischen Raketentruppe, ein halbes Jahr in Weißrussland, die restliche Zeit verbrachte ich in Sibirien, in der Region Altai und im Dorf Perwomaiskij. Nach Beendigung des Wehrdienstes ging ich für zwei Jahre wieder nach Hause, anschließend nach Moskau, wo ich arbeitete und versuchte, Geschäfte zu machen. 1996 heiratete ich, erhielt eine Aufenthaltsgenehmigung und bin seitdem mit festem Wohnsitz in der Marschall-Katukow-Straße 6, Kwartira 6, Stadtbezirk Strogino gemeldet. Ich gründete eine eigene Firma, baute Datschen und trieb einen Handel. Die Firma nannte sich »Kapstroi 2000«.

Was die Behauptungen des FSB angeht, ich hätte die Sprengstoffanschläge in Moskau organisiert, ich unterhielte Beziehungen zu Bassajew und Chattab, sie hätten mir dafür 500 000 US-Dollar bezahlt und ich sei in einem Lager in Urus-Martan für diese Anschläge ausgebildet worden – dies alles sind ausgemachte Lügen.

Ich hatte noch nie etwas mit dem FSB oder einem ähnlichen Organ des Innenministeriums zu tun.

Ich habe also in Moskau gewohnt und gearbeitet. Im Juni 1999 kam ein Mann in meine Firma – ein Mann, den ich sehr gut aus Schulzeiten kannte. Er bot mir an, mit ihm Geschäfte zu machen; er sagte, er habe gute Möglichkeiten für einen Lebensmitteleinzelhandel. Als Erstes bestellte er bei mir Mineralwasser. Ich lieferte, er verkaufte es weiter und bezahlte pünktlich die Rechnung. Dann sagte er, er benötige Lagerraum im Südosten von Moskau, wo er angeblich Waren für den Einzelhandel lagerte. Ich war ihm dabei behilflich, Lagerräume in der Uliza Gurjanow, Uliza Kaschirska, Uliza Borissowskije Prudy und der Uliza Kopotnja zu mieten.

Am 9. September befand ich mich im Haus eines Freundes, und um fünf Uhr früh rief mich dieser Mann auf meinem Handy an und sagte, im Kellerraum des Hauses in der Uliza Gurjanow sei ein kleines Feuer ausgebrochen und ich müsse sofort dorthin fahren. Ich sagte zu, dass ich kommen würde, und machte mich fertig. Als ich den Fernseher einschaltete, sah ich, was wirklich geschehen war, und beschloss, nirgendwohin zu fahren und abzuwarten.

Als am 13. September das Wohnhaus an der Kaschirskoje-Chaussee in die Luft geflogen war, erkannte ich endgültig, dass man mich reingelegt hatte. Ich rief sogleich die Polizei an, den ärztlichen Notdienst und sogar den Rettungsdienst »911« und erzählte ihnen von den Kellern der Häuser in der Uliza Borissowskije Prudy und der Uliza Kopotnja, wo es ihnen anschließend gelang, die Explosionen zu verhindern.

Ich wurde erst für verdächtig und dann zu einem Drahtzieher der Sprengstoffanschläge erklärt, und seitdem bin ich gezwungen, mich zu verstecken.

Nachdem ich alle diese Ereignisse durchdacht habe, komme ich zu dem Ergebnis, dass dieser ganze ungeheuerliche Plan von den Leuten ersonnen und ausgeführt wurde, die damals von ihm profitiert haben. Aber es gab etwas in ihrem Plan, das schiefgegangen war: die Tatsache, dass es mir gelungen ist, ihnen zu entkommen. Ich glaube, der Umstand, dass ich am 9. September nicht zu Hause, sondern in der Wohnung eines Freundes war, hat dabei eine wesentliche Rolle gespielt.

Jetzt bin ich beinahe sicher, dass der Mann, mit dem ich zusammengearbeitet habe (Informationen über ihn werde ich später nachliefern), ein Agent des FSB ist.

Angestellte der Abteilung für Inneres in Karatschajewsk haben in den Dokumenten, die sie auf Ersuchen Moskaus über mich fabriziert haben, behauptet, ich sei ein geborener Tschetschene, um mich in irgendeiner Weise mit Tschetschenien in Verbindung zu bringen. Tatsächlich habe ich nie in Tschetschenien gelebt.

Von meinem Bruder Boris Gotschijajew, der in der Bezirksabteilung der Polizei arbeitet, habe ich erfahren, dass sie den Befehl hatten, mich nicht lebend zu verhaften. Da wurde mir klar, dass die öffentliche Aufmerksamkeit, die vom FSB durch seine Behauptung auf mich gelenkt wurde, ich sei ein Terrorist, der Urheber der Sprengstoffanschläge, ein Gewohnheitsverbrecher etc., dass hinter alledem eine Absicht steckte; sie hofften, mich auszuschalten und im ganzen Land und in der Welt herumzuposaunen, man habe den »Super-Terroristen« zur Strecke gebracht, der Häuser in Moskau in die Luft gesprengt habe, und ihm damit sein scheußliches Handwerk gelegt.

Über meine Schwester weiß ich, dass sie mehrfach vernommen wurde; zuerst boten sie ihr Geld an, dann schüchterten sie sie ein, bedrohten sie, misshandelten sie und versuchten sie zu zwingen, gegen mich auszusagen, indem sie öffentlich hätte zugeben sollen, dass ich es gewesen sei, der die Häuser in die Luft gejagt hatte. Danach warfen sie ihren Mann Taukan Franzusow ins Gefängnis und beschuldigten ihn, er sei an den Anschlägen in Moskau beteiligt gewesen. Später erwiesen sich die Anschuldigungen, wie jeder weiß, als haltlos, aber weil er angeblich einer Verbrecherbande angehörte, wurde er dennoch zu dreizehneinhalb Jahren Haft verurteilt. In meinen Augen war das eine gegen mich gerichtete Rache. (Falls es notwendig werden sollte, werde ich eine Zeugenaussage meiner Schwester beibringen können, doch dazu brauche ich noch etwas Zeit.)

Was Rjasan angeht, so bin ich nie dort gewesen und kenne diese Stadt überhaupt nicht.

Zur Beantwortung der Frage, ob ich bereit sei, in ein drittes Land zu reisen, um eine öffentliche Erklärung abzugeben ... In der Lage, in der ich mich befinde, gibt es für meine Sicherheit keinerlei Garantien; hinsichtlich einer öffentlichen Erklärung bin ich bereit, mit einem Journalisten (oder auch mehreren) zusammenzukommen und alle ihre Fragen zu beantworten.

Dies ist eine kurze Schilderung aller Dinge, die sich ereignet haben (über die Einzelheiten sprechen wir später).

Anhang D

Schriftliche Aussage von A. Gotschijajew
Februar 2005

Die Generalstaatsanwaltschaft Russlands wirft mir vor, ich sei der Urheber der Moskauer Sprengstoffanschläge auf Wohnhäuser im Herbst 1999. Ich betrachte mich als unschuldig und beschuldige meinerseits die staatlichen Geheimdienste und insbesondere den FSB, diese ungeheuerlichen Sprengstoffanschläge geplant und ausgeführt zu haben.

Mein Name ist Atschimes Gotschijajew. Ich möchte die Wahrheit sagen und die verborgene Realität dieser Vorgänge allgemein bekannt machen. Nachdem ich die Ereignisse vor diesen Anschlägen und die Ereignisse danach eingehend untersucht habe, bin ich zu dem Ergebnis gekommen, dass dies eine geplante und sorgfältig vorbereitete Operation der staatlichen Geheimdienste war.

Als diese Ereignisse stattfanden, wohnte und arbeitete ich in Moskau. Ich hatte ein Bauunternehmen. Meine Firma trug den Namen K-2000. Sie lag in der Nähe der Metrostation Barikadnaja. Im Frühsommer 1999 besuchte mich ein alter Schulfreund – den ich praktisch seit der Schule nicht mehr gesehen hatte – in meiner Firma. Sein Name ist Dyschekow Ramasan. Er sagte mir, er wohne und arbeite in Moskau und habe einen Großhandel mit Lebensmitteln,

Obst und Gemüse. Danach besuchte er mich noch ein paarmal, und einmal machte er mir das Angebot, mit ihm in das Mineralwassergeschäft einzusteigen, und bat mich, für ihn Lieferanten von Mineralwasser zu finden. In meiner Firma arbeitete ein Mann aus meiner Heimatstadt – sein Name war Tschintschikow Raul. Er sollte die Sache für mich erledigen, und über seinen Schreibtisch gingen alle weiteren Transaktionen zwischen meiner Firma und Ramasan. Das Geschäft lief gut, Ramasan bezahlte pünktlich, und es gab keine Probleme. Nach einiger Zeit bat mich Ramasan, ihm behilflich zu sein, im südlichen Teil Moskaus und in der Stadt Rjasan Lagerräume anzumieten. Er sagte mir, er habe dort gute Vertriebsstellen. Ich beauftragte Raul, derartige Lagerräume zu suchen. Er fand eine ganze Reihe von möglicherweise geeigneten Räumen und bot sie Ramasan an. Dieser suchte diejenigen aus, die ihm geeignet erschienen. Ich gab ihnen Geld, um die Lagerräume zu mieten, und beide machten sich auf den Weg. Ramasan hat diese Räume persönlich angemietet.

Als das Wohngebäude in der Uliza Gurjanow in die Luft flog, befand ich mich gerade in der Wohnung von Freunden. Ramasan rief mich auf meinem Handy an und sagte, er habe etwas Dringendes, Geschäftliches zu erledigen und wir müssten uns treffen. Er fragte mich, wo ich mich befände – er rief gegen fünf Uhr früh an. Ich sagte ihm, ich würde selbst kommen, und wollte mich fertig machen. Kurz bevor ich das Haus verlassen wollte, sah ich in den Fernsehnachrichten, was passiert war.

Ich fuhr sofort zur Uliza Gurjanow, und nach allem, was ich dort sah, beschloss ich, mich nicht mit Ramasan zu treffen, sondern eine Zeit lang abzuwarten. Doch am 13. September, als das Wohngebäude in der Uliza Kaschirskoje in die Luft gesprengt und mein Bild im Fernsehen gezeigt wurde, begriff ich, dass man mich reingelegt hatte. Ich rief Raul an und ließ mir von ihm die Adressen der anderen gemieteten Lagerräume durchgeben; dann rief ich die Polizei und die Rettungsdienste an und nannte ihnen die Adressen der Wohngebäude in der Uliza Borissowskije Prudy und der Uliza Kapotnja. Danach verließ ich Moskau und kehrte nach Karatschai-Tscherkessien zurück. Zu Hause erfuhr ich von meinem Bruder, der damals als Kriminalpolizist arbeitete, dass dort intensiv nach mir gefahndet würde und dass von Moskau ein Geheimbefehl gekommen sei, mich nicht lebend festzunehmen. Von da an bis heute war ich gezwungen, mich versteckt zu halten.

Heute weiß ich, dass Dyschekow Ramasan offiziell für den FSB arbeitet. Damals hätte niemand ihn auch nur verdächtigen können, mit dem FSB in Verbindung zu stehen – er war ein Geheimagent. Tschintschikow Raul, der die Geschäfte zwischen Ramasan und meiner Firma abwickelte, wurde bald nach diesen Ereignissen ermordet. Seine Leiche wurde in der Stadt Moskowskij in Karatschai-Tscherkessien gefunden. Nachdem sie ihn getötet hatten, versuchten sie den Leichnam zu verbrennen. Auf diese Weise liquidierte der FSB die Hauptbelastungszeugen in diesem Fall.

Meine Verwandten und Freunde sind einem starken Druck durch den FSB ausgesetzt. Sie werden immer wieder zum Verhör vorgeladen und müssen Hausdurchsuchungen über sich ergehen lassen. Meine Schwester musste die Republik verlassen, nachdem FSB-Agenten sie und ihre kleine Tochter zu einem Friedhof gebracht und ihr gedroht hatten, sie würden das Kind töten, wenn sie der Presse kein Interview gebe und aussagte, ich sei fähig, solche Dinge zu tun, und ich sei eine psychisch labile Person. Danach fürchtete sie um das Leben ihrer Kinder und verließ das Land.

Auf der Website des FSB gibt es eine Fotografie eines bärtigen jungen Mannes mit einer schwarzen Mütze, und der FSB präsentiert dieses Foto als einen Beweis [für die Richtigkeit seiner Anschuldigung]. Ich behaupte, dass dies eine Lüge ist. Die Person auf diesem Foto ist jemand anderer als ich. Ein sorgfältiger Vergleich einer Fotografie von mir mit der Fotografie dieses Mannes wird dies erweisen. Das ergibt sich außerdem aus dem Gutachten eines Sachverständigen. Und das ist die dreiste Lüge, auf der die ganze Anklage des FSB gegen mich aufgebaut ist.

Unmittelbar nach den Explosionen wurde meine Fotografie im Fernsehen gezeigt, und in den Nachrichten hieß es, dies sei die Fotografie des Mannes, der diese Lagerräume angemietet hatte, und diese Fotografie stamme von der Kopie eines Ausweises, die in einem der Vermietungsbüros zurückgelassen wurde. Doch diese Fotografie ist identisch mit der Fotografie in meinem aktuellen Pass, und es ist allgemein bekannt, dass bei der Ausstellung eines Passes die ausstellende Behörde einen Abzug des Passfotos zurückbehält. Als der FSB seinen Fall gegen mich fabrizierte, war es für seine Leute kein Problem, von dem Foto eine Kopie zu ziehen und sie im Fernsehen zu zeigen. Es gibt zu diesem Punkt noch eine weitere bedeutsame Tatsache – die Aussage der Person, die die Lagerräume in der Uliza Gurjanow vermietete. Als diesem Mann mein Foto vorgelegt wurde, erkannte er darauf nicht den Mann wieder, dem er die Räume vermietet hatte. Die von ihm gegebene Beschreibung passte dagegen auf Dyschekow Ramasan. Wenn man ihm eine Fotografie von Ramasan zeigte, würde er ihn ganz sicher als den Mann wiedererkennen, dem er die Lagerräume vermietet hatte.

Außer alledem, was ich gesagt habe, gibt es noch weitere Tatsachen und Zeugen, die beweisen, dass die Sprengstoffanschläge von den russischen Staatssicherheitsdiensten geplant und ausgeführt wurden. Doch bis heute schweben diese [Zeugen] in großer Gefahr, und aus diesem Grund kann ich die Fakten nicht umfassend veröffentlichen. Es wäre sehr gut, wenn eine unabhängige, internationale Untersuchung dieses Falles durchgeführt würde. Was mich angeht, so bin ich ohne jede Einschränkung bereit, an einer solchen Untersuchung mitzuwirken, Zeugen beizubringen und Tatsachen auf den Tisch zu legen. Ich bin sicher, dass nur eine solche Untersuchung die wirklichen Drahtzieher und Vollstrecker dieser Sprengstoffanschläge aufdecken kann.

Ich habe viel darüber nachgedacht, warum die Sicherheitsdienste ausgerechnet mir, einem geborenen Karatschaier, diese Sprengstoffanschläge in die Schuhe schieben wollten. Damals hätten sie eigentlich Tschetschenen und keine Karatschaier als Sündenböcke gebraucht. Heute ist das kein Geheimnis mehr. Die Sicherheitsdienste verfolgten mehrere Ziele gleichzeitig. Sie brachten diese Sprengstoffanschläge ohnehin mit Tschetschenen in Verbindung – sie waren letztlich der Grund für einen Krieg. Und zweitens plante der FSB schon damals – und tut es heute noch – einen Krieg gegen Karatschai-Tscherkessien. Gegenwärtig ist eine starke Militärpräsenz in unserer Republik. In den Medien wird viel über uns berichtet. Früher waren wir als Nation kaum bekannt. Heute kennt uns die ganze Welt, und sie kennt uns als gefährliche Terroristen. In dieser Hinsicht hat der FSB sein Ziel erreicht.

Mithilfe der Medien, die von ihnen fast vollständig kontrolliert werden, berichten sie regelmäßig über karatschaische Terroristen. Dabei kommt heraus, dass nicht nur die Sprengstoffanschläge in Moskau, sondern praktisch alle terroristischen Gräuel von Karatschaiern begangen werden. Wenn man einen Krieg beginnen will, braucht man ein »Feindbild«, und je furchterregender dieses Bild ist, desto leichter wird es sein, in den Krieg zu ziehen. Und wenn es tatsächlich zum Krieg kommt, dann werden alle denken, Russland bekämpfe den Terrorismus, während es in Wirklichkeit gewöhnliche Menschen vernichtet. Das war der eigentliche Grund, warum die Sicherheitsdienste mir diese Attentate anlasten.

Zum Schluss möchte ich mich an alle Menschen wenden, die die Wahrheit über die Sprengstoffanschläge auf Wohngebäude wissen wollen, und das betrifft in erster Linie diejenigen, die unter diesen Anschlägen gelitten haben. Es ist dringend notwendig, dass eine unabhängige, internationale Untersuchung durchgeführt wird. Die Regierung, die heute in Russland an der Macht ist, ist die Regierung des FSB. Man erinnere sich der Geschichte dieser furchtbaren Organisation, an die vielen Millionen unschuldiger Menschen, die dieser Organisation zum Opfer fielen: Jetzt ist die gesamte Regierung Russlands in ihren Händen. Was gibt es sonst noch zu sagen, da alles doch schon so klar ist?

Abkürzungen

FAPSI:	Föderale Agentur für Regierungsfernmeldewesen und Information; zuständig für Aufklärung und Abwehr im fernmeldetechnischen und elektronischen Bereich
FPS:	Föderaler Dienst für Grenzschutz; zuständig für die Sicherung und Bewachung der russischen Außengrenzen
FSB:	Föderaler Sicherheitsdienst; zuständig für Grenzschutz, Kampf gegen organisierte Kriminalität, Verfassungsschutz. Vorgänger war der FSK
FSK:	Föderaler Dienst für Spionageabwehr
FSO:	Föderaler Dienst für Personen- und Objektschutz
GRU:	Hauptverwaltung für Aufklärung beim Generalstab; Militärischer Auslandsnachrichtendienst; zuständig für die militärische Aufklärung im Ausland, untersteht dem Verteidigungsministerium
GUBOP:	Hauptverwaltung für den Kampf gegen das organisierte Verbrechen
GUWD:	Städtische Verwaltung für innere Angelegenheiten
MO:	Verteidigungsministerium
MUR:	Moskauer Kriminalpolizei
MWD:	Innenministerium
OMON:	Milizbrigade besonderer Bestimmung (Spezialeinheit der russischen Polizei)

PWO: Truppen der Luftverteidigung Russlands
RUOP: Moskauer Bezirksverwaltung zur Bekämpfung des organisierten Verbrechens
SBP: Dienst für die Sicherheit des Präsidenten der Russischen Föderation
SWR: Zivile Auslandsaufklärung (der Russischen Föderation)
UWD: Verwaltung für innere Angelegenheiten
WAS: Wolga-Automobil-Werk
WDW: Luftlandesturmtruppen

Namenregister

C

D

E

F

G

M

N

O

P

R

S